Der Wettstreit der Rechtsordnungen

Europäische Hochschulschriften

Publications Universitaires Européennes
European University Studies

Reihe II
Rechtswissenschaft

Série II Series II
Droit
Law

Bd./Vol. 5261

PETER LANG
Frankfurt am Main · Berlin · Bern · Bruxelles · New York · Oxford · Wien

Anne-Kathrin Drettmann

Der Wettstreit der Rechtsordnungen

Law „Made in Germany" als Gütezeichen?

Eine Untersuchung
der Wettbewerbsfähigkeit
des deutschen Rechts im Vergleich
zum englischen Recht am Beispiel
von Handelsbräuchen und Allgemeinen
Geschäftsbedingungen

PETER LANG
Internationaler Verlag der Wissenschaften

Bibliografische Information der Deutschen Nationalbibliothek
Die Deutsche Nationalbibliothek verzeichnet diese Publikation in der Deutschen Nationalbibliografie; detaillierte bibliografische Daten sind im Internet über http://dnb.d-nb.de abrufbar.

Zugl.: Münster (Westfalen), Univ., Diss., 2011

Gedruckt auf alterungsbeständigem,
säurefreiem Papier.

D 6
ISSN 0531-7312
ISBN 978-3-631-63103-4

www.peterlang.de

Vorwort

Diese Arbeit lag im Sommersemester 2011 der Rechtswissenschaftlichen Fakultät der Westfälischen Wilhelms-Universität Münster als Dissertation vor. Mein herzlicher Dank gilt zunächst Herrn Prof. Dr. Johann Winfried Kindl, der diese Arbeit als Doktorvater betreut hat. Zudem danke ich Herrn Prof. Dr. Thomas Lundmark für die Erstellung des Zweitgutachtens.

Außerdem danke ich meinen Eltern, meinem Bruder und meiner Omi. Ohne sie wäre ich nicht dort, wo ich jetzt bin. Sie haben mich in den letzten Jahren stets begleitet, viele Zweifel aus dem Weg räumen müssen und mir Mut, aber auch Kraft gegeben. Dies gilt im Besonderen für Herrn Malte Lieckfeld, dessen unerschütterliche Geduld, grandiose Diskussionsbereitschaft und Liebe wesentlich zum Gelingen dieser Arbeit beigetragen haben. Nicht zuletzt danke ich ganz herzlich Herrn Dr. Hanebuth für seine inspirierenden Anregungen.

Inhaltsverzeichnis

A. Einleitung

Im Jahr 2007 publizierte die *Law Society of England and Wales* eine Online-Broschüre mit der Überschrift *England and Wales: a jurisdiction of choice.*[1] Das Bundesministerium der Justiz und die Justizorganisationen reagierten auf diese Kampagne mit dem *Bündnis für das deutsche Recht* und luden alle Akteure, die weltweit mit dem deutschen Recht arbeiten, ein, sich zu beteiligen.[2] Ziel ist es, die Position des deutschen Rechts – als Teil des kontinentaleuropäischen Rechtskreises – im internationalen Wettbewerb der Rechtsordnungen zu stärken und gegebenenfalls zu optimieren. Im Vordergrund steht das Wirtschaftsrecht als Beurteilungsmaßstab für kaufmännische bzw. unternehmensbezogene Geschäfte.

Damit wird der Begriff *Globalisierung* nicht mehr nur durch das Zusammenwachsen von Volkswirtschaften und Märkten auf der ganzen Welt charakterisiert. Vielmehr wird *Globalisierung* um eine rechtliche Komponente erweitert, sodass nun auch der Wettstreit der Rechtsordnungen offiziell für eröffnet erklärt worden ist. Allerdings sind insoweit die unterschiedlichen Ausgangspositionen zu berücksichtigen, denn zumindest die westlichen Wirtschaftsordnungen sind sehr viel einheitlicher ausgestaltet als ihre Rechtsordnungen. So lassen sich allein in Europa bereits auf den ersten Blick zwei Rechtskreise feststellen, die von unterschiedlichen Rechtstraditionen und unterschiedlicher Rechtsdogmatik geprägt sind: Die kontinental-europäische Rechtsordnung, auch *Civil Law* genannt, und der anglo-amerikanische Rechtskreis, der dem englischen Recht entspringt und auch als *Common Law* bezeichnet wird. Von dieser *Vielfalt* bleibt auch die Rechtspraxis nicht unbeeinflusst. Sie führt zum einen dazu, dass vielfach eine Rechtswahl durch die Parteien erfolgt und dabei die Vor- und Nachteile der verschiedenen nationalen Rechtsordnungen gegeneinander abgewogen werden. Dies wiederum ist zum anderen aus rechtstheoretischer Sicht Anlass und zwangsläufige Folge, über die wechselseitige Durchdringung und den Konkurrenzkampf der verschiedenen rechtlichen Systeme auf der europäischen wie auch der internationalen Ebene verstärkt nachzudenken.[3] So erfolgen Reformvorhaben mittlerweile nicht mehr ohne einen Blick in fremde Rechtsordnungen – sei es um Missstände aufzuspüren, sei es um ausländische Gesetze als Leitbild

1 Abrufbar unter: http://www.lawsociety.org.uk/documents/downloads/jurisdiction_of_choice_brochure.pdf (zuletzt besucht am: 01.08.2011).

2 Vgl. www.lawmadeingermany.de (zuletzt besucht am: 01.08.2011).

3 Gehb, DRiZ 2008, 222.

heranzuziehen.[4] Verstärkt wird diese Tendenz durch die Rechtsprechung des *EuGH*, die ohne Rücksicht auf nationale Rechtsordnungen die Grundfreiheiten schützt und die Mitgliedsstaaten auf diese Weise dazu zwingt, Regelungen, die auf europäischer Ebene zu untragbaren Ergebnissen führen, entsprechend zu modifizieren.

Nimmt eine Rechtsordnung diese Herausforderungen an, stellt sie sich zugleich dem europäischen Wettbewerb der Rechtsformen und ist aktiv an der Gestaltung der Globalisierung im Rechtssinne beteiligt.[5] Deshalb ist es kontraproduktiv, wenn die Mitgliedsstaaten der EU von nationalen Regelungen absehen und darauf warten, dass Europa – wie etwa mit seinem jüngsten Projekt, dem Gemeinsamen Referenzrahmen – Lösungen schafft, die letztlich nicht auf nationale Bedürfnisse zugeschnitten sind. Denn dass die Wirtschaft transnationale Regelwerke nicht unbedingt begrüßt, zeigt bereits die geringe Akzeptanz des UN-Kaufrechts. Obgleich Letzteres eine Reihe adäquater Regelungen für internationale Verträge enthält, ist die Furcht der Wirtschaft und insbesondere die ihrer rechtlichen Berater vor einem Konvolut völlig unbekannter Normen oftmals zu groß, als dass die heimische Rechtsordnung verlassen wird.[6] Insoweit ist noch eher die Tendenz erkennbar, in eine andere Rechtsordnung auszuweichen, die zwar ebenfalls fremd ist, jedoch Vorteile bietet, die die heimische Rechtsordnung vermissen lässt.

Die aufgezeigten Veränderungen vollziehen sich jedoch keinesfalls mit der Leichtfüßigkeit, die dem Handel anhaftet, sondern sehr viel lethargischer. Denn anders als in der Wirtschaft, in der ein Konkurrenzstreben völlig natürlich ist, galt dieses mit Blick auf die Rechtsordnung lange Zeit als verpönt.[7] Dem hat die *Law Society of England and Wales* mit ihrer ansprechenden Online-Broschüre jedoch ein jähes Ende bereitet, in der sie bedingungslos für das englische Recht eintritt. In der Streitschrift propagiert sie, dass einem englischen Vertrag eine höhere Rechtssicherheit anhafte als ihrem kontinental-europäischen Pendant, da Letzteres unter dem Einfluss des Gebots von Treu und Glauben stehe. Außerdem gebe es zu fast jedem rechtlichen Problem bereits eine Gerichtsentscheidung, was ebenfalls zu einem hohen Niveau an Rechtssicherheit beitrage. Das

---

4 Als Beispiel hierfür dienen in Deutschland die Veränderungen im Gesellschaftsrecht, die im MoMiG zusammengefasst worden sind. In England hat die Law Commission etwa für die Reform des AGB-Rechts auch den Umgang anderer Länder mit Allgemeinen Geschäftsbedingungen in Ihre Erwägungen einbezogen. Vgl. hierzu im Einzelnen Law Commission Consultation Paper No. 166, Unfair Terms in Contracts, S. 184 ff. (abrufbar unter: www.lawcom.gov.uk, zuletzt besucht am: 01.08.2011).

5 Vgl. Gehb, DRiZ 2008, 222, 224.

6 Koch, NJW 2000, 910, 915.

7 Vgl. Gehb, DRiZ 2008, 222, 224.

englische Recht baue auf dem Grundsatz der Vertragsfreiheit auf und es werde deshalb durch eine größere Flexibilität charakterisiert als andere Rechtsordnungen, denen ein Gesetzbuch mit weitgehend unnachgiebigen Regelungen zugrunde liege. Infolgedessen bestehe für die vertragsschließenden Parteien, die sich für das englische Recht entschieden haben, auch ein sehr viel größerer Spielraum bei der vertraglichen Ausgestaltung. Das primär zu beachtende Richterrecht bewirke eine stärkere Anpassungsfähigkeit an die sich stetig verändernden Bedürfnisse des Handels.[8]

Zwar schienen deutsche Juristen bei Werbung in eigener Sache bislang eher zurückhaltend zu sein, doch haben sie mit der Initiative *Law – Made in Germany* den Schritt zum Rechtsexport gewagt und sich damit dem Wettbewerb gestellt. Ausgehend von dieser Situation sollen im Folgenden die Ziele der vorliegenden Arbeit dargelegt (**I.**) und im Anschluss daran der Gang der Untersuchung genauer erklärt werden (**II.**). Um einen ersten Eindruck von dem Untersuchungsgegenstand zu erhalten, wird außerdem ein Überblick über die Normen vermittelt, die Regelungen zu Handelsbräuchen und Allgemeinen Geschäftsbedingungen enthalten oder zumindest auf diese verweisen (**III.**).

I. Ziel der Arbeit

Die Auseinandersetzung mit der privaten Regelbildung am Beispiel von Handelsbräuchen und Allgemeinen Geschäftsbedingungen in Deutschland und England soll sich nicht in deren Darstellung erschöpfen. Vielmehr bedarf es darüber hinaus einer kritischen Untersuchung der eingangs bereits dargestellten Aussagen der *Law Society* auf deren Sinnhaftigkeit hin.

Zunächst soll auf nationaler Ebene der Umgang mit Handelsbräuchen und Allgemeinen Geschäftsbedingungen (AGB) genauer betrachtet, deren gemeinsame Schnittpunkte, aber auch Unterschiede herausgearbeitet werden. Insoweit stellt sich die Frage, ob beide Formen privater Regelsetzung funktionsäquivalent sind und infolgedessen die tradierten Handelsbräuche von den Allgemeinen Geschäftsbedingungen völlig *absorbiert* werden. Im deutschen Recht wird deshalb zunächst die Norm des § 346 HGB und später die des § 310 BGB Gegenstand genauerer Untersuchung sein. Bei internationalen Handelsgeschäften sind jedoch auch die Regelungen des UN-Kaufrechts zu beachten. Für das deutsche Recht wird insoweit die These aufgestellt, dass Allgemeine Geschäftsbedingun-

8 Brochure of the Law Society of England and Wales, S. 8 (abrufbar unter: http://www.lawsociety.org.uk/documents/downloads/jurisdiction_of_choice_brochure.pdf, zuletzt besucht am: 01.08.2011).

gen Handelsbräuche in ihrer Funktion keinesfalls ablösen oder gar *absorbieren*, sondern ein neues Modell der Bindung Privater an nicht staatlich gesetzte Regeln darstellen. Dabei werden jedoch auch Schnittstellen zwischen beiden Erscheinungsformen aufgezeigt.

Sodann wird das englische Recht vorgestellt. Die Fokussierung auf Handelsbräuche und Allgemeine Geschäftsbedingungen führt dazu, dass zunächst eine Auseinandersetzung mit dem englischen Fallrecht, dem *case law*, erfolgt, zu dem auch die Handelsbräuche gehören. Ein dem deutschen Recht vergleichbares Handelsrecht gibt es in Großbritannien nicht. Zum einen besitzt das englische Recht nicht ein derart differenziertes System und zum anderen werden Handelsbräuche in Ermangelung einer § 346 HGB vergleichbaren Norm ausschließlich auf der Grundlage des Parteiwillens bei der Vertragsauslegung und – ergänzung berücksichtigt. Anders verhält es sich mit dem Recht der Allgemeinen Geschäftsbedingungen. Dieser Bereich ist nicht mehr ausschließlich der Rechtsprechung überlassen, sondern zumindest teilweise gesetzlich geregelt. Das englische Recht verfügt mit dem *Unfair Contract Terms Act 1977* (*UCTA 1977*) und der *Unfair Terms in Consumer Contracts Regulation 1999* (*UTCCR 1999*) über zwei für diesen Bereich wichtige Gesetzestexte. Das zuletzt genannte Regelungswerk setzt die europarechtlichen Vorgaben[9] im Hinblick auf Verbraucherverträge um und ist deshalb für die Zwecke dieser Arbeit zu vernachlässigen. Stellt man im englischen Recht einen Vergleich zwischen Handelsbräuchen und Allgemeinen Geschäftsbedingungen an, sind strukturelle Gemeinsamkeiten evident, die den Schluss einer Funktionsäquivalenz anders als im deutschen Recht nahelegen.

Schließlich wird auch das jüngste Vorhaben der Europäischen Union, der *Entwurf eines Gemeinsamen Referenzrahmens* (für ein Zivilgesetzbuch), in die Betrachtung einbezogen. Als möglicher Grundstein eines europäischen Zivilgesetzbuchs handeln ihn die einen,[10] als bloße Orientierungshilfe deklarieren ihn die anderen.[11] Dieses Konvolut geplanter Regelungen, auch *toolbox*[12] genannt,

9 RL 93/13/EWG des Rates vom 5. April 1993 über missbräuchliche Klauseln in Verbraucherverträgen (im Folgenden abgekürzt mit RL 93/13/EWG).

10 Staudinger/Gsell, Eckpfeiler des Rechts, Verbraucherschutz – I. Entwicklung, Perspektiven und Struktur des privaten Verbraucherrechts; Eidenmüller/Faust/Grigoleit/ Jansen/Wagner/Zimmermann, JZ 2008, 529 ff.; vgl. Grundmann, ERCL 2008, 225 ff.; vgl. Grundmann/Kerber, Eur J Law Econ 21 (2006), 215, 216 ff.; vgl. Hesselink, Global Jurist Frontiers 2002, 1, 10 f.; vgl. Micklitz/Reich, VuR 2007, 121 ff..

11 Mitteilung der Kommission „Europäisches Vertragsrecht und Überarbeitung des gemeinschaftlichen Besitzstandes – weiteres Vorgehen" KOM (2004) 651, S. 3 f. (auf Deutsch: Instrumentarium).

würde England und Deutschland als Mitglieder der Europäischen Union in seinen rechtlichen Folgen gleichermaßen tangieren. Ebenso wie das UN-Kaufrecht gleicht auch dieses Projekt idealerweise die Unterschiede aus, die zwischen den einzelnen nationalen Rechtsordnungen innerhalb Europas bestehen, insbesondere im Verhältnis von angelsächsischem zu kontinentaleuropäischem Recht, so dass er auch im Hinblick auf die oben wiedergegebenen Aussagen der *Law Society* von Relevanz ist. Obgleich der Gemeinsame Referenzrahmen bislang lediglich ein Entwurf ist und für die Mitgliedstaaten auf absehbare Zeit nicht verbindlich sein wird, stellt er das Ergebnis einer rechtsvergleichenden Studie dar, die Aufschluss darüber geben kann, inwieweit nationale Regelungen auch auf der internationalen Ebene Zuspruch finden.

Der sich anschließende Rechtsvergleich intendiert, die Unterschiede und Gemeinsamkeiten im Umgang mit den zwei dargestellten Formen der privaten Regelbildung herauszufiltern und Schlüsse für das deutsche Recht zu ziehen. Dabei geht es zunächst darum, die eingangs erwähnten Aussagen der *Law Society* auf ihren Kerngehalt hin zu untersuchen. Es wird die These aufgestellt, dass das englische Recht im unternehmerischen Verkehr sehr wohl über einen Grundsatz von Treu und Glauben verfügt. Außerdem wird der Feststellung, dass nicht kodifiziertes Fallrecht flexibler sei, entgegengesetzt, dass diese Flexibilität einen hohen Preis hat. Denn am Beispiel der Handelsbräuche wird deutlich, wie schwer es ist, aus dem Konvolut an Fällen die notwendigen Voraussetzungen und damit allgemein gültige Regeln herauszufiltern. Schließlich soll auch das Argument der größeren wirtschaftlichen Freiheit entkräftet werden. Das deutsche Recht mit seinen kodifizierten Regelungen gesteht den Wirtschaftssubjekten ebenso große Freiheit zu wie das englische Recht. Ob die Rechts*anwendung* diese Freiheit in Deutschland auch in vollen Zügen berücksichtigt, ist jedoch eine andere Frage, die einer gesonderten Beantwortung bedarf. Deshalb wird in einem Resümee aufgezeigt, welche Defizite das deutsche Recht im internationalen Vergleich aufweist und wie dessen Attraktivität gesteigert werden könnte.

II. Gang der Untersuchung

Ausgangspunkt der Arbeit ist die deutsche Rechtsordnung (**B.**), und zwar zunächst bezogen auf die Handelsbräuche (**I.**). Es werden ihre Entstehungsvoraussetzungen aufgezeigt und das Verhältnis zwischen Handelsbräuchen und zwin-

12 Study Group on a European Civil Code, Aquis Group, Principles, Definitions and Model Rules of European Private Law – Draft Common Frame of Reference (DCFR), S. 16. (abrufbar unter: http://ec.europa.eu/justice_home/fsj/civil/docs/dcfr_outline_edition_en.pdf, zuletzt besucht am: 01.08.2011).

genden bzw. dispositiven gesetzlichen Regelungen genauer bestimmt. Die aufgezeigte Phänomenologie soll es dann in einem weiteren Schritt ermöglichen, dieses Institut von den Allgemeinen Geschäftsbedingungen abzugrenzen. Letztere stellen die zweite im Rahmen dieser Arbeit zu untersuchende Ausprägung regelsetzender Betätigung Privater dar (**II.**). In diesem Zusammenhang erfolgt ein Exkurs in das bedeutungsstarke Klauselrecht (**III.**). Doch diese Feststellungen für das deutsche Recht, die als Zwischenergebnis kurz zusammengetragen werden sollen (**IV.**), sind nur unvollständig, ließe man das UN-Kaufrecht außer Betracht, welches ebenfalls einen Teil der nationalen Rechtsordnung bildet und bei internationalen Distanzgeschäften in Ermangelung anderer Parteiabreden zur Anwendung kommt (**V.**).

Nach einer Zusammenfassung des deutschen Teils (**VI.**) erfolgt spiegelbildlich eine Untersuchung der privaten Regelbildung in England (**C.**). Zunächst werden jedoch kurz die Besonderheiten des englischen Rechts aufgezeigt (**I.**). In einem zweiten Schritt wird das Recht der Handelsbräuche dargestellt (**II.**), um von dort aus in das Recht der Allgemeinen Geschäftsbedingungen zu wechseln (**III.**). Auch hieran schließt sich ein Blick in das Klauselrecht an (**IV.**). Abschließend erfolgt eine Zusammenfassung des englischen Rechts der privaten Regelbildung (**V.**). Danach widmet sich die Arbeit dem *Entwurf eines gemeinsamen Referenzrahmens* (*DCFR*) der Europäischen Union (**D.**), denn auch dieser enthält Regelungen zu Handelsbräuchen (**I.**) und Allgemeinen Geschäftsbedingungen (**II.**). Die Ergebnisse werden sodann zusammengefasst (**III.**).

In der abschließenden rechtsvergleichenden Zusammenfassung werden die Erkenntnisse aus den jeweiligen Rechtsordnungen bzw. internationalen Regelungsmodellen zusammengetragen und einem direkten Vergleich unterzogen (**E.**). Dabei soll der Umgang mit den verschiedenen Modellen, derer sich Private zur Regelsetzung bedienen können, rechtsvergleichend untersucht werden. Ziel ist es, den Umgang der einzelnen Rechtsordnungen bzw. des jeweiligen transnationalen Regelwerks mit Handelsbräuchen (**I.**) respektive Allgemeinen Geschäftsbedingungen (**II.**) darzulegen und anhand dessen deren Adäquanz zu bestimmen. In einem Resümee am Ende der Arbeit werden mögliche Reformen für das deutsche Recht im Bereich der Handelsbräuche und Allgemeinen Geschäftsbedingungen vorgeschlagen, um deren Attraktivität international zu steigern (**F.**). Dazu wird zunächst das geltende Recht zusammengefasst (**I.**), um dann Verbesserungsmöglichkeiten aufzuzeigen (**II.**).

III. Erwähnung von Handelsbräuchen und AGB im geltenden Recht

Allgemeine Geschäftsbedingungen stellen vorformulierte Vertragsbedingungen dar, die den Pflichtenkatalog beider Parteien festlegen. Die Wirksamkeit dieser Klauseln ist im deutschen Recht zentral in den §§ 305 ff. BGB geregelt. Im Gegensatz dazu modifizieren respektive ergänzen Handelsbräuche das geschriebene Recht an den geeigneten Stellen, sodass ihre Erwähnung im Gesetz auch nicht auf eine Zentralnorm beschränkt ist. Vielmehr finden sie an verschiedenen Stellen Berücksichtigung. Die wichtigste Norm für Handelsbräuche ist jedoch § 346 HGB als gesetzliche Anordnung, dass und wann Handelsbräuche Beachtung finden müssen. Daneben finden sich vielerlei Verweise innerhalb des Handelsgesetzbuchs, insbesondere auch auf Ortsgebräuche.[13] Außerdem stellt das AGB-Recht in § 310 Abs. 1 S. 2 BGB eine Verknüpfung zu den Handelsbräuchen her. Damit werden Schnittstellen zwischen den verschiedenen Formen der privaten Regelbildung evident, doch zeigt dies auch, dass man gerade nicht von einer Funktionsäquivalenz ausgehen kann. Beweisrechtliche Aspekte spielen in den §§ 293, 294, 284 ZPO eine Rolle. Liegt ein internationaler Warenkauf vor und ist das UN-Kaufrecht zur Anwendung berufen, sehen die Artt. 8 und 9 CISG[14] ebenfalls einen Rückgriff auf Handelsbräuche vor.

Allgemeine Geschäftsbedingungen waren früher Gegenstand des AGB-Gesetzes (AGBG), bis dieses im Zuge der Schuldrechtsreform durch die §§ 305 ff. BGB in das Bürgerliche Gesetzbuch (BGB) integriert wurde. Im UN-Kaufrecht wird Allgemeinen Geschäftsbedingungen mangels spezieller Regelungen kein Sonderstatus zugestanden. Vielmehr richten sich Einbeziehung und auch Auslegung nach den allgemeinen Vertragsschlussregeln, mithin nach den Artt. 14 ff. CISG. Die Inhaltskontrolle erfolgt zwar nach unvereinheitlichtem Recht, doch müssen die Besonderheiten des internationalen Handels berücksichtigt werden.

Ein Blick ins englische Recht ist weniger aufschlussreich, möchte man die Rolle der privaten Regelbildung ermitteln. Handelsbräuche richten sich ausschließlich nach englischem Richterrecht, dem *common law*, da dieser Bereich bislang noch nicht Gegenstand etwaiger Kodifizierungsbemühungen war, obgleich Gesetze vereinzelt auf Handelsbräuche rekurrieren.[15] So lassen sich die verschiedenen Voraussetzungen, die es zur Feststellung eines Handelsbrauches

---

13 §§ 59, 94 Abs.1, 96, 99, 354, 359, 380, 393 Abs.2, 394 Abs.1, 396 Abs.1, 561, 568 Abs. 1, 575, 593. 595 Abs.1, 599 HGB.

14 Die Bezeichnung CISG hat sich sprachlich als griffige Abkürzung für das UN-Kaufrecht erwiesen, vgl. Schlechtriem/Schwenzer/Schlechtriem, Einleitung (S. V Fn. 1).

15 Vgl. etwa Sale of Goods Act 1979 s 14 (4).

bedarf, nur aus einzelnen Gerichtsentscheidungen herleiten. Ob es sich bei der Frage nach Bestehen oder Nichtbestehen eines Handelsbrauchs um einen rein nationalen Sachverhalt oder aber um ein Distanzgeschäft handelt, ist ohne Belang, da England dem UN-Kaufrechtsabkommen nicht beigetreten ist. Dies bedeutet jedoch nicht, dass englische Gerichte dem Einflussbereich des UN-Kaufrechts ausnahmslos entkommen könnten, denn die Regeln des Internationalen Privatrechts können trotz Vereinbarung einer Gerichtsstandsklausel, die zur Zuständigkeit englischer Gerichte führt, zur Anwendbarkeit des UN-Kaufrechts führen.

Anders stellt es sich im Hinblick auf Allgemeine Geschäftsbedingungen dar. Zwar sind auch hier die Einbeziehung und Auslegung dem englischen Richterrecht, dem *common law*, überantwortet worden, doch ist die Legislative im Bereich der Inhaltskontrolle tätig geworden. So hat sie kurz nach Inkrafttreten des oben erwähnten deutschen AGBG den *UCTA 1977* und später die *UTCCR 1999* erlassen. England bleibt bei diesen Regelwerken seiner Rechtstradition treu. Es wird in *common law'scher* Tradition nur ein ganz begrenzter Bereich dezidiert erfasst, der keinesfalls den Anspruch auf Vollständigkeit erhebt. Doch auch das Reformvorhaben der *Law Commission* im Bereich der Allgemeinen Geschäftsbedingungen soll kurz vorgestellt werden. Für internationale Warenkäufe hält das englische Recht keine Sonderbestimmungen bereit. Im Gegenteil, die staatlich geschaffenen Kontrollmechanismen kommen bei Exportgeschäften ausdrücklich nicht zur Anwendung. Diese Selbstbeschränkung soll die Wettbewerbsfähigkeit Englands und die Attraktivität ihrer Rechtordnung stärken.

Die oben bereits erwähnten Regelungen des *Gemeinsamen Referenzrahmens* betreffen Deutschland und England gleichermaßen. Obgleich die rechtlichen Auswirkungen dieses Vorhabens auf lange Sicht hin ungewiss sind, so ist jedenfalls derzeit noch nicht von einer rechtlichen Bindung für die einzelnen Mitgliedstaaten der Europäischen Union auszugehen. Dennoch ist es bereits zu diesem frühen Zeitpunkt interessant, wie die jeweiligen Rechtsordnungen auf den Referenzrahmen reagieren, inwiefern das nationale Recht und der Referenzrahmen harmonieren oder aber divergieren. In dem jüngsten Projekt der Europäischen Union finden Handelsbräuche in Art. II – 1:104 und in Art. II – 8:102 Erwähnung. Der *DCFR* sieht jedoch auch dezidierte Regelungen für die Einbeziehung, Auslegung und inhaltliche Kontrolle Allgemeiner Geschäftsbedingungen vor. Eine Definition für *Allgemeine Geschäftsbedingungen* und *nicht individuell ausgehandelte Bedingungen* findet sich in Art. II – 1:109 bzw. Art. II – 1:110. Die Einbeziehung ist in Art. II – 9:103 und die Auslegung ist in Artt. II – 8:103 bzw. II – 8:104 geregelt. Der Inhaltskontrolle ist mit den Artt. II – 9:401 ff. ein eigener Abschnitt gewidmet. Dabei sind Art. II – 9:402 und Art. II – 9:405 die für den unternehmerischen Verkehr relevanten Normen. Der Umgang mit kollidierenden Allgemeinen Geschäftsbedingungen wird schließlich in Art. II – 4:209 genauer bestimmt.

B. Deutschland

Gemäß § 346 HGB ist unter Kaufleuten *[...] in Ansehung der Bedeutung und Wirkung von Handlungen und Unterlassungen auf die im Handelsverkehre geltenden Gewohnheiten und Gebräuche Rücksicht zu nehmen.* Zur Bildung eines solchen Handelsbrauchs bedarf es einer tatsächlichen Übung, die über einen gewissen Zeitpunkt hinweg währt und von der Zustimmung der betreffenden Verkehrskreise getragen wird.[16] § 310 Abs. 1 S. 2 BGB verlangt außerdem, bei der Kontrolle Allgemeiner Geschäftsbedingungen auf die im Handelsverkehr geltenden Gewohnheiten und Gebräuche [...] angemessen Rücksicht zu nehmen. Damit unterstreicht § 310 Abs. 1 S. 1 BGB nur, was im Handelsverkehr ohnehin gilt: Handelsbräuche sind nicht nur bei der Auslegung, sondern auch bei der Inhaltskontrolle zu berücksichtigen.[17] Deshalb wird § 310 Abs. 1 S. 2 BGB teilweise[18] auch dahingehend ausgelegt, dass bereits branchenübliche Klauselgestaltungen erfasst werden, die noch nicht zu einem Handelsbrauch erstarkt sind. Dieses Verständnis erscheint zwar vorzugswürdig, weil dadurch den Besonderheiten des Handels mehr Gewicht zukäme, doch konnte es sich bislang jedoch nicht durchsetzen.

Die zitierten Normen bilden zusammen die Kernregelungen über die private Regelbildung im Bereich der Handelsbräuche und Allgemeinen Geschäftsbedingungen. Sie stellen deshalb den Gegenstand der folgenden Analyse dar. Ausganspunkt ist das Recht der Handelsbräuche.

I. Handelsbräuche

Die Vorschrift des § 346 HGB geht auf die fast gleichlautende Bestimmung[19] des Allgemeinen Deutschen Handelsgesetzbuchs von 1861 zurück,[20] dessen Art. 1[21] die Bedeutung der Handelsbräuche dadurch verstärkte, dass er ihnen Vorrang vor dem allgemeinen bürgerlichen Recht einräumte.[22] Um die zitierten

16 BGH, NJW 1952, 257.

17 MünchKomm/Basedow, § 310 BGB Rn. 9; MünchKomm/Schmidt, § 346 HGB Rn. 10.

18 Vgl. Schulze/Schulte-Nölke, § 310 BGB Rn. 2; Staudinger/Schlosser, § 310 BGB Rn. 13; Rabe, NJW 1987, 1978, 1983.

19 Vgl. Art. 279 ADHGB.

20 Allgemeines Deutsches Handelsgesetzbuch von 1861 – Allgemeine Deutsche Wechselordnung von 1848 in den Ausgaben für das Großherzogtum Baden (Neudruck 1973).

21 Später wurde diese Norm jedoch dahingehend verengt, als dass unter die genannten Bräuche nur Handelsgewohnheitsrecht und nicht die tatsächlichen Handelsbräuche i.S.d. Art. 279 ADHGB zu fassen sind.

22 MünchKomm/Schmidt, § 346 HGB Rn. 2.

Normen ranken sich seit rund 150 Jahren dogmatische Kontroversen, die bereits bei dem Geltungsgrund der Handelsbräuche ansetzen. Deshalb soll zunächst der Geltungsgrund des Handelsbrauchs bestimmt werden (**1.**), um daran anschließend die Voraussetzungen für seine Feststellung zu erarbeiten (**2.**). Nach einer kurzen Zusammenfassung (**3.**), erfolgt eine Abgrenzung zu weiteren ähnlichen Rechtsinstituten (**4.**) und anderen *gesetzlichen* Regelungen (**5.**). In einem nächsten Schritt wird das Verhältnis des Handelsbrauchs zum geschriebenen Recht festgelegt (**6.**). Die Darstellung endet mit einer abschließenden Zusammenfassung (**7.**).

1. Geltungsgrund

Gewohnheiten und Gebräuche sind ungeschriebene Verhaltensanforderungen. Es handelt sich um die *Verkehrssitte des Handels*,[23] um eine *Verhaltenserweiterung*[24], ohne dass es sich bei Handelsbräuchen um Rechtsnormen im eigentlichen Sinne handelte.[25] Sie binden die Gerichte nicht unmittelbar über Artikel 20 Abs. 3 GG und sind auch nicht *per se* rechtsverbindlich.

Früher wurde der Handelsbrauch als abgeschwächte oder *mittelbare Rechtsquelle*[26] oder aber *sekundäre Rechtsquelle*[27] bezeichnet, da er seine Geltung dem Gesetz verdankt, das ihn durch eine Transformationsnorm in dessen Wirkungsbereich einbezieht. Diese Meinungen sind jedoch überholt.[28] Teilweise wird auch von einer *kollektiven* oder *sozialen Gewohnheit*[29] gesprochen, von handelsrechtlicher Normativregel[30] und wirtschaftlichen Ordnungssätzen,[31] privaten

23 Ebenroth/Boujong/Joost/Strohn/Joost, § 346 HGB Rn. 1; Ensthaler/Achilles/Schmidt, § 346 HGB Rn. 1; HeidelbergKomm/Ruß, § 346 HGB Rn. 1; Koller/Roth/Morck/Roth, § 346 HGB Rn. 1; MünchKomm/Schmidt, § 346 HGB Rn. 1; Schlegelberger/Hefermehl, § 346 HGB Rn. 1; Brox, Handelsrecht, S. 7 Rn. 13; Enneccerus/Nipperdey, Allgemeiner Teil des Bürgerlichen Rechts, § 41 i, S. 272; Kindler, Handelsrecht, § 7 IV.2., S. 151 Rn. 64; Gallois, JR 1956, 409.

24 MünchKomm/Schmidt, § 346 HGB Rn. 1.

25 BGH, NJW 1993, 1798; Ebenroth/Boujong/Joost/Strohn/Joost, § 346 HGB Rn. 1; Koller/Roth/Morck/Roth, § 346 HGB Rn. 1; MünchKomm/Schmidt, § 346 HGB Rn. 1; Schlegelberger/Hefermehl, § 346 HGB Rn. 1; Brox, Handelsrecht, S. 7 Rn. 13; Kindler, Handelsrecht, § 7 IV.2., S. 151 Rn. 64.

26 Düringer/Hachenburg/Werner, § 346 HGB Anm. 2.

27 Vgl. Bärmann, Festschrift für Krause, S. 225, 252; ausführlich dazu Oertmann, Rechtordnung und Verkehrssitte, S. 5 ff., 19 ff..

28 Selke, Handelsbräuche, S. 94.

29 Schlegelberger/Hefermehl, § 346 HGB Rn. 1; Danz, Die Auslegung der Rechtsgeschäfte, S. 124; Geiger, Soziologie des Rechts, S. 57, 60; Danz, JherJB 38 (1898), 373, 418.

30 Endemann, Das deutsche Handelsrecht, § 10 I, S. 33.

Regelungswerken[32], Erfahrungs-[33] oder auch Konventionsregel[34], von fakti-scher-[35] oder Sozialnorm[36]. Diesen Auffassungen ist gemein, dass der Handelsbrauch keinen eigenständigen Beurteilungsmaßstab darstellt, sondern vielmehr nur gilt, weil das Gesetz in § 346 HGB seine Berücksichtigung vorschreibt. Infolgedessen ist er keine Rechtsregel[37] und kann unmittelbar keine Rechtsverhältnisse ordnen. Er entscheidet rechtlich verbindlich, wie die Auslegung erfolgen soll.

Handelsbräuchen können über § 346 HGB Rechtswirkungen zukommen, ohne dass eine Kenntnis der Parteien oder ein etwaiger Unterwerfungswille notwendig wäre.[38] Die Funktion von Handelsbräuchen ist aufgrund des § 346 HGB janusköpfig. Zum einen dienen sie der Auslegung von kaufmännischen Willenserklärungen und Verträgen, zum anderen wirken sie normativ für die an Handlungen und Unterlassungen zu knüpfenden Rechtsfolgen – auch außerhalb vertraglicher Beziehungen.[39]

2. Feststellung von Handelsbräuchen

Die Ausführungen zur Geltung und dogmatischen Begründung von Handelsbräuchen lassen die Frage offen, wann ein Handelsbrauch vorliegt und dieser im konkreten Fall Anwendung finden kann.[40] Es bedarf insoweit einer tatsächlichen Feststellung, etwa durch die Einholung eines Sachverständigengutachtens. Das Gutachten muss das Vorliegen bestimmter Voraussetzungen belegen, die im Folgenden näher untersucht werden. Demnach ist eine gleichmäßige und einheitliche tatsächliche Übung erforderlich (**a.**), die mit einer freiwilligen Zustimmung der beteiligten Verkehrskreise verbunden ist (**b.**) und über einen angemessenen Zeitraum für vergleichbare Geschäftsvorfälle beobachtet wird (**c.**).

---

31 Reyer, Grundrechtseinschränkungen durch Autonome Satzungen, S. 145.

32 Staudinger/Coester, § 307 BGB, Rn. 239.

33 Staudinger/Merten, Art. 2 EGBGB, Rn. 104.

34 Krüger, Allgemeine Staatslehre, S. 486, 488.

35 Ramm, ZRP 1989, 136, 142.

36 Sonnenberger, Verkehrssitten im Schuldvertrag, S. 62.

37 Raisch, ZHR 150 (1986), 131; vgl. Otte, TranspR 2005, 391, 397.

38 OLG Jena, OLG-NL 2003, 241; OLG Köln, NJW-RR 1998, 926; OLG Frankfurt a.M., NJW-RR 1986, 911, 912; Baumbach/Hopt/Hopt, § 346 HGB Rn. 8.

39 MünchKomm/Schmidt, § 346 HGB, Rn. 2.

40 BGH, NJW 1994, 659, 660; BGH, LM Nr. 9 zu § 346 HGB (B) (Bl. 4 f.); BGH, NJW 1994, 659, 660; BGH, LM Nr. 9 zu § 346 HGB (B) (Bl. 4 f.); grundlegend dazu Wagner, NJW 1969, 1282.

Nach der Prüfung der einzelnen Voraussetzungen wird die Rolle der Handelsbräuche im Zivilprozess erörtert (**d.**). Im Anschluss daran folgt eine Darstellung über die Rechtsfolgen, die ein festgestellter Handelsbrauch nach sich zieht (**e.**).

a. Die gleichmäßige, einheitliche, tatsächliche Übung der Beteiligten

Zunächst geht es um eine gleichmäßige und einheitliche tatsächliche Übung der beteiligten Verkehrskreise. Diese zeichnet sich durch ein beobachtetes Verhalten (**aa.**) innerhalb eines bestimmten persönlichen Geltungsbereichs aus (**bb.**). Das Verhalten kann darüber hinaus auch in örtlicher und sachlicher Hinsicht begrenzt sein (**cc.**). Es muss außerdem von gewisser Häufigkeit zeugen (**dd.**).

aa. Ein beobachtetes Verhalten

Sonnenberger[41] versteht die Verweisung des § 346 HGB als einen Rekurs auf sozialtypische Tatbestände. Es bedarf eines beobachteten Verhaltens in den betreffenden Handelskreisen, das sich stets automatisch wiederholt. Deshalb spricht der *EuGH* zu Recht von einer konsolidierten Praxis.[42] Entscheidend ist, dass die beteiligten Kreise ihr Verhalten in gewisser Weise ausrichten. Eine bestimmte Erklärung, ein Handeln oder Unterlassen etwa, das von geschäftlicher und nicht nur rein sozialer Bedeutung[43] ist und in den betreffenden Kreisen gleichmäßig und einheitlich befolgt wird, würde diesem Kriterium gerecht werden.[44]

Die Gleichmäßigkeit des Verhaltens verlangt, dass *alle* Verkehrsbeteiligten mit einer erkennbaren Beständigkeit entsprechend handeln, ohne dass es einer besonderen Vereinbarung bedarf.[45] Dies verneinte beispielsweise das *OLG München* im Jahre 1955 für den dort zu entscheidenden Sachverhalt, ob es bei Waggonladungen im Obst- und Gemüsehandel ausreicht, nur einige Kisten in der Nähe der Tür zu untersuchen, mit der Begründung, ein derartiges Verhalten sei nicht auch bei ausländischen Abladern zu beobachten.[46] Der *EuGH* spricht

41 So etwa Sonnenberger, Verkehrssitten im Schuldvertrag, S. 92.

42 EuGH, EuZW 1999, 441 (LS 4).

43 Staub-RGRK/Ratz, § 346 HGB, Anm. 29, wonach ein Tun der Höflichkeit, Gutmütigkeit, Freigiebigkeit, Nachlässigkeit und dergleichen nicht genügen soll.

44 RGZ 118, 139, 140; RGZ 75, 40, 41; RG, JW 1909, 720; BGH, NJW 1994, 659, 660; BGH, LM Nr. 9 zu § 346 (B); Heymann/Horn, § 346, Rn. 22; Staub-RGRK/Ratz, § 346 HGB, Anm. 29: vgl. Canaris, Handelsrecht, § 22 Rn. 5 f..

45 BGH, BB 1952, 12.

46 OLG München, BB 1955, 748.

einer bestimmten Praxis unter den führenden Kaufleuten des jeweiligen Geschäftszweigs eine Indizwirkung zu. Es verbietet sich jedoch ein einseitiges Abstellen auf die wirtschaftliche Stellung eines Marktteilnehmers.[47] Mithin ist eine *partiell* durchgesetzte Verkehrspraxis nicht ausreichend.[48]

bb. Persönlicher Geltungsbereich

Verkehrssitten, die sich nur für bestimmte Orte oder Branchen gebildet haben, entfalten auch nur für die Personen, die diesen speziellen Kreisen angehören, Wirkungen.[49] Der persönliche Geltungsbereich beschränkt sich aufgrund seines Wortlauts und der systematischen Stellung des § 346 HGB auf *Kaufleute*.[50] Erfasst werden alle Kaufleute i.S.d. §§ 1-6 HGB. Sie gelten für das beiderseitige Handelsgeschäft, was gemäß § 344 HGB vermutet wird.[51] Es ist ohne Belang, ob der Kaufmann neu in der Verkehrsbranche und mit den vorherrschenden Handelsbräuchen noch nicht vertraut ist.[52]

Teile der Literatur stehen dieser Einschränkung skeptisch gegenüber. So wird etwa vorgeschlagen, Handelsbräuche auch dann auf Nichtkaufleute anzuwenden, wenn sie zu deren Gunsten fungieren[53] oder aber diese nicht binde.[54] *Karsten Schmidt* lehnt eine rein formale Anknüpfung an die Kaufmannseigenschaft ab und forciert eine Anwendung des Handelsbrauchs innerhalb des von der Verkehrssitte erfassten Kreises von Wirtschaftssubjekten.[55] Letztere Ansicht überzeugt, da nicht einzusehen ist, warum einem Nichtkaufmann gegenüber, der wie ein Kaufmann im jeweiligen Geschäftszweig auftritt, andere Regeln gelten sollten, obwohl er mit der ständigen Praxis der Kaufmannschaft ebenso vertraut ist wie ein Kaufmann. Auch die höchstrichterliche Rechtsprechung folgt diesem

---

47 EuGH, EuZW 1999, 441, 443 Rz. 27. Der EuGH hat dies in seiner Entscheidung für den Anwendungsbereich des Art. 17 EuGVÜ festgestellt.

48 RGZ 135, 339, 345; OLG Hamm, NJW-RR 1993, 1444, 1445; Ensthaler/Achilles/Schmidt, § 346 HGB Rn. 13.

49 RGZ 49, 157, 161; differenzierend Ensthaler/Achilles/Schmidt, § 346 HGB, Rn. 18 ff; Koller/Roth/Morck/Roth § 346 HGB, Rn. 6; Schlegelberger/Hefermehl, §346 HGB, Rn. 8; Danz, Die Auslegung der Rechtsgeschäfte, S. 225 f.; Goertz, Handelsgewohnheitsrecht und Handelssitte, S. 50; Bendix, JW 1921, 226, 227; Sachse, AcP 127 (1927), 288, 301.

50 HeidelbergKomm/Ruß, § 346 HGB, Rn. 2; Brox, Handelsrecht, S. 8 Rn. 15.

51 MünchKomm/Schmidt, § 344 HGB Rn. 1.

52 BGH, DB 1973, 662; OLG Frankfurt a.M., NJW 1977, 1015.

53 Flume, Allgemeiner Teil des Bürgerlichen Rechts, Bd. II (Das Rechtsgeschäft), S. 313, § 16 3d.

54 Staudinger/Dilcher, §§ 133, 157 BGB, Rn. 36.

55 MünchKomm/Schmidt, § 346 HGB Rn. 12; Schmidt, Handelsrecht, § 3 II1, S. 51 f..

Ansatz. Der *Bundesgerichtshof* (*BGH*) lehnt in diesen Fällen eine rein formale Betrachtungsweise ab.[56] Diese Rechtsprechung steht im Einklang mit den Grundsätzen zum kaufmännischen Bestätigungsschreiben, dessen persönlicher Geltungsbereich ebenfalls auf Nichtkaufleute ausgedehnt wird.[57]

Nichtkaufleute können die Geltung eines Handelsbrauchs auch vereinbaren und sich diesem unterwerfen. Die Erklärung kann ausdrücklich oder aber konkludent erfolgen. Letztere ist anzunehmen, wenn ein Nichtkaufmann in branchentypischer Weise kontrahiert und dabei Kenntnis von dem Handelsbrauch hat. Eine Bindung trotz fehlender Kenntnis kommt nur dann in Betracht, wenn die andere Seite aus dem Verhalten des Nichtkaufmanns schließen durfte, dieser wolle sich dem Handelsbrauch unterwerfen.[58] Darüber hinaus gelten Handelsbräuche auch dann, wenn sie sich für den Nichtkaufmann als günstig herausstellen,[59] wenn das Gesetz ein einseitiges Handelsgeschäft als ausreichend ansieht und damit Handelsbräuche auch für den Nichtkaufmann für verbindlich erklärt, wie zum Beispiel im Falle des § 359 HGB,[60] oder der Handelsbrauch zu einer allgemeinen Verkehrssitte i.S.d. §§ 157, 242 BGB erstarkt ist,[61] was allerdings einer gesonderten und sorgfältigen Feststellung bedarf.[62] Insoweit ist anzumerken, dass das BGB mittlerweile klar zwischen Verbrauchern im Sinne des § 13 BGB und Unternehmern im Sinne des § 14 BGB unterscheidet. Diese Differenzierung erlaubt eine abgestufte Behandlung beider Gruppen, die an einigen Stellen evident zutage tritt.[63] So etwa auch im AGB-Recht. Das strenge Regelungskonzept der §§ 305 ff. BGB, das auf das hohe Schutzbedürfnis von Verbrauchern zugeschnitten ist, wird durch § 310 Abs. 1 BGB relativiert. Gemäß § 310 Abs. 1 S. 2 BGB ist bei der Anwendung des § 307 BGB im kaufmännischen Verkehr auf die *im Handelsverkehr geltenden Gewohnheiten und Gebräuche* angemessen Rücksicht zu nehmen. Damit wird ein für Kaufleute wegen

---

56 BGH, DB, 1981, 636; BGH, NJW 1952, 257.

57 BGH, NJW 1987, 1940; BGH, NJW 1976, 1402; BGH, WM 1973, 1376; BGH, DB 1967, 1362; Koller/Roth/Morck/Roth § 1 HGB Rn. 38.

58 BGH, JW 1927, 764; vgl. Sachse, AcP 127 (1927), 288, 301.

59 BGH, BB 1970, 151 (Verjährung der Frachtnachforderung unter § 84 GüKG a.F.); vgl. Hopt, AcP 183 (1983), 608, 686 ff., insbesondere 690.

60 Staub-Großkomm/Brüggemann, Einl. A Rn. 33 a.E..

61 OLG Franfurt a. M., WM 2009, 1032, 1034.

62 OLG Koblenz, NJW-RR 1988, 1306; Baumbach/Hopt/Hopt, § 346 HGB, Rn. 4; Ensthaler/Achilles/Schmidt, § 346 HGB, Rn. 20; Röhricht/v. Westphalen (Hrsg.)/Wagner, § 346 HGB, Rn.9; Schlegelberger/Hefermehl, § 346 HGB, Rn. 28; Brox, Handelsrecht, S. 8 Rn. 15; Rabel, Das Recht des Warenkaufs Band I, S. 61; vgl. Hopt, AcP 183 (1983), 608, 686 ff., 690 ff.; Werner, Anm. zu RG, Urt. v. 19.11.1926 in JW 1927, 764.

63 Zum Beispiel die Differenzierung in § 286 Abs. 2, 3 BGB oder auch das Verbraucherschutzrecht der §§ 312 ff. BGB.

§ 346 HGB zwar ohnehin geltender Grundsatz wiederholt, gleichzeitig erweitert sich der Anwendungsbereich der Gewohnheiten und Gebräuche nunmehr auf Personengruppen, die von § 346 HGB *per se* nicht erfasst werden.[64] Durch die gewählte Formulierung der angemessenen Rücksichtnahme verbleibt den Rechtsanwendern ausreichend Spielraum, dem einschlägigen Brauch entsprechende rechtliche Beachtung einzuräumen. Diese gesetzgeberische Entscheidung belegt, dass Handelsbräuche auch im nichtkaufmännischen, aber unternehmerischen Verkehr durchaus eine Rolle spielen können, im Geschäft mit Verbrauchern jedoch nur, wenn eine der oben genannten Ausnahmen vorliegt.

Im Hinblick auf den Scheinkaufmann muss dieser Grundsatz ebenfalls eingeschränkt werden. Dieser kann sich nicht einseitig auf den von ihm gesetzten Rechtsschein berufen, um daraus zu seinen Gunsten die Geltung eines bestimmten Handelsbrauchs herzuleiten. Der Handelsbrauch gilt nur zu seinen Ungunsten.[65]

cc. Örtlicher und sachlicher Geltungsbereich

Die tatsächliche Übung kann eine räumliche Begrenzung erfahren.[66] Dies lässt sich aus einer Reihe von Bestimmungen ableiten, wie etwa §§ 59, 94 Abs.1, 96, 99, 354, 359, 380, 393 Abs.2, 394 Abs.1, 396 Abs.1, 561, 568 Abs. 1, 575, 593. 595 Abs.1, 599 HGB, die örtliche Handelsbräuche anerkennen.[67] Ein örtlicher Handelsbrauch ist *per se* nicht außerhalb seines Geltungsbereichs maßgebend. Die tatsächliche Übung kann sich ebenso auf bestimmte Branchen und Geschäftsarten erstrecken. Insoweit kann die Übung auch international Geltung beanspruchen, wenn beide Parteien des Rechtsgeschäfts den für die Bildung des Handelsbrauchs relevanten Kreisen angehören. Zu den relevanten Kreisen zählen alle Personen, die auf dem gleichen Sachgebiet gleichartige Interessen verfolgen.[68]

Darüber hinaus sind auch sachliche Einschränkungen möglich. So kann ein Handelsbrauch etwa nur für bestimmte Branchen oder Gewerbe, etwa die Schmuck- oder Holzbranche oder das Hotelgewerbe bestehen. Auch hier gelten dieselben Einschränkungen für die Anwendbarkeit des jeweiligen Handels-

---

64 MünchKomm/Basedow, § 310 BGB, Rn. 9; Staudinger/Schlosser, § 310 BGB, Rn. 13.

65 Ebenroth/Boujong/Joost/Strohn/Joost, § 346 HGB, Rn. 17; Ensthaler/Achilles/Schmidt, § 346 HGB, Rn. 18; Heymann/Horn, § 346 HGB, Rn. 8; Schlegelberger/Hefermehl, § 346 HGB, Rn. 27; Staub-Großkomm/Koller, § 346 HGB, Rn. 23; zurückhaltend Staub-RGRK/Ratz, § 346 HGB, Anm. 37; Weiss, Handelsbrauch, S. 9.

66 HeidelbergKomm/Ruß, § 346 HGB, Rn. 4.

67 Schlegelberger/Hefermehl, § 346 HGB, Rn. 33; BGH, WM 1973, 382 f..

68 Sonnenberger, Verkehrssitten im Schuldvertrag, S. 93.

brauchs wie bei den örtlichen Handelsbräuchen. Eine Ausnahme wird nur dann zugelassen, wenn sich ein Branchenfremder in ähnlicher Weise wie ein branchenangehöriger Kaufmann betätigt.[69]

dd. Häufigkeit des Verhaltens

Ohne die Anforderungen an die Häufigkeit zu hoch ansetzen zu wollen, bedarf es doch einer gewissen Zeit, bevor sich eine einheitliche, gleichmäßige tatsächliche Übung durchgesetzt hat,[70] so dass weder ein einzelner Fall noch eine bloß zufällige Wiederholung genügen.[71] Entscheidend ist, dass sich die Übung zu einer Verhaltenserwartung des Verkehrskreises verfestigt.[72] Es kann sich auch ein situationsbedingter Handelsbrauch herausbilden, etwa als Folge besonders stürmischen Börsengeschehens,[73] von Kriegs-[74] oder Inflationszeiten[75]. Doch auch hier ist eine gleichmäßige, nicht ständigem Wechsel unterliegende Übung erforderlich. Obgleich es auf die Häufigkeit *per definitionem* nicht ankommt, so kann diese *in praxi* doch erheblichen Einfluss auf das Entstehen einer einheitlichen, gleichmäßigen tatsächlichen Übung und in der Folge auch auf einen Handelsbrauch haben.[76] Es muss erkennbar sein, dass sich die Übung *durchgesetzt* hat.

Teilweise wird darüber hinaus in der Seltenheit die fehlende Typizität der gleichförmigen Übung gesehen, die erst den Handelsbrauch ausmacht.[77] Hiergegen spricht jedoch, dass gerade der Handelsbrauch tatsächliche Verhaltensweisen, seien sie auch selten, berücksichtigen soll, sofern sie sich nur bei einer Vielzahl von Beteiligten wiederholen. Eine Übung kann über eine lange Zeit hinweg wiederkehrend auftreten und dennoch in der Gesamtschau selten sein.

---

69 Ebenroth/Boujong/Joost/Strohn/Joost, § 346 HGB, Rn. 16; Canaris, § 22 Rn. 48.

70 RGZ 110, 47, 48; RGZ 118, 139, 140; BGH, NJW 1952, 257; OLG Köln, VersR 1998, 510; Baumbach/Hopt/Hopt § 346 HGB, Rn. 1; Schlegelberger/Hefermehl, § 346 HGB, Rn. 9.

71 MünchKomm/Schmidt, § 346 HGB Rn. 13.

72 So im Ergebnis Ebenroth/Boujong/Joost/Strohn/Joost, § 346 HGB, Rn. 6.

73 RGZ 114, 9, 14.

74 RG LZ 1920, 439, 440.

75 Vgl. aber RGZ 118 139, 140; vgl. auch RG, JW 1938, 859..

76 Vgl. RG, WarnRspr. 1915 Nr. 282; so etwa bei Schiffsverkäufen innerhalb eines begrenzten Zeitraums, vgl. BGH, NJW 1966, 502, 504; Vorinstanz OLG Hamburg, MDR 1963, 849, vgl. zu diesen Urteilen die kritischen Anmerkungen von Limbach, Festschrift für Hirsch, S. 77, 94; Ernsthalter/Achilles/Schmidt, § 346 HGB, Rn. 12; Goldschmidt, Handbuch des Handelsrechts, Einleitung und Grundlehren, S. 329 (dort FN 22); kritisch Sonnenberger, Verkehrssitten im Schuldvertrag, S. 92 (FN 147).

77 Limbach, Festschrift für Hirsch, S. 77, 94.

b. Die freiwillige Zustimmung der beteiligten Verkehrskreise

Neben die gleichmäßige und einheitliche tatsächliche Übung tritt als zweite Voraussetzung die Zustimmung der beteiligten Verkehrskreise, d.h. die Beteiligten müssen den Handelsbrauch als verpflichtende Regel (**aa.**) freiwillig (**bb.**) befolgen. Fraglich ist insoweit, ob die Übung auch das Kriterium der Rationalität erfüllen muss oder ob das deutsche Recht im Bereich der Handelsbräuche auf ein solches Merkmal verzichtet (**cc.**). Außerdem muss die Maßgeblichkeitsüberzeugung (**dd.**) und allgemeine Anerkennung der entsprechenden Kreise hinzutreten (**ee.**), ohne dass es auf den Willen der Parteien ankäme (**ff.**). Schließlich besteht die Möglichkeit, dass die Beteiligten die Anwendung von Handelsbräuchen vertraglich vereinbaren können (**gg.**).

aa. Befolgung als verpflichtende Regel

Die bloße Bereitschaft der Verkehrskreise, die allgemein geübte Handlungsweise nachzuvollziehen, ist nicht ausreichend. Vielmehr muss der Handelsbrauch von den beteiligten Kaufleuten akzeptiert und als verpflichtende Regel[78] befolgt werden. Es handelt sich dabei um *bemerkbare Äußerungshandlungen*.[79] Ein Handeln aus Höflichkeit oder Kulanz ist nicht ausreichend,[80] vielmehr muss auf beiden Seiten ein gewisser Brauch anerkannt sein und praktiziert werden.[81]

bb. Freiwilligkeit

Die soeben beschriebene Akzeptanz muss freiwillig erfolgen, darf also nicht auf gesetzlicher oder behördlicher Anordnung beruhen.[82] Ein Handelsbrauch ist auch dann zu verneinen, wenn sich die eine Seite der Übermacht der anderen beugt.[83] Zwar kann bei einer tatsächlichen Übung, die vornehmlich einer Partei zum Vorteil gereicht, eine Freiwilligkeit und damit die Annahme eines Handelsbrauchs nicht ausgeschlossen werden,[84] doch ist bei einer Übung, die den Interessen beider Seiten dient, eher von der Herausbildung eines Handelsbrauchs

---

78 BGH, MDR 1985, 50; BGH, NJW 1994, 659, 660; BGH, NJW 1952, 257; Staub-RGRK/Ratz, HGB, § 346, Anm. 28/34.

79 Danz, JherJB 38 (1898), 373, 418.

80 Lißner, Handelsbräuche, S. 17 f..

81 Selke, Handelsbräuche, S. 64.

82 BGH, WM 1980, 1122; OLG Frankfurt, NJW-RR 1996, 548, 549; Ensthaler/Achilles/Schmidt, § 346 HGB, Rn. 11; Heymann/Horn, § 346 HGB, Rn. 22; Bülow, Handelsrecht, S. 110 Rn. 358.

83 Schlegelberger/Hefermehl, § 346 HGB, Rn. 10; Staub-Großkomm/Koller, § 346 HGB, Rn. 11; Canaris, Handelsrecht, § 22 Rn. 8.

84 RG, JW 1938, 859.

auszugehen.[85] Eine gängige Praxis, die auf die wirtschaftliche oder monopolistische Übermacht einer Seite zurückzuführen ist oder einseitig im Interesse eines Standes gepflegt wird, ist jedoch kein Handelsbrauch.[86] Die Aufnahme von Handelsbräuchen in AGB schließt eine freiwillig praktizierte Übung nicht aus. Erst wenn es ohne die Aufnahme der Handelsbräuche in die AGB nicht mehr zu einer freiwilligen Anerkennung durch die beteiligten Kreise kommen würde, entfällt die Annahme der Freiwilligkeit.[87]

cc. Keine Rationalität

In einer Entscheidung des *Reichsgerichts* aus dem Jahre 1931 geht es um die Auslegung einer *kassa*-Klausel.[88] Es führte dazu aus, dass ein Handelsbrauch dann unvernünftig sei, wenn der anderen Partei etwas Unbilliges zugemutet würde.[89] Aus dieser und weiteren Entscheidungen wurde deshalb der Schluss gezogen, ein Handelsbrauch müsse auch vernünftig sein.[90] Eine derartige Prüfung kann jedoch schwerlich Aufgabe der Rechtsprechung sein. So wies das RG in der oben zitierten Entscheidung darauf hin, dass der Handelsbrauch eben nicht aus Sicht des Gerichts vernünftig sein müsse. Vielmehr sei ein Handelsbrauch dann *un*vernünftig, wenn der anderen Partei etwas Unbilliges zugemutet würde. Auch das Schrifttum nimmt teilweise an, dass trotz des Erfordernisses der Freiwilligkeit nicht vermieden werden könne, dass eine einseitige Übung sich zum Vorteil nur einer Partei geriert, ohne dass sie jedoch als *unfreiwillig* einzuschätzen wäre.[91] Ungeachtet der Tatsache, dass es sich um eine *gewachsene* Regel handele, die auch freiwillig erfolgen müsse, sei eine tatsächliche

---

85 Ebenroth/Boujong/Joost/Strohn/Joost, § 346 HGB, Rn. 8.

86 BGHZ 62, 71 (83); OLG Frankfurt, NJW-RR 1996, 548, 549; OLG Hamm, NJW-RR 1993, 1444, 1445; OLG Stuttgart, BB 1955, 620; Düringer/Hachenberg/Werner, § 346 HGB, Anm. 11; Ensthaler/Achilles/Schmidt, § 346 HGB, Rn. 11; Schlegelberger/Hefermehl, § 346 HGB, Rn. 10; Staub-RGRK/Ratz, § 346 HGB, Anm. 30/47 a.E.; Bülow, Handelsrecht, S. 110 Rn. 358; Michel, AGB als Vertragsbestandteil in der Rspr., S. 66; vgl. Bussmann, WuW 1955, 275, 276 im Hinblick auf die Geltung der ADSp; Klausing, ZHR 87 (1924), 196; Rummel, JBl. 1973, 66, 69; Weynen, NJW 1954, 628 f.; Zipfel, BB 1957, 422/423.

87 Schlegelberger/Hefermehl, § 346 HGB, Rn. 13.

88 RG, JW 1932, 568.

89 RG, JW 1932, 568.

90 RG, LZ 1911, Sp. 772 Nr. 6; RG, LZ 1922, Sp. 25 Nr. 4; BGHZ 41, 215, 220 f.; OLG München, BB 1955, 748.

91 Bachmann, Private Ordnung, S. 349 f..

Übung stets auch am Maßstab von Treu und Glauben zu messen und gerade nicht ohne Vorbehalt vom Recht für verbindlich zu erklären.[92]

Die Vorstellung einer von Marktpartnern ausgehandelten Regel trifft nach Auffassung von *Bachmann* zwar auf Tarifverträge zu, sie passt jedoch nur bedingt auf sich allmählich herausbildende Bräuche. Denn ob die Regelung als *optimal* erachtet werden könne, sei abhängig von der Art, Anzahl und dem Organisationsgrad der beteiligten Kreise. Die Alternative, die Handelsbräuche am Kriterium der Freiwilligkeit scheitern zu lassen oder sie als *marktgerechte Optimierung* unbeschränkt gutzuheißen, würde der Vielfalt der verschiedenen Branchen und der bisweilen fließenden Grenze zu Allgemeinen Geschäftsbedingungen nicht gerecht.[93] Deshalb sei eine Kontrolle am Maßstab von Treu und Glauben einer starren Freiwilligkeitsprüfung vorzuziehen, so dass auf diese Voraussetzung beharrt werden müsse.[94] Jedoch beeinflusse der *Grad* der Freiwilligkeit ebenso wie im AGB-Recht den anzulegenden Kontrollmaßstab.[95] Das Ineinandergreifen von dynamischer Verweisung auf Teile privater Regelsetzung im Sinne des § 346 HGB bei gleichzeitiger Einschränkung durch eine weitere in § 242 BGB enthaltene Generalklausel stelle deshalb ein sinnvolles Zusammenspiel dar.[96]

Dieser Ansicht ist nicht zu zustimmen. Bereits aus dem Erfordernis der Freiwilligkeit ergibt sich, dass ein Handelsbrauch immer dann zu verneinen ist, wenn sich die eine Seite der Übermacht der anderen beugt. *Koller* argumentiert, dass das Gesetz den Verkehrskreisen mit der Anerkennung des Handelsbrauchs die Möglichkeit einräume, das als maßgeblich Erachtete *autonom* zu regeln.[97] Dieses selbsterschaffene und bestmöglich ausgestaltete Geflecht der Marktpartner einer richterlichen Kontrolle zu unterstellen, kollidiere jedoch mit den Interessen einer Marktwirtschaft.[98]

---

92 Bachmann, Private Ordnung, S. 349 f.; Enneccerus/Nipperdey, Allgemeiner Teil des Bürgerlichen Rechts, § 41 I, S. 272; vgl. bereits Oertmann, Rechtsordnung und Verkehrssitte, S. 413 ff..

93 Bachmann, Private Ordnung., S. 350.

94 Bachmann, Private Ordnung., S. 350.

95 Heymann/Horn, § 346 HGB, Rn. 24 f..

96 Staudinger/Looschelders/Olzen § 242 BGB, Rn. 206 ff.; anders noch Staudinger/J. Schmidt (12. Aufl., Berlin 1983), § 242 BGB Rn. 105 ff.; vgl. Soergel/Teichmann, § 242 BGB Rn. 42.

97 Staub-Großkomm/Koller, § 346 HGB, Rn. 14; insoweit wenig überzeugend Enneccerus/Nipperdey, Allgemeiner Teil des Bürgerlichen Rechts, § 41 I, S. 272, der Handelsbräuche an § 242 BGB messen möchte, gleichzeitig jedoch zugibt, dass Handelsbräuche das im Verkehr Übliche bestimmen.

98 Staub-Großkomm/Koller, § 346 HGB, Rn. 14; im Ergebnis ähnlich Canaris, Handelsrecht, § 22 Rn. 37.

Staatliche Normen ermöglichen ein Verhalten oder verbieten es. Deshalb kann es bei der Anwendung von Handelsbräuchen nur um die Frage gehen, ob damit eine Unsitte verbunden ist, d.h. der Prüfungsansatz muss darauf gerichtet sein, ob die Berufung auf den vermeintlichen Handelsbrauch missbräuchlich erscheint. Weitergehende, im Ermessen des Gerichts liegende Erwägungen haben insoweit keinen Platz. Dies lässt sich an einer Entscheidung des *BGH* aus dem Jahre 1964 verdeutlichen. Das Gericht führte insoweit aus, dass es einer Partei rechtlich frei stehe, ihre Belange durch eine den Umständen angepasste andere Vertragsgestaltung zu wahren, wenn sie sich durch den Handelsbrauch benachteiligt fühle.[99] Eine richterliche Vertragskorrektur hat mithin zu unterbleiben. Denn ansonsten *erkennt* das zuständige Gericht nicht mehr, sondern *schöpft* neues Recht, das den Willen der Vertragsparteien verdrängt. Die Privatautonomie und Vertragsfreiheit gebieten es, die Kaufmannschaft frei wählen zu lassen, wie sie ihre rechtlichen Beziehungen ausgestaltet, gesetzt den Fall, sie bewegt sich stets auf dem Boden des Rechts. Es gibt keine sachdienlichen Erwägungen für ein Gericht, den Beteiligten auf der Grundlage von § 242 BGB seine Gerechtigkeitsvorstellungen zu oktroyieren. Im Gegenteil die Feststellung eines Handelsbrauchs konkretisiert das Gebot von Treu und Glauben, da es sich um eine natürlich gewachsene Regel handelt, die von den beteiligten Verkehrskreisen freiwillig getragen wird. Als solche kann sie jedoch nicht zugleich am Maßstab des § 242 BGB gemessen werden, da dieses Vorgehen zu einem Zirkelschluss führte.[100] Dies belegt schließlich auch ein Blick auf die dogmatische Begründung des kaufmännischen Bestätigungsschreibens. Dieses Institut entfaltet zwar über § 346 HGB Wirkungen, doch liegt der Grund dafür in einem besonderen Vertrauenstatbestand, der über § 346 HGB geschützt wird.[101] Der Vertrauenstatbestand wird solange geschützt, bis er durch einen Widerspruch zerstört wird. Da das Bestehen eines derartigen Vertrauens im Handel allgemein anerkannt wird, ist es im Einzelfall auch gerechtfertigt.[102] Eine weitergehende Prüfung dieses Vertrauenstatbestands am Maßstab des § 242 BGB erübrigt sich mithin.

Etwas anderes mag im Recht der Allgemeinen Geschäftsbedingungen gelten, doch ist dort auch die Ausgangssituation eine andere, da die Regelungen einseitig gestellt worden sind, so dass eine einseitige Bevorteilung naheliegt, welche Korrekturen seitens der Rechtsprechung erfordern kann. Aus dieser Tat-

99 BGH, NJW 1964, 1365, 1366.
100 Oestmann, KritV 2002, 409.
101 Hopt, AcP 183 (1983), 608, 691.
102 Dazu Diederichsen, JuS 1966, 129, 139.

sache und § 310 BGB kann man im Wege eines *argumentum e contrario* ableiten, dass der Kaufmannstand bei Bildung von Handelsbräuchen frei sein muss, seine Übung zu praktizieren und zu gestalten, sofern sie die jeweiligen Voraussetzungen erfüllen. Der Richter ist darauf beschränkt, die Rechtsordnung vor Verletzungen zu schützen, nicht jedoch weitergehende Erwägungen anzustellen. Erst wenn die wirtschaftliche Unvernunft die Grenze des rechtlich Zulässigen durchbricht, muss der Richter intervenieren.

dd. Opinio necessitatis – die Maßgeblichkeitsüberzeugung

Doch auch in subjektiver Hinsicht müssen Vorgaben erfüllt sein, um die Übung als einen Handelsbrauch zu qualifizieren. Ein Wille, die Übung als Recht anzuerkennen, *opinio juris*[103], ist insoweit jedoch nicht erforderlich.[104] Auschlaggebend ist vielmehr das Bewusstsein ihrer Notwendigkeit, *opinio necessitatis*.[105] Hierin liegt ein wesentlicher Unterschied und zugleich schwierigster Abgrenzungspunkt zum Handelsgewohnheitsrecht, das von einem Rechtsgeltungswillen der betroffenen Verkehrskreise getragen wird.[106] Der Handelsbrauch ist lediglich *verbindlich im Sinne einer Verkehrserwartung*. Einer allgemeinen Überzeugung des Rechtsverkehrs bedarf es nicht. Der Handelsbrauch ist deshalb als abgeleitete Rechtsquelle zu verstehen, da er nur im Rahmen gesetzlicher Anerkennung gilt und Wirkungen zeigen kann.[107]

ee. Allgemeine Anerkennung

Außerdem bedarf es der allseitigen Anerkennung und Billigung durch die Angehörigen der betreffenden Verkehrskreise.[108] Es muss folglich eine einheitliche Übung und Überzeugung fast aller Marktteilnehmer gegeben sein,[109] wobei vereinzelt bleibende Ausnahmen der Gleichförmigkeit nicht entgegenstehen.

---

103 Ausführlich zu dem Begriff und dessen historischer Entwicklung: Sonnenberger, Verkehrssitten im Schuldvertrag, S. 246 ff..

104 Ebenroth/Boujong/Joost/Strohn/Joost, § 346 HGB, Rn. 10; MünchKomm/Schmidt, § 346 HGB, Rn. 14.; Neuhaus, JuS 1996, L 41, 44.

105 Staub-Großkomm/Koller, § 346 HGB, Rn. 9.

106 Ebenroth/Boujong/Joost/Strohn/Joost, § 346 HGB, Rn. 10; Brox, Handelsrecht, S. 7 Rn. 13.

107 Neuhaus, JuS 1996, L 41, 44.

108 RGZ 135, 339, 345; RGZ 110, 47, 48; BGH, WM 1984, 1000, 1002; BGH, NJW 1952, 257; Heymann/Horn, § 346 HGB, Rn. 23; MünchKomm/Schmidt, § 346 HGB, Rn. 14.

109 BGH, NJW 1994, 659; BGH, MDR 1985, 50.

Realistischerweise sollte eine Zustimmung von etwa 75-80 % bestehen.[110] Diese Quote wird für die Zustimmung beider Seiten genannt,[111] was in der Folge eine noch höhere Grenze bedeutet. Zu weitgehend wäre es allerdings, 97% für die Annahme eines Handelsbrauches zu fordern.[112] Eine dem Handelsbrauch inhaltsgleiche ausdrückliche vertragliche Regelung spricht nicht gegen dessen Existenz *per se*. Die ausdrückliche Regelung kann nach Ansicht des *BGH* vielmehr darauf zurückzuführen sein, dass die Vertragsparteien einen bestimmten Handelsbrauch zwar befolgen, der Vollständigkeit und Beweissicherung halber jedoch eine schriftliche Fixierung bevorzugen.[113] Präferiert ein überwiegender Teil des angesprochenen Verkehrskreises eine vertragliche Festlegung der branchenüblichen Regelung, ist jedoch genau zu prüfen, ob ein Handelsbrauch tatsächlich noch besteht oder aber wegen fehlender Maßgeblichkeitsüberzeugung erloschen ist.[114]

Auch ein explizites Abbedingen eines Handelsbrauchs kann belegen, dass dieser in seiner Geltungskraft anerkannt wird. Zwar kann ein Verhalten, welches dem bestehenden Handelsbrauch zuwiderläuft, ähnlich dem *actus contrarius*-Gedanken, diesen nachhaltig verändern, doch entkräftet ein bloßer Versuch des Widerspruchs den Handelsbrauch nicht, sondern er bestätigt im Gegenteil dessen Existenz.[115]

ff. Kein Unterwerfungswille erforderlich

Rechtsprechung[116] und Literatur[117] gleichermaßen sprechen Handelsbräuchen als allgemeinen Regeln normative Wirkung zu und lehnen damit die Willenstheorie,

---

110 Junge, WiVerw 1987, 195, 204.

111 OLG Celle, IPRax 1997, 417, 418 a.E.; OLG Hamm, ZIP 1994, 889; Ensthaler/Achilles/Schmidt § 346 HGB, Rn. 11, 13 (schädliche Minderheit liegt bei 10-20 %); vgl. Röhricht/v. Westphalen (Hrsg.)/Wagner § 346 HGB, Rn. 13 (Mehrheit des beteiligten Verkehrskreises); ohne konkrete Zahlen Staub-Großkomm/Koller, § 346 HGB, Rn. 9 ff..

112 Bindels/Linden, BB 1958, 16, 22.

113 BGH, NJW 1994, 659.

114 BGH, NJW 1994, 659; Ensthaler/Achilles/Schmidt, § 346 HGB, Rn. 11, 13.

115 Selke, Handelsbräuche, S. 66.

116 RG, SeuffArch Bd. 39, Nr. 177, S. 312 (betr. § 157 BGB); RG, NW-RG § 157 BGB Nr. 56; RG, HRR 1929, Nr. 1990; JW 1914, 674; RG, JW 1907, 149; RG, RGZ 95, 242, 243; EuGH, IPRax 2000, 119, LS 4, der insoweit zwar zunächst von Kenntnis spricht, diese jedoch bejaht, wenn ein bestimmtes Verhalten in einem bestimmten Geschäftszweig regelmäßig befolgt wird und deshalb als konsolidierte Praxis angesehen werden kann; BGH, NJW 1993, 1798; OLG Jena, OLG-NL 2003, 241.

117 Baumbach/Hopt, § 346 HGB, Rn. 8; Schlegelberger/Hefermehl, § 346 HGB, Rn. 31; Staub-RGRK/Ratz, § 346 HGB, Anm. 21/36; differenzierend Canaris, Handelsrecht,

welche einen Unterwerfungswillen verlangt,[118] ab. Dies begründet *Danz* ganz treffend damit, dass die Fiktion einer stillschweigenden Vereinbarung gerade ein Beleg dafür sei, dass es auf den Willen der Parteien nicht ankomme.[119] Der Handelsbrauch ist bereits dann zu berücksichtigen, wenn sämtliche Beteiligte denjenigen Verkehrskreisen angehören, bei denen dessen Existenz allgemein anerkannt ist, denn ein bestehender Handelsbrauch gilt aus sich heraus.[120] Deshalb kommt es auf einen in den Vertrag übergegangenen Parteiwillen nicht an. Das Gesetz legt durch die Formulierung des § 346 HGB vielmehr einen objektiven Maßstab für interpretierende aber auch ergänzende Handelsbräuche an, so dass jeder den Handelsbrauch gegen sich gelten lassen muss.[121] Die Angehörigen der jeweiligen Verkehrskreise können sich einem Handelsbrauch und dessen Rechtswirkungen *per se* nicht entziehen, es sei denn sie widersprechen dem Handelsbrauch.[122] Es bietet sich eine Parallele zum dispositiven Recht an, welches ebenfalls ohne Kenntnis der Parteien gilt, sofern diese ihr Rechtsverhältnis nur unvollständig ausgestaltet haben. Gesichtspunkte der Rechtssicherheit streiten hierbei für die einheitliche Auslegung im Sinne des Üblichen. Deshalb spricht eine Vermutung dafür, dass die Verkehrsteilnehmer der kaufmännischen Branche die einschlägigen Handelsbräuche kennen,[123] zumal auch erwartet wer-

---

§ 22 Rn. 28; Hübner, Handelsrecht, § 6 B IV, Rn. 521; Kindler, Handelsrecht, § 7 IV.2., S. 151 Rn. 65; Dölle, Festschrift für Rheinstein, S. 447, 448 im Kontext des Art. 9 EKG (Entwurf der Haager Einheitlichen Kaufgesetze von 1964); kritisch, aber im Ergebnis zustimmend Limbach, Festschrift für Hirsch, S. 77, 87 f..

118 ROHGE 22, 144, 146; ROHGE 17, 333, 335; ROHGE 16, 207, 215; ROHGE 13, 367, 369 f.; ROHGE 12, 319, 339; ROHGE 8, 254, 255; ROHGE 6, 76, 78; ROHGE 6, 368, 370; ROHGE 3, 1, 3; Laband, ZHR 17 (1872), 466, 497; vgl. Crome, System des Deutschen Bürgerlichen Rechts Bd. I, S. 87 (der zwar von einem Geschäftsgebrauch spricht, aber diesem die Merkmale eines Handelsbrauchs zuspricht); unklar Enneccerus/Nipperdey, Allgemeiner Teil des Bürgerlichen Rechts, § 41 I, S. 272; Goldschmidt, Handbuch des Handelsrechts, Einleitung und Grundlehren, S. 333 ff.; Zweckmotive zum Entwurf des BGB, Bd. I, S. 9, 10; eine Zusammenfassung findet sich bei Staub-RGRK/Ratz, § 346 HGB, Anm. 11/35.

119 Danz, Die Auslegung der Rechtsgeschäfte, S. 139; vgl. ders., JherJB 38 (1898) 373, 391 ff..

120 RGZ 135, 338, 345; EuGH, IPRax 2000, 119, LS 4; BGH, NJW-RR 2004, 555.

121 Vgl. Danz, Die Auslegung der Rechtsgeschäfte, S. 133 im Hinblick auf die Verkehrssitte.

122 Lehmann/Ring, § 346 HGB, Anm. 5.

123 OLG Stuttgart, TranspR 2004, 406, 407; vgl. Canaris, Handelsrecht, § 22 Rn. 13 f.; vgl. Rabe, TranspR 2000, 389 ff. der die Drittwirkungen von Gerichtsstandsklauseln nach Art. 17 EuGVÜ untersucht.

den kann, dass sie sich über die Branchenüblichkeit informieren.[124] Wissen und Wissenmüssen werden insoweit gleichgesetzt. Anders beurteilt dies *Canaris*, der einen Hinweis des wissenden Vertragspartners fordert.[125] Diese Hinweispflicht würde jedoch Sinn und Zweck der Handelsbräuche und die berechtigte Verkehrserwartung in deren Befolgung *ad absurdum* führen. Ein bestehender Handelsbrauch würde stets Gegenstand vertraglicher Verhandlungen, was auf eine positive Anwendungsvereinbarung über die Geltung von Handelsbräuchen hinausliefe. Dies widerspricht der Ausgestaltung des Handelsrechts, welches bei Handelsgeschäften eher gewillt ist, den wirtschaftlichen Kräften ihre freie Entfaltung zuzugestehen.[126] Außerdem kann der Kaufmann, der sich einem bestehenden Handelsbrauch nicht unterwerfen möchte, dessen Geltung spätestens bei Vertragsschluss widersprechen.[127] Nachträgliche einseitige Parteierklärungen vermögen den Inhalt des Vertrages jedoch nicht mehr verändern und somit den bestehenden Handelsbrauch nicht auszuschließen.[128]

Handelt es sich lediglich um einen lokalen oder branchenspezifischen Handelsbrauch, wird dieser Grundsatz teilweise eingeschränkt.[129] So müsste der branchen- oder ortsfremde Kaufmann zumindest mit einem derartigen Handelsbrauch gerechnet haben und der branchen- bzw. ortsangehörige Kaufmann von dieser Kenntnis ausgegangen sein.

gg. Vertragliche Vereinbarung

Trotz der obigen Feststellungen, dass Handelsbräuche *ipso iure* gelten, steht es freilich im Ermessen der Parteien, die Anwendung von Handelsbräuchen *qua* Vertrag zu vereinbaren. Ein derartiger Konsens kann konkludenter oder auch ausdrücklicher Natur sein und sowohl für branchentypische als auch für bran-

---

124 OLG Frankfurt a.M., WM 1986, 838, 839; Limbach, Festschrift für Hirsch, S. 77, 89 als Ausprägung der Sorgfaltspflicht eines Kaufmannes gemäß § 347 HGB.

125 Canaris, Handelsrecht, § 22 Rn. 29.

126 vgl. Düringer/Hachenburg/Werner, § 346 HGB, Anm. 9a; Ensthaler/Achilles/Ensthaler, Einl. HGB, Rn. 9 ff.; Röhricht/Graf von Westphalen (Hrsg.)/Röhricht, Einl. HGB, Rn. 9 ff.; vgl. Gierke/Sandrock, Handelsrecht, § 3 III 1b, S. 39.

127 RG, JW 1922, 706 f..; Gallois, JR 1956, 48.

128 RG, JW 1908, 688.

129 BGH, NJW 1983, 1267, 1268 f.; BGH, WM 1973, 382, 383; OLG Hamburg, OLG-Report Bremen/Hamburg/Schleswig 1997, 226, 227; OLG Hamburg, MDR 1975, 845; Baumbach/Hopt, § 346 HGB, Rn. 7; Schlegelberger/Hefermehl, § 346 HGB, Rn. 33; Staub-RGRK/ Ratz, § 346 HGB, Anm. 36, 56; Mankowski, EWiR § 346 HGB 1/1997, 895, 896.

chenatypische Handelsbräuche gelten.[130] Insoweit ist zu beachten, dass Handelsbräuche im Laufe der Zeit einem Wandel unterliegen können und bei einer stillschweigenden Vereinbarung alle Umstände des Einzelfalls zu berücksichtigen sind, insbesondere das bisherige Verhalten der Parteien. Eine derartige Vereinbarung ist etwa dann anzunehmen, wenn eine Partei erkennbar einen Handelsbrauch bei Vertragsschluss zugrunde legt und die andere Partei trotz entsprechender Anhaltspunkte nicht widerspricht. Etwas anderes gilt, wenn der Rekurs auf Handelsbräuche nur ein Vorwand ist, um wettbewerbsbeschränkende Vertragsklauseln zu tarnen.[131]

Ist der Handelsbrauch *qua* Individualabrede Vertragsinhalt geworden, bleibt kein Raum für die Anwendung des § 346 HGB,[132] denn die Parteien haben ihren Willen klar geäußert. Fehlt eine Vereinbarung zwischen den Parteien, bleibt es dabei, dass der Handelsbrauch als Mittel zur Auslegung fungiert.[133]

c. Die Festlegung des zeitlichen Moments

Die gleichmäßige und einheitliche tatsächliche Übung, die von der Zustimmung der beteiligten Kreise getragen ist, muss sich schließlich auch bei vergleichbaren Geschäften über einen angemessenen Zeitraum hinweg herausgebildet haben. Diese letzte Voraussetzung erfordert zunächst eine Festlegung des notwendigen zeitlichen Umfangs (**aa.**). In diesem Zusammenhang fällt auch die Frage, unter welchen Umständen ein bestehender Handelsbrauch erlischt (**bb.**).

aa. Bestimmung des zeitlichen Umfangs

Der Handelsbrauch muss über eine gewisse Dauer und mit einiger Beständigkeit nachzuweisen sein.[134] Er muss über einen längeren Zeitraum hinweg bestehen, ohne dass hierfür nähere Vorgaben gemacht werden könnten.[135] *Canaris*[136] etwa

---

130 BGH, NJW-RR 2004, 555; BGH, NJW 1994, 659, 660; Düringer/Hachenburg/Werner, § 346 HGB, Anm. 3; Ensthaler/Achilles/Schmidt, § 346 HGB, Rn. 23; Heidelberg-Komm/Ruß, § 346 HGB, Rn. 2; Staub-RGRK/Ratz, § 346 HGB, Anm. 21; Gierke/Sandrock, Handelsrecht, § 3 III 1d, S. 40; Sonnenberger, Verkehrssitten im Schuldvertrag, S. 194; Holl/Keßler, RIW 1995, 458.

131 Benkendorff, WuW 1953, 668.

132 Staub/Koenige, § 346 HGB, Anm. 1, 2.

133 BGH, NJW-RR 2004, 555; Koller/Roth/Morck/Roth, § 346 HGB, Rn. 14; vgl. Oertmann, Rechtsordnung und Verkehrssitte, S. 310 ff., insb. 315; a.A. Kisch, Anm. zu RG, Urt. v. 31.03.1925, JW 1926, 554.

134 BGH, NJW 1952, 257.

135 Ensthaler/Achilles/Schmidt, § 346 HGB, Rn. 12; Staub-Großkomm/Koller, § 346 HGB, Rn. 7; IHK Düsseldorf, KTS 1979, 120, 122 a.E.; Crome, System des Deutschen Bür-

spricht sich zutreffend für flexible Maßstäbe aus, die sich sowohl an der allgemeinen wirtschaftlichen Lage, als auch an den Eigenarten des konkreten Falles orientieren sollten.[137] So ist es denkbar, dass ein Handelsbrauch während *wirtschaftlicher Umwälzungen*[138] nicht befolgt wird, nach Überwinden der Krise oder dem Ende anderer außergewöhnlicher Ereignisse jedoch erneut auflebt, sofern gleichartige Geschäfte wieder getätigt werden und die Verkehrskreise diese Geschäfte der ehemaligen Branchenüblichkeit entsprechend wieder abschließen.[139]

Soweit besondere Umstände vorliegen, erscheint es praktikabel, kürzere Zeiträume genügen zu lassen, um den Bedingungen und der Überwindung der Krisenzeiten oder auch einer veränderten Rechtslage gerecht zu werden. Problematisch ist es jedoch, dieses zeitliche Moment generell kürzer zu fassen.[140] Denn anders als die Häufigkeit der Übung, welche bloßes Indiz für das tatsächliche Bestehen eines Handelsbrauchs ist, belegt der Zeitraum das *Anerkenntnis* des Handelsbrauchs.[141] Wird Letzterer jedoch generell verkürzt, kann dieses subjektive Element, aber auch eine *konsolidierte Praxis* als Voraussetzung für die Annahme eines Handelsbrauchs, fehlen.[142] Dies birgt die Gefahr in sich, dass der Marktstärkere unter dem Begriff des Handelsbrauchs Bedingungen durchsetzen könnte, die eigentlich nicht zu akzeptieren wären.[143]

bb. Erlöschen eines Handelsbrauchs

Das Entstehen und Erlöschen von Handelsbräuchen ist für die beteiligten Verkehrskreise von erheblicher Bedeutung. Die Frage, ob ein Handelsbrauch vor-

---

gerlichen Rechts Bd. I, S. 88 (im Hinblick auf das Gewohnheitsrecht); vgl. Enneccerus/Nipperdey, Allgemeiner Teil des Bürgerlichen Rechts, § 39 II 3a, S. 267 allerdings im Hinblick auf den Gerichtsgebrauch; Weiss, Handelsbrauch, S. 68, Nr. B 15.

136 Canaris, Handelsrecht, § 22 Rn. 7.

137 RG, JW 1938, 859; OLG Köln, NJW 1971, 894; OLG Jena, LZ 1922, Sp. 338, 339; Ensthaler/Achilles/Schmidt, § 346 HGB, Rn. 12; vgl. Schlegelberger/Hefermehl, § 346 HGB, Rn. 9; Soergel/Wolf, § 157 BGB, Rn. 63.

138 MünchKomm/Schmidt, § 346 HGB, Rn. 13.

139 Für das Aufleben der Geltung der Tegernseer Gebräuche in Thüringen nach der Wiedervereinigung vgl. BGH, NJW 1952, 257, 258; OLG Thüringen, OLG-NL 2003, 241, 242; OLG Schleswig, RdL 1951, 238/239; Schlegelberger/Hefermehl, § 346 HGB, Rn. 9.

140 Heymann/Horn, § 346 HGB, Rn. 22; Staudinger/Dilcher, §§ 133, 157 BGB, Rn. 35.

141 Schlegelberger/Hefermehl, § 346 HGB, Rn. 9.

142 EuGH, IPRax 2000, 119, LS 4. Die Entscheidung erging zwar i.B.a. Art. 17 Abs.1 GVÜ, lässt sich jedoch auch auf § 346 HGB übertragen.

143 Selke, Handelsbräuche, S. 75.

liegt, stellt sich im Zeitpunkt der Vornahme eines Rechtsgeschäfts.[144] Mithin ist das Erlöschen eines Handelsbrauchs auch nur für den Zeitraum vor dem Abschluss des Rechtsgeschäfts relevant. Gleiches gilt für das Entstehen späterer Übungen, da Handelsbräuchen keine rückwirkende Kraft zukommt.[145] Allerdings kann eine nach Vertragsschluss herausgebildete tatsächliche Übung bei einer länger dauernden Vertragsbeziehung, etwa bei Dauerschuldverhältnissen, eine Vertragsergänzung bewirken oder für die Frage, welche Leistungsmodalitäten bestehen, von Bedeutung sein.[146]

Fraglich ist jedoch, wann ein Handelsbrauch erlischt. Ein Handelsbrauch kann zunächst seine Gültigkeit einbüßen, wenn ihm neuere zwingende gesetzliche Vorschriften entgegenstehen.[147] Doch kann er so wie er entsteht auch wieder erlöschen, indem entweder die Übung selbst oder ihre Anerkennung durch die betroffenen Verkehrskreise endet.[148] Befolgt ein beachtlicher Teil der Verkehrskreise den einmal entstandenen Handelsbrauch nicht mehr oder erkennt diesen nicht mehr an, bedingt dieses Verhalten das Erlöschen des Handelsbrauchs. Wird ein Handelsbrauch in die Allgemeinen Geschäftsbedingungen einer Vertragspartei aufgenommen, hat das nicht zwingend zur Folge, dass der Handelsbrauch erlischt.[149] Gleiches gilt, wenn sich die beteiligten Verkehrskreise vertraglich verpflichten, den Handelsbrauch zu befolgen.[150] Dieses Verhalten verhindert unter Umständen die Fortentwicklung des Handelsbrauchs, nicht aber dessen Existenz. Schließlich kann er sich auch durch Rechtsüberzeugung des von ihm erfassten Verkehrskreises zum Gewohnheitsrecht fortentwickeln und damit ebenfalls erlöschen.[151]

---

144 RG, JW 1938, 859/860; Ensthaler/Achilles/Bandasch, § 346 HGB, Rn. 6; Heidelberg-Komm/Ruß, § 346 HGB, Rn.5; vgl. Bülow, Handelsrecht, S. 110 Rn. 357; Canaris, Handelsrecht, § 22 Rn. 27.

145 Erman/Hefermehl, § 157 BGB, Rn. 8; Lüderitz, Auslegung von Rechtsgeschäften, S. 415, 417.

146 RG, JW 1938, 859, 860; BGH, WM 1961, 245; vgl. BGH, NJW 1957, 1833; vgl. Canaris, Handelsrecht, § 22 Rn. 27; Danz, JherJB 38 (1898), 373, 450-454.

147 Koller/Roth/Morck/Roth, Handelsgesetzbuch, § 346 HGB, Rn. 12.

148 Ebenroth/Boujong/Joost/Strohn/Joost, § 346 HGB Rn. 19; MünchKomm/Schmidt, § 346 HGB, Rn. 15.

149 BGH, DB 1994, 979; BGH, MDR 1981, 47; LG Hamburg, NJW-RR 2004, 699, 701; MünchKomm/Schmidt, § 346 HGB, Rn. 15; Schlegelberger/Hefermehl, § 346 HGB, Rn. 13.

150 BGH, DB 1994, 979; Schlegelberger/Hefermehl, § 346 HGB, Rn. 13; vgl. Schiedsgericht der Handelskammer Hamburg, NJW 1997, 613, 614; a.A. BKartA, WRP 1962, 327.

151 MünchKomm/Schmidt § 346 HGB, Rn. 15.

d. Zivilprozessuale Einordnung von Handelsbräuchen – Tat- oder Rechtsfrage

Handelsbräuche stellen im Zivilprozess nach überwiegender Meinung eine darzulegende und beweisbedürftige Tatfrage dar.[152] Folglich trägt derjenige die Darlegungs- und Beweislast, der sich auf den bestrittenen Handelsbrauch beruft.[153] Dabei erstreckt sich die Beweisführung nicht nur auf die tatsächliche Übung sondern auch auf die Maßgeblichkeitsüberzeugung der beteiligten Verkehrskreise.[154] Es stehen die allgemeinen Beweismittel[155] zur Verfügung, insbesondere das Sachverständigengutachten[156]. Der Sachverständige wird durch das Gericht bestellt,[157] das in der Regel die jeweilige Industrie- und Handelskammer einschalten wird,[158] ohne dass diese eine Monopolstellung inne hätte.[159] Ausreichend wäre deshalb gleichfalls die Auskunft eines Fachverbandes[160] oder eine von der *Deutschen Industrie- und Handelskammer* (*DIHK*) durchgeführte Erhebung[161]. Außerdem besteht die Möglichkeit, dass das Gericht die ihm bekannten Handelsbräuche selbst feststellt.[162] Vereinzelt sind Handelsbräuche auch in Sammlungen erfasst, so etwa die *Tegernseer Gebräuche*.[163] Diese Ausführungen gelten nicht nur für nationale, sondern auch für internationale Handelsbräuche, deren Feststellung ebenfalls den nationalen Tatsacheninstanzen obliegt.[164]

---

152 andeutend BGH NJW-RR 2004, 1248, 1249; BGH, ZIP, 2003, 221, 222; BGH, NJW 2001, 2464, 2465; BGH, NJW 1991, 1292, 1293; BGH, NJW 1966, 502, 503; ebenso Musielak/Foerste, § 284 ZPO, Rn. 3; mit Einschränkungen MünchKomm/Prütting, § 284 ZPO, Rn. 44.

153 BGH, DB 1956, 617; OLG Schleswig, NJW-RR 2004, 1027, 1028; OLG Celle, NJW-RR 2000, 178; für die Schiedsgerichtsbarkeit vgl. Straatmann/Ulmer II D 1 c Nr. 7.

154 BGH, WM 1984, 1000, 1002; BGH, NJW 1952, 257.

155 Ebenroth/Boujong/Joost/Strohn, § 346 HGB, Rn. 24; Heymann/Horn, § 346 HGB, Rn. 32; Schlegelberger/Hefermehl, § 346 HGB, Rn. 17.

156 BGH, NJW 1997, 2817, 2818 verweist auf § 377 Abs. 3 ZPO; BGH, NJW 1966, 502, 503 (Behördenauskunft); Schlegelberger/Hefermehl, § 346 HGB, Rn. 17.

157§ 404 ZPO.

158 BGH NJW 1966, 502, 503 st. Rspr.; OLG München NJW-RR 1990, 698, 699; MünchKomm/Schmidt, § 346 HGB, Rn 25.

159 MünchKomm/Schmidt, § 346 HGB, Rn. 25; Wagner, NJW 1969, 1284; a.A. wohl Weynen, NJW 1954, 628, 629.

160 BGH, NJW 1997, 2817, 2818; BGH, NJW-RR 1992, 998; BGH, NJW 1962, 2149.

161 BGH, NJW 1992, 2817, 2818; MünchKomm/Schmidt, § 346 HGB, Rn. 25.

162 Vgl. § 114 GVG und BVerfG 1999, 1095.

163 Dazu Heymann/Horn, § 346 HGB, Rn. 27 ff..

164 ebenso EuGH, NJW 1997, 1431, 1432; MünchKomm/Schmidt, § 346 HGB, Rn. 25; Holl, RIW 1997, 418; vgl. dazu Koch, JZ 1997, 841, 842.

Eine nicht zu vernachlässigende Literaturansicht umschreibt Handelsbräuche jedoch als revisible Erfahrungssätze[165]. Sie begründet dies mit der uneinheitlichen Rechtsprechung im Hinblick auf die prozessuale Ermittlung von Handelsbräuchen. So wird das Bestehen von Handelsbräuchen durch Beweisaufnahme[166] oder aber im Wege der richterlichen Selbstermittlung[167] festgestellt. Einige Urteile verneinen schlicht die Existenz von Handelsbräuchen oder deren Relevanz für den zu entscheidenden Sachverhalt, ohne Beleg für diese Erkenntnis.[168] In der Folge kann eine Partei, die sich vor Gericht auf einen Handelsbrauch beruft, kaum abschätzen, was das Gericht unternehmen wird. Infolgedessen ist die Rechtssicherheit in diesem Punkt äußerst gering, was *per se* abschreckend auf einen jeden Kaufmann wirkt. Zu fragen ist deshalb, ob die Gerichte bei dem soeben beschriebenen Vorgehen ihrer prozessualen Pflicht zur Ermittlung von Handelsbräuchen gerecht werden. Dies hängt wiederum davon ab, ob es sich bei Handelsbräuchen um Tatsachen oder um Normen handelt. Denn obgleich dieser Streit in materiell-rechtlicher Hinsicht bereits für entschieden erklärt wurde, ist er bei der prozessualen Würdigung zu überdenken.

Ginge man davon aus, dass es sich lediglich um Tatsachenfragen handelte, dürfen Handelsbräuche nur berücksichtigt werden, wenn deren Bestehen schlüssig vorgetragen oder bewiesen worden wäre.[169] Der Tatrichter müsste sie nicht von Amts wegen erforschen und es wäre ihm verwehrt, einen *un*schlüssigen, aber *unstrittigen* Parteivortrag zur Grundlage seiner Entscheidung zu machen.[170] Allerdings gibt die ergangene Rechtsprechung Anlass dazu, Handelsbräuche nicht als gewöhnliche Tatsachen zu behandeln. Es deutet sich insoweit eher ein Prozess der Verrechtlichung von Handelsbräuchen an,[171] so dass sich eine Paral-

---

165 Oestmann, JZ 2003, 285 m.w.N..

166 Vgl. OLG Koblenz, NJW-RR 1988, 1306; OLG Hamburg, MDR 1963, 849.

167 Vgl. BGHZ 106, 259, 267; vgl. OLG Hamm, TranspR 2000, 332; OLG Köln, TranspR 2000, 472; OLG Stuttgart, NJW 1988, 1150, 1151.

168 Vgl. BGH, NJW-RR 2004, 555; vgl. BGH, NJW 2002, 1565. In der Entscheidung setzt der BGH eine gefestigte Verkehrsauffassung einfach voraus; vgl. BGH, NJW 1991, 1292, 1293; OLG Stuttgart, Urteil vom 05.05.2010 (AZ 3 U 79/09), nachgewiesen bei BeckRS 2010, 13368; vgl. OLG Celle, NJW-RR 2000, 178, 179; vgl. LG Stuttgart, Urteil vom 06.04.2009 (AZ 10 O 219/08) nachgewiesen bei BeckRS 2010, 17103.

169 Vgl. OLG Hamburg, TranspR 2008, 213, 217.

170 Vgl. BGH, NJW-RR 2009, 715, 716; ebenso OLG Celle, in: BGH, NJW 1990, 1723f.; OLG Hamm, NJW-RR 1990, 567, 570.

171 Vgl. BGHZ 106, 259, 267, der eigene Überlegungen zum Bestehen von Verkehrssitten anstellte, die über den Parteivortrag hinausgingen; OLG Koblenz, NJW-RR 1988, 1306, das sich unförmlich bei drei berufsständischen Bundesvereinigungen über Verkehrssitten im Holzhandel erkundigt, zugleich jedoch am Tatsachencharakter der Verkehrs-

lele zu den Erfahrungssätzen anbietet. Diese brauchen die Parteien nicht vorzutragen, sie sind nicht geständnisfähig und die Gerichte können und müssen sie aus eigener Sachkunde anwenden und auch außerhalb der förmlichen Beweisaufnahme ermitteln. Das rechtliche Ermessen kann soweit reduziert sein, dass eine Einholung eines Sachverständigengutachtens zwingend erforderlich ist.[172] Der Richter ist außerdem verpflichtet, den Parteien darzutun, woher er seine Sachkunde bezogen hat, insbesondere wenn er auf eine förmliche Beweisaufnahme verzichtet.[173] Prozessual werden Erfahrungssätze damit ähnlich wie Normen behandelt, denn sie dienen als Maßstab zur Beurteilung und Bewertung von Tatsachen.[174] Kennt der Richter diese Normen nicht, wird teilweise die Anwendung des § 293 ZPO befürwortet, der seinem Wortlaut nach jedoch nur auf Gewohnheitsrecht, Statuten und ausländisches Recht Anwendung findet. Denn Handelsbräuche wirken ebenso wie Rechtsnormen über den Einzelfall hinaus. Eine Gleichbehandlung mit Tatsachen birgt deshalb das Risiko sich widersprechender Entscheidungen. Außerdem richtet sich § 346 HGB vornehmlich an den Ausleger und damit an den Richter. Insoweit ist anerkannt, dass die Auslegung von Willenserklärungen und Verträgen als rechtliche Würdigung des Erklärungstatbestandes von Amts wegen erfolgen muss.[175] Im Übrigen wird die Nähe der Handelsbräuche zum Gewohnheitsrecht angeführt, da beide die Feststellung einer tatsächlichen Regelmäßigkeit voraussetzen.[176] Infolgedessen wäre ein Handelsbrauch von Amts wegen zu berücksichtigen und deshalb auch zu ermitteln. Erfolgte dies nicht, läge ein Verstoß gegen § 293 ZPO vor. Dies würde zu einem massiven Gewinn an Rechtssicherheit führen und den Handelsbräuchen neuen Aufwind verschaffen. Im Hinblick auf die Revisionsinstanz wären Handelsbräuche wie Rechtssätze zu überprüfen und ggf. sogar zu ermitteln. Da die

übung festhielt; AG Lüneburg, NJW-RR 2000, 1649, das eine Beweisaufnahme unter Verweis auf ein Urteil des OLG Köln ablehnte; Oestmann, JZ 2003, 285, 288.

172 Andeutend MünchKomm/Prütting, § 284 ZPO, Rn. 44; ebenso Stein/Jonas/Leipold, § 284 ZPO, Rn. 17.

173 Vgl. BGH, NJW 2004, 1163, 1164; OLG Frankfurt, NJW 1986, 855; Baumbach/Lauterbach/Hartmann, Vor. § 284 ZPO, Rn. 22; Thomas/Putzo/Reihold, § 284 ZPO, Rn. 15; Christl, NJW 1984, 267, 270.

174 BGH, NJW-RR 1993, 653: ein Erfahrungssatz habe die Natur von Normen, die als Beurteilungsmaßstab für Tatsachen dienen; Baumbach/Lauterbach/Albers, § 546 ZPO, Rn. 8; Thomas/Putzo/Reichold, § 546, ZPO Rn. 12.

175 BGHZ 20, 109, 111; Palandt/Heinrichs, § 133 BGB, Rn. 30; vgl. MünchKomm/Prütting, § 284 ZPO, Rn. 44.

176 Zu den vorgenannten Argumenten Oestmann, JZ 2003, 285, 289.

tatsächlichen Grundlagen einer Verkehrssitte vom zu entscheidenden Sachverhalt unabhängig sind, ist auch ein Verstoß gegen § 559 ZPO nicht ersichtlich.[177]

Dennoch verharrt die höchstrichterliche Rechtsprechung auf ihrem Strandpunkt, es handele sich bei den Handelsbräuchen um Tatsachen, so dass § 293 ZPO nicht anwendbar ist.[178] Das hat zur Folge, dass in der Tatsacheninstanz die fragliche Handelssitte mit zumeist nur knappen Ausführungen erwähnt ist und das Revisionsgericht – ob seiner Kompetenz zur rechtlichen Würdigung des angefochtenen Urteils – nur eine eventuelle Missbräuchlichkeit von Handelsbräuchen feststellen kann.[179] *Dass* die Revisionsgerichte diese Frage als *obiter dicta* in die Entscheidungsgründe aufnehmen, zeigt jedoch keineswegs, welche Probleme erstinstanzlich mit der Feststellung von Handelsbräuchen verbunden sind. Vielmehr vermeiden die Gerichte damit eine Rückverweisung wegen fehlerhafter Beweisaufnahme.[180] Ansonsten würde es an einem entscheidungsreifen Sachverhalt i.S.d. § 563 Abs. 3 ZPO fehlen.

Deshalb entspricht das von der *Judikative* gezeichnete Bild, dass Handelsbräuche vornehmlich Fragen einer etwaigen Missbräuchlichkeit aufwerfen, keinesfalls der rechtlichen Realität. Vielmehr bezweckt diese Handhabe eine Verfahrensbeschleunigung und Homogenisierung der Rechtsanwendung, um sich widersprechenden Entscheidungen vorzubeugen. Die außerstaatlich gebildeten Verhaltensregeln müssen insoweit zugunsten allgemeiner Gerechtigkeits- und Billigkeitserwägungen weichen. Die im materiellen Recht diskutierten Abweichungen vom dispositiven Recht und der Vorrang des Handelsbrauchs müssen jedoch auch im Prozessualen ihre Entsprechung finden, indem sie den rechtsethischen Empfindungen eines einzelnen Richters vorgehen. Infolgedessen würde die Rechtssicherheit erhöht und den Parteien nicht das unwägbare Risiko richterlicher Billigkeitsentscheidungen überbürdet.[181]

e. Rechtsfolgen

Konnte eine allseitig anerkannte, freiwillige und gleichmäßige Übung festgestellt werden, die von den beteiligten Verkehrskreisen über einen bestimmten

177 Für örtlich begrenzte Verkehrssitten müssten die zusätzlichen Einschränkungen der §§545 Abs. 1, 560 ZPO beachtet werden. Vgl. hierzu BGH, NJW 1966, 502, 503.

178 Vgl. BGH, NJW-RR 2009, 715, 716; BGH, NJW 1984, 567, 568; BGH, DB, 1981, 636; BGH, NJW 1966, 502, 503; OLG Hamburg, TranspR 2008, 213, 217; OLG Stuttgart, TranspR 2004, 406, 410.

179 Vgl. zum Beispiel BGH, NJW-RR 2004, 555; die knappen Ausführungen des OLG Hamburg, TranspR 2008, 125, 129.

180 Andeutend Holl, RIW 1997, 418.

181 Oestmann, JZ 2003, 285, 290; ders., KritV 2002, 409-437.

Zeitraum hinweg getragen wird, sind die Willenserklärungen bzw. der gesamte Vertrag entsprechend auszulegen respektive zu ergänzen.[182] Darüber hinaus können auch Gesetzeslücken mittels Handelsbrauchs geschlossen werden. Gesetzliche Auslegungsmittel sind gegenüber einem Handelsbrauch, der ein Hilfsmittel zur Auslegung darstellt, subsidiär.[183] Der erkennende Richter muss einen geltenden Handelsbrauch berücksichtigen, ohne dass eine Abwägung im Einzelfall nach Treu und Glauben unter Berücksichtigung der Verkehrssitte erforderlich wäre.[184] Handelsbräuche stellen vielmehr eine Konkretisierung dieses Prinzips dar. Allerdings ist der prozessuale Umgang mit Handelsbräuchen überdenkenswert.

Erfasst werden von § 346 HGB alle Arten von Willenserklärungen – seien es wörtliche oder aber in einem Verhalten liegende Erklärungen – und jede Form der Erfüllung eines Schuldverhältnisses einschließlich der Feststellung der Pflichten des Schuldners. Doch § 346 HGB geht nach weiten Teilen der Literatur[185] noch darüber hinaus. Er findet auch bei einem Handeln oder Unterlassen Anwendung, dass nicht die Voraussetzungen einer Willenserklärung erfüllt.[186] Er kann dabei behilflich sein, festzustellen, ob ein rechtsgeschäftlicher Wille präsent ist. Ein Handelsbrauch besteht damit keinesfalls nur in einem wiederholten Handeln, sondern auch in einem fortgesetzten Unterlassen.[187] Schließlich kann er sogar zur Fiktion einer bestimmten Erklärung führen, vorausgesetzt im Zeitpunkt der relevanten Willensäußerung oder des sonstigen Verhaltens bestand ein Vertrag oder es haben wenigstens Vertragsverhandlungen stattgefunden.[188] Denn auch im Handelsrecht gilt der Grundsatz, dass Schweigen keine rechtlichen Wirkungen nach sich zieht. Es gibt keinen allgemeinen Handelsbrauch, nach dem Schweigen als Zustimmung zu werten ist. Dies bestätigt letztlich die Existenz des § 362 Abs. 1 HGB. Eine Ausnahme zu diesem Grundsatz bildet – abgesehen von dem soeben genannten Spezialfall des § 362 Abs. 1 HGB – das kaufmännische Bestätigungsschreiben, das eine vertragliche Modifizie-

---

182 Ebenroth/Boujong/Joost/Strohn/Joost, § 346 HGB, Rn. 22, 23; Roth/Koller/Morck/Roth,§ 346 HGB, Rn. 14.

183 Düringer/Hachenburg/Werner, § 346 HGB, Anm. 4.

184 Staub-RGRK/Ratz, § 346 HGB, Anm. 93; Taupitz, Die Standesordnungen der freien Berufe, S. 1112.

185 Düringer/Hachenberg/Werner, § 346 HGB, Anm. 6/9 macht diesbezüglich Einschränkungen.

186 BGH, WM 2003, 2420; BGH, NJW 1996, 502; Ensthaler/Achilles/Schmidt, § 346 HGB, Rn. 3 a.E.; Röhricht/von Westphalen/Wagner, § 346 HGB, Rn. 5.

187 Selke, Handelsbräuche, S. 78.

188 OLG Düsseldorf, BB 1962, 577; vgl. Heymann/Horn, § 346 HGB, Rn. 4 ff.; vgl. Schlegelberger/Hefermehl, § 346 HGB, Rn. 25.

rung trotz Fehlens übereinstimmender Willenserklärungen ermöglicht,[189] damit Ungewissheiten über das Zustandekommen von Verträgen gar nicht erst aufkommen oder zumindest ausgeräumt werden.

Im Hinblick auf die Reichweite der rechtlichen Wirkungen ist stets danach zu differenzieren, ob sich der Handelsbrauch auf die Verpflichtungs- oder Erfüllungsebene bzw. bei Ersterer auf die Primär- oder Sekundärebene eines Vertrages bezieht. Dies ist insofern von Bedeutung, als eine Ausweitung auf die jeweils andere Ebene nicht in Betracht kommt, da dies eine Umdeutung des Handelsbrauchs darstellte. So ergibt zwar die Auslegung einer *circa* Klausel, dass auch eine Leistung von 90% noch als vertragsgemäß gilt, nicht jedoch, dass Grundlage der Schadensberechnung ebenfalls nur 90% der Leistung sein sollen.[190]

3. Zusammenfassung

Die Darstellung der einzelnen Voraussetzungen, die notwendig sind, um einen Handelsbrauch festzustellen, hat ergeben, dass das deutsche Recht hohe Anforderungen stellt.[191] Es muss eine gleichmäßige und einheitliche tatsächliche Übung vorliegen, die über einen gewissen Zeitraum hinweg von den fast allen Angehörigen der beteiligten Verkehrskreise freiwillig befolgt werden. Die beweisrechtliche Situation trägt zu der abnehmenden Attraktivität der Handelsbräuche als Möglichkeit privater Regelbildung bei. Dennoch zeigt das Konzept der Handelsbräuche auch, dass sie den in § 242 BGB ausgedrückten Grundsatz konkretisieren, denn es handelt sich um natürlich gewachsene Normen, auf die sich Privatrechtssubjekte einer bestimmten Branche oder Örtlichkeit verständigt haben. Der Handelsbrauch schützt deshalb legitime Erwartungen im Geschäftsverkehr innerhalb bestimmter Kreise. Deshalb bewirkt die Feststellung eines Handelsbrauchs auch dessen Geltung unabhängig von einer etwaigen Kenntnis der Parteien. Im Folgenden soll der Handelsbrauch zu anderen ähnlichen Erscheinungen abgegrenzt werden.

---

189 Koller/Roth/Morck/Roth, § 346 HGB, Rn. 33; MünchKomm/Schmidt, § 346 HGB, Rn. 167; Schmidt, Handelsrecht, § 19 III 6, S. 586 f..

190 OLG Düsseldorf, DB 1991, 854, 855; ausführlich dazu Schlegelberger/Hefermehl, § 346 HGB, Rn. 68; differenzierend Baumbach/Hopt, § 346 HGB, Rn. 5; anders jedoch OLG München, BB 1994, 1169, 1170 a.E..

191 Müller-Graff, Festschrift für Pleyer, S. 401, 409.

4. Verhältnis des Handelsbrauchs zu ähnlichen Regelungen

Häufig wird im Zusammenhang mit Handelsbräuchen auch von Handelsgewohnheitsrecht (**a.**), richterlicher Rechtsfortbildung (**b.**), *Lex Mercatoria* (**c.**) Handelsusancen (**d.**) oder –übungen (**e.**) gesprochen. Doch auch Gebräuche, die nur zwischen Geschäftspartnern bestehen (**f.**) können bei Vertragsstreitigkeiten eine Rolle spielen, obgleich sie keine Handelsbräuche im eigentlichen Sinne darstellen. Im Folgenden sollen diese Begrifflichkeiten nunmehr vom Handelsbrauch i.S.d. § 346 HGB abgegrenzt werden.

a. (Handels-)Gewohnheitsrecht

Als Rechtsquellen sind heute das geschriebene Recht und das Gewohnheitsrecht anerkannt.[192] Weitgehende Einigkeit herrscht über das Vorliegen einer objektiv langandauernden Übung.[193] Wesentlich schwieriger erscheint die genaue Bestimmung des subjektiven Elements. Teilweise wird ein solches Erfordernis gänzlich und unter Verweis auf die *normative Kraft des Faktsichen* abgelehnt. Das alleinige Abstellen auf das tatsächliche Befolgen der Übung vermag das insoweit erwachsende Rechtsgebots des Gewohnheitsrechts jedoch nicht zu erklären, so dass den reinen Übungstheorien nicht gefolgt werden kann.[194] Andere Stimmen verlangen sogar einen Rechtserzeugungswillen[195]. Die herrschende Meinung verlangt eine sich offenbarende Rechtsüberzeugung, *opinio juris.*[196] Dies erscheint überzeugend. Zum einen gelingt eine Abgrenzung zum Handelsbrauch, zum anderen werden die Anforderungen an das Vorliegen einer Gewohnheit nicht durch das Erfordernis eines ausgeprägten subjektiven Elements

---

192 Raisch, ZHR 150 (1986), 117, 119; Schmidt, Handelsrecht, § 1 III 1 und 2, S. 16 ff..

193 Vgl. etwa Crome, System des Deutschen Bürgerlichen Rechts Bd. I, S. 86 (der insoweit von einem Volksrecht spricht); vgl. Enneccerus/Nipperdey, Allgemeiner Teil des Bürgerlichen Rechts, Bd. II, § 32 II 2, S. 208; ausführlich hierzu Ostertun, Gewohnheitsrecht in der Europäischen Union, S. 30 ff..

194 Hierzu ausführlich Ostertun, Gewohnheitsrecht in der Europäischen Union, S. 40 f..

195 Schuppe, Das Gewohnheitsrecht, S. 17 ff.; Sonnenberger, Verkehrssitten im Schuldvertrag, S. 256; Sturm, Revision der gemeinrechtlichen Lehre vom Gewohnheitsrecht, S. 191 ff., 195 ff..

196 BVerfGE 8, 317, 321 f.; 9, 109, 117; 22, 114, 121; RGZ 76 113, 114; 75 40, 41; Fikentscher, Methoden des Rechts, III, S. 697; Palandt/Heinrichs, Einleitung Rn. 23; Jakobs, Wissenschaft und Gesetzgebung im bürgerlichen Recht nach der Rechtsquellenlehre des 19. Jahrhunderts, 132 f.; Larenz/Wolf, Allgemeiner Teil des Bürgerlichen Rechts, S. 54 ff., Rn. 44 ff.. Die Rechtsüberzeugung entspricht der Volksüberzeugung im Sinne der Volksgeistlehre im Sinne Sagvinys und Puchtas.

überdehnt.[197] Doch nicht nur das subjektve Element ist umstritten, auch wird das Gewohnheitsrecht begrifflich mit recht unterschiedlichem Inhalt gefüllt. Es lassen sich zwei Gruppen von Zuordnungen erkennen. Zum einen werden lang geübte Gewohnheiten, die in Gebieten ohne geschriebenes Recht in frühgeschichtlichen Zeiten häufig die einzige Rechtsquelle bildeten als Gewohnheitsrecht zusammengefasst, zum anderen ist eine gleichförmig geübte Rechtsprechung anzuerkennen, die Lücken geschriebenen Rechts schließt oder bestimmte Auslegungsergebnisse vorgibt.[198] Die zweite Kategorie ist besonders für das *Handels*gewohnheitsrecht relevant. Als Handelsgewohnheitsrecht werden fast übereinstimmend Fälle des handelsrechtlichen Vertrauensschutzes bezeichnet.[199] Deshalb werden auch vereinzelt die mit dem Schweigen auf ein kaufmännisches Bestätigungsschreiben verbundenen Rechtsfolgen dem Gewohnheitsrecht zugeordnet.[200] Obgleich dieses Institut ursprünglich in Gestalt des Handelsbrauchs auftauchte, ist es durch die Rechtswissenschaft und Judikative soweit verfestigt worden, dass es teilweise sogar gewohnheitsrechtlich anerkannt sein soll.[201] Dieses Verständnis vom (Handels-)Gewohnheitsrecht geht jedoch zu weit, denn allein eine lang andauernde Übung führt nicht zwangsläufig zu der Annahme, dass es sich um einen Rechtssatz des Gewohnheitsrechts handelt. Vielmehr ist in diesen Fällen von einem Gerichtsgebrauch auszugehen.[202] Ob das sog. Richterrecht auch Teil des Gewohnheitsrechts ist, wird sogleich unter (**b.**) erörtert.

---

197 Zum Meinungsstand und der Feststellung von Gewohnheitsrecht ausführlich und mit weiteren Nachweisen Ostertun, Gewohnheitsrecht in der Europäischen Union, S. 40 ff..

198 Larenz, Allgemeiner Teil des Bürgerlichen Rechts, S. 54 ff., Rn. 44 ff.; Gierke/Sandrock, Handels- und Wirtschaftsrecht, Bd. 1, § 3 II und III, S. 38 f. die insoweit nur von Gewohnheitsrecht sprechen und darunter auch das Richterrecht fassen; Raisch, ZHR 150 (1986), 117, 120.

199 Staub-Großkomm/Brüggemann, Einl. Rn. 32; vgl das Beispiel bei Gierke/Sandrock, Handels- und Wirtschaftsrecht, Bd. 1, § 3 II, S. 38; Schmidt, Handelsrecht, § 1 III 2a, S. 20 f.; a.A. jedoch MünchKomm/Schmidt, Vorb. § 1 HGB, Rn. 32.

200 Heymann/Horn, § 346 HGB, Rn. 15; MünchKomm/Schmidt, § 346 HGB, Rn. 141 ff.; Kindler, Handelsrecht, S. 136 Rn. 16, § 7 II.3.a.; Schmidt, Handelsrecht, S. 21, § 1 III 2,; Raisch (ZHR 150 (1986), 117, 120 mit weiteren Beispielen) lehnt im Ergebnis die Zuordnung des Bestätigungsschreibens zum Handelsgewohnheitsrecht zutreffend ab; ebenso v. Westphalen, Anwendung des AGB-Rechts im Export, S. 175, 185, der von einem Handelsbrauch ausgeht.

201 Ausführlich zum Streitstand: Kindl, Rechtsscheintatbestände und ihre rückwirkende Beseitigung, S. 180 f.; Schmidt, Handelsrecht, S. 20 f., § 1 III 2a; Raisch, ZHR 150 (1986), 117, 126; für einen kursorischen Überblick Hopt, AcP 183 (1983), 608, 622. Hopt stimmt auf S. 691 der Meinung zu, dass es sich um Gewohnheitsrecht handele.

202 Mertens, AcP 174, 1974, S. 333, 370 f.; Raisch, ZHR 150 (1986), 117, 126; sprachlich nicht klar zwischen Gerichtsgebrauch, konstanter Praxis bzw. Rechtsprechung, dauern-

Das Gewohnheitsrecht ist im Gegensatz zum Handelsbrauch Rechtsquelle, d.h. es genießt *per se* Rechtsgeltung.[203] Deshalb und nicht aufgrund gesetzlicher Anordnung wird es von den Gerichten angewandt.[204] Jede gewohnheitsrechtliche Norm ist Gesetz im Sinne des Art. 2 EGBGB, so dass es auf demselben Rang wie das positivierte Handelsrecht mitsamt all seinen Nebengesetzen steht.[205] Wichtiger noch ist die Tatsache, dass es im Gegensatz zum Handelsbrauch auch zwingende Wirkung haben kann.[206] Deshalb gilt es, Unterschiede in den Voraussetzungen und Wirkungen, zu berücksichtigen. So setzt Gewohnheitsrecht – wie oben bereits angedeutet – die Überzeugung der Rechtsgeltung voraus, *opinio juris*.[207] Dieser Rechtsgeltungswille besteht darin, dass die Übung in der Überzeugung vorgenommen wird, es bestehe eine rechtliche Verpflichtung, sich die *Gemeinschaft* mithin daran gebunden fühlen muss.[208] Im Falle eines fortgesetzten Unterlassens muss ein korrespondierendes Handeln mit der Überzeugung unterbleiben, dass dieses rechtlich nicht notwendig ist.[209] Ein Handelsbrauch erfordert im Unterschied dazu lediglich, dass die an ihm beteiligten Verkehrskreise ihn für maßgeblich erachten. Er hat weder begrifflich Rechtsqualität noch braucht er diese zu seiner Geltung, da § 346 HGB dessen Berücksichtigung anordnet.[210] Zwar hat der Handelsbrauch Vorrang vor dispositivem Recht, doch kann dies nicht im Hinblick auf dispositives Gewohnheitsrecht gelten.[211] Die Wirkungen eines Handelsbrauchs können denen des dispositiven Gewohnheitsrechts nahe kommen, so dass die Unterschiede zwischen beiden Rechtsinstituten in der Praxis kaum spürbar sind, da sie ineinander verschwimmen, und teilweise sogar bestritten werden.[212] Deshalb weist *Basedow*[213]

---

der Überzeugung und Gewohnheitsrecht differenzierend Zeitelmann, AcP 66 (1883). 323, 324-339, der insoweit teilweise auch die Terminologie aus der angeführten Rechtsprechung übernimmt.

203 Düringer/Hachenburg/Werner, § 346 HGB, Anm. 2; Ebenroth/Boujong/Joost/Strohn/Joost, § 346 HGB, Rn. 5; Ensthaler/Achilles/Schmidt, § 346 HGB, Rn. 3, 13; Heymann/Horn, § 346 HGB, Rn. 15; Schlegelberger/Hefermehl, § 346 HGB, Rn. 2; Staub-Großkomm/Koller, § 346 HGB, Rn. 16.

204 Schmidt, Handelsrecht, S. 23, § 1 III 2a.

205 Schlegelberger/Hefermehl, § 346 HGB, Rn. 2.

206 Ensthaler/Achilles/Schmidt, § 346 HGB, Rn. 5; Heymann/Horn § 346 HGB, Rn. 15 f..

207 Kritisch insoweit Sonnenberger, Verkehrssitten im Schuldvertrag, S. 246 ff., 256.

208 Geisler, Das Gewohnheitsrecht als Quelle des geltenden Handelsrechts, S. 18 f.; Sturm, Der Kampf des Gesetzes mit der Rechtsgewohnheit, S. 6/7.

209 Geisler, Das Gewohnheitsrecht als Quelle des geltenden Handelsrechts, S. 18 f..

210 Heymann/Horn, § 346 HGB, Rn. 15 f..

211 Heymann/Horn, § 346 HGB, Rn. 16.

212 Raiser, Das Recht der Allgemeinen Geschäftsbedingungen, S. 159 f..

213 Basedow, RabelsZ 43 (1979) 126.

darauf hin, dass sich aus dem Fragebogen der *DIHK* zur Feststellung eines Handelsbrauchs nicht ergebe, ob nach Billigung oder Rechtsüberzeugung gehandelt werde. Außerdem werde der Laie eine solche Abgrenzung nur selten adäquat zu beantworten in der Lage sein. Da die Umfragen der *DIHK* eine zentrale Erkenntnisquelle über Handelsbräuche darstellen, wiegt diese Tatsache jedoch schwer. In der Praxis führt dies unweigerlich zu einem fließenden Übergang zwischen Gewohnheitsrecht und Handelsbrauch, so dass zumeist nur mit gewisser Schwierigkeit[214] und Unsicherheit[215] festzustellen sein wird, wann das Zweckmäßigkeits- und Angemessenheitsgefühl völlig dem Notwendigkeitsempfinden weicht. Zweifelhaft erscheint jedoch die Feststellung, dass der Handelsbrauch sich in Bedeutung und Erscheinung dem Gewohnheitsrecht nähert.[216]

b. Richterliche Rechtsfortbildung

Wie bereits angedeutet, ist es umstritten, ob die richterliche Rechtsfortbildung eine Rechtsquelle *sui generis* entstehen lässt,[217] ob es sich um die Etablierung von Gewohnheitsrecht[218] oder um die Feststellung von Gerichts*gebräuchen*[219] handelt oder schlicht um die Neuauslegung oder analoge Anwendung von Gesetzesrecht[220]. Zutreffend fragt *Raisch*[221] danach, ob eine langdauernde gleichförmige höchstrichterliche Rechtsprechung, die von der Rechtswissenschaft gebilligt und untermauert werde, schon wegen dieses über lange Zeit geübten Konsenses, auf den sich die Normadressaten verließen und der damit Vorhersehbarkeit und Rechtssicherheit verbürge, Gewohnheitsrecht sei oder diese Einordnung nicht zu Schwierigkeiten führe, die ohne sie nicht auftreten würden. Es gilt damit zu entscheiden, ob eine gefestigte Rechtsprechung dem geschriebenen Recht vergleichbar ist oder Gerichtsentscheidungen in Anlehnung an den angloamerikanischen Rechtskreis lediglich *Präjudizien* darstellen. Schließlich könnte eine sich abzeichnende *herrschende Meinung* lediglich die Argumentationslast verstärken, wenn der Richter eine abweichende Entscheidung treffen möchte.[222]

---

214 Pfeiffer/Schinkels, Handbuch der Handelsgeschäfte, S. 188, Rn. 10.

215 MünchKomm/Schmidt, § 346 HGB, Rn. 16.

216 Für eine Annäherung: Goertz, Handelsgewohnheitsrecht und Handelssitte, S. 40; Bärmann, Festschrift für Krause, S. 225, 252; Schmidt, Handelsrecht, S. 24, § 1 III 3a,; Laband, ZHR 17 (1872), 466, 467.

217 Fikentscher, Methoden des Rechts III, S. 703 ff.; IV, 1977, 429 ff..

218 Raisch, ZHR 150 (1986) 117.

219 Crome, System des Deutschen Bürgerlichen Rechts Bd. I, S. 86 f..

220 Bydlinski, Juristische Methodenlehre und Rechtsbegriff, S. 215, 501 ff..

221 Raisch, ZHR 150 (1986) 117, 126 f..

222 Raisch, ZHR 150 (1986) 117, 127.

Entschiede man sich *für* einen Rechtsquellencharakter, dann wäre das Richterrecht aufgrund der oben bereits beschriebenen dogmatischen Zweiteilung in geschriebenes und ungeschriebenes Recht Letzterem zuzuordnen und bildete damit einen Teil des Gewohnheitsrechts. Darunter würden ebenfalls die Erscheinungen zu subsumieren sein, die teilweise mit dem Begriff des *Handels*gewohnheitsrechts umschrieben werden. Alternativ könnte man auch von einer dem Gewohnheitsrecht äquivalenten Rechtsquelle *sui generis* ausgehen, allerdings würde dies den etwas gewagten Abschied von der dogmatischen Zweiteilung der Rechtsquellen bedeuten.[223] Für die Abgrenzung zu den Handelsbräuchen wäre dann auf die Ausführungen zum Gewohnheitsrecht zu verweisen. Verneinte man beide Möglichkeiten, stellt sich sogleich die Frage, wie die richterliche Rechtsfortbildung, die das Ergebnis einer langdauernden Übung ist, am ehesten zu qualifizieren wäre.

Insoweit bietet sich am ehesten die Einordnung als Rechtserkenntnisquelle an. Die Annahme einer Rechtsquelle bedingt die Frage, ob hierdurch eine Bindungswirkung entsteht. Eine Änderung der Rechtsprechung wäre *per se* möglich, doch müsste dafür derselbe Weg beschritten werden, der zur Feststellung des jeweiligen Gewohnheitsrechtssatzes geführt hat. Dies setzt jedoch einen Bruch mit der bisherigen Praxis voraus und wäre damit im Ergebnis eine Entscheidung *contra legem*.[224] Bereits an dieser Stelle wird deutlich, dass die Frage der rechtlichen Einordnung des Richterrechts die Grundfesten der Verfassung berührt. Denn nach dem Gewaltenteilungsgrundsatz in Art. 97 Abs. 1 GG ist der Richter dem Gesetz unterworfen und erklärt es nicht selbst.[225] Außerdem bestehen Bedenken im Hinblick auf das Rechtsstaatsprinzip, da sich wegen der Dynamik des Richterrechts in seiner Entstehungsphase nicht hinreichend sicher feststellen ließe, welches Richterrecht mit welchem Inhalt existiert.[226] Damit ist Richterrecht aus dogmatischer Sicht kein Gewohnheitsrecht oder eine diesem

223 Dafür Rüthers, Festschrift für Molitor, S. 293, 306 f..

224 Fischer, Höchstrichterliche Rechtsprechung heute, Sitzungsberichte, 52. Juristentag, 1978, H. 3 ff.; Wank, Grenzen richterlicher Rechtsfortbildung, 1 ff., 251 ff.; vgl. allgemein Sonnenberger, Verkehrssitten im Schuldvertrag, S. 232 ff..

225 Crome, System des Deutschen Bürgerlichen Rechts Bd. I, S. 87; vgl. Rüthers, Festschrift für Molitor, S. 293, 299 ff..

226 Rüthers, Festschrift für Molitor, S. 293, 298; Bydlinski, JZ 1985, 149, 152 (mit einer Ausnahme für den Bereich des sog. non liquet); Gusy, DÖV 1992, 461, 462 ff.; vgl. Ipsen, DVBl. 1984, 1102, 1103 ff.; Köhler, JB 1984, 45 ff.; Picker, JZ 1984, 153, 163; Rehbinder, JuS 1991, 542, 543; Söllner, RdA 1985, 328, 331 ff.; a.A. Raiser, ZRP 1985, 111, 116 (der die faktische Geltung der Leitentscheidungen und Präjudizen kaum geringer einschätzt als die der Gesetze).

gleichgestellte Rechts*geltungs*quelle, sondern eine Rechts*erkenntnis*quelle.[227] Mit Ausnahme des § 31 BVerfGG ist ein Urteil folglich nicht mehr als die Entscheidung über einen konkreten Rechtstreit. Denn es beruht nicht auf einer tatsächlichen Übung, sondern auf den *schöpferischen Bemühungen*[228] der Rechtsprechung und Praxis. Diese Feststellung soll den – wenn auch begrenzten – Geltungsanspruch der gefestigten Rechtsprechung, der sich auf Grundsätze des Vertrauensschutzes und der Rechtssicherheit gründet, keineswegs in Abrede stellen.[229] Aufgrund der verfassungsrechtlichen Vorgaben kann Richterrecht nichts anderes als ein Auslegungsergebnis sein, das stets auf vorhandene Normen rückführbar sein muss. Damit sind die Entscheidungsbegründung und der Wille des Gesetzgebers nicht gleichwertig.[230]

Es handelt sich infolgedessen bei der gefestigten höchstrichterlichen Rechtsprechung, die im Bereich des Handelsrechts auch als Gerichtsgebrauch bezeichnet wird,[231] ebenso wenig um eine Rechtsquelle wie bei den Handelsbräuchen. Vielmehr stellen diese Erscheinungen Auslegungsergebnisse dar oder nehmen diese vorweg, obgleich der Interpretationsgegenstand unterschiedlich ist. Handelsbräuche setzen eine tatsächliche Übung voraus und werden von Kaufleuten aufgestellt. Sie wirken sich auf den Inhalt von Willenserklärungen aus und müssen bei *tatsächlichen* Handlungen oder Unterlassen berücksichtigt werden. Die Rechtsprechung führt ihre Entscheidungen auf Normen zurück, die vom Gesetzgeber aufgestellt worden sind und ebenfalls die rechtsgeschäftlichen respektive tatsächlichen Beziehungen zwischen Personen beeinflussen. Beide Erscheinungen zeichnen sich durch ein hohes Maß an Flexibilität aus, da sie – anders als etwa das Gewohnheitsrecht – in der Lage sind, sich den wandelnden gesellschaftlichen Gegebenheiten anzupassen. Außerdem geht es bei Handelsbräuchen ebenso wie bei der höchstrichterlichen Rechtsprechung um die Interpretation. Der verweisende Rechtssatz des § 346 HGB führt dazu, dass Rechts-

---

227 Baumbach/Hopt (34. Auflage, 2010), § 59 HGB, Rn. 6; MünchKomm/von Hoyningen-Huene, Vorb. zu § 59 HGB, Rn. 46, 47 (keine eigenständige Rechtsquelle, kommt ihr aber faktisch nahe); MünchKomm/Schmidt, Vorb. zu § 1 HGB, Rn. 33; Crome, System des Deutschen Bürgerlichen Rechts Bd. I, S. 87; Heinrich, Formale Freiheit und materiale Gerechtigkeit: die Grundlagen der Vertragsfreiheit und Vertragskontrolle am Beispiel ausgewählter Probleme des Arbeitsrechts, S. 135; vgl. Sonnenberger, Verkehrssitten im Schuldvertrag, S. 232 ff.; Söllner, RdA 1985, 328, 332.

228 Raisch, ZHR 150 (1986) 117, 137.

229 Rüberg, Vertrauensschutz gegenüber rückwirkender Rechtsprechungsänderung, S. 59 ff.; Kirchhof, NJW 1986, 2275; Langenbucher, JZ 2003, 1132 ff., insb. 1136; Raisch, ZHR 150 (1986) 117, 137.

230 Pawlowski, Methodenlehre für Juristen, S. 207 ff., Rn. 453 ff..

231 Raisch, ZHR 150 (1986) 117, 126.

geschäfte handelsbrauchskonform ausgelegt und die rechtlich relevanten Erwartungen an handelsrechtskonformes Verhalten erfüllt werden.[232] Die Parteien und Richter müssen folglich den Handelsbrauch bei der Auslegung entsprechend berücksichtigen.

Bei der höchstrichterlichen Rechtsprechung geht es ebenfalls um die Auslegung, doch weniger um Verträge, als vielmehr um Normen. Diese legt die Judikative aus oder ergänzt sie gar, was zu einer Rechtsfortbildung führen kann. Grenze dieser Rechtsfortbildung sind jedoch regelmäßig die Grundsätze der Verfassung.

c. Lex Mercatoria ein Grenzfall

Bei der Abgrenzung der Handelsbräuche von ähnlichen Rechtsinstituten stellt sich die Frage, inwieweit die im Mittelalter aufblühende *lex mercatoria* heute noch bedeutungsrelevant ist. Der schwammige Begriff steht für die Idee eines privaten anationalen Rechts der internationalen Handels- und Wirtschaftsbeziehungen, für *besondere rechtliche Regeln außerhalb der traditionellen Quellen, welche in effektiver Weise die Besonderheiten des internationalen Wirtschaftsverkehrs berücksichtigen*[233]. *Horn*[234] erklärt die *lex mercatoria* als *international anerkannte einheitliche Rechtsgrundsätze*, die sich auf den Handel oder andere Gebiete des allgemeinen Rechtsverkehrs beziehen und sich primär aus der Vertrags- und Schiedspraxis des internationalen Handelsverkehrs herausbilden,[235] aber auch durch eine rechtsvergleichende Untersuchung der nationalen Rechte, die den internationalen Handelsverkehr beeinflussen, zu ermitteln seien. Ihrer Normqualität nach handelt es sich entweder um einen Aspekt der Verkehrsanschauung, das heißt einen Handelsbrauch, oder aber um Gewohnheitsrecht. Teilweise wird ihre Rechtsgeltung, damit ist ihre Zugehörigkeit zum objektiven materiellen Recht gemeint, in Gänze in Frage gestellt, oder alternativ auf die Anerkennung autonomer Handelsrechtsregeln gestützt.[236] Jene Rechtsgrundsätze können zur Vertragsauslegung, aber auch zur Bestimmung der Rechtswirkungen von Verträgen bemüht werden, insbesondere wenn in Verträgen oder

---

232 Kirchhoff, NJW 1986, 2275, 2277.

233 Böckstiegel, Festschrift für Beitzke, S. 443, 456 f..

234 Heymann/Horn, Vorb. § 343 HGB, Rn. 111.

235 Ebenso Schmidt, Handelsrecht, S. 33, § 1 III 5; Ensthaler/Achilles/Schmidt, § 346 HGB, Rn. 5 (Grenzbereich zwischen Handelsbrauch und Handelsgewohnheitsrecht); Ritlewski, SchiedsVZ 2007, 130, 131 ff..

236 MünchKomm/Schmidt, Vorb. §1 HGB, Rn 36; Berger, RIW 2002, 256.

Schiedsklauseln auf sie verwiesen wird.[237] Die *lex mercatoria* enthält auch Handelsbräuche, doch ist nicht anzunehmen, dass diese ihren ausschließlichen Gegenstand bilden.[238] Handelsbräuche interpretieren oder ergänzen Verträge, doch bietet die *lex mercatoria* im Idealfall eine *heterogen zusammengesetzte Rechtsquelle*[239] des Vertragsrechts. Damit ist sie umfassender und geht über die punktuell wirkenden Handelsbräuche hinaus.

d. Handelsusancen

Inwieweit Handelsusancen von Handelsbräuchen zu unterscheiden sind, ist eine terminologische Frage, denn der Begriff ist mehrdeutig. Nur teilweise wird klar zwischen beiden Termini differenziert. [240] Die *Usance* kann insoweit als Übung ohne Maßgeblichkeitsüberzeugung der beteiligten Verkehrskreise charakterisiert werden.[241] Der Begriff der *Usance* findet überwiegend für die vom Vorstand einer Börse oder eines anderen Marktes als maßgeblich veröffentlichten Vertragsbedingungen Anwendung.[242] Es handelt sich dementsprechend gerade nicht um Handelsbräuche, sondern vielmehr um Allgemeine Geschäftsbedingungen.[243] Sie können jedoch gleichzeitig Ausdruck eines Handelsbrauchs sein, wenn sie sich mit diesem decken.[244] Außerdem können sie Ausdruck tatsächlich bestehender Verkehrssitten[245] sein, so dass sich hier die Möglichkeit bietet, dass sie sich im Laufe der Zeit von der Verkehrssitte zur Rechtssitte verdichten.[246]

---

237 Heymann/Horn, § 346 HGB, Rn. 17.

238 Heymann/Horn, Vorb. § 343 HGB, Rn. 114; zusammenfassend Berger/Horn, Formalisierte oder schleichende Kodifikation, S. 67 ff.; zweifelnd Ritlewski, SchiedsVZ 2007, 130, 138 f..

239 Heymann/Horn, Vorb. § 343 HGB, Rn. 114; so wohl auch Schmidt, Handelsrecht, S. 33, § 1 III 5.

240 Pfeiffer/Schinkel, Handbuch der Handelsgeschäfte, S. 189 f., Rn. 12; Weynen, NJW 1954, 628, 629; a.A. BGH, NJW 1952, 257 als Beispiel.

241 BGH, WM 1984, 1000, 1002; OLG Schleswig, NJW-RR 2004, 1027, 1028; Baumbach/Hopt, § 346 HGB Rn. 1 ff., 12 m.w.N..

242 OLG Frankfurt a.M., WM 2009, 1032, 1034; Düringer/Hachenburg/Werner, § 346 HGB, Anm. 10; Schlegelberger/Hefermehl, § 346 HGB, Rn. 3; Weynen, NJW 1954, 628, 629.

243 Ensthaler/Achilles/Schmidt, § 346 HGB, Rn. 6; Heymann/Horn, § 346 HGB, Rn. 18; Schlegelberger/Hefermehl, § 346 HGB, Rn. 3; Goertz, Handelsgewohnheitsrecht und Handelssitte, S. 52; Schwark, Börsengesetz (2. Auflage 1994), Einleitung § 50, Rn. 41.

244 MünchKomm/Schmidt, § 346 HGB, Rn. 19.

245 Darunter versteht man die tatsächlich geltende Verhaltensordnung in einer Gesellschaft.

246 Selke, Handelsbräuche, S. 14.

e. Handelsübung

Auch die Handelsübung weist nicht alle Wesensmerkmale des Handelsbrauchs auf. Ihr fehlt es an einer ihr innewohnenden verpflichtenden Regel.[247] Sie knüpft lediglich an tatsächlich bestehende Gegebenheiten an und beschreibt ein bereits praktiziertes, gleichförmiges Verhalten der beteiligten Verkehrskreise, das sich im Rahmen vernünftiger kaufmännischer Anschauungen hält.[248] Ist die Handelsübung Gegenstand einer gesetzlichen Regelung[249], zählt zu ihr das, was sich nach der allgemeinen Auffassung der beteiligten Verkehrskreise im Rahmen vernünftiger kaufmännischer Gepflogenheiten hält.[250] Die Handelsübung ist ein zunächst unverbindliches, ausschließlich tatsächliches Verhalten,[251] das erst bei gemäßem Verhalten und entsprechender Anerkennung zum Handelsbrauch erstarken und in der Folge normativ wirken kann.[252]

f. Usancen zwischen Geschäftspartnern

Schließlich sind die Usancen zwischen Geschäftspartnern von den Handelsbräuchen und den bereits vorgestellten ähnlichen Erscheinungsformen abzugrenzen. Usancen zwischen Geschäftspartnern bezeichnet Art. 9 CISG als Gepflogenhei-

---

247 BGH, LM Nr. 9 Bl. 4 zu § 346 HGB (B); BGH, NJW 1987, 1886, 1887; BGH, NJW 1964, 1274, 1275; vgl. OLG Frankfurt a.M., WM 2009, 1032, 1033 f.; Ebenroth/Boujong/Joost/Strohn/Joost, § 346 HGB, Rn. 4; Ensthaler/Achilles/Schmidt, § 346 HGB, Rn. 6; Heymann/Horn, § 346 HGB, Rn. 19; MünchKomm/Schmidt, § 346 HGB, Rn. 22; Röhricht/von Westphalen (Hrsg.)/Wagner, § 346 HGB, Rn. 25; vgl. Schlegelberger/Hefermehl, § 346 HGB, Rn. 4; Staub-RGRK/Ratz, §346 HGB, Anm. 17/73; Staudinger/Merten, Art. 2 EGBGB, Rn. 104 nimmt insoweit ebenfalls keine Differenzierung vor; Schlosser, Festschrift für Medicus, S. 543, 551 hält eine Trennung deshalb für obsolet, weil die Rechtsprechung (s.o. BGH, NJW 1987, 1887) auch der Handelsübung ein normatives Element beimisst.

248 Pfeiffer/Schinkel, Handbuch der Handelsgeschäfte, S. 189, Rn. 12.

249 §§ 25 Abs. 3, 172 Abs. 2 HGB; § 1 Abs. 2 lit d) ZugabeVO (außer Kraft), § 9 Nr. 1 RabattG (außer Kraft), § 9 Abs. 1 AußenwirtschaftsG.

250 BGH, NJW 1987, 1886, 1887; BGH, NJW 1964, 1274, 1275; Baumbach/Hefermehl, Wettbewerbsrecht, ZugabeVO, Rn. 80/83; vgl. Schlegelberger/Hefermehl, § 346 HGB, Rn. 5.

251 Vgl. OLG Hamburg, Urteil vom 23.12.2009 (AZ 5 U 55/08), nachgewiesen bei BeckRS 2010, 09676; OLG Celle, IPRax 1997, 417, 418 f.; Ensthaler/Achilles/Schmidt, § 346 HGB, Rn. 6; vgl. Oepen, NJOZ 2009, 756, 774.

252 Vgl. OLG Hamburg, Urteil vom 23.12.2009 (AZ 5 U 55/08), nachgewiesen bei BeckRS 2010, 09676; Ebenroth/Boujong/Joost/Strohn/Joost, § 346 HGB, Rn. 4; vgl. Oepen, NJW 2009, 1110, 1114.

ten, die zwischen den Parteien eines Vertrages entstanden sind.[253] Der sog. *Geschäftsverbindungsbrauch* ist kein für ganze Verkehrskreise maßgeblicher Handelsbrauch, sondern lediglich eine nach §§ 157, 242 BGB für Vertragspflichten und Verhaltenserwartungen unter Geschäftspartnern bedeutsame *tatsächliche Individualübung*.[254] Bei den Partnern einer laufenden Geschäftsbeziehung besteht sodann ein nicht lediglich zufälliger, sondern ein durch beiderseitiges Geschäftsinteresse angesteuerter und durch zurückliegende Vertragsabschlüsse und – abwicklung realisierter Kontakt. Dieser hat die Gewährung und Inanspruchnahme von Vertrauen zur Folge, das sich aus einem vertraglich typisierten Vertrauensschutz rechtfertigt. Deshalb bietet sich in diesem Zusammenhang die Bezeichnung *Vertragssitte*[255] an, weil sie Ausdruck einer konkreten Geschäftsbeziehung und damit eines sehr kleinen Sozialgefüges ist. Bei der *Vertragssitte* ist eine individuelle Übung erforderlich.[256] Der Handelsbrauch entfaltet ohne das Kriterium der Individualität Bindungswirkung. Die Geltung eines Geschäftsgebrauchs lässt sich nicht mit der allgemeinen Erwartung erhöhter Geschäftsbereitschaft begründen. Sie beruht vielmehr auf der rechtlich schutzwürdigen Annahme des Partners, dass das bisher bestehende Geschäftsmuster in gewissen Punkten beibehalten wird.[257] Rechtliche Relevanz gewinnt der Geschäftsgebrauch unter anderem bei der Frage der wirksamen Einbeziehung von Allgemeinen Geschäftsbedingungen.[258]

Es fehlt ihm ein für die Bejahung eines Handelsbrauchs charakteristisches Merkmal. Zwar besteht hier eine Maßgeblichkeitsüberzeugung zwischen den Vertragspartnern, doch fehlt es darüber hinaus gehend an der Maßgeblichkeit für ganze Verkehrskreise. Den Übergang zur Handelssitte bildet der *erweiterte* Geschäftsgebrauch.[259]

---

253 S.o.

254 Meyer, Der Handelsbrauch, insbesondere sein Verhältnis zu den dispositiven Gesetzesbestimmungen, S. 9; Müller-Graff, Rechtliche Auswirkungen einer laufenden Geschäftsverbindung, S. 107, 185, 188.

255 Rummel, Vertragsauslegung nach der Verkehrssitte, S. 83 f.; Müller-Graff, JZ 1976, 153, 156.

256 Müller-Graff, Rechtliche Auswirkungen einer laufenden Geschäftsverbindung, S. 180 ff., insbesondere S. 184.

257 Müller-Graff, JZ 1976, 153, 156.

258 Müller-Graff, Festschrift für Pleyer, S. 401, 412 ff..

259 Ausführlich Meyer, Der Handelsbrauch, insbesondere sein Verhältnis zu den dispositiven Gesetzesbestimmungen, S. 9.

5. Ähnliche Regelungen im BGB

Neben den zahlreichen Verweisen auf Handelsbräuche, sei es im Handelsgesetzbuch, sei es im Bürgerlichen Gesetzbuch[260], lassen sich auch weitere Verknüpfungen zu gewöhnlichen, nicht ausschließlich juristisch geprägten Vorstellungen und Gewohnheiten aufzeigen. So erfolgen pauschale Hinweise auf die Verkehrssitte[261], den Grundsatz von Treu und Glauben[262], die guten Sitten[263], aber auch den ordre public[264]. Verträge sind gemäß § 157 BGB so auszulegen, wie es Treu und Glauben mit Rücksicht auf die Verkehrssitte erfordern. § 346 HGB ergänzt § 157 BGB,[265] indem Ersterer den Handelsbrauch als kaufmännische Verkehrssitte darstellt.

6. Verhältnis des Handelsbrauchs zum Gesetz und zur Parteiabrede

Bedient man sich der Handelsbräuche zur Rechtsfindung, ist deren Verhältnis zum Gesetz nicht unwesentlich. Aufgrund der privaten Entstehung von Handelsbräuchen genießen diese keine Gültigkeit im rechtstechnischen Sinne, sondern allein Anerkennung durch die Rechtsordnung.[266] Zwar ist es nicht ohne weiteres möglich, die Reichweite dieser Anerkennung festzulegen, doch gibt sie zumindest einen Hinweis auf den autonomen Ursprung des Handelsbrauchs. Fraglich ist in diesem Zusammenhang jedoch, inwieweit den Handelsbräuchen ein rechtlicher Charakter zugesprochen werden kann. Bei der Untersuchung des Gewohnheitsrechts ist bereits festgestellt worden, dass der Handelsbrauch als tatsächliche Übung zwar eine faktische Rechtsentstehungsquelle, nicht aber eine normative Rechtsquelle darstellt. Allerdings bedarf diese Feststellung bei der Abgrenzung des Handelsbrauchs vom *gesetzten* Recht einer dezidierteren Betrachtung. Deshalb soll im Folgenden das Verhältnis zum zwingenden Recht (**a.**), zur Parteiabrede (**b.**) und zum dispositiven Recht (**c.**) dargestellt und schließlich zusammengefasst werden (**d.**).

---

260 Etwa § 310 Abs. 1 Satz 2 BGB.

261 §§ 151 S. 1, 1. Alternative, 157, 242 BGB; § 1031 Abs. 2 ZPO, § 153 a ZVG; § 63 Abs. 2 UrhG.

262 §§ 157, 162 Abs. 1 und 2, 242, 307 Abs. 1, 320 Abs. 2, 815 BGB.

263 §§ 138 Abs.1, 817 Abs.1, 819 Abs. 2, 826 BGB.

264 §§ 1053 Abs. 1 Satz 2, 1059 Abs. 2 Nr. 2 b ZPO; Art. 6 Abs. 1 EGBGB.

265 BGH, WM 1973, 382; Ensthaler/Achilles/Schmidt, § 346 HGB, Rn. 1 f.; Koller/Roth/Morck/Roth § 346 HGB Rn. 2.

266 Schlechtriem/Junge, (3. Aufl., 2000), Art. 9 CISG, Rn. 5.

a. Vorrang des zwingenden Rechts

Der Handelsbrauch findet keine Anwendung, soweit er gegen höherrangiges oder zwingendes Recht verstößt.[267] Anders als das Gewohnheitsrecht, kann er zwingende Gesetzesnormen nicht verdrängen. Dies gilt auch für Umgehungsversuche[268] und vertragliche Regelungen.[269] Stellt das Gericht fest, dass die angeführte Übung gegen zwingendes Recht verstößt, handelt es sich insoweit um einen *Missbrauch*, der keinerlei rechtliche Wirkungen entfaltet.[270] Als zwingende Normen werden insbesondere die §§ 138, 226 sowie § 307 BGB angesehen.

b. Vorrang der Parteivereinbarung

Die Parteien können vertraglich vereinbaren, einen Handelsbrauch auszuschließen. Dies ergibt sich aus dem Vorrang der Privatautonomie.[271] Denn der gemeinsam gewollte Inhalt der Erklärung geht den gesetzlichen Auslegungsregeln vor.[272] Der Umfang, in dem ein Handelsbrauch abbedungen wurde, kann variieren, so ist es möglich, dass er nur in Teilbereichen ausgeschlossen wurde. Um der Rechtssicherheit willen muss eine derartige Vereinbarung jedoch ausdrücklich erfolgen oder aber sich unzweideutig aus den Umständen der Parteiabrede ergeben.[273] In diesem Zusammenhang können auch *Usancen* und Gepflogenhei-

---

267 RGZ 135, 339, 345; RGZ 103, 146, 147 f.; BGHZ 99, 321, 326; BGHZ 62, 71, 82 f.; OLG Frankfurt, NJW-RR 1996, 548, 549; Baumbach/Hopt, § 346 HGB, Rn. 10; Ensthaler/Achilles/Schmidt, § 346 HGB, Rn. 14; HeidelbergKomm/Ruß, § 346 HGB, Rn. 5; MünchKomm/Schmidt, § 346 HGB, Rn. 37; Staub-Großkomm/Koller, § 346 HGB, Rn. 13; vgl. Canaris, § 22 Rn. 34; Schmitthoff, International Trade Usages, S. 18 Rn. 18; Schmidt, Handelsrecht, S. 28, § 1 III 3e) aa); Bülow, Handelsrecht, S. 110, Rn. 359; Schreiber, Handelsbräuche, S. 58, 63.

268 BGH, NJW 1974, 852, 855; BGH, NJW 1987, 1641, 1642; MünchKomm/Schmidt, § 346 HGB, Rn. 37.

269 Im Ergebnis: MünchKomm/Schmidt, § 346 HGB, Rn. 37.

270 Vgl. LG Gera, MDR 2005, 101, 102. In dem Fall sollte eine Übung von der Rügeobliegenheit nach § 377 HGB schlechthin entbinden.

271 Selke, Handelsbräuche, S. 102.

272 Staudinger/Dilcher, §§ 133, 157 BGB, Rn. 19 mit weiteren Nachweisen.

273 BGH, NJW 1966, 502, 503; BGH, WM 1962, 1036, 1038 f; BGH, DB 1954, 83; BGH, MDR 1952, 155; BGHZ 6, 127, 135; LG Köln, BB 1988, 1139, 1140; Röhricht/von Westphalen/Wagner, § 346 HGB, Rn. 14; Schlegelberger/Hefermehl, § 346 HGB, Rn. 31, 37; vgl. Hübner, Handelsrecht, § 6 B IV, Rn. 521; Krafzik, Die Spruchpraxis der hanseatischen Schiedsgerichte, S. 84; Sonnenberger, Verkehrssitten im Schuldvertrag, S .184; Böshagen, NJW 1956, 695.

ten zwischen Vertragspartnern einer laufenden Geschäftsbeziehung einen Ausschluss bewirken. Allerdings spricht eine Vermutung regelmäßig für die Anwendung des Handelsbrauchs,[274] so dass derjenige, der den Ausschluss behauptet, beweispflichtig ist.[275] Unabhängig davon kann sich eine zwingende Abweichung von der kaufmännischen Verkehrssitte aus dem Zweck der Vertragsregelung ergeben.[276]

c. Verhältnis zum dispositivem Recht

Handelsbräuche genießen ebenso wie die vorgenannten Parteivereinbarungen Vorrang vor den Regelungen des dispositiven Gesetzesrechts.[277] Dies ergibt sich aus der Funktion des § 346 HGB, der das dispositive Recht teilweise außer Kraft setzt. Deshalb kann trotz des fehlenden Normcharakters von einem *lex specialis* Verhältnis gesprochen werden. Die spezielle Übung des Handels enthält insofern eine für die betroffenen Verkehrskreise im Allgemeinen und die Parteien im Besonderen sachgerechtere Lösung als das allgemeine Gesetz.[278]

d. Zusammenfassung

Der Handelsbrauch ist in der Hierarchie der Rechtsquellen zu beachten, da er dispositives Gesetzesrecht verdrängen kann. Vorrang genießen insoweit jedoch zwingende gesetzliche Regelungen und Parteiabreden. Nur wenn die Parteien nichts anderes vereinbart haben oder etwaige Handelsbräuche fehlen, ist auf das dispositive Recht zurückzugreifen.

7. Zusammenfassende Bewertung

Ursprünglich diente der Handelsbrauch als Sinnbild für eine eingeschränkte Regelungsbefugnis des Staates, der nur in den Bereichen normative Regeln aufstellen sollte, die nicht in geeigneter Weise von den Betroffenen selbst reguliert

274 Heilfron, Handelsrecht I, S. 71.

275 Heilfron, Handelsrecht I, S. 71.

276 BGH, LM (B) Nr. 9 zu § 346 HGB.

277 Dies ist zwar nicht ganz unbestritten, doch ergibt sich aus BGH, BB 1986, 1395; BGH, WM 1973, 382; BGH, NJW 1966, 502; Baumbach/Hopt, § 346 HGB, Rn. 10; Ebenroth/Boujong/Joost/Kort, § 346 HGB, Rn. 14; Röhricht/von Westphalen/Wagner, § 346 HGB, Rn. 16; differenzierend Gallois, JR 1956, 409. 410 f..

278 BGH, LM Nr. 3 zu § 675 BGB; Gierke/Sandrock, Handelsrecht, S. 40, § 3 III 1d; a.A. OLG München, BB 1956, 94.

werden konnten. Deshalb beeinflussen Handelsbräuche noch heute als kaufmännische Verkehrssitte weite Teile des Handelsrechts und der Kaufmannschaft. So werden längst übernommene Erkenntnisse automatisch weitergegeben, was insbesondere für die traditionellen Handelszweige zutrifft, die neben dem geschriebenen Recht auch den verschiedenen Bräuchen unterstehen.

Der Handelsstand hat im Laufe seiner historischen Entwicklung gezeigt, dass er in der Lage ist, ausgewogene und interessengerechte Regelungen zur Bewältigung seiner rechtlichen Beziehungen und Konflikte zu schaffen. Die von der Kaufmannschaft entwickelten und ausgebildeten Handelsbräuche sind in vielfacher Weise den Regelungen des staatlichen Gesetzgebers überlegen, weil sie die speziellen Bedürfnisse und Anforderungen einzelner kaufmännischer Kreise unter branchenindividuellen Gesichtspunkten berücksichtigen. Daraus folgt der Primat des Handelsbrauchs über das dispositive Recht. Dem Handelsbrauch steht die Möglichkeit zur autonomen Bildung sinnvoller und akzeptierter Regelungen offen, so dass sich sein Geltungsanspruch nicht aus der Befehlsgewalt ableitet, sondern nur Ausdruck der Überzeugungskraft der ihm innewohnenden Vernunft ist.[279] So weichen zahlreiche handelsrechtliche Regelungen vom allgemeinen Zivilrecht ab, um dem Streben etwa nach Standardisierung gerecht zu werden, da der Handelsverkehr langwierige Verfahren scheut. Die Regelungen sollen vielmehr eine reibungslose und rasche Abwicklung ermöglichen, so dass die Erklärungen und das Verhalten entsprechend ausgelegt werden müssen. Denn eine vollständige und abschließende individuelle Regelung wird die Ausnahme sein. Dies betrifft nicht nur die nationale Ebene, sondern gilt ebenso für internationale Distanzgeschäfte.

Handelsbräuche haben den Rechtsnormen gemein, dass Rechtsprobleme interessengerecht gelöst werden. Denn das Handelsrecht und insbesondere der Handelsverkehr werden von gewissen ungeschriebenen Gewohnheiten und Gebräuchen mitbestimmt, deren Kodifizierung ihrer Flexibilität abträglich wäre. Diese *konsolidierte Praxis*[280] wandelt sich damit zu einer Art Regelungssystem, welches von der Kaufmannschaft aufgestellt und befolgt wird. Dogmatisch wird den Handelsbräuchen in Ermangelung eines Rechtsgeltungswillens die Rechtsnormqualität abgesprochen. Deshalb sind neben einer *konsolidierten Praxis* innerhalb der beteiligten Verkehrskreise nur zwingende gesetzliche Regelungen zu beachten. Dennoch spricht man von einer *Geltung* der Handelsbräuche und deren *normativen Wirkung*.[281]

---

279 Bucher, ZEuP 2000, 394, 419 im Hinblick auf die Rezeption römischen Rechts auch Selke, Handelsbräuche, S. 349.

280 EuGH, EuZW 1999, 441 (LS 4).

281 MünchKomm/Schmidt, § 346 HGB, Rn. 1.

Handelsbräuche dienen nicht nur als Auslegungsmittel von Willenserklärungen und Verträgen. Sie können darüber hinaus auch bei Realakten gesetzesgleiche Regelungen enthalten. Eine Kenntnis ist ebenso wenig erforderlich wie ein Rechtsgeltungswille. Letzterer dient zugleich auch als Abgrenzungskriterium zum Gewohnheitsrecht. Ausreichend ist die Maßgeblichkeitsüberzeugung der betroffenen Verkehrskreise. Doch nicht nur Kaufleute i.S.d. HGB werden von den Wirkungen der Handelsbräuche erfasst. Vielmehr können auch Personen deren Auswirkungen zu spüren bekommen, sofern sie einem Kaufmann vergleichbar im Handelsverkehr auftreten.

Diese besonderen Attribute, die den Handelsbräuchen anhaften, ermöglichen zugleich eine Abgrenzung zu anderen ähnlichen Instituten, derer sich die Kaufmannschaft bedient. So können Handels*usancen* oder die -übungen ebenso wie *Usancen* zwischen Geschäftspartnern bei der vertraglichen Auslegung und Ergänzung herangezogen werden, doch sind ihre Konsequenzen nicht so weitreichend wie bei den Handelsbräuchen. Börsenusancen müssen darüber hinaus eigens *inkorporiert* werden, da es sich formal betrachtet um Allgemeine Geschäftsbedingungen handelt. Im Vergleich zu den sonstigen vertraglichen Abreden der Parteien, gehen die Individualabreden den Handelsbräuchen vor. Ebenso tritt ein Handelsbrauch hinter zwingendem Recht zurück. Dies gilt jedoch nicht für dispositives Gesetzesrecht. Handelsbräuche sind diesem zwar ähnlich, da sie ebenfalls besondere Verhaltensanforderungen an den Kaufmann stellen und damit eine Ausprägung der speziellen Fallgestaltungen des Handelsverkehrs darstellen, doch sind sie inhaltlich spezieller als das geschriebene Recht.

Doch so positiv das Konzept der Handelsbräuche in der Theorie und in einem historischen Rückblick aussehen mag, so negativ ist der Umgang mit ihnen in der Praxis. Die recht strengen Anforderungen an die Feststellung eines Handelsbrauchs in materiell-rechtlicher Hinsicht mögen mit den weitreichenden rechtlichen Konsequenzen einer festgestellten Handelssitte zu rechtfertigen sein. Doch hat eine Untersuchung der prozessualen Voraussetzungen ergeben, dass der materiell-rechtliche Geltungsanspruch dieser außerstaatlich gesetzten Regeln im Falle einer gerichtlichen Auseinandersetzung weitestgehend zunichte gemacht wird. Denn nach herrschender Meinung sind Handelsbräuche darzulegende und beweisbedürftige Tatfragen mit der Konsequenz einer uneinheitlichen Ermittlung und einer nur begrenzten Revisibilität. Allein mit der Verfahrensrüge kann in der Revision geltend gemacht werden, dass der Handelsbrauch nur unzureichend festgestellt wurde. Dies führt jedoch zu einer Rückverweisung. Aus Verfahrensbeschleunigungs- und prozessökonomischen Gründen versuchen die Instanzgerichte dies regelmäßig zu vermeiden, indem sie ihre Begründung auf einen Verstoß gegen Treu und Glauben oder aber die Missbräuchlichkeit eines Handelsbrauchs stützen.

II. Andere Formen privater Regelbildung – Allgemeine Geschäftsbedingungen

Neben den Handelsbräuchen, die in ihrem autonomen Charakter der privaten Regelbildung zuzuordnen sind, bedient sich die Wirtschaft immer stärker vorgefertigter Vertragswerke, die inhaltlich auf eine Vielzahl von Verträgen zugeschnitten sind und mehrfach genutzt werden können. Diese *Allgemeinen Geschäftsbedingungen* haben in den letzten Jahrzehnten einen rasanten Bedeutungszuwachs erfahren,[282] insbesondere auf europäischer Ebene.[283] Sie sind eine Erscheinungsform des modernen Wirtschaftslebens und gelten mittlerweile als *Überrecht* [284]auf allen Ebenen des Vertragsrechts. Als *moderne Geißel*[285] der Vertragsfreiheit sind sie nicht mehr wegzudenken, obgleich ihre Wurzeln bis ins römische Recht zurück reichen. Bei den sogenannten *fomulae* handelte es sich um schon im Voraus festgesetzte Klauseln, die Teil eines später geschlossenen Vertrages werden sollten.[286] Die Allgemeinen Geschäftsbedingungen in der heutigen Form dürften seit Mitte des 19. Jahrhunderts bestehen.[287] Ein Kontrollinstrumentarium stellt die Inhaltskontrolle dar, die früher im AGB-Gesetz (*AGBG*)[288] geregelt war, heute jedoch durch die Bestimmungen der §§ 305 ff. BGB in das BGB inkorporiert wurde.

Im Folgenden sollen zunächst der Geltungsgrund erörtert werden (**1.**), bevor sich die Untersuchung der Kontrolle Allgemeiner Geschäftsbedingungen zuwendet (**2.**). Nach einer kurzen Zusammenfassung (**3.**) soll auf dieser Grundlage eine Abgrenzung zu den Handelsbräuchen stattfinden (**4.**), aber auch auf gewisse Schnittstellen zwischen beiden Formen der privaten Regelsetzung hingewiesen werden (**4.**). Der Abschnitt endet mit einer kurzen Zusammenfassung (**5.**).

---

282 v. Westphalen, AGB-Recht im Jahr 2008, 2355.

283 Vgl. etwa die Klausel-Richtlinie 93/13/EWG des Rates vom 5.4.1993; v. Westphalen, AGB-Recht im Jahr 2008, 2355.

284 v. Westphalen, NJW 2009, 2355, 2362.

285 v. Westphalen, NJW 2009, 2355, 2362.

286 Vgl. Sohm, Institutionen – Geschichte und System des Römischen Privatrechts, S.77.

287 Großmann-Doerth, Selbstgeschaffenes Recht der Wirtschaft, S. 5; ausführlich Hellwege, Allgemeine Geschäftsbedingungen, einseitig gestellte Vertragsbedingungen und die allgemeine Rechtsgeschäftslehre, S. 21 ff..

288 Gesetz zur Regelung des Rechts der Allgemeinen Geschäftsbedingungen (AGBG) vom 9.12.1976 ist am 26.11.2001 außer Kraft getreten.

1. Geltungsgrund

Im Recht der Allgemeinen Geschäftsbedingungen lautet eine traditionelle Frage, wie diese theoretisch zu erfassen sind. Abzulehnen ist die Auffassung, dass ihnen ebenso wie den Handelsbräuchen eine *quasi*-normative Wirkung zukomme, sie entgegen der gesetzlichen Etikettierung private Normen darstellten und es keines Unterwerfungsaktes bedürfe. Vielmehr handelt es sich lediglich um eine besondere Form bzw. einen Teil des Vertrages.

Obgleich man Allgemeine Geschäftsbedingungen im 19. Jahrhundert nur als *besondere Erscheinung der Verkehrssitte* würdigte, wurden zu Beginn des 20. Jahrhunderts bereits Stimmen laut, welche die Bedingungen als *privat gesetzte Rechtsnormen* einzuordnen wussten.[289] Seit dem Inkrafttreten des *AGBG* und der dieses Gesetz ablösenden §§ 305 – 310 BGB sowie der europäischen Klauselrichtlinie[290] gilt diese Kontroverse jedoch weitgehend als überholt, da der Gesetzgeber sich zumindest formal im Sinne der Vertragsauffassung entschieden hat.[291] Ungeachtet dessen verstummt die Meinung derjenigen nicht völlig, die im Recht der Allgemeinen Geschäftsbedingungen einen *Etikettenschwindel* sehen. Es werde mit der gesetzgeberischen Entscheidung nur von dem Umstand abgelenkt, dass das Gesetz eine Form privater Normsetzung anerkenne.[292] So streitet bis heute die auch als *Normentheorie* bekannte wider die herrschende Vertragstheorie. Letztere geht aufgrund des Wortlauts davon aus, dass Allgemeine Geschäftsbedingungen Vertragsbedingungen sind, die mittels Vertragsschlusses einen Bestandteil des Vertrages bildeten. Diese Annahme werde auch nicht dadurch relativiert, dass die von Verbänden aufgestellten und durchgesetzten AGB faktisch wie Normen fungierten. Gegenteilige Meinungen trennten nicht sauber zwischen der *rechtsdogmatischen* und der *soziologischen* Sicht.[293] Den augenfälligen Besonderheiten, die durch das einseitige Aufstellen bedingt seien, werde durch entsprechende Modifikationen der rechtsgeschäftlichen Kategorien Rechnung getragen.[294] Genau hier setzt die *Normentheorie* an,

---

289 Bachmann, Private Ordnung, S. 108, 119; ausführlich Hellwege, Allgemeine Geschäftsbedingungen, einseitig gestellte Vertragsbedingungen und die allgemeine Rechtsgeschäftslehre, S. 266 ff..

290 Richtlinie des Rates v. 05.04.1993 93/13/EWG über missbräuchliche Klauseln in Verbraucherverträgen, abgedruckt und erläutert bei Grundmann, Europäisches Schuldvertragsrecht, S. 280 ff..

291 Hellwege, Allgemeine Geschäftsbedingungen, einseitig gestellte Vertragsbedingungen und die allgemeine Rechtsgeschäftslehre, S. 223 mit weiteren Nachweisen.

292 Bachmann, Private Ordnung, S. 119 ff..

293 Für diese Trennung bereits Raiser, Das Rech der Allgemeinen Geschäftsbedingungen, S. 75 f..

294 Vgl. z.B. Wolf/Lindacher/Pfeiffer/Pfeiffer, Einl. Rn. 14 f..

wenn sie argumentiert, dass Entstehungsweise, Inhalt und Wirkung der Allgemeinen Geschäftsbedingungen für eine Parallele zu den Normen des objektiven Rechts stritten. Es handele sich um eine einseitig aufgestellte Ordnung, der sich der Vertragspartner *unterwerfe*.[295] Diese Besonderheiten ließen sich nicht mit der Rechtsgeschäftslehre vereinbaren und führten deshalb zwangsläufig dazu, Allgemeine Geschäftsbedingungen als private Rechtsnormen anzusehen.[296]

Zugegebenermaßen schickt sich bei Allgemeinen Geschäftsbedingungen die Frage an, ob sie das Ergebnis einer unter Kontrollvorbehalt stehenden Delegation von Normsetzungsbefugnissen darstellen. So könnte die Möglichkeit, Allgemeine Geschäftsbedingungen aufstellen zu dürfen, als Verzicht des Staates verstanden werden, die Regelaufstellung selbst zu gestalten und dadurch einem etwaigen Marktversagen zu begegnen.[297] Dieser Gedanke verkennt jedoch, dass zum einen heute nicht mehr von einem staatlichen Normsetzungsmonopol ausgegangen wird,[298] und zum anderen die zentrale Aufgabe des Staates nicht in der Normsetzung liegt, sondern vielmehr in der Gewährleistung, dass nur Regeln sanktioniert werden, die keine gerechte, respektive *legitime* Ordnung begründen.[299] Zutreffend stellen die Normtheoretiker zwar auf die funktionale Äquivalenz zwischen dem *selbstgeschaffenen Recht der Wirtschaft*[300], mit dem Allgemeine Geschäftsbedingungen gemeint sind, und dem dispositiven Recht ab. Bei Massengeschäften fungieren Allgemeine Geschäftsbedingungen tatsächlich zumeist als eine *fertig bereit liegende Rechtsordnung*[301], indem sie für offene und regelungsbedürftige Fragen Lösungen bereit halten. Doch zwingt diese Feststellung nicht zu der Annahme, dass damit Allgemeinen Geschäftsbedingungen Rechtsnormqualität zukäme. Denn der Staat übernimmt mit der Bereitstellung dispositiven Rechts eine Aufgabe, die eigentlich den privaten Vertragspartnern zukäme, von diesen aus Kostengründen jedoch nicht erfüllt wird.[302]

---

295 Pflug, Kontrakt und Status im Recht der Allgemeinen Geschäftsbedingungen, S. 4ff.; Wiethölter, Rechtswissenschaft, S. 196; Mertens, AG 1982, 29, 39; E. Schmidt, JuS 1987, 929, 931.

296 Ausführlich zum Meinungsstreit: Bachmann, Private Ordnung, S. 120 f..

297 Studie von Hellner, Non-judicial control of standard terms, S. 46 ff., der sich mit der Verbreitung und den Vorzügen einer präventiven Kontrolle durch die Verwaltung in den verschiedenen Rechtsordnungen auseinandersetzt.

298 Bachmann, Private Ordnung, S. 62 ff..

299 Bachmann, Private Ordnung, S. 122; Raiser, Das Recht der Allgemeinen Geschäftsbedingungen, S. 97 f..

300 Grossmann-Doerth, Selbstgeschaffenes Recht der Wirtschaft und staatliches Recht (1933).

301 BGHZ 1, 83, 86.

302 Schäfer/Ott, Ökonomische Analyse, S. 394 f..

Mithin kommt es lediglich auf den *Blickwinkel* an, den man einnimmt. Geht man von der dispositiven Regel als Normalfall aus, können auch funktionale Äquivalente wie Allgemeine Geschäftsbedingungen als Normen verstanden werden. Sieht man hingegen (ausgehandelte) Vertragsbedingungen als Idealfall und das dispositive Recht lediglich als deren Ergänzung an, erscheinen Allgemeine Geschäftsbedingungen eher im Gewand von Vertragsbedingungen. Aus rechtsdogmatischer Sicht sprechen jedoch die besseren Argumente für die Vertragstheorie, die auch formell mit der Entscheidung des Gesetzgebers im Einklang steht.[303]

2. Kontrolle Allgemeiner Geschäftsbedingungen

Als Allgemeine Geschäftsbedingungen bezeichnet man gemäß § 305 Abs. 1 S. 1 BGB für eine Vielzahl von Verträgen vorformulierte Vertragsbedingungen, die eine der Vertragsparteien der anderen bei Abschluss eines Vertrages stellt. Sie stärken im Regelfall einseitig die Position des Verwenders und werden deshalb *qua* Gesetz einer besonders strengen Kontrolle unterstellt. Die Überprüfung derartiger Klauseln erfolgt in einem Dreiklang. So stellt sich zunächst die Frage der wirksamen Einbeziehung (**a.**) und der (interessengerechten) Auslegung (**b.**). Erst in einem dritten und letzten Schritt werden die jeweiligen Klauseln auf ihre inhaltliche Ausgestaltung hin überprüft (**c.**). Dieser Abschnitt schließt mit einer Zusammenfassung (**d.**).

a. Einbeziehung von Allgemeinen Geschäftsbedingungen

Bei der Frage der Einbeziehung Allgemeiner Geschäftsbedingungen ist zunächst zu klären, welche Bestimmungen begrifflich erfasst sind. AGB sind sämtliche Erklärungen, die vom Verwender vorgelegt worden sind und den Vertrag inhaltlich regeln sollen.[304] Dies schließt jedoch nicht aus, dass nur einzelnen Klauseln AGB-Charakter zukommt.[305] Entscheidend ist, dass die Klauseln nach ihrer objektiven Erscheinung den Eindruck erwecken, den Inhalt eines vertraglichen

303 Vgl. Bachmann, Private Ordnung, S. 108, 119.

304 BGH, NJW 2001, 2635; BGH, NJW 1997, 135; BGH, NJW 1987, 2867; Bamberger/Roth/Becker, § 305, BGB Rn. 11; Jauernig/Stadler, § 305, BGB Rn. 3; MünchKomm/Basedow, § 305 BGB, Rn. 9; vgl. Staudinger/Schlosser § 305 BGB, Rn. 12 ff.; auch einseitige rechtsgeschäftliche Erklärungen sind erfasst, vgl. Grunewald, Festschrift für Graf von Westphalen, S. 229 ff. mit weiten Nachweisen.

305 Bamberger/Roth/Becker, § 305 BGB, Rn. 11.

Rechtsverhältnisses zu bestimmen.[306] Außerdem müssen sie für eine Vielzahl von Verträgen *vorformuliert* sein. Dies ist immer dann der Fall, wenn die Bedingungen zeitlich *vor* dem Vertragsschluss fertig ausgearbeitet vorliegen, um in künftige Kontrakte eingefügt zu werden. Daraus folgt jedoch nicht, dass Allgemeine Geschäftsbedingungen zwingend schriftlich niedergelegt sein müssen.[307] Vielmehr reicht es aus, dass sie zum Zweck künftiger Verwendung gedanklich beim Verwender oder bei dessen Gehilfen bereits vorhanden sind[308] oder als Textbausteine gespeichert werden[309]. Denn die Form darf nicht die Schutzwürdigkeit des anderen Vertragspartners bestimmen. Der Verwender muss die Vertragsbedingungen keinesfalls selbst vorformuliert haben.[310] Vielmehr können beispielsweise Klauselwerke eines Wirtschaftsverbandes benutzt werden, die der Verband für seine Mitglieder erarbeitet hat und ihnen zur Verfügung stellt.[311]

Ergänzungen oder Änderungen, die den sachlichen Gehalt nicht beeinflussen, sind unschädlich. Dies darf jedoch nicht soweit reichen, dass von einem konsensualen *Aushandeln* auszugehen ist. Vielmehr müssen die Klauseln, um ihren Charakter als Allgemeine Geschäftsbedingungen zu wahren, regelmäßig als von einer Vertragspartei *einseitig gestellt* anzusehen sein. Der Begriff des *Aushandelns* statuiert somit die Trennlinie zwischen den einer Kontrolle unterworfenen Allgemeinen Geschäftsbedingungen und den weitgehend kontrollfreien Individualvereinbarungen. Ungeachtet der Sonderregel für Verbraucherverträge,[312] wird diese Linie nach der Rechtsprechung erst dann überschritten, wenn der Verwender *den gesetzesfremden Kerngehalt [seiner AGB] inhaltlich ernsthaft zur Disposition stellt und dem Verhandlungspartner zumindest [die reale] Möglichkeit [einräumt], die inhaltliche Ausgestaltung der Vertragsbedingungen zu beeinflussen.*[313] Dementsprechend lässt es der *BGH* nicht genügen, dass der

306 BGH, NJW 2005, 1645, 1646; BGH, NJW 1996, 2574; Bamberger/Roth/Becker, § 305 BGB, Rn. 11; Jauernig/Stadler, § 305 BGB, Rn. 3.

307 BGH, NJW 2001, 2635; BGH, NJW 1999, 2181; Bamberger/Roth/Becker, § 305 BGB, Rn. 16; Jauernig/Stadler, § 305 BGB, Rn. 5; MünchKomm/Basedow, § 305 BGB, Rn. 13.

308 BGH, NJW 2001, 2635; BGH, NJW 1999, 2181; BGH, NJW 1988, 410; OLG Köln, VersR 1995, 647; Bamberger/Roth/Becker, § 305 BGB, Rn. 16; MünchKomm/ Basedow, § 305 BGB, Rn. 13; Palandt/Heinrichs, §. 305 BGB, Rn. 8.

309 Bamberger/Roth/Becker, § 305 BGB, Rn. 16; Erman/Roloff, § 305 BGB, Rn. 9; MünchKomm/Basedow, § 305 BGB, Rn. 13.

310 BT.-Drucks 7/3919, S. 16.

311 BGH, NJW 1994, 2825, 2826; BGH, NJW 1992, 2160, 2163; MünchKomm/Basedow, § 305 BGB, Rn. 14.

312 § 310 Abs. 3 Nr. 1 BGB.

313 BGH, NJW 2003, 1805, 1807.

Kontrakt in Gänze besprochen und teilweise sogar abgeändert wurde.[314] Aus Verbraucherschutzgesichtspunkten wird mit dieser mosaikgleichen Vorgehensweise eine sehr weitreichende Inhaltskontrolle vertraglicher Bedingungen erreicht, was sich mit dem wirtschaftlichen Ungleichgewicht beider Vertragspartner rechtfertigen lässt. Im Hinblick auf den unternehmerischen Verkehr wird eine weite Auslegung des Begriffs *Allgemeiner Geschäftsbedingungen* den Bedürfnissen der in der Wirtschaft üblichen Praxis jedoch mitnichten gerecht. In diesem Rahmen geführte Vertragsverhandlungen ziehen häufig Paketlösungen vor oder wählen bewusst bestimmte Klauseln, die einer gerechten Risikoverteilung dienen,[315] sofern man die rechtliche und wirtschaftliche Ausgewogenheit des Vertrages als Ganzes betrachtet.[316] Doch die enge Definition des *BGH* führt dazu, dass die für den Verwender wesentlichen Klauseln, etwa Haftungsausschlüsse und –begrenzungen, stets als nicht ausgehandelt gelten, denn zumindest in ihrem Kerngehalt sind diese indisponibel. Infolgedessen gilt für die zentralen und oftmals sogar im internationalen Verkehr absolut üblichen Klauseln ein spürbar strengerer Wirksamkeitsmaßstab als der des § 138 BGB für Individualvereinbarungen.[317] Schließlich führt diese Strenge zu einem kaum vertretbaren finanziellen und wirtschaftlichen Aufwand,[318] wenn der Verwender der AGB den Verhandlungsprozess *en Detail* dokumentieren muss, um den Wertungen der §§ 305 ff. BGB zu entgehen.[319]

Wann eine Vertragsbedingung für eine *Vielzahl von Verträgen* vorformuliert ist, muss ungeachtet der Sonderregel für Verbraucherverträge[320] nach höchstrichterlicher Rechtsprechung *im Einzelfall unter Berücksichtigung aller Umstände geprüft werden.*[321] Dabei wird jedoch widerleglich vermutet, dass Klauseln schon dann von den §§ 305 ff. BGB erfasst sind, wenn die jeweilige Klausel tatsächlich mindestens dreimal verwendet worden ist.[322] Doch reicht *per se* schon die Absicht einer dreimaligen Verwendung aus, um das Kriterium als erfüllt anzusehen.[323] Deshalb nimmt es nicht wunder, dass eine Klausel, deren bloße einmalige Verwendung beabsichtigt war, nicht dadurch zu einer Allgemeinen Geschäftsbedingung desselben Vertrages wird, weil sie später für weite-

---

314 BGH, NJW 2003, 1805, 1807 f..

315 Lischek/Mahnken, ZIP 2007, 158, 159 f.; vgl. Vogt, TranspR 2010, 15, 16.

316 Rabe, NJW 1987, 1978, 1979 f..

317 Berger/Kleine, BB 2007, 2137.

318 Lischek/Mahnken, ZIP 2007, 158, 160.

319 Berger, ZIP 2006, 2149, 2152, Langer, WM 2006, 1233, 1236 f..

320 § 310 Abs. 3 Nr. 2 BGB.

321 BGH, NJW 1997, 135, 136.

322 BGH, NJW 2002, 138, 139; vgl. BGH, NJW 1997, 135, 136.

323 BGH, NJW 2002, 138, 139; BGH, NJW 1998, 2286, 2287.

re Verträge Verwendung findet. Ihren AGB-rechtlichen Charakter bekommt sie erst in den späteren Verträgen, sofern der Verwender plant, auch zukünftig auf diese Regelung mehrmals zurückzugreifen.[324] Indiz für eine derartige Absicht ist der Rückgriff auf gebräuchliche Vertragsmuster.[325] Unabhängig von den formalen Anforderungen an eine AGB-Klausel, muss der Verwender im Hinblick auf den anderen Teil besondere Vorgaben beachten. Gemäß § 305 Abs. 2 BGB werden Allgemeine Geschäftsbedingungen nur dann Bestandteil des Vertrages, wenn der Verwender ausdrücklich auf sie hingewiesen und der andere Teil die Möglichkeit der Kenntnisnahme bekommt und sich einverstanden erklärt hat. Maßgeblicher Zeitpunkt ist der Vertragsschluss. Liegen die Voraussetzungen erst danach vor, so ist die Einbeziehung der Allgemeinen Geschäftsbedingungen zu verneinen, es sei denn diese wird durch einen Änderungsvertrag nachgeholt.

Für den unternehmerischen Verkehr bestimmt § 310 Abs. 1 BGB abweichend, dass auch eine stillschweigende Einbeziehung, sofern keine Abwehrklausel ersichtlich ist,[326] ausreichen kann. Dies ist etwa im Rahmen eines Geschäftsgebrauchs anzunehmen. Bei branchenüblichen Allgemeinen Geschäftsbedingungen ist der konkludente Einbeziehungswille indiziert, falls nicht besondere Umstände entgegenstehen.[327] Branchenüblich sind AGB, wenn sie allgemein in der jeweiligen Branche genutzt werden und ein entsprechendes Bewusstsein bei den beteiligten Kreisen besteht.[328] Darüber hinaus muss es sich um typischerweise zur Branche gehörende Geschäfte[329] und aus Sicht des Verwenders um branchenkundige Personen handeln.[330]Dementsprechend galten die ADSp bei Transport- und Speditionsgeschäften mit einem im Inland ansässigen Unternehmer lange als branchenüblich, doch hat der neu gefasste § 449 Abs. 2 S. 2 Nr. 1 HGB und die Entscheidung des *BGH* vom 23.01.2003[331] diese Praxis

---

324 vgl. BGH, NJW 1998, 2286, 2287; BGH, NJW 1997, 135; Bamberger/Roth/Becker, § 305 BGB, Rn. 24; MünchKomm/Basedow, § 305 BGB, Rn. 17 f..

325 BGH, ZIP 2001, 1921; BGH, NJW 1999, 3558; BGH, NJW 1991, 843; vgl. OLG Dresden, WM 2001, 2167; Bamberger/Roth/Becker, § 305 BGB, Rn. 24; MünchKomm/Basedow, § 305 BGB, Rn. 17 f.; v. Westphalen, NJW 2004, 1993.

326 BGH, NJW 1985, 1838, 1839.

327 BGH, NJW 1990, 513, 514; BGH, NJW 1985, 1838, 1840; vgl. BGH, NJW 1968, 1718, 1719.

328 Wolf/Lindacher/Pfeiffer/Pfeiffer, § 305 BGB, Rn. 127; vgl. Müller-Graff, Festschrift für Pleyer, S. 401, 410 ff..

329 Nach BGH, BB 1976, 1386 keine stillschweigende Einbeziehung der ADSp bei einer Vertrag zwischen einem Spediteur und Bauunternehmer über die Stellung eines Autodrehkrans.

330 BGH, NJW 1976, 2075 verneinte dies für Ausländer.

331 BGH, NJW 2003, 1397; vgl. auch BGH, TranspR 2007, 472, 473; vgl. dazu die krit. Anm. von Herber, TranspR 2007, 472, 475 f..

infrage gestellt.[332] Demnach ist eine formularmäßige Haftungsbeschränkung in drucktechnisch deutlicher Gestaltung besonders hervorzuheben. Diese Voraussetzung kann nicht durch die stillschweigende Einbeziehung als erfüllt angesehen werden, doch steht sie dieser auch nicht direkt im Weg. Es handelt sich vielmehr um ein Formerfordernis für die Abweichung von § 431 Abs. 1 und Abs. 2 HGB, dessen Missachtung lediglich die Unwirksamkeit der Klausel zur Folge hat, nicht jedoch die Einbeziehung der ADSp in Gänze.[333] Dennoch wird teilweise[334] seit Inkrafttreten der Transportrechtsreform für die Einbeziehung eine konkrete Begründung anhand des zu entscheidenden Sachverhalts gefordert, um die notwendige Willensübereinstimmung nicht zu fingieren. Die Branchenüblichkeit fungiere dabei nur als Indiz und sei überdies nicht aktuell empirisch abgesichert.[335] Branchenüblich sind jedenfalls auch die AGB-Banken im Verkehr der Banken untereinander, das heißt es gelten die AGB desjenigen Kreditinstituts, das dem anderen seine Dienste zur Verfügung stellt.[336] Ebenso sind Versicherungsbedingungen für Versicherungsverträge branchenüblich.[337] Etwas anderes gilt jedoch für Maklerbedingungen, die VOB oder AGB bei Anzeigen und Aufträgen im Pressegewerbe.[338] Ist der Einbeziehungswille nicht aufgrund einer laufenden Geschäftsbeziehung, wegen Branchenüblichkeit oder aufgrund sonstiger Umstände konkludent feststellbar, so ist ein klarer und deutlicher Hinweis erforderlich.[339]

Außerdem muss die andere Partei auch im unternehmerischen Verkehr die Möglichkeit der zumutbaren Kenntnisnahme vom Inhalt der AGB haben,[340] wobei die Zumutbarkeit bei Unternehmern anders definiert werden kann als bei Verbrauchergeschäften. Im internationalen Rechtsverkehr müssen die Allgemei-

---

332 Ausführlich dazu Ebenroth/Boujong/Joost/Strohn/Bahnsen, HGB, Vor. Ziff. 1 ADSp, Rn. 22-29.

333 Ebenroth/Boujong/Joost/Strohn/Bahnsen, HGB, Vor. Ziff. 1 ADSp, Rn. 24; Herzog, TranspR 2001, 244, 247; Philippi, TranspR 1999, 375, 377 f.; a.A. BGH, NJW 2003, 1397, 1398.

334 Ebenroth/Boujong/Joost/Strohn/Bahnsen, HGB, Vor. Ziff. 1 ADSp, Rn. 25 f..

335 Letzte DIHK-Umfrage 1999: 94 % der Speditionsunternehmen verwendeten die ADSp; 86 % der Unternehmer der verladenden Wirtschaft gingen von der Geltung der ADSp mangels anderweitiger Vereinbarungen aus, vgl. DIHK-RS-Nr. 0649038 vom 02.09.1999. Anders jedoch Tunn, Lagerrecht/Kontraktlogistik S. 161, § 22 VII Rn. 714.

336 BGH, NJW 1990, 513, 514.

337 Wolf/Lindacher/Pfeiffer/Pfeiffer, § 305 BGB, Rn. 128.

338 Wolf/Lindacher/Pfeiffer/Pfeiffer, § 305 BGB, Rn. 129; a.A. LG Braunschweig, NJW 1975, 782, 783 im Hinblick auf AGB für Anzeigenaufträge im Pressebereich.

339 BGH, NJW-RR 1989, 1104; Wolf/Lindacher/Pfeiffer/Pfeiffer, § 305 BGB, Rn. 130.

340 BGH, NJW-RR 1989, 1104; BGH, NJW 1988, 1210, 1212; OLG Hamm, NJW-RR 1988, 944.

nen Geschäftsbedingungen nicht dem für den Vertragsabschluss maßgebenden Schreiben beigelegt oder ausgehändigt sein. Es reicht aus, eine in diesem Bereich übliche Sprache zu wählen.[341] Der Verweis in AGB auf andere AGB ist wirksam, sofern der andere Vertragspartner damit rechnen musste, was für die *ERA* bei Akkreditiven und für die *ERI* bei Inkassogeschäften zutrifft. Diese wurden etwa durch Art. 28 Abs. 1 S. 2 AGB-Banken a.F. gegenüber Unternehmern wirksam einbezogen.[342] Relevanter Zeitpunkt ist auch hier der Vertragsschluss, es gilt insoweit das oben bereits Gesagte. Eine Ausnahme gilt für das Institut des kaufmännischen Bestätigungsschreibens.

Schließlich muss die Verwendergegenseite mit der Einbeziehung einverstanden sein, was bei Branchenüblichkeit anzunehmen ist. Allein die Kenntnis von der Praxis des Verwenders, seinen Verträgen AGB zu Grunde zu legen, reicht jedoch nicht aus, um von einer stillschweigenden Einbeziehung ausgehen zu können.[343] Schließlich ist eine Einbeziehung nicht notwendig, wenn ein Handelsbrauch besteht. Die Allgemeinen Geschäftsbedingungen gelten dann kraft Gesetzes.[344] Dies wird im Rahmen der Untersuchung der Schnittpunkte zwischen den Möglichkeiten privater Regelbildung näher untersucht werden.[345]

b. Auslegung

Die Auslegung von AGB richtet sich zunächst nach den allgemeinen Regeln, die für die Auslegung rechtsgeschäftlicher Willenserklärungen einschlägig sind.[346] Denn die Auslegung vorgefertigter Klauseln zielt darauf ab, den für beide Vertragsparteien verbindlichen Sinn einer Erklärung zu interpretieren.[347] Dabei würde jedoch die Tatsache unberücksichtigt bleiben, dass die jeweiligen Vertragsbedingungen eben nicht auf ein konkretes Rechtsverhältnis zugeschnitten, sondern vielmehr losgelöst von diesem entworfen wurden.[348] Daher bedarf es spezieller Auslegungsgrundsätze. Hierzu gehören die objektive und restriktive Auslegung sowie die Auslegung zu Ungunsten des Verwenders in Zweifelsfällen, wobei jedoch nur Letztere Eingang ins Gesetz erhalten hat.[349] § 305c

---

341 v. Westphalen, Zehn Jahre AGB-Gesetz, S. 175, 188 ff..

342 Wolf/Lindacher/Pfeiffer/Pfeiffer, § 305 BGB, Rn. 131.

343 Ulmer/Brandner/Hensen/Ulmer, § 305 BGB, Rn. 170 a; Wolf/Lindacher/Pfeiffer/Pfeiffer, § 305 BGB, Rn. 134.

344 Wolf/Lindacher/Pfeiffer/Pfeiffer, § 305 BGB, Rn. 145.

345 B. II. 4..

346 §§ 133, 157 BGB.

347 MünchKomm/Basedow, § 305c BGB, Rn. 18.

348 Raiser, Das Recht der Allgemeinen Geschäftsbedingungen, S. 251 ff.; vgl. Brandner, AcP 162 (1963) 237 f..

349 BT-Drucks 7/5422 S. 5.

Abs. 2 BGB bestimmt deshalb ausdrücklich, dass Zweifel an der Auslegung zulasten des Verwenders gehen. In der Praxis wird jedoch zunächst nach der kundenfeindlichsten Auslegung gesucht, wenn es um die Inhaltskontrolle am Maßstab der §§ 308, 309 BGB geht und erst, wenn die Klauseln dieser Prüfung standhalten, werden sie kundenfreundlich ausgelegt. Dieses Vorgehen bietet den größtmöglichen Schutz.[350] Die Regelung des § 305c Abs. 2 BGB gilt für den unternehmerischen Verkehr gleichermaßen.[351] Der Grundsatz der objektiven Auslegung bedeutet, dass der Sinngehalt *nach objektiven Maßstäben, losgelöst von der zufälligen Gestaltung des Einzelfalls und den individuellen Vorstellungen der Vertragsparteien, unter Beachtung ihres wirtschaftlichen Zwecks und der gewählten Ausdrucksweise* zu ermitteln ist.[352] Es sind mithin nur typische Umstände bzw. die typischen immer wiederkehrenden Interessengegensätze zu berücksichtigen.[353] Mithin soll das konkrete Verhältnis der Prozessparteien außer Acht bleiben. Infolgedessen werden zum Beispiel Allgemeine Geschäftsbedingungen an Börsen einheitlich und unabhängig davon ausgelegt, ob die andere Vertragspartei geschäftlich oder aber als Verbraucher ohne jegliche Vorbildung agiert.[354] Ebenso muss ein Ausländer eines im Inland tätigen Verwenders von Allgemeinen Geschäftsbedingungen diejenige Bedeutung gegen sich gelten lassen, die ihnen ein vernünftiger und sorgfältiger Inlandskunde regelmäßig beilegt.[355] Die den Vertragsschluss begleitenden Umstände werden lediglich als Korrektiv berücksichtigt. Dementsprechend ist der jeweiligen Klausel stets der Bedeutungsgehalt beizumessen, der ihnen im allgemeinen Sprachgebrauch zum Zeitpunkt der Einbeziehung zukommt.[356] Eine Ausnahme gilt jedoch für den unternehmerischen Verkehr. Wird durch die streitigen AGB ein Geschäftstyp geregelt, der sich typischerweise nicht an das breite Publikum richtet, sondern vielmehr in persönlicher Hinsicht begrenzt wird, etwa auf die Personen einer bestimmten Branche, so ist den einzelnen Klauseln die fachsprachliche und nicht die eventuell abweichende Bedeutung beizumessen, die sie in der Um-

---

350 MünchKomm/Basedow, § 305c BGB, Rn. 20.

351 BGH NJW-RR 2002, 1027, 1029; BGH, NJW 2001, 2165, 2166; Staudinger/Schlosser, § 305 BGB, Rn. 102.

352 BGH, NJW 1956, 1915.

353 BGH, NJW 2005, 1183, 1184; vgl. BGH, NJW 2005, 425, 426; BGH, NJW-RR 2004, 1347, 1348; Bamberger/Roth/Schmidt, § 305c BGB, Rn. 37; Palandt/Heinrichs, § 305c BGB, Rn. 15 f.; differenzierend Staudinger/Schlosser, § 305c BGB, Rn. 128.

354 Beispiel von Raiser, Das Recht der Allgemeinen Geschäftsbedingungen, S. 259.

355 BGH, NJW 1960, 1661; a.A. Brandner, AcP 162 (1963) 237, 258.

356 MünchKomm/Basedow, § 305c BGB, Rn. 25; vgl. Raiser, Das Recht der Allgemeinen Geschäftsbedingungen, S. 257.

gangssprache vielleicht einnehmen.[357] Haben die Parteien den Klauseln übereinstimmend einen anderen Sinngehalt zugeschrieben, so bedarf es keiner Ausnahme zu dem soeben Gesagten, denn diese einheitliche Auslegung genießt als Individualvereinbarung gemäß § 305b BGB Vorrang vor den vorgefertigten Bedingungen. Eine derartige Individualvereinbarung erfordert jedoch, dass ein Einverständnis der Parteien festgestellt werden kann, welches sich nicht schon aufgrund besonderer Fachkenntnisse konstruieren lässt.[358]

c. Inhaltskontrolle

Inhaltlich müssen die Bedingungen mit den §§ 307 ff. BGB in Einklang stehen, insbesondere müssen sie dem Transparenzgebot des § 307 BGB entsprechen. Sinn und Zweck der Inhaltskontrolle besteht in der Korrektur eines Zustandes, der dadurch entstanden ist, dass keine Vertragsverhandlungen mit dem Ziel geführt worden sind, die einzelnen Vertragsbedingungen abzuändern.[359] Aufgrund dessen muss die Klausel gemäß § 307 Abs. 1 S. 2 BGB verständlich formuliert sein, und zusätzlich die mit ihr verbundenen Nachteile und Belastungen offenlegen. Diese Regelung betrifft Verbraucherverträge ebenso wie den unternehmerischen Verkehr. Im Hinblick auf Letzteren normiert § 310 Abs. 1 BGB jedoch weitere Besonderheiten.[360] So finden die §§ 308 f. BGB keine Anwendung, der Fokus richtet sich allein auf § 307 Abs. 1 BGB. Für die Transparenzkontrolle, welche eine hinreichend klare und verständliche Klausel voraussetzt, bedeutet dies, dass ein typischer Vertragspartner der betroffenen Kundengruppe ihren Inhalt – mit zumutbaren Erkenntnisanstrengungen – wahrnehmen, durchschauen und bewerten kann. Darüber hinaus kommt bei der Inhaltskontrolle dem dispositiven Recht eine Leitbildfunktion zu und es gilt das sogenannte *Aushöhlungsverbot*. Letzteres führt zur Unangemessenheit einer Klausel, wenn wesentliche Rechte oder Pflichten, die sich aus der Natur des Vertrages ergeben, so eingeschränkt werden, dass die Erreichung des Vertragszwecks gefährdet ist. § 307 Abs. 2 Nr. 2 BGB setzt bei der Natur des Vertrages an.[361] Die Norm erfasst Verträge, für die eine spezielle Regelung im dispositiven Recht fehlt. Erfasst werden etwa Freizeichnungsklauseln.[362] Außerdem wird der Rechtsanwen-

357 Raiser, Das Recht der Allgemeinen Geschäftsbedingungen, S. 257 f..

358 Raiser, Das Recht der Allgemeinen Geschäftsbedingungen, S. 259 f..

359 BGH, NJW 2005, 422, 424.

360 BGHZ 92, 396, 398 f.; BGH, NJW 1985, 853, 854f.; vgl. bereits im Hinblick auf übliche Klauseln Lüderitz, Auslegung von Rechtsgeschäften, S. 243 f..

361 Vogt, TranspR 2010, 15, 18.

362 BGH, NJW-RR 1998, 1426, 1427 ff. zu Freizeichnungen in der Betriebsordnung der Bremer Lagerhausgesellschaft.

der dazu verpflichtet, *auf die im Handelsverkehr geltenden Gewohnheiten und Gebräuche [...] angemessen Rücksicht zu nehmen*, § 310 Abs. 1 S. 2, 2. HS BGB. Aufgabe dieses Zusatzes soll sein, die Flexibilität der Inhaltskontrolle innerhalb des unternehmerischen Geschäftsverkehrs zu gewährleisten und der unterschiedlichen Schutzbedürftigkeit Rechnung zu tragen, so dass die evident unterschiedlichen Verständnis- und Erwartungshorizonte verschiedener kaufmännischer Durchschnittskundentypen Berücksichtigung finden.[363] Hintergrund dieser Unterscheidung ist die generell geringere Schutzbedürftigkeit der Kunden im rein unternehmerischen Geschäftsverkehr, die regelmäßig mit den branchentypischen Allgemeinen Geschäftsbedingungen vertraut sind,[364] deshalb ihren Inhalt in die den Vertragsschluss leitenden Erwägungen mit einbeziehen wird[365] und nachteilige Wirkungen einzelner Klauseln eher zu kompensieren in der Lage sind.[366] Nach herrschender Meinung ist in § 310 Abs. 1 S. 1, 2. Halbsatz BGB ein Verweis auf § 346 HGB zu sehen.[367]

Mithin ermöglicht § 310 Abs. 1 BGB eine differenzierte Inhaltskontrolle im Hinblick auf Verbraucherverträge aber auch innerhalb des geschäftlichen Verkehrs. Deshalb stellt § 307 Abs. 1 BGB für das unternehmensbezogene Geschäft allein den Maßstab der Inhaltskontrolle dar. Was in diesem Zusammenhang jedoch unter einer *unangemessenen Benachteiligung* im unternehmerischen Geschäftsverkehr zu verstehen ist, verrät das Gesetz nicht. Es müssen Kriterien aufgestellt werden, die eine differenzierende Inhaltskontrolle im unternehmerischen Geschäftsverkehr zulassen.[368] Insoweit erscheint es sinnvoll nach der Schutzbedürftigkeit der jeweiligen Kundengruppe zu unterscheiden, was dem Vorgehen der Rechtsprechung bei der Einbeziehung und Auslegung Allgemeiner Geschäftsbedingungen entspräche.[369] Im Hinblick auf die Inhaltskontrolle lehnt sie diesen Ansatz jedoch mit dem Argument fehlender Justiziabilität ge-

---

363 OLG Hamm, WM 1990, 466, 470; Berger/Kleine, NJW 2007, 3526, 3527.

364 BGH, NJW 1985, 738.

365 Berger, ZIP 2006, 2149, 2151.

366 Wolf/Lindacher/Pfeiffer/Schmidt, § 310 BGB, Rn. 3 f.; Berger/Kleine, BB 2007, 2137, 2138.

367 Bamberger/Roth/Becker, § 310 BGB, Rn. 5; MünchKomm/Basedow, § 310 BGB, Rn. 9 ff.; wohl bejahend v. Westphalen, NJW 2009, 2977, Müller/Griebeler/Pfeil, BB 2009, 2658.

368 Ulmer/Brandner/Hensen/Fuchs, § 307 BGB, Rn. 373 a.E..

369 Als Beispiele für eine differenzierte Auslegung: BGH, NJW-RR 2006, 1236, 1237; BGH, NJW 2005, 1183; BGH, NJW 2005, 425, 426; BGH, NJW-RR 2004, 1347, 1348; Berger/Kleine, BB 2007, 2137, 2139.

meinhin ab.[370] Vielmehr orientiert sich der *BGH* sehr stark an den auf das Verbrauchergeschäft zugeschnittenen Klauselverboten der §§ 308 f. BGB und legt diesen eine Indizwirkung bei.[371] Diese Vorgehensweise führt zwar zu einem hohen Grad an Rechtssicherheit[372] und lässt sich mit Verweis auf § 310 Abs. 1 S. 2, 1. HS BGB rechtfertigen, doch beraubt sie gleichzeitig die Inhaltskontrolle ihrer Flexibilität, die als zentraler Regelungsvorteil gilt,[373] und negiert das eigentlich Ziel des § 310 Abs. 1 S. 2 BGB, ein Differenzierungsgebot zu statuieren, indem ein *quasi-zwingendes* Recht für wesentliche Bereich des unternehmerischen Verkehrs geschaffen wird.[374] Dies widerspricht den Bedürfnissen der Wirtschaft und konterkariert deren Interesse, von der durch den Verbraucherschutz stark geprägten gesetzlichen Risikoverteilung mit Hilfe vorgefertigter Kontrakte abzuweichen.[375] Außerdem stehen diesem Vorgehen die Materialien zum AGB-Gesetz gegenüber, aus denen explizit hervorgeht, dass es die AGB-Kontrolle im unternehmerischen Geschäftsverkehr *wegen ihrer Flexibilität ebenso wie die bisherige richterliche Inhaltskontrolle [ermöglichen soll], bei der Beurteilung des angemessenen Interessenausgleichs etwaigen besonderen Gegebenheiten bei Geschäften mit Minderkaufleuten Rechnung zu tragen.*[376]

Von besonderer Bedeutung sind die im nationalen und internationalen Handel gängigen Haftungsfreizeichnungs- und Haftungsbegrenzungsklauseln, da sie die Risikoverteilung neu ordnen. Ihre Wirksamkeit misst die Rechtsprechung jedoch in Anlehnung an die relativen und absoluten Klauselverbote der §§ 308 f. BGB.[377] So wird eine Freizeichnung von oder eine Beschränkung der Haftung für andere als Personenschäden bei Vorsatz und grober Fahrlässigkeit – von einzelnen Ausnahmen abgesehen[378] – für unwirksam befunden, da sie den Vertragspartner des Verwenders unangemessen benachteiligten.[379] Darüber hin-

370 MünchKomm/Kieninger, § 307 BGB, Rn. 75; ausführlich Fastrich, Richterliche Inhaltskontrolle im Privatrecht, S. 224 ff.; Berger/Kleine, BB 2007, 2137, 2140; v. Westphalen, ZIP 2007, 149, 156; ebenso Wackerbarth, AcP 200 (2000) 45, 51 ff..

371 BGH, NJW-RR 2005, 247, 248; BGH, NJW 1984, 1750, 1751.

372 Fastrich, Richterliche Inhaltskontrolle im Privatrecht, S. 93.

373 Vgl. dazu bereits Raiser, Das Recht der Allgemeinen Geschäftsbedingungen, S. 290, der sich ebenfalls für einen flexiblen und differenzierenden Maßstab ausspricht.

374 Berger/Kleine, BB 2007, 2137.

375 vgl. bereits Schlosser, Freizeichnungsklauseln im kaufmännischen Verkehr, S. 121, 133 f.; Berger/Kleine, BB 2007, 2137.

376 BT-Drucks 7/3919, 43.

377 Ulmer/Brandner/Hensen/Ulmer, § 310 BGB, Rn. 28.

378 BGH, NJW 1988, 1785, 1787 f. – Werftfall (Wirksamkeit eines Haftungsausschlusses aufgrund branchentypischer Besonderheiten und einer bestehenden Branchenübung);

379 BGH, NJW 2007, 3774, 3775 (Gebrauchtwagenhandel zwischen Unternehmern); vgl. BGH, NJW-RR 2006, 267, 269 (Verletzung wesentlicher Vertragspflichten führt zu un-

aus sollen Haftungsbegrenzungsklauseln auch dann unwirksam sein, wenn wesentliche Pflichten, die sich aus der Natur des Vertrages ergeben und teilweise[380] unter dem Begriff der *Kardinalpflichten* zusammengefasst werden, so eingeschränkt werden, dass der Vertragszweck kaum mehr erreicht werden kann.[381] Als wesentliche Pflichten gelten jedoch nicht nur Hauptleistungspflichten, sondern vielmehr auch Nebenpflichten.[382] Dadurch verhindert der *BGH* eine Freizeichnung von allen praktisch bedeutsamen Schadenspositionen.[383] Das Klauselverbot wirkt sich unmittelbar auf die Kalkulationsgrundlage zahlreicher Branchen aus und verhindert ein effektives Risikomanagement.[384] Trotz der Aufforderung in § 310 Abs. 1 BGB verschließt die Rechtsprechung die Augen vor den Besonderheiten des Handels und lässt bei ihrer Kontrolle unberücksichtigt, dass teilweise kein Versicherungsschutz verfügbar ist oder aus Kostengründen ausscheidet und die Wirtschaft gerade mithilfe dieser standardisierten Regelungen jenes risikoreiche Vakuum zu beseitigen sucht.[385] Im Hinblick auf Haftungsbegrenzungsklauseln verfährt die Rechtsprechung ähnlich resolut. Immer wiederkehrendes Element von Vertragsmustern im unternehmerischen Geschäftsverkehr sind sog. *Cap-Klauseln*, welche die Haftung auf ein im Zeitpunkt des Vertragsschlusses vorhersehbares Schadensmaß begrenzen.[386] Doch auch diese gestalterische Möglichkeit ist aufgrund des weiten Anwendungsbereichs

---

angemessener Benachteiligung); BGH, NJW-RR 2002, 536, 537 f. (Haftungsfreizeichnung des Spediteurfrachtführers im Bereich des Straßengüterverkehrs); BGH, NJW 1999, 1031, 1032 (zu § 9 AGBG im Hinblick auf die Unwirksamkeit von Ausschlussfristen in Bewachungsverträgen zwischen Unternehmern); BGH, NJW-RR 1998, 1426, 1429 (zu § 9 AGBG im Hinblick auf die Unwirksamkeit einer Haftungsbeschränkungsklausel in der Betriebsordnung der Bremer Lagerhaus- Gesellschaft).

380 Vgl. zu den Begrifflichkeiten BGH, NJW-RR 2005, 1496, 1505; BGH, NJW 1985, 914, 916 (kein formularmäßiger Ausschluss der ordnungsgemäßen Abrechnung bei Tankschecksystems); BGH, NJW 1956, 1056.

381 BGH, NJW-RR 2005, 1496, 1505; BGH, NJW-RR 2003, 1056, 1060 (Unwirksamkeit einer verschuldensunabhängigen Haftung); BGH, NJW 1993, 335, 336 (unwirksame Freizeichnung von Hauptleistungspflichten); BGH, NJW 1984, 1350, 1351 (Haftungsbegrenzung bei grob fahrlässigem Verhalten der Belegschaft verstößt gegen wesentliche Rechte).

382 BGH, NJW 1985, 914, 916 (kein formularmäßiger Ausschluss der ordnungsgemäßen Abrechnung bei Tankschecksystems); Ulmer/Brandner/Hensen/Christensen, § 309 Nr. 7 BGB, Rn. 35; Kessel/Stomps, BB 2009, 2666, 2667.

383 einschränkend Ulmer/Brandner/Hensen/Ulmer, § 310 BGB, Rn. 28; ausführlich Langer, WM 2006, 1233, 1237.

384 Brachert/Dietzel, ZGS 2005, 441.

385 Berger/Kleine, BB 2007, 2137, 2138.

386 Langer, WM 2006, 1233, 1237.

der §§ 305 ff. BGB durch die Judikative faktisch verboten worden,[387] so dass nur eine Flucht in ausländische Rechtsordnungen bleibt.[388] Ein weiteres Problem verbirgt sich hinter § 307 Abs. 1 BGB. Die Norm knüpft seit der Schuldrechtsmodernisierung an den Verbrauchsgüterkauf an und erklärt diesen zum Leitbild im Sinne des § 307 Abs. 1 Nr. 1 BGB.[389] Teilweise wird hieraus der Schluss gezogen, dass die Vertragsfreiheit innerhalb der Verteilerkette vom Hersteller bis zum Verbraucher[390] zwingendem Recht gewichen sei.[391] Eine derartige Einschätzung ist angesichts der einseitigen Rechtsanwendung zwar nicht fernliegend, doch im Hinblick auf die gesetzgeberischen Wertungen, die in § 310 Abs. 1 BGB zum Ausdruck kommen, und angesichts der Reaktionen der Wirtschaft verheerend. Auch auf internationaler Ebene bereitet diese nationale Rechtsprechung Schwierigkeiten und führt unweigerlich zu Wettbewerbsnachteilen. Durch das klauselrechtliche Verbot erhöht sich das Haftungspotenzial, das wiederum mithilfe von Preiserhöhungen ausgeglichen werden muss.[392]

Das Hauptargument des *BGH* erschöpft sich zumeist darin, dass er eine Störung des Äquivalenzverhältnisses von Leistung und Gegenleitung im Falle einer einseitigen Freizeichnung von der Haftung oder zumindest deren Begrenzung annimmt. Er geht insoweit zwar von der grundsätzlich zutreffenden Prämisse aus, dass Leistung und Gegenleistung in einem ausgeglichenen Verhältnis zueinander stehen sollten, doch bedient sich der *BGH* zu dessen Bestimmung im unternehmerischen Verkehr eines wenig brauchbaren Maßstabs. So stellt er im Hinblick auf die objektive Gerechtigkeit zumeist auf den Preis ab, wenn er die Wirksamkeit formularmäßiger Freizeichnungen oder Haftungsbeschränkungen untersucht. Diese Vorgehensweise wird der Komplexität wirtschaftlicher Vorgänge häufig jedoch nicht gerecht, denn wirtschaftliche Erwägungen können eine Verschiebung des vertraglichen Gleichgewichts durchaus kompensieren.[393] So kann es für beide Parteien eines Vertrages unter Umständen gute – primär wirtschaftliche – Gründe geben, etwa bei der Einführung eines neuen Produkts, bestimmte Risiken nicht erst durch mühsame Vertragsverhandlungen zu minimieren oder gar auszuschließen, sondern auf vorgefertigte Formulare zurückzugreifen.[394] Dass der *BGH* eine geringere Schutzbedürftigkeit von Unternehmern

387 BGH, NJW 2003, 1805, 1807.
388 Steinberger, BB 2009, M1.
389 Dauner-Lieb, JZ 2001, 8, 13.
390 In Anknüpfung an die §§ 474 ff. BGB.
391 v. Westphalen, ZGS 2006, 81.
392 Zu dem Ganzen Berger/Kleine, BB 2007, 2137, 2138.
393 Kessel/Stomps, BB 2009, 2666, 2668.
394 Beispiel bei Kessel/Stomps, BB 2009, 2666, 2670.

erkannt hat, zeigen die gelockerten Anforderungen an eine wirksame Einbeziehung von Allgemeinen Geschäftsbedingungen.

Sollten die Allgemeinen Geschäftsbedingungen in Gänze oder einzelne Klauseln, die als solche unter die §§ 305 ff. BGB fallen, unwirksam sein, bestimmt § 306 BGB die Rechtsfolgen. Halten Klauseln der Inhaltskontrolle nicht stand, sind sie unwirksam. Eine geltungserhaltende Reduktion findet nicht statt. Das anwendbare dispositive Gesetzesrecht entwickelt sich immer stärker zugunsten des Verbraucherschutzes und eignet sich daher im unternehmerischen Geschäftsverkehr nur eingeschränkt zur Vertragsergänzung.[395] Etwaige Lücken sind deshalb häufig – unter Berücksichtigung der typischen Interessenlage der Verwendergegenseite – im Wege der ergänzenden Vertragsauslegung zu füllen.[396] Der dabei anzulegende objektiv-generalisierende Maßstab, der den in den AGB zum Ausdruck kommenden, typischen Interessenkonflikt fokussiert und damit an den Interessen der regelmäßig an Geschäften der betreffenden Art beteiligten Verkehrskreise ausgerichtet ist, ermöglicht gerade in besonderer Weise *auf die im Handelsverkehr geltenden Gewohnheiten und Gebräuche [...] angemessen Rücksicht zu nehmen*. Der Kritik, dass es sich im Ergebnis hierbei doch um eine geltungserhaltende Reduktion handele,[397] setzt der *BGH* entgegen, dass bei der geltungserhaltenden Reduktion die Grenzen des am Maßstab der §§ 307 ff. BGB gerade noch Zulässigen ausgereizt werde, während die ergänzende Vertragsauslegung einen beiden Seiten so weit als möglich gerecht werdenden Ausgleich anstrebt.[398] Infolgedessen kann das Verbot der geltungserhaltenden Reduktion nicht dazu führen, der *per se* angemessenen, durch ergänzende Vertragsauslegung ermittelten Vertragsgestaltung die Anerkennung zu versagen.[399]

d. Zusammenfassende Bewertung

Allgemeine Geschäftsbedingungen sind für eine Vielzahl von Verträgen vorformuliert und werden einseitig gestellt. Sie unterliegen einer Inhaltskontrolle an Hand der §§ 305 ff. BGB, sofern die Bedingungen nicht im Einzelnen ausgehandelt wurden. Die Rechtsprechung hat an die Voraussetzungen des Aushan-

---

395 Prütting/Wegen/Weinreich/Schmidt, Vorb. §§ 433 BGB ff., Rn. 14 ff.; vgl. Berger/Kleine, NJW 2007, 3526, 3528 f..

396 BGH, NJW 1985, 621, 622.

397 Vgl. etwa Ulmer, NJW 1981, 2025, 2030, der zugibt ursprünglich auch davon ausgegangen zu sein, dass die ergänzende Vertragsauslegung im Ergebnis auf eine geltungserhaltende Reduktion hinauslaufe.

398 BGH, NJW 1984, 1177, 1178.

399 BGH, NJW 1998, 671, 673; BGH, NJW 1984, 1177, 1178.

delns stets erhöhte Anforderungen gestellt, zumindest was den unternehmerischen Verkehr betrifft zu hohe. Aushandeln bedeutet mehr als bloßes Verhandeln, der gesetzesfremde Kerngehalt der Klausel muss ernsthaft zur Disposition gestellt worden sein. Deshalb führt die vom *BGH* vertretene Auffassung letztlich zu der Konsequenz, dass nur eine geänderte Klausel tatsächlich ausgehandelt ist.

Mangelt es an einem Aushandeln im Sinne des § 305 Abs. 1 S. 3 BGB können Vertragsbestimmungen die Qualität von Allgemeinen Geschäftsbedingungen haben, ohne jedoch Rechtsnormen im Sinne des Art. 2 EGBGB zu sein. Deshalb können sie – von ihrer inhaltlichen Angemessenheit abgesehen – nur dann Wirksamkeit entfalten, wenn sie Vertragsbestandteil geworden sind. Grundsätzlich erfordert die Einbeziehung von Allgemeinen Geschäftsbedingungen gemäß § 305 Abs. 2 BGB einen ausdrücklichen Hinweis und die Möglichkeit zumutbarer Kenntnisnahme. § 310 Abs. 1 S. 1 BGB modifiziert diesen Grundsatz für unternehmensbezogene Geschäfte. Unerlässlich ist zwar eine rechtsgeschäftliche Vereinbarung, doch reicht sogar eine konkludente Einbeziehung aus. Ob im letzteren Fall eine Willensübereinstimmung vorliegt, ist mit Hilfe der §§ 133, 157 BGB, § 346 HGB zu ermitteln. Die erleichterte Einbeziehung rechtfertigt sich mit dem Bedürfnis nach Schnelligkeit im Handelsverkehr. So ist im Falle von branchenüblichen Klauselwerken eine vereinfachte Einbeziehung möglich. Die Branchenüblichkeit indiziert den Einbeziehungswillen. Weitergehend ist die Einbeziehung *qua* Handelsbrauch. Die Allgemeinen Geschäftsbedingungen werden kraft der gesetzlichen Verweisung des § 346 HGB Vertragsbestandteil und unterliegen nicht etwa den Einbeziehungsvoraussetzungen des BGB.

Die Auslegung erfolgt nach denselben Grundsätzen wie im Konsumentengeschäft. Es gilt eine Zweifelsregelung zulasten des Klauselverwenders. Differenzierungen können sich allein aus dem Gesichtspunkt ergeben, dass Unternehmer typischerweise über gesteigerte Erfahrung und Verständnismöglichkeiten verfügen.

Maßstab für die Inhaltskontrolle Allgemeiner Geschäftsbedingungen im unternehmerischen Verkehr ist allein § 307 BGB. Demnach sind Klauseln unwirksam, wenn sie den Vertragspartner des Verwenders entgegen den Geboten von Treu und Glauben unangemessen benachteiligen. § 307 Abs. 2 BGB konkretisiert diesen Grundsatz und stellt Regelbeispiele auf. So kann eine unangemessene Benachteiligung bei Verstoß gegen das Transparenzgebot vorliegen oder aber wenn die Bestimmungen mit den wesentlichen Grundgedanken der gesetzlichen Regelung, von der abgewichen wird, nicht zu vereinbaren ist. Insoweit kommt dem dispositiven Recht Leitbildfunktion zu. Im Übrigen gilt ein Aushöhlungsverbot für Verträge, für die eine spezielle Regelung im dispositiven Recht fehlt. Darüber hinaus nimmt der *BGH* an, dass ein Verstoß gegen §§ 308 f. BGB die

Unangemessenheit der Klausel indiziert. Diese Rechtsprechung ist mit dem Wortlaut des § 310 Abs. 1 S. 1 BGB schwerlich zu vereinbaren und läuft den Bedürfnissen im unternehmerischen Geschäftsverkehr zuwider. Nicht nur der weite Begriff der Allgemeinen Geschäftsbedingungen und die umfassende Inhaltskontrolle sind im Bereich des unternehmerischen Verkehrs verfehlt. Auch der Verweis auf den Handelsbrauch erweist sich als unpassend, um die Bedürfnisse des Handels zu berücksichtigen.

3. Abgrenzung der Handelsbräuche von Allgemeinen Geschäftsbedingungen

Noch im 19. Jahrhundert fehlte es an einer klaren Trennung zwischen dem, was heute als *Allgemeine Geschäftsbedingungen* bezeichnet wird, und der Verkehrssitte respektive dem *Handelsbrauch*. So ordnete man das sich in jenem Jahrhundert ausbreitende Phänomen der Allgemeinen Geschäftsbedingungen und Formulare zunächst als *Handelsusancen* den kaufmännischen Verkehrssitten zu, was sachlich insoweit plausibel erschien, als nach überholter Lehre in beiden Fällen eine rechtsgeschäftliche Unterwerfung zwingende Voraussetzung war.[400] Das dringende Bedürfnis, jene *Usancen* auch dann zur Anwendung zu bringen, wenn sie erst jüngst aufgestellt bzw. geändert worden waren, verleitete zu dem Trugschluss, dass ein Handelsbrauch ohne vorhergehende Übung entstehen könne. Erst später rückte man von dieser Erkenntnis wieder ab und erkannte, dass zwischen beiden Erscheinungen juristisch zu differenzieren sei, und dass vorformulierte Bedingungen, deren Inhalt sich nicht in einem bestehenden Handelsbrauch erschöpft, nur unter erschwerten Voraussetzungen Vertragsbestandteil werden können.[401] Schließlich war es *Ludwig Raiser*, dem es gelang die unterschiedliche Wirkungsweise und ihr Verhältnis zueinander klar herauszuarbeiten. Demzufolge kann der Handelsbrauch als Teil der Verkehrssitte zum einen bewirken, dass einer rechtsgeschäftlichen Erklärung die Bedeutung der Einbeziehung vorformulierter Regeln beigemessen wird, und zum anderen, dass bereits ein tatsächliches Verhalten *kraft Verkehrssitte* zur Einbeziehung derartiger Regeln führt. Letzterer wird als *verweisender Handelsbrauch* bezeichnet.[402] So stellt *Sieveking* in seiner Arbeit fest, dass die Bedingungen des Waren Vereins der Hamburger Börse im Handel mit einigen Produkten kraft Handelsbrauchs

400 Grundsätzlich Laband, ZHR 17 (1872), 466, 482 f..

401 Bachmann, Private Ordnung, S. 342; so erstmals Oertmann, Rechtsordnung und Verkehrssitte, S. 306 ff..

402 Raiser, Das Recht der Allgemeinen Geschäftsbedingungen, S. 160 ff..

unter den vereinsangehörigen Unternehmen gelten.[403] Diese *Verweisungsbräuche* weisen keinen materiellen Regelungsgehalt auf. Sie haben vielmehr eine systematische Funktion, indem sie einen bestimmten Typus von Geschäften mit den dafür vorgesehenen AGB kombinieren.[404] Ungeachtet dieser Einbeziehungsmöglichkeiten können die jeweiligen Regeln stets selbst zum Handelsbrauch erstarken.[405] Bis heute hat sich diese Differenzierung weiter verfestigt und man geht davon aus, dass private Regeln in Form von Allgemeinen Geschäftsbedingungen grundsätzlich nur mit Hilfe rechtsgeschäftlicher Instrumentarien Geltung erlangen. Aufgrund der Umstände ihres Zustandekommens, ihres Inhalts und ihrer möglichen Reichweite bedarf es nach ihrem Inkrafttreten *ex post* einer gerichtlichen Angemessenheitskontrolle. Von diesen bewusst gesetzten Regeln ist die *natürlich gewachsene* Verkehrssitte zu unterscheiden. Handelsbräuchen kommt *ohne Zutun* ihrer Adressaten privatrechtliche Bedeutung zu.[406] Sie sind anders als Allgemeine Geschäftsbedingungen Ausdruck einer interessengerechten Regelung.

Heute sind allein aufgrund der gesetzlichen Regelung Unterschiede zwischen beiden Arten der privaten Regelsetzung evident, etwa dass die Bedingungen in den Vertrag aufgenommen werden müssen und nicht *per se* gelten. Allgemeine Geschäftsbedingungen werden als künstlich geschaffene Privatnormen[407] vom Verwender *einseitig* gestellt, wohingegen Handelsbräuche als natürlich gewachsene Verkehrssitte aus sich heraus zu beachten sind und es damit auf eine individuelle Kenntnis der Parteien gerade nicht ankommt. Bereits an dieser Stelle wird der unterschiedliche Ansatz in der Dogmatik beider Institute deutlich. Deshalb ist bei Allgemeinen Geschäftsbedingungen auch nicht von einer Maßgeblichkeitsüberzeugung auszugehen, noch davon dass sie ohne weiteres eine tatsächliche Übung über einen angemessenen Zeitraum hinweg beinhalten. Allgemeine Geschäftsbedingungen sollen Bestandteil abzuschließender Verträge werden und stets die Position des Verwenders *einseitig* stärken. Ein Motiv, welches den Handelsbräuchen fremd ist. Das ist darauf zurückzuführen, dass es sich bei diesen um eine *gewachsene* Regel handelt.[408] Im Gegensatz dazu kommt Handelsbräuchen vielmehr eine verhaltenssteuernde Funktion zu.[409] Der Brauch

403 Sieveking, Die Geschäftsbedingungen des Waren Vereins der Hamburger Börse e.V., S. 9.

404 Zu den beweisrechtlichen Problemen, Basedow, ZHR 150 (1986) 487.

405 Raiser, Das Recht der Allgemeinen Geschäftsbedingungen, S. 161.

406 Bachmann, Private Ordnung, S. 330.

407 Der Normencharakter ergibt sich aus einer soziologischen und nicht rechtsdogmatischen Sicht, s.o..

408 Bachmann, Private Ordnung, S. 349.

409 Basedow, ZHR 150 (1986), 474.

und dessen Durchsetzung über die Zeit bietet eine gewisse Gewähr dafür, dass seine Regeln im Ergebnis dem Wohle aller dienen,[410] insbesondere auch auf internationaler Ebene.[411] Häufig enthalten Allgemeine Geschäftsbedingungen, die von Verbänden empfohlen werden, sogar eine Vielzahl strukturiert aufgeführter Handelsbräuche.[412] Infolgedessen werden Formularverträge[413] oder auch nur einzelne Klauseln[414] teils selbst als Handelsbräuche aufgefasst, so sie selbstständig und freiwillig von den Verkehrskreisen befolgt werden.[415] In der Folge können sie ohne ausdrückliche Einbeziehung durch die Parteien Vertragsbestandteil werden, so dass die Abgrenzung zwischen beiden Formen privater Regelbildung an Konturen verliert.

4. Schnittpunkte zwischen den Möglichkeiten privater Regelbildung – die Annahme von Verweisungsgebräuchen

Die Ausführungen zu den rechtlichen Eigenheiten der Allgemeinen Geschäftsbedingungen sollten nicht zu dem Schluss verleiten, dass es sich dabei um einen von dem Bereich der Handelsbräuche strikt zu trennenden Themenkomplex handele. Der nicht zu leugnende Siegeszug der Allgemeinen Geschäftsbedingungen und das Erstarken des Verbands- und Klauselrechts seit der zweiten Hälfte des 20. Jahrhunderts werfen stets Fragen der Einbeziehung jener Bedingungswerke auf – teilweise unter Rückgriff auf die Figur des Handelsbrauchs. Bevor es um die Frage der Einordnung und Einbeziehung jener Klauselwerke geht, sollen zunächst kurz die Schnittpunkte respektive das Zusammenwirken von AGB und Handelsbrauch aufgezeigt werden.

---

410 Selke, Handelsbräuche, S. 22.

411 Vgl. Schlechtriem/Junge, (3. Aufl., 2000), Art. 9 CISG, Rn. 6.

412 Basedow, RabelsZ 43 (1979), 125. Als Beispiel sind etwa die Bedingungen des Waren Vereins der Hamburger Börse zu nennen, die auf Handelsbräuche zurückzuführen sind.

413 BGHZ 17, 1, 2; BGHZ 12, 136, 138; Schlegelberger/Hefermehl, § 346 HGB, Rn. 6; Ulmer/Brandner/Hensen/Ulmer, § 305 BGB, Rn. 180 f.; kritisch Staub-RGRK/Ratz, HGB, § 346 HGB, Anm. 203.

414 BGH, NJW 1994, 659, 660; BGH, NJW 1993, 1798; BGH, DB 1981, 636; OLG Hamburg, VersR 1976, 37, 38; LG Hamburg, ZIP 1981, 1238, 1239; Basedow, ZHR 150 (1986) 486.

415 BGH, NJW 1994, 659, 660; MünchKomm/Basedow, § 310 BGB, Rn. 11; Schlegelberger/Hefermehl, § 346 HGB, Rn. 6; Staub-RGRK/Ratz, § 346 HGB, Anm. 200-203; Dove, RuW 1920, 133, 135.

Allgemeine Geschäftsbedingungen können zum einen *kraft Handelsbrauchs* einbezogen werden und zum anderen inhaltlich einem Handelsbrauch entsprechen. Die Einbeziehung von Allgemeinen Geschäftsbedingungen in einen Vertrag *kraft Handelsbrauchs* erfordert jedoch mehr als eine bloße Branchenüblichkeit. Denn diese führt lediglich dazu, dass für die Einbeziehung der Allgemeinen Geschäftsbedingungen nur noch ein *konkludenter* Einbeziehungswille festgestellt werden muss,[416] welcher durch eine starke Verkehrsgeltung indiziert sein kann.[417] Sollen Allgemeine Geschäftsbedingungen jedoch schon *kraft Handelsbrauchs gelten*, ist diese Feststellung nicht mehr erforderlich. Die AGB werden gemäß § 346 HGB Vertragsbestandteil.[418] Dies gilt unabhängig davon, ob ein diesbezüglicher Konsens zwischen den vertragschließenden Parteien besteht, sofern der Brauch nur mit zwingendem Recht zu vereinbaren ist.[419] Die Unterschiede beider Einbeziehungsmöglichkeiten sind marginal, denn der Vertragspartner muss in beiden Fällen Widerspruch gegen die Einbeziehung erheben. Die in der Praxis wichtigste Möglichkeit der Einbeziehung von AGB-Klauseln kraft Handelsbrauchs ist die Bindung des Vertragspartners an ein unwidersprochen gebliebenes kaufmännisches Bestätigungsschreiben, auch wenn die AGB nicht Gegenstand der vertraglichen Vorverhandlungen waren.[420] Schließlich ist bei der Frage der Einbeziehung an einen Geschäftsgebrauch zwischen den Parteien zu denken. Weisen Unternehmer im Sinne des § 14 BGB stets auf Allgemeine Geschäftsbedingungen im Rahmen ihre laufenden Geschäftsbeziehung hin, so gelten sie bei unveränderten Umständen stillschweigend auch für die weiteren Verträge, falls der andere Teil nicht deutlich widerspricht.[421] Gerade die Voraussetzung *unveränderter Umstände* erfordert jedoch eine sorgfältige Prüfung im Einzelfall.[422] Einzelne gelegentliche Vertragsabschlüsse reichen

---

416 BGH, NJW-RR 1992, 626, 627; BGH, NJW 1977, 385, 386; Ulmer/Brandner/Hensen/Ulmer, § 305 BGB, Rn. 173 ff. mit weiteren Nachweisen zum derzeitigen Meinungsstand; Wolf/Lindacher/Pfeiffer/Pfeiffer, § 305 BGB, Rn. 127.

417 Drettmann, Festschrift für Graf v. Westphalen, 55, 57.

418 Drettmann, Festschrift für Graf v. Westphalen, 55, 57.

419 BGH, NJW 1974, 852, 855; Baumbach/Hopt, § 346 HGB, Rn. 10 f.; Heymann/Horn, § 346 HGB, Rn. 25; Drettmann, Festschrift für Graf v. Westphalen, 55, 60.

420 BGH, NJW 1982, 1751; kritisch Schlegelberger/Hefermehl, § 346 HGB, Rn. 115, 128; zu den Grenzen nachträglicher Einbeziehung von AGB durch ein kaufmännisches Bestätigungsschreiben Wolf/Lindacher/Pfeiffer/Pfeiffer, § 305 BGB, Rn. 135 mit weiteren Nachweisen; vgl. Canaris, Handelsrecht, § 23 Rn. 27; vgl. Schlosser, Festschrift für Medicus, S. 543, 545; zu der Einbeziehungsmöglichkeit von AGB mittels kaufmännischen Bestätigungsschreibens ausführlich: Kindl, Rechtsscheintatbestände und ihre rückwirkende Beseitigung, S. 202 ff.; Diederichsen, JuS 1966, 129, 130.

421 BGH, NJW-RR 1991, 570, 571; BGH, NJW 1988, 1210, 1212.

422 BGH, NJW 1978, 2243; Wolf/Lindacher/Pfeiffer/Pfeiffer, § 305 BGB, Rn. 126.

nicht aus. Ebenso ist ein Hinweis auf einem Lieferschein auch grundsätzlich ungeeignet,[423] es sei denn es ist bereits einmal so verfahren worden. Dann genießt der Klauselverwender Vertrauensschutz.[424] Darüber hinaus muss es sich um für die laufende Geschäftsbeziehung typische Verträge handeln. Diese Grundsätze entsprechen den Ausführungen zur Feststellung eines Geschäftsgebrauchs.

Von der Einbeziehung eines AGB-Klauselkatalogs zu unterscheiden ist die *inhaltliche Geltung* von Allgemeinen Geschäftsbedingungen *kraft Handelsbrauchs*. So können Allgemeine Geschäftsbedingungen oder einzelne Klauseln Handelsbräuche wiedergeben oder sich zu solchen entwickeln. Dies wurde im Bereich der Handelsusancen bereits festgestellt, setzt allerdings voraus, dass die jeweilige Klausel auch ohne besondere Vereinbarung oder Empfehlung von den jeweils maßgeblichen Verkehrskreisen freiwillig befolgt würde.[425] Als erfüllt gelten diese Vorgaben etwa bei Schiedsklauseln[426] oder bei großen Teilen der *ERA*[427]-Regeln[428] und *ERI*[429]-Richtlinien[430].

In welchem Maße vertraglich einbezogene AGB-Klauseln einer Inhaltskontrolle gemäß § 307 Abs. 1 BGB unterliegen, richtet sich nach der Wirkungsweise des Handelsbrauchs. Erschöpft sich der Brauch in der bloßen Verweisung auf einzelne Klauseln respektive Klauselwerke, werden dadurch lediglich die rechtsgeschäftlichen Einbeziehungsvoraussetzungen modifiziert. Anstelle des Einbeziehungswillens muss die *Handelsüblichkeit* festgestellt werden. Das Einverständnis des anderen Teils wird infolge dessen durch einen fehlenden Widerspruch dokumentiert. Derart einbezogene Allgemeine Geschäftsbedingungen unterliegen dann jedoch in gleicher Weise der Inhaltkontrolle wie andere rechtsgeschäftlich einbezogene AGB im unternehmerischen Verkehr. Ein anderes Bild zeichnet sich jedoch, wenn Allgemeine Geschäftsbedingungen oder einzelne darin enthaltene Klauseln Handelsbräuche wiedergeben oder zu solchen erstarken. Letzteres ist nur unter Beachtung zwingender Vorschriften möglich, zu denen auch § 307 BGB zählt. Klauseln, die gemäß § 307 BGB unwirksam wären, können mithin selbst bei einer Branchenüblichkeit nicht die Qualität eines Han-

---

423 Palandt/Heinrichs, § 305 BGB, Rn. 52; Wolf/Lindacher/Pfeiffer/Pfeiffer, § 305 BGB, Rn. 126.

424 OLG Hamburg, NJW-RR 1986, 1177, 1178.

425 BGH, BB 1980, 1552; Basedow, ZHR 150 (1986), 469, 486.

426 BGH, NJW 1993, 1798 für eine Schiedsvereinbarung im internationalen Handel mit Fellen; zur Schiedsklausel im Rahmen eines kaufmännischen Bestätigungsschreibens vgl. Löwe/v. Westphalen/Trinkner/ v. Westphalen, AGBG, Band III, 18.1 Rn. 7.

427 Einheitliche Richtlinien und Gebräuche für Dokumenten-Akkreditive.

428 MünchKomm/Häuser, HGB, ZahlungsV, Rn. H 41.

429 Einheitliche Richtlinien für Inkassi.

430 Vgl. OLG Hamburg, MDR 1970, 335; Wälzholz, WM 1994, 1457, 1458.

delsbrauchs erlangen.[431] Soweit Allgemeine Geschäftsbedingungen oder einzelne Klauseln inhaltlich als Handelsbrauch gelten, scheidet jedoch § 307 BGB als Prüfungsmaßstab aus.[432] Dies ist darauf zurückzuführen, dass die Vertragsbedingungen, die inhaltlich als Handelsbrauch zu qualifizieren sind, auch dann gelten würden, wenn sie keine ausdrückliche Erwähnung im Vertrag erhalten hätten und damit nicht *einbezogen* worden wären.[433] Deshalb verfängt auch der Hinweis auf den zwingenden Charakter der Norm nicht, denn § 346 HGB normiert ausdrücklich, dass Handelsbräuche zu berücksichtigen sind, unabhängig von ihrer jeweiligen Erscheinung. Insoweit lässt sich eine Parallele zu deklaratorischen AGB-Klauseln ziehen. Allgemeine Geschäftsbedingungen, die lediglich den Gesetzeswortlaut wiederholen oder mit den gesetzlichen Bestimmungen zumindest inhaltlich übereinstimmen, sind ebenfalls der Inhaltskontrolle des § 307 BGB entzogen. Die Überprüfung beschränkt sich auf eine Transparenzkontrolle gemäß § 307 Abs. 3 S. 2 BGB. Ebendieses muss auch für Handelsbräuche gelten.[434]

Schließlich ist auf die Regelung in § 310 Abs. 1 S. 2, 2. HS BGB einzugehen. Danach sind Allgemeine Geschäftsbedingungen im unternehmensbezogenen Geschäftsverkehr unter Berücksichtigung bestehender Handelsbräuche auszulegen. Es handelt sich um rechtsgeschäftlich oder *qua* Handelsbrauch einbezogene Geschäftsbedingungen, die inhaltlich selbst jedoch keinen Handelsbrauch wiedergeben. Derartige Klauseln unterliegen der Inhaltskontrolle des § 307 BGB, bei der jedoch gemäß § 310 Abs. 1 S. 2, 2. HS BGB und damit abweichend von § 305c Abs. 2 BGB auf bestehende Handelsbräuche angemessen Rücksicht zu nehmen ist.[435]

Zusammenfassend lässt sich sagen, dass Handelsbräuche das Recht der Allgemeinen Geschäftsbedingungen im Bereich der Einbeziehung nicht nur ergänzen, sondern ihre primäre Auslegungs- und Ergänzungsfunktion auch im Rahmen des § 310 Abs. 1 S. 2 BGB durchaus behaupten können. Bei der Analyse

---

431 BGH, NJW 1974, 852, 855 zum Fall einer kartellrechtswidrigen Handelspraxis; MünchKomm/Basedow, BGB, § 310, Rn. 10; Ulmer/Brandner/Hensen/Fuchs, § 307 BGB, Rn. 143; Drettmann, Festschrift Graf v. Westphalen, 55, 60 f..

432 BGH, NJW-RR 1987, 94, 95 zu den Tegernseer Gebräuchen für die Vermittlung von Holzgeschäften; Baumbach/Hopt, § 346 HGB, Rn. 11; MünchKomm/Schmidt, § 346 HGB, Rn. 52; Ulmer/Brandner/Hensen/Ulmer, § 305 BGB, Rn. 84 (Fn. 265); Wolf/Lindacher/Pfeiffer/Pfeiffer, § 305 BGB, Rn. 147; a.A. Basedow, ZHR 150 (1986), 482, 489 f..

433 a.A. Löwe/v. Westphalen/Trinkner/ v. Westphalen, § 24 AGBG, Rn. 20; MünchKomm/Basedow, § 310 BGB, Rn. 10; Basedow, ZHR 150 (1986), 469, 489 f..

434 Drettmann, Festschrift für Graf v. Westphalen, S. 55, 61.

435 Im Einzelnen Wolf/Lindacher/Pfeiffer/Pfeiffer, § 305 BGB, Rn. 149.

des Zusammenspiels Allgemeiner Geschäftsbedingungen mit Handelsbräuchen wird die unterschiedliche Wirkungsweise, aber insbesondere auch rechtliche Bewertung beider Mechanismen deutlich. So sind die Wirkungen der Allgemeinen Geschäftsbedingungen sehr breit aufgestellt, weil es sich um ein dezidiertes Regelungsgeflecht handelt, wohingegen Handelsbräuche eher punktuelle Modifizierungen der vertraglichen Abrede vornehmen. Allgemeine Geschäftsbedingungen sind Ausdruck der Vertragsfreiheit, einer freien Marktwirtschaft und einem Spiel der unterschiedlichen wirtschaftlichen Kräfte. Handelsbräuche hingegen sind Sinnbild des Grundsatzes von Treu und Glauben.[436]

5. Zusammenfassung

In diesem Abschnitt wurde der rechtliche Umgang mit Allgemeinen Geschäftsbedingungen vorgestellt. Allgemeine Geschäftsbedingungen sind von Individualvereinbarungen abzugrenzen, da sie unterschiedlich strengen inhaltlichen Kontrollen unterliegen. Es handelt sich bei Allgemeinen Geschäftsbedingungen nicht etwa um Rechtsnormen im Sinne des Art. 2 EGBGB, sondern vielmehr um Vertragsbestimmungen, die eines Einbeziehungsaktes durch die Parteien bedürfen. Für den unternehmerischen Verkehr gelten jedoch erleichterte Bedingungen, um den Bedürfnissen des Handelsverkehrs gerecht zu werden. Zu denken ist in diesem Zusammenhang auch an eine Branchenüblichkeit oder einen Handelsbrauch. Die inhaltliche Kontrolle der Klauseln erfolgt allein am Maßstab des § 307 BGB, der ein Transparenz- und ein Aushöhlungsverbot enthält. Nach der Rechtsprechung des *BGH* kommt den §§ 308 f. BGB jedoch eine Indizwirkung zu.

Das dezidierte Regelungssystem für den Umgang mit Allgemeinen Geschäftsbedingungen verdeutlicht, dass der Legislative und vor allem die Judikative eine Kontrolle dieser Klauseln *ex post* für notwendig erachtet hat, um die Verwendergegenseite adäquat vor zu einseitigen Verträgen zu schützen. Die Klauseln sind stets einer Angemessenheitskontrolle zu unterziehen, so dass den freien Kräften des Marktes nicht uneingeschränkt freie Hand gelassen wird. Anderes gilt nur, wenn die Bedingungen tatsächlich und einheitlich von nahezu allen Angehörigen eines Verkehrskreises geübt werden. Dann handelt es sich nicht mehr um eine einseitig gestellte Klausel, sondern um eine gewachsene, akzeptierte und damit freiwillige Übung. Insoweit ist eine Verkehrserwartung entstanden. Eine Inhaltskontrolle ist dann nicht mehr durchzuführen, da diese Regeln als Ausdruck von Treu und Glauben erachtet werden. Handelsbräuche

436 Vgl. BGH, NJW 1977, 385, 386; BGH, NJW 1955, 502.

spielen deshalb auch bei den Allgemeinen Geschäftsbedingungen eine nicht zu unterschätzende Rolle. Sie vereinfachen die Einbeziehung und wirken auf die Auslegung der Klauseln ein. Außerdem sind Klauseln, die inhaltlich einem Handelsbrauch entsprechen der Kontrolle des § 307 BGB entzogen. Gemäß § 310 Abs. 1 S. 1 BGB konkretisieren sie den Grundsatz der Angemessenheit. Doch auch die abgeschwächte Form, etwa die Handelsübung oder der Geschäftsgebrauch, hat Einfluss auf die Beurteilung Allgemeiner Geschäftsbedingungen im unternehmerischen Verkehr. Überwiegend wird der Verweis in § 310 Abs. 1 S. 1 BGB dahingehend verstanden, dass Gebräuche im Sinne des § 346 HGB gemeint sind, was weniger zielführend erscheint. Denn die Ausführungen zu den Handelsbräuchen haben gezeigt, dass die einzelnen Voraussetzungen hohe Anforderungen an die Feststellung eines Handelsbrauchs stellen, was dem Streben der Kaufmannschaft nach Schnelligkeit und Effizienz im Geschäftsverkehr nicht entgegenkommt. In prozessualer Hinsicht sind die Gerichte zwar darauf erpicht, schnelle Entscheidungen zu treffen, doch geht dies zulasten der privaten Regelbildung und damit der gesetzlichen Anordnung des § 346 HGB, der die Beachtung sozialer Normen vorsieht. Deshalb erscheint eine Auslegung des § 310 Abs. 1 S. 1, 2. HS BGB zugunsten einer *Handelsüblichkeit* vorzugswürdig. Die Richter würden entscheiden, was handelsüblich ist, so dass der oben bereits aufgezeigte Prozess der Verrechtlichung von Handelsbräuchen fortgesetzt werden würde.

III. Rechtsnatur moderner Klauselwerke – eine Begegnung der dritten Art?

Die soeben beschriebenen Schnittpunkte der unterschiedlichen Ausformungen privater Regelbildung sind nicht zuletzt im Hinblick auf die massiven Veränderungen des nationalen und internationalen Wirtschaftslebens, die sich seit Mitte des 20. Jahrhunderts abzeichnen und eine Reihe ungelöster Fragen aufwerfen, von besonderer Bedeutung. Denn die Einordnung moderner Regelwerke, seien es (inter-) nationale Auslegungsrichtlinien wie die Incoterms, Regelwerke wie die ERA oder aber auch Allgemeine Geschäftsbedingungen großer Handelsorganisationen, derer sich die Mitglieder bei ihren Verträgen bedienen können, bereitet nicht unerhebliche Schwierigkeiten. Schließlich handelt es sich keineswegs um Individualvereinbarungen oder um eine klassische Situation wie sie das AGB-Recht vor Augen hat, noch ist ohne weiteres anzunehmen, dass es sich bei diesen Klauselwerken in Gänze um Handelsbräuche i.S.d. § 346 HGB handelt.[437] Ungeachtet dieser Schwierigkeiten steht dennoch außer Frage, dass es sich bei diesen Klauselwerken zumindest in ihrem Ursprung um privat aufgestellte Regeln handelt, die eine gewisse Nähe zu Handelsbräuchen bzw. Allgemeinen Geschäftsbedingungen aufweisen. Deshalb soll kurz auf die mögliche Rechtsnatur dieser Klauselwerke und im Anschluss daran auf deren Einbeziehungs- und Kontrollmöglichkeiten eingegangen werden.[438]

Um die Rechtsnatur der modernen Klauselwerke bestimmen zu können, ist es zunächst erforderlich, zwischen den verschiedenen Erscheinungsformen zu differenzieren: Bei einer Aufstellung branchenüblicher Leistungsbedingungen durch Dachverbände des jeweiligen Wirtschaftszweigs ohne Mitwirkung von Vertretern der Marktgegenseite ist – wie oben bereits festgestellt – vom Vorliegen Allgemeiner Geschäftsbedingungen auszugehen.[439] Es handelt sich um vorformulierte Bedingungen, für eine Vielzahl von Verträgen. Selbst wenn ihre branchenübliche Verwendung gutachterlich bewiesen sein sollte, wird ihre Einbeziehung in der Regel von der Initiative einer Vertragspartei abhängen, die als Verwender im Sinne des § 305 Abs. 1 S. 1 BGB zu qualifizieren ist.

Problemtischer erscheint die Einordnung von solchen Regelwerken, die das Ergebnis von Verhandlungen der Verbände aller beteiligten Interessengruppen darstellen. Beispiele hierfür bilden etwa die *Allgemeinen Deutschen Seeversicherungsbedingungen*[440], die *Allgemeinen Deutschen Spediteurbedingungen*[441] oder die *York-Antwerp-Regeln der Großen Haverei*[442]. Ebenso schwierig gestaltet sich die rechtliche Einordnung einheitlicher Klauselwerke, die durch neutrale Instanzen abgefasst wurden, etwa die Industrie- und Handelskammern oder die Internationale Handelskammer in Paris. Hierunter fallen die *Trade Terms* und die aus ihnen hervorgegangenen *Incoterms*[443] sowie die *ERA*[444]. Diese Klauselwerke zeichnet eine größere Ausgewogenheit aus, so dass ihre Einbeziehung nicht zwangsläufig auf die Initiative derselben Partei zurückzuführen sein muss. Für *Basedow* liegt die Schlussfolgerung nahe, dass es sich hier um eine dritte Kategorie privater Regelbildung handele.[445] Er bezeichnet diese dritte Form als *Verbandsnorm*, da sie Ausdruck des wachsenden Einflusses der Ver-

---

437 Kritisch Basedow, ZHR 150 (1986) 487, Bindels/Linden, BB 1958, 16, 22.

438 RGRK-Ratz/Koenige, § 346 HGB, Anm. 62; ausführlich Sonnenberger, Verkehrssitten im Schuldvertrag, S. 75-81.

439 In Bezug auf die IATA-Passagierbedingungen, BHGZ 86, 284.

440 Abgekürzt als ADS und abgedruckt in Handbuch Transportrecht (1. Aufl., Berlin 2008).

441 Abgekürzt als ADSp und abgedruckt in Baumbach/Hopt.

442 Abgedruckt in Handbuch Transportrecht (1. Aufl., Berlin 2008).

443 Abgedruckt in Ebenroth/Boujong/Jost/Strohn, § 346 HGB, ab Rn. 136.

444 Abgedruckt in Baumbach/Hopt.

445 Basedow, ZHR 150 (1986) 485.

bände in der modernen Gesellschaft sei. Diese Feststellung hilft nur wenig bei dem Unterfangen, jene Klauselwerke mit der Dichotomie von Allgemeinen Geschäftsbedingungen und Handelsbräuchen in Einklang zu bringen. Eine Gleichsetzung mit Individualvereinbarungen verbietet sich *per se* aufgrund der Entstehungsgeschichte der Regelwerke.

Es ist zweifelhaft, dass eine kaufmännische Übung ein ganzes gesetzesähnliches Werk mit einer Vielzahl von Regelungen, deren Inhalt dem juristischen Laien vielfach verschlossen bleiben, umfassen kann, welches den eigenen kaufmännischen Handlungen regelmäßig zugrunde gelegt wird.[446] Es handelt sich insoweit um einen Verweisungsbrauch, eine Funktion, die den Handelsbräuchen für gewöhnlich nicht zukommt. Deshalb beschränkt sich die Geltung ganzer Klauselwerke kraft Handelsbrauchs auf Ausnahmefälle.[447] Anerkannt ist dies etwa für die *Tegernseer Gebräuche im Holzhandel und für die Vermittlung von Holzgeschäften*[448] und die *Allgemeinen Seeversicherungsbedingungen.*[449] Ansonsten bleibt es dabei, dass einzelne Klauseln eine einheitliche Übung wiedergeben mögen, so etwa bei einer Schiedsklausel, doch streiten im Hinblick auf ganze Klauselwerke die besseren Argumente gegen deren Geltung als Handelsbrauch.[450] Allerdings belegen die Erläuterungen zu den *Trade Terms* und *Incoterms*, dass es sich nicht stets um die Wiedergabe einer bestehenden Übung handelt, sondern häufig eine (neue) Regelung für bestimmte Konstellationen geschaffen wurde.[451] Außerdem unterliegen die vorgenannten Werke stetiger Veränderung.[452] Die *Incoterms* etwa sind im vergangenen Jahrhundert mehrfach verändert worden, so dass es an dem Merkmal einer gleichmäßigen Übung

---

446 Bindels/Linden, BB 1958, 16, 21 f..

447 Vgl. das Beispiel bei Sieveking, Die Geschäftsbedingungen des Waren-Vereins der Hamburger Börse e.V., S. 9.

448 BGH, NJW-RR 1987, 94, 95; OLG Koblenz, BB 1988, 1138.

449 Vgl. BGH, BB 1986, 1395; BGH, WM 1983, 684; OLG Koblenz, NJW-RR 1988, 1306; vgl. Ebenroth/Boujong/Joost/Strohn/Joost, § 346 HGB, Rn. 29; Heymann/Horn, § 346 HGB, Rn. 27; Müller-Graff, Festschrift für Pleyer, S. 401, 409 f.; Schlosser, EWiR 1986, 821. Im Hinblick auf die ADS Palandt/Heinrichs, § 305 BGB, Rn. 58; Ulmer/Brandner/Hensen/Ulmer, § 305 BGB, Rn. 181; Vogt, TranspR 2010, 15, 17.

450 BGH, NJW 1993, 1798; Baumbach/Hopt, Handelsrechtliche Nebengesetze: ERA, Rn. 5 f. im Hinblick auf die Grundsätze der Unabhängigkeit des Akkreditivs vom Grundgeschäft und der Dokumentenstrenge; Möller, BB 1962, 394, 395.

451 Wolf/Lindacher/Pfeiffer/Schmidt, Anh. § 310 BGB, Rn. H 63.

452 Vgl. insoweit die Veränderungen im Hinblick auf die Klausel DEQ (delivered ex quay) oder auch die Klausel FAS (free alongeside ship), dazu Wolf/Lindacher/Pfeiffer/Schmidt, Anh. § 310 BGB, Rn. H 66 und H 74.

fehlt.[453] Das Erfordernis der gewachsenen Regel wird durch die Unterwerfung unter die modifizierten Regeln ersetzt. Deshalb – und nicht etwa weil es sich um kodifizierte Regeln handelt – erfüllen Klauselwerke, die von weiten Teilen der Wirtschaft angenommen werden, nicht in Gänze die Voraussetzungen eines Handelsbrauchs.[454] Ihrem Wesen nach ähneln sie vielmehr Allgemeinen Geschäftsbedingungen. Als Folge bedarf es eines Einbeziehungsaktes. Die weite Akzeptanz der Regeln kann schließlich bei der Auslegung und inhaltlichen Bewertung Berücksichtigung finden. Zwar ließe sich aufgrund der Neutralität und Handelsüblichkeit der betreffenden Klauselkataloge argumentieren, dass eine AGB-Inhaltskontrolle gemäß den §§ 307 ff. BGB nicht passe. Dabei bliebe jedoch unberücksichtigt, dass auch diese Klauselwerke für eine Vielzahl von Verträgen vorformuliert sind und ihnen deshalb nur ein abstrakter Gerechtigkeitsgehalt ohne Richtigkeitsgewähr zukommt. Letzterer Aspekt fällt besonders ins Gewicht, da jene Regelwerke neben gebrauchsüblichen Kernregeln andere Bedingungen enthalten, die sich im Bewusstsein der beteiligten Unternehmen noch gar nicht oder noch nicht hinreichend abgesetzt haben. Die stetige Neufassung jener Vertragswerke belegt, dass Regeln gebildet und nicht etwa nur wiedergegeben werden. In ihrer jeweils geltenden Fassung spiegeln sie weniger individuelle Geschäftsgepflogenheiten wider, als dass sie das Ergebnis eines Kompromisses darstellen. Ferner bieten sie keinesfalls eine Garantie dafür, dass die einzelnen Unternehmen ebenfalls Kompromisse gleichen Inhalts schließen.[455]

Es geht bei der Einordnung moderner Klauselwerke folglich um die Frage, ob ein Wechsel des Rechtscharakters von einer Geschäftsbedingung zum Handelsbrauch angenommen werden kann. Regelmäßig wird es jedoch dabei bleiben, dass lediglich einzelne tragende Grundsätze oder auch spezielle Bedingungen eine einheitliche Übung wiedergeben.[456] Im Hinblick auf das gesamte Klauselwerk wird es zumeist an einer einheitlichen und gleichmäßigen tatsächlichen Übung fehlen, die von den beteiligten Verkehrskreisen als maßgeblich an-

453 Für die Einordnung als AGB: Baumbach/Hopt, HGB, Einl. Incoterms, Rn. 7; Heymann/Horn, § 346 HGB, Rn. 72; Staub-GroßKomm/Koller, § 346 HGB, Rn. 285; pauschal ablehnend Schlegelberger/Hefermehl, § 346 HGB, Rn. 36; differenzierend zwischen Kern- und Randbereich, Canaris, Handelsrecht, § 22 Rn. 17 ff.; Basedow, RabelsZ 43 (1979), 116, 125; durchgängig für einen Handelsbrauch Piltz, RIW 2000, 485, 487; Schmitthoff, RabelsZ 28 (1964), 47, 64. Für eine dritte Kategorie Basedow, ZHR 150 (1986) 485.

454 Ebenso Sonnenberger, Verkehrssitten im Schuldvertrag, S. 78 f..

455 Sonnenberger, Verkehrssitten im Schuldvertrag, S. 76; Großmann-Doerth, HansRZ 1925, 106; ders., Überseekauf, S. 91.

456 Vgl. BGH, NJW 1993, 1798; Baumbach/Hopt, Handelsrechtliche Nebengesetze: ERA, Rn. 5 f.; Möller, BB 1962, 394, 395.

gesehen wird. Dieses Ergebnis steht im Einklang mit dem Wesen des Handelsbrauchs als tatsächliche Übung und tritt einer deren *Verrechtlichung* entgegen. Denn wie *Sonnenberger*[457] bereits richtig feststellte, wird die Verkehrssitte des Handels nicht durch rationale Ableitung aus einem Regelungszusammenhang ermittelt, sondern muss nach geltendem Recht als Tatsache festgestellt werden. Deshalb handelt es sich auch bei den modernen Klauselwerken um Allgemeine Geschäftsbedingungen, doch dienen die Wertungsspielräume der §§ 305 ff. BGB insoweit ganz besonders dazu, den Charakter dieser Regeln hinreichend zu würdigen.

IV. Zusammenfassung

Ebenso wie Handelsbräuche dienen Allgemeine Geschäftsbedingungen der Standardisierung. Beide Formen der privaten Regelbildung vereinfachen idealerweise die Transaktionsbemühungen und schaffen klare Verhältnisse. Außerdem fehlt es in beiden Fällen ein einem *individuellen Aushandeln* der jeweiligen Regelungen. Aufgrund dieser Parallelen und des früher noch für beide Institute geforderten *Unterwerfungswillens* wurden Allgemeine Geschäftsbedingungen zunächst als besondere Erscheinung der Verkehrssitte gewürdigt.[458] Erst später setzte sich die Erkenntnis durch, dass Allgemeine Geschäftsbedingungen, die nicht lediglich einen Brauch wiedergeben und auch üblicherweise nicht in bestimmten Verträgen verwendet werden, nur unter erschwerten Bedingungen den Inhalt eines Vertrages mitzubestimmen in der Lage sein sollen.[459]

Handelsbräuche sind *natürlich gewachsene* Regeln. Zu ihrer Feststellung ist eine gleichmäßige und einheitliche tatsächliche Übung innerhalb der beteiligten Verkehrskreise notwendig. Es handelt sich um Sozialnormen, deren Beachtung das Gesetz vorschreibt, um die Bedürfnisse der Kaufmannschaft entsprechend zu berücksichtigen. Deshalb wirken Handelsbräuche immer nur punktuell auf den Vertrag ein und halten keine vollständige Ersatzrechtsordnung bereit. Deshalb ist es eher unüblich, dass Handelsbräuche ohne eigenen materiellen Regelungsgehalt auf ganze Klauselwerke *verweisen.* Als Korrektiv spielen Handelsbräuche bei der inhaltlichen Kontrolle Allgemeiner Geschäftsbedingungen eine Rolle.

Allgemeine Geschäftsbedingungen sind *bewusst gesetzte* Regeln, die als Vertragsbedingungen von den Parteien einbezogen werden müssen. Es handelt

457 Sonnenberger, Verkehrssitten im Schuldvertrag, S. 81.

458 Bachmann, Private Ordnung, S. 119.

459 Oertmann, Rechtsordnung und Verkehrssitte, S. 307; Bachmann, Private Ordnung, S. 343.

sich um einseitig vorformulierte Klauseln für eine Vielzahl von Verträgen. Die Rechtsprechung stellt insoweit hohe Anforderungen, um eine vorgefertigte Klausel als Individualvereinbarung anzuerkennen. Ist der AGB-Charakter festgestellt, besteht im kaufmännischen Verkehr sogar eine konkludente Einbeziehungsmöglichkeit. Die Auslegung dieser Klauseln ist aufgrund der Einseitigkeit zumeist streng und fällt im Zweifel zu Gunsten der anderen Partei aus. Inhaltlich müssen die Klauseln angemessen sein. Dabei ist auf die im Handelsverkehr geltenden Gewohnheiten und Gebräuche Rücksicht zu nehmen. Doch abgesehen von dieser gesetzgeberischen Entscheidungen können Handelsbräuche auch im Rahmen der Einbeziehung und Auslegung Wirkungen entfalten. So ist eine Einbeziehung Allgemeiner Geschäftsbedingungen kraft Handelsbrauchs ebenso denkbar wie die Auslegung im Sinne einer konsolidierten Praxis.

V. Internationale Handelsgeschäfte

In der Regel handelt es sich bei Handelsgeschäften um Distanzgeschäfte – sei es innerhalb Deutschlands, sei es grenzüberschreitend –, die einen Vertragsschluss unter Abwesenden erfordern. Das kann zu Kollisionen im Bereich der privaten Regelbildung führen. Bei Allgemeinen Geschäftsbedingungen gilt die *Theorie des letzten Wortes*, wenn die Partei den zuletzt von der anderen Seite eingefügten Allgemeinen Geschäftsbedingungen nicht widerspricht, sondern den Vertrag vollzieht.[460] Dieses Ergebnis stimmt mit der gesetzlichen Wertung der §§ 150 Abs. 2, 151 BGB überein.[461] Widerspricht die Partei den Allgemeinen Geschäftsbedingungen jedoch und wird der Vertrag dennoch abgewickelt, so ist der Vertrag entgegen § 154 Abs. 1 BGB zustande gekommen. Schließlich ist der Fall denkbar, in dem die zuerst eingeführten Allgemeinen Geschäftsbedingungen eine Abwehrklausel enthalten. Diese gilt dann als vorweggenommener Widerspruch mit denselben Folgen wie beim Widerspruch außerhalb der Allgemeinen Geschäftsbedingungen. Die Allgemeinen Geschäftsbedingungen gelten, soweit sie übereinstimmen.[462] Nur wenn sich die Klauseln punktuell als unvereinbar erweisen, ist die Lösung in der Anwendung dispositiven Gesetzesrechts zu suchen.[463]

460 Zur überholten Rechtsprechung und den sich ergebenden Unterschieden vgl. Stoffels, AGB-Recht, S. 101 ff. (Rn. 313 ff.), insb. S. 103 (Rn. 316).

461 Dazu Wolf/Lindacher/Pfeiffer/Pfeiffer, § 305 BGB, Rn. 137 ff..

462 BGH, NJW-RR 2001, 484; BGH, NJW 1991, 1604, 1606; BGH, NJW-RR 1986, 984;BGH, NJW 1982, 1749.

463 Löwe/v. Westphalen/Trinkner, § 2 AGBG, Rn. 46; Stoffels, AGB-Recht, S. 105 (Rn. 321).

Anders gestaltet sich die Situation im Hinblick auf die Handelsbräuche, da diese nicht eines Unterwerfungsaktes bedürfen. Dennoch stellt sich beim Distanzgeschäft die Frage, wie mit kollidierenden Handelsbräuchen zu verfahren ist. Wird ein Handelsbrauch behauptet, der für den gesamten Handelsstand überall Geltung genießt, erübrigen sich örtliche Kollisionsfragen. Problematischer ist es, wenn mehrere Handelsbräuche für die Auslegung bestimmter Termini festgestellt worden sind. So ist es nicht fernliegend, dass bestimmten Begriffen etwa im Bremer Hafen ein anderer Inhalt beigelegt wird als im Hamburger Hafen. Selbst international anerkannte Handelsbräuche führen nicht zwangsläufig in allen Ländern zu demselben Ergebnis. Dies nimmt nicht wunder, da Handelsbräuche stets nur einen Kernbereich regeln, in den Randbereichen jedoch den übrigen Auslegungsmitteln das Feld überlassen.[464]

Ausdrückliche Kollisionsregeln hält das deutsche Recht insoweit nicht bereit. Es gilt nur eine höchstrichterlich entwickelte Zweifelsregelung, nach der auf die Handelsbräuche am Erfüllungsort oder am Sitz des Maklers, Kommissionärs oder ähnlicher Mittelspersonen abzustellen sei,[465] insbesondere dann, wenn an diesen Orten einem Handelsbrauch gerade nicht gefolgt würde.[466] Diese Regelung lässt sich jedoch auch dogmatisch begründen, da die Berücksichtigung der Handelssitte gemäß § 346 HGB eine Ausprägung des Grundsatzes von *Treu und Glauben*, der in § 242 BGB niedergelegt ist, darstellt.[467] So lässt sich in bestimmten Situationen ebenso gut argumentieren, lokale Handelsbräuche auch außerhalb ihres örtlichen Geltungsbereichs zu beachten, wenn der Vertrag etwa an einem bestimmten Ort seinen Schwerpunkt hat – als Parallelüberlegung zum internationalen Privatrecht.[468] Letzteres unterstellt ebenfalls das gesamte Vertragsverhältnis dem Recht des Landes, in dem das vertragliche Hauptgewicht liegt.[469]

---

464 Canaris, Handelsrecht, § 22 Rn. 13.

465 BGH, LM Nr. 9 zu § 346 HGB (B); BGH, BB 1976, 480, 481; BGH, WM 1976, 292 f.; BGH, WM 1973, 382 f.; BGH, DB 1954, 83; BGHZ 6, 127, 134.

466 BGH, DB 1954, 83.

467 BGH, WM 1973, 382 f. – gefrorenes Hirschfleisch.

468 Vgl. Art. 28, 32 Abs. 1 Nr. 1 EGBGB bzw. Art. 4, 12 Abs. 1 lit a) Rom-I-Verordnung. So schon Rabel, Das Recht des Warenkaufs, S. 62.

469 BGH, LM Nr. 9 zu § 346 HGB (B); BGH, WM 1980, 1122, 1124; BGH, BB 1976, 480; BGH, WM 1973, 382 f.; OLG Hamburg, MDR 1975, 845; Baumbach/Hopt, § 346 HGB, Rn. 7; Koller/Roth/Morck/Roth, § 346 HGB, Rn. 8; vgl. Kreuzer, IPR des Warenkaufs, S. 9; Lüderitz, Auslegung von Rechtsgeschäften, S. 301; ders. JZ, 1963, 169, 170 f..

Ob sich ein Schwerpunkt abzeichnet, ist eine Entscheidung des Einzelfalls,[470] so dass es an allgemeinen Kriterien fehlt. Dies verdeutlicht die uneinheitliche Rechtsprechung, aber auch die verschiedenen Stimmen aus der Literatur. So wird etwa auf den Wohnort des Erklärungsempfängers[471] oder des Käufers[472], aber auch auf den Ort der Erklärung[473] bzw. des Vertragsschlusses[474] abgestellt. Schließlich kommt der Erfüllungsort[475] in Betracht, auf den z.B. auch in § 453 HGB verwiesen wird. Doch auch der Abschlussort kann einen Schwerpunkt darstellen, etwa beim Vertragsschluss auf Messen, Märkten oder an Börsenplätzen.[476] Vereinzelt wird in diesem Zusammenhang sogar angenommen, dass die Parteien bereits durch die wirtschaftliche Teilnahme an die örtlichen Gebräuche gebunden seien, und damit dem Grundsatz *locus regit actum* gefolgt wird.[477] Im innerdeutschen Bereich geht es bei der Bestimmung des Schwerpunktes nicht um eine sinnvolle rechtliche Anknüpfung wie im Internationalen Privatrecht, sondern vielmehr um eine Indizwirkung.[478]

Neben dem Verweis auf *Treu und Glauben* gemäß § 242 BGB bestätigen jedoch eine Vielzahl von Normen des positiven Rechts den Vorrang der örtlich üblichen Handlungsweise, etwa vor überörtlichen Bräuchen.[479] Diese gesetzlichen Auslegungsregeln führen im Falle eines Konflikts dazu, dass der jeweilige Ortsgebrauch primäre Anwendung findet.[480]

Diese Ausführungen haben jedoch stets den nationalen Distanzkauf vor Augen. Doch gerade Verträge zwischen Unternehmern oder Kaufleuten gehen oftmals über Landesgrenzen hinweg, so dass der Umgang mit den privaten Regeln

---

470 RG, JW 1922, 706; Schlegelberger/Hefermehl, § 346 HGB, Rn. 33; Dölle, Festschrift für Rheinstein I, S. 447, 451; Lüderitz, Auslegung von Rechtsgeschäften, S. 299 ff., sieht in diesen dogmatischen Fragen keine praktische Relevanz, S. 300.

471 Düringer/Hachenburg/Werner, Vorb. § 343 HGB, Anm. 8.

472 BGH, BB 1972, 1117 a.E..

473 MünchKomm/Sonnenberger, EGBGB und IPR, Einl., Rn. 158; Danz, Die Auslegung der Rechtsgeschäfte, S. 224 f.; Sonnenberger, Verkehrssitten im Schuldvertrag, S. 195.

474 BGH, BB 1954, 83; BGHZ 6, 127, 134; Achilles, Art. 9 CISG, Rn. 8; Sonnenberger, Verkehrssitten im Schuldvertrag, S. 196.

475 Sonnenberger, Verkehrssitten im Schuldvertrag, S. 196; differenzierend Röhricht/von Westphalen /Wagner, § 346 HGB, Rn. 21; Staub/Ratz, § 346 HGB, Anm. 55; Heilfron, Handelsrecht II, S. 8.

476 BGH, WM 1973, 382 f. – gefrorenes Hirschfleisch; Achilles, Art. 9 CISG, Rn. 8; Heymann/Horn, § 346 HGB, Rn. 11; Koller/Roth/Morck/Roth, § 346 HGB, Rn. 8.

477 Wortley, RabelsZ 24 (1959), 265.

478 MünchKomm/Sonnenberger, EGBGB und IPR, Einl., Rn. 159; vgl. Canaris, Handelsrecht, § 22 Rn. 40 f..

479 §§ 359 Abs.1, 361, 380, 393 Abs. 2, 394 Abs. 1 HGB, Art. 41 WG.

480 Koller/Roth/Morck/Roth, § 346 HGB, Rn. 8.

neu bewertet werden muss und etwaige Kollisionen neue Regelungen erfordern.[481] Um diesen rechtlichen Schwierigkeiten zu entgehen, wurden internationale Regelwerke aufgestellt. Es handelt sich dabei um neutrale Rechtsordnungen, die das Ergebnis rechtsvergleichender Studien sind und den vertragschließenden Parteien bei der Rechtswahl entgegenkommen, indem sie sich nicht auf das eine oder andere Recht einigen müssen und damit Gefahr laufen, dass eine der Parteien in der gewählten Rechtsordnung besser bewandert ist. Zu erwähnen sind etwa die *UNIDROIT Principles*, auch *PICC* genannt,[482] *PECL* oder auch das UN-Kaufrecht *(CISG)*. Letzteres bildet Teil der deutschen Rechtsordnung und findet deshalb bei einem internationalen Distanzkauf Anwendung, wenn es an einer Rechtswahl durch die Parteien fehlt. Folglich müssen die Parteien das CISG ausschließen, wenn sie sich für deutsches Recht entscheiden, da es ansonsten Anwendungsvorrang vor dem unvereinheitlichten nationalen Recht genießt. Als *Ersatzrechtsordnung* regelt es die wichtigsten Aspekte eines Vertragsschluss, insbesondere den Vertragsschluss und dessen Auslegung. Deshalb soll im Folgenden zunächst Art. 9 CISG näher untersucht werden, da er den Umgang mit Handelsbräuchen regelt (**1.**). In diesem Zusammenhang soll ein kurzer Exkurs der Frage nachgehen, inwieweit das Institut des kaufmännischen Bestätigungsschreibens auf der internationalen Bühne anerkannt ist (**2.**). Nach einer Zusammenfassung der gewonnenen Einsichten (**3.**) ist zu prüfen, in welchem Umfang Allgemeine Geschäftsbedingungen eine Regelung im UN-Kaufrecht gefunden haben (**4.**). Schließlich soll kurz auf den Umgang mit modernen Klauselwerken eingegangen werden (**5.**).

1. Art. 9 CISG als Pendant zu § 346 HGB?

Strukturell gliedert sich Art. 9 CISG in zwei Absätze. Zunächst werden vereinbarte Bräuche als bindend erklärt und bei Fehlen derartiger Abreden werden die geltenden Bräuche als zugrundegelegt betrachtet. Damit greift nur Art. 9 Abs. 2 CISG den Handelsbrauch im eigentlichen Sinne auf.[483] Flüchtig betrachtet bildet er damit das internationale Pendant zu § 346 HGB, indem er ebenfalls den Um-

---

481 Einem etwaigen Kollisionsproblem kann durch eine Rechtswahl begegnet werden. Zur Überprüfbarkeit einer Rechtswahlklausel, vgl. Stoll, Festschrift für Heini, S. 429, 430 ff.; ders., Festschrift für Beitzke, S. 759, 767 ff..

482 Unidroit Prinzipien internationaler Wirtschaftsverträge, engl. Unidroit Principles of international commercial contracts (PICC).

483 Schlechtriem/Schwenzer/Schmidt-Kessel, Art. 9 CISG, Rn. 1; Witz/Salger/Lorenz/Witz, Art. 9 CISG, Rn. 1 hegen ebenso Zweifel am Regelungsgehalt der Norm; vgl. Schlechtriem, Internationales UN-Kaufrecht, S. 57 f., Rn. 61.

gang mit Handelsbräuchen regelt. Die Berücksichtigung handelsrechtlicher Gebräuche und Gepflogenheiten ist keineswegs neu. Nicht nur ein historischer Blick zurück[484], sondern auch ein Blick in andere internationale Regelwerke, wie etwa die Haager Kaufrechtsübereinkommen als Vorreiter des UN-Kaufrechts, insbesondere Art. 13 EAG, aber auch Art. 9 EKG und Art. 1.9 PICC berücksichtigen das *selbstgeschaffene Recht der Wirtschaft*. Das UN-Kaufrecht ist das jüngste Unterfangen,[485] die rechtlichen Besonderheiten bei internationalen Vertragsbeziehungen einer adäquaten Lösung zu zuführen. Art. 9 CISG bestimmt hierbei, inwieweit Gebräuche und Gepflogenheiten den internationalen Kaufvertrag zu beeinflussen in der Lage sind.[486]

Im Folgenden sollen sowohl die in Abs. 1 erwähnten Gebräuche und Gepflogenheiten (**a.**) als auch die in Abs. 2 genannten Gebräuche des internationalen Handels kurz erläutert (**b.**) und die aus dieser Kombination von vereinbarten und *per se* geltenden Bräuchen erwachsenden Besonderheiten aufgezeigt werden.

a. Gebräuche und Gepflogenheiten gemäß Art. 9 Abs. 1 CISG

Indem Art. 9 Abs. 1 CISG die Parteien an Gebräuche, mit denen sie sich einverstanden erklärt haben, und an Gepflogenheiten, die zwischen ihnen entstanden sind, bindet, wiederholt er nur, was Artt. 6 und 8 CISG bereits ausdrücken. Diese stellen fest, dass die Normen des Übereinkommens zur Disposition der Parteien stehen und bei der Auslegung des jeweiligen Vertrages der Wille der Vertragschließenden zu ermitteln ist. In der Folge verbleibt kaum mehr ein Regelungsgehalt für Art. 9 Abs. 1 CISG, so dass er rein deklaratorischer Natur ist.[487] Art. 8 CISG bestimmt, dass jede Regel gilt, sofern die Parteien – sei es ausdrücklich oder auch konkludent – konsensual und tatsächlich darauf verweisen.[488] Damit erübrigt sich eine genaue Begriffsbestimmung der in Art. 9 Abs. 1 CISG erwähnten Gebräuche und Gepflogenheiten. Allein im Hinblick auf die in Abs. 2 erwähnten Handelsbräuche erscheint eine begriffliche Abgrenzung notwendig.

---

484 S.o. im ersten Teil über die geschichtliche Entwicklung der Handelsbräuche in den Nationalstaaten und auch aus europäischer Sicht.

485 Im Hinblick auf eine international verbindliche Konvention.

486 Daneben werden Gebräuche auch in Art. 4 lit. a, Art. 8 Abs. 3 und 18 Abs. 3 CISG erwähnt.

487 Schlechtriem/Schwenzer/Schmidt-Kessel, Art. 9 CISG, Rn. 1.

488 Honsell/Melis, Art. 9 CISG, Rn. 2; Staudinger/Magnus, Art. 9 CISG Rn. 7; Witz/Salger/Lorenz/Witz, Art. 9 CISG Rn. 5; vgl. Leisinger, Fundamental Breach, S. 135; Pamboukis 25 J L & Com (2005-2006) 107, 112.

Art. 9 Abs. 1 CISG trägt den Besonderheiten des internationalen Handels dadurch Rechnung, dass die Parteien auf schriftlich aufgezeichnete Gebräuche verweisen können, wie etwa die *Tegernseer Gebräuche für den Holzhandel*[489] oder die *österreichischen Holzhandelsusancen*[490], die *Bedingungen der Bremer Baumwollbörse* oder auf Regelwerke wie die *Incoterms* der ICC[491]. Es kann sich dabei sogar um rein nationale oder aber lokale Gebräuche handeln.[492] Infolgedessen werden internationale Klauselwerke von vornherein einer AGB-rechtlichen Kontrolle entzogen, was einen Vorteil zum deutschen Recht darstellt.

Neben den vereinbarten Gebräuchen sind die Parteien an Gepflogenheiten gebunden, die im Rahmen ihrer Geschäftsbeziehung entstanden sind. Es kommt folglich nur auf die Beachtung *inter partes* an, ohne dass eine weitergehende Verbreitung schädlich wäre.[493] Abgesehen von einer gewissen Dauer, ist eine erkennbare Häufigkeit erforderlich.[494] Hierfür haben sich allerdings bislang noch keine scharfen Konturen herausgebildet. In Ermangelung besonderer Umstände[495] kann das Bestehen einer längeren Geschäftsbeziehung[496] oder die Tatsache, dass bereits mindestens zwei vorangegangene Kontrakte Zeugnis über die Übung ablegen[497], die Annahme rechtfertigen, dass die Parteien ihr Verhalten als Übung erkennen[498] und sich in der Folge ein berechtigtes Vertrauen begründet, dass auch zukünftig entsprechend verfahren wird.[499] Deshalb kann eine der-

---

489 Vgl. BGH, BB 1986, 1395 (zum deutschen Recht); OGH, 21.03.2000, CISG-online 641.

490 OGH, 21.03.2000, CISG-online 641.

491 Vgl. Entscheidung des Xiamen Intermediate People's Court (VR China), 05.09.1994, UNILEX (Auszug); Bamberger/Roth/Saenger, Art. 9 CISG, Rn. 2; ausführlich dazu Honnold/Flechtner, Uniform Law for International Sales, Rn. 114;.

492 OHG, 21.03.2000, CISG-online 641; OHG, 15.10.1998, CISG-online 380; Bamberger/Roth/Saenger, Art. 9 CISG, Rn. 2 (i.H.a. nationale Gebräuche); Staudinger/Magnus, Art. 9 CISG, Rn. 8; Ferrari, IHR 2006, 1, 17.

493 Schlechtriem/Schwenzer/Schmidt-Kessel, Art. 9 CISG, Rn. 8.

494 HGer Aargau, 26.09.1997, CISG-online 329; CA Grenoble, 13.09.1995, CISG-online 157 („plusieurs mois"); LG Frankenthal, 17.04.1997, CISG-online 479; Stadtgericht Budapest, 24.03.1992, CISG-online 61; Staudinger/Magnus, Art. 9 CISG, Rn. 19; Ferrari, IHR 2006, 1, 17; Pamboukis, 25 J L & Com (2005-2006), 107, 116 („various contracts"); Schlechtriem, Internationales UN-Kaufrecht, S. 58, Rn. 61.

495 OLG Düsseldorf, 30.01.2004, CISG-online 821.

496 AG Duisburg, 13.04.2000, CISG-online 659.

497 OGH, 31.08.2005, CISG-online 1093.

498 OHG, 06.02.1996, CISG-online 224.

499 LG Frankenthal, 17.04.1997, CISG-online 479; Staudinger/Magnus, Art. 9 CISG, Rn. 13; Pamboukis, 25 J L & Com (2005-2006), 107, 113.

artige Bindung auch durch ein auf Kulanz beruhendes Verhalten entstehen.[500] Im deutschen Recht sucht man vergeblich nach einer Art. 9 Abs. 1 CISG vergleichbaren Norm. Vielmehr lässt sich dieses Ergebnis nur mithilfe des Grundsatzes von Treu und Glauben konstruieren, denn es handelt sich bei der Berücksichtigung von Gepflogenheiten um eine Erscheinung des allgemeinen Verbots des widersprüchlichen Verhaltens, *venire contra factum proprium*, das im deutschen Recht aus der Generalsklausel des § 242 BGB abgeleitet wird.[501]

Auch die Beendigung von Gepflogenheiten ist möglich.[502] Dies geschieht insbesondere durch die (einseitig) *avisierte* Änderung der bisherigen Geschäftsgebaren.[503] Die Gepflogenheiten genießen ebenso wie andere Parteivereinbarungen Vorrang vor den Regeln der Konvention, was sich bereits aus Art. 6 CISG ergibt,[504] so dass auf diesem Wege sogar die konkludente Abwahl des UN-Kaufrechts erfolgen kann.[505] Das Verhältnis der Gepflogenheiten zu vereinbarten Gebräuchen oder aber solchen des internationalen Handels kann nicht pauschal bestimmt werden, sondern bedarf stets einer Einzelfallbetrachtung, die sich am Parteiwillen orientiert, so wie es Artt. 6 und 8 CISG vorgeben. Jedoch streitet zumindest wohl eine Vermutung[506] *für* die Gepflogenheit, sofern ein internationaler Handelsbrauch im Sinne des Art. 9 Abs. 2 CISG festgestellt worden ist.

---

500 BGH, NJW 1999, 1260 f.; HGer Zürich, 24.10.2003, CISG-online 857.

501 Bamberger/Roth/Saenger, Art. 9 CISG, Rn. 3; Honsell/Melis, Art. 9 CISG, Rn. 4; MünchKomm/Ferrari, Art. 9 CISG, Rn. 8; MünchKomm/Schmidt, Vorb. §§ 343-372 HGB, Rn. 21; kritisch aber im Ergebnis zustimmend Müller-Graff, Rechtliche Auswirkungen eines Geschäftsgebrauchs, S: 172 ff.. Er geht dogmatisch von einer Erklärungsobliegenheit, S. 180-183.

502 ICC 8817/1997, UNILEX (00.12.1997); Staudinger/Magnus, Art. 9 CISG, Rn. 14; Pamboukis, 25 J L & Com (2005-2006), 107, 113f..

503 ICC 8817/1997, UNILEX (00.12.1997); Schlechtriem/Schwenzer/Schmidt-Kessel, Art. 9 CISG, Rn. 9; Witz/Salger/Lorenz/Witz, Art. 9 CISG, Rn. 17; Honnold/Flechtner, Uniform Law for International Sales Rn. 116; Pamboukis, 25 J L & Com (2005-2006), 107, 113 f..

504 Schlechtriem/Schwenzer/Schmidt-Kessel, Art. 9 CISG, Rn. 10; vgl. Garro, 23 Int.'l L (1989) 443, 479.

505 So jedenfalls RB Brüssel, 24.03.2004, CISG-online 1568. In diesem Fall bestand eine jahrelange Geschäftsbeziehung, in der die Parteien stets belgisches Recht bedungen hatten und das Gericht darin eine Gepflogenheit der Parteien im Sinne des Art. 9 Abs. 1 CISG des Inhalts erblickte, dass die Parteien das UN-Kaufrecht stillschweigend ausgeschlossen hatten.

506 Weitergehend HGer Zürich, 24.10.2003, CISG-online 857; Staudinger/Magnus, Art. 9 CISG, Rn. 19 (jeweils für einen generellen Vorrang); Ferrari, IHR 2006, 1, 17 f..

b. Gebräuche des internationalen Handels gemäß Art. 9 Abs. 2 CISG

Neben den vereinbarten Gebräuchen und Gepflogenheiten, berücksichtigt Art. 9 Abs. 2 CISG auch international geltende Handelsbräuche, die von den Parteivereinbarungen des ersten Absatzes zu unterscheiden sind. Im Gegensatz zu Art. 13 EAG, der unter Gebräuche jede Übung subsumierte, *von der vernünftige Personen in der gleichen Lage gewöhnlich annehmen, dass sie auf den Abschluss ihres Vertrags anzuwenden ist*, sieht Art. 9 CISG von einer Definition ab. Dennoch ist eine Abgrenzung zu den in Art. 8 Abs. 3 CISG erwähnten Gepflogenheiten notwendig. Nach überwiegender Ansicht[507] ist der Begriff des Handelsbrauchs autonom und somit ohne einen Rückgriff auf nationales Vorverständnis auszulegen. Handelsbräuche sind demnach selbst geschaffene Regeln der Wirtschaft, die von den in örtlicher oder sachlicher Hinsicht abgrenzbaren Handelskreisen üblicherweise eingehalten werden.[508] Eine örtliche Regelung schadet ebenso wenig wie das schriftliche Festlegen als Handelsbrauch.[509]

Nach einer kurzen Abhandlung über den Geltungsgrund von Handelsbräuchen (**aa.**), richtet sich der Fokus im Anschluss daran auf die einzelnen Voraussetzungen des Art. 9 Abs. 2 CISG (**bb.**). Im Anschluss daran wird das Verhältnis zu anderen Normen des UN-Kaufrechts untersucht (**cc.**). Schließlich ist eine Betrachtung aus prozessualer Sicht (**dd.**) unerlässlich. Der Abschnitt endet mit einer kurzen Zusammenfassung (**ee.**).

aa. Geltungsgrund

Obgleich das Gesetz die Geltung von Handelsbräuchen ausdrücklich festlegt, ist die Frage nach der rechtlichen Natur der Handelsbräuche im UN-Kaufrecht umstritten. Teilweise wird ihnen in Anlehnung an § 346 HGB *normative* Kraft zugestanden,[510] doch kollidiert diese Sichtweise mit dem Wortlaut der Norm. Des-

507 Honsell/Melis, Art. 9 CISG, Rn. 3; Schlechtriem/Schwenzer/Schmidt-Kessel, Art. 9 CISG, Rn. 11; Staudinger/Magnus, Art. 9 CISG, Rn. 7; Pamboukis, 25 J L & Com (2005-2006), 107, 111.

508 Vgl. Honsell/Melis, Art. 9 CISG Rn. 3; Art. 13 Abs. 1 EAG ; ähnlich Schlechtriem/Schwenzer/Schmidt-Kessel, Art. 9 CISG, Rn. 11; Staudinger/Magnus, Art. 9 CISG, Rn. 7; Pamboukis, 25 J L & Com (2005-2006), 107, 111.

509 Bianca/Bonell/Bonell, Art. 9 CISG, Anm. 3.2.; Schlechtriem/Schwenzer/Schmidt-Kessel, Art. 9 CISG, Rn. 11.

510 Honsell/Melis, Art. 9 CISG, Rn. 2; Soergel/Lüderitz/Fenge, Art. 9 CISG, Rn. 1; unklar Ferrari, EuLF 2002, 272, 275; Holl/Keßler, RIW 1995, 457, 459; Pamboukis, 25 J L & Com (2005-2006), 107, 108 f..

halb wird andererseits die Meinung vertreten, es handele sich um eine Vertragsergänzung. So positioniert sich *Schmidt-Kessel*[511] am eindeutigsten und argumentiert, dass Art. 9 Abs. 2 CISG gerade keine *normative* Geltung der betreffenden Handelsbräuche bewirke, sondern eine Vertragsergänzung aufgrund eines hypothetischen Parteiwillens begründe und damit angelsächsischem Vorbild folge.[512] Hierfür streite der Wortlaut der Norm, der die legitimen Parteierwartungen schütze und damit den durch Art. 8 Abs. 2 CISG gesetzten Standards der Vertragsauslegung entspreche.[513] Die Ausführungen *Schmidt-Kessels* überzeugen insoweit, als sie Art. 9 Abs. 2 CISG losgelöst von etwaigen nationalen Vorprägungen betrachten und die Unterschiede systematisch einzuordnen versuchen. Dennoch verfangen seine Ansichten bei näherer Betrachtung nicht, da er im Ergebnis zu stark an der Herangehensweise des englischen Rechts haften bleibt.

Anders als im englischen Recht kann der Rechtsanwender im Falle des UN-Kaufrechts auf eine Norm zurückgreifen, welche den Geltungsgrund der Handelsbräuche vorgibt. So stellt Art. 9 Abs. 2 CISG klare Vorgaben auf, die ein Handelsbrauch erfüllen muss. Liegen diese vor, wird in dessen Inhalt unweigerlich der hypothetische Wille der vertragschließenden Parteien gesehen. Das bedeutet jedoch konsequenterweise, dass der Parteiwille gemäß Art. 9 Abs. 2 CISG angenommen und damit *fingiert* wird.[514] Allein die *Kenntnis* respektive das *Kennenmüssen*, auf Englisch *imputed knowledge*, und nicht etwa der Wille oder eine parteiinterne Vereinbarung entscheiden darüber, ob der Handelsbrauch zur Anwendung kommt oder nicht. Die Feststellung eines positiven Parteiwillen i.S.d. Handelsbrauchs ist nicht mehr erforderlich.[515] Fest steht, dass internationale Handelsbräuche nicht *per se* normativ gelten, sondern weil Art. 9 Abs. 2 CISG eine entsprechende Geltung regelt.[516] Damit legt Art. 9 Abs. 2 CISG den Willen der Parteien abstrakt fest, indem er auf den Handels-

---

511 Schlechtriem/Schwenzer/Schmidt-Kessel, Art. 9 CISG, Rn. 12.

512 Im Ansatz ebenso RB Tongeren, 25.01.2005, CISG-online 1106. Eine Absprache im Sinne des Art. 9 CISG, Abs. 1 basiere demnach auf der Annahme einer stillschweigend vereinbarten Vertragsbedingung, einer implication, vgl. Honsell/Melis, Art. 9 CISG, Rn. 4; Schlechtriem/Schwenzer/Schmidt-Kessel, Art. 9 CISG, Rn. 12; vgl. auch Schlechtriem, Internationales UN-Kaufrecht, S. 57 f., Rn. 61; Witz/Saler/Lorenz/Witz Art. 9 CISG, Rn. 1.

513 Schlechtriem/Schwenzer/Schmidt-Kessel, Art. 9 CISG, Rn. 12; Pamboukis, 25 J L & Com (2005-2006), 107, 119.

514 OGH, 31.03.2000, CISG-online 641; OHG, 15.10.1998, CISG-online 380; Staudinger/Magnus, Art. 9 CISG, Rn. 16; unklar Ferrari, EuLF 2002, 272, 275; Pamboukis, 25 J L & Com (2005-2006), 107, 119.

515 Schlechtriem/Schwenzer/Schmidt-Kessel, Art. 9 CISG, Rn. 12.

516 Bamberger/Roth/Saenger, Art. 9 CISG, Rn. 5.

brauch in Bezug nimmt. Erkennt man an, dass Art. 9 Abs. 2 CISG den hypothetischen Willen der Parteien inhaltlich ausgestaltet, so ist jedoch die These falsch, dass die Norm auch willensunabhängige Vertragsbestandteile zulasse,[517] denn Art. 9 Abs. 2 CISG legt gerade fest, was dem (hypothetischen) Willen der Parteien entspricht.[518] Der Wille wird mit Hilfe der Figur des Kennenmüssens, *imputed knowledge*, festgelegt. Obgleich der Geltungsgrund entsprechend der subjektiven Theorie im Willen der Parteien gesehen wird, führt Art. 9 Abs. 2 CISG ebenso wie § 346 HGB dazu, dass der Handelsbrauch als willensunabhängiger Vertragsbestandteil zu verstehen ist.[519] Anders als § 346 HGB ist Art. 9 CISG in seinem Anwendungsbereich jedoch auf die vertragliche Ebene beschränkt.

bb. Feststellung von Handelsbräuchen

Handelsbräuche müssen auch im UN-Kaufrecht anhand bestimmter Kriterien bestimmt und festgestellt werden. Die Voraussetzungen, die eine nationale Rechtsordnung wie die deutsche bereithält, erscheinen ob des internationalen Bezugs nicht unbedingt geeignet. So muss es sich auch auf der internationalen Ebene zwar auch um eine tatsächliche Übung handeln, die bekannt ist und Beachtung findet (**(1)**), doch ist nach dem Wortlaut des Art. 9 Abs. 2 CISG auch das Kriterium der Internationalität zu beachten, an dessen Auslegung sich die Geister scheiden (**(2)**). Schließlich bleibt zu fragen, inwieweit die Parteien die tatsächliche Übung gekannt haben müssen (**(3)**).

(1) Bekanntheit und Beachtung

Zunächst erfordert Art. 9 Abs. 2 CISG, dass Personen, die an Verträgen gleicher Art regelmäßig beteiligt sind, die tatsächliche Übung weitgehend bekannt ist und von ihnen auch befolgt wird.[520] Eine universelle Bekanntheit ist zwar nicht vonnöten,[521] doch wird gefordert, dass der Handelsbrauch gerade in der jeweili-

517 So aber Bamberger/Roth/Saenger, Art. 9 CISG, Rn. 5; Pamboukis, 25 J L & Com (2005-2006), 107, 109.

518 Dölle, Festschrift für Rheinstein, S. 447, 453. Zur schwierigen Abgrenzung zwischen dem tatsächlichen, aber nicht ausdrücklich geäußerten und dem hypothetischen Willen der Parteien vgl. Canaris/Grigoleit, Interpretation of Contracts, S. 445, 466.

519 Bamberger/Roth/Saenger, Art. 9 CISG, Rn. 5.

520 Staudinger/Magnus, Art. 9 CISG, Rn. 21 f.; Schlechtriem, Internationales UN-Kaufrecht, S. 57f., Rn. 61.

521 Schlechtriem/Schwenzer/Schmidt-Kessel, Art. 9 CISG, Rn. 16; Ferrari, IHR 2006, 1, 17.

gen Branche gilt.[522] Hierin zeigt sich der Zweck der Norm, die von der Praxis entwickelten spezifischen Regeln stets zu berücksichtigen und für anwendbar zu erklären.[523] Dies erfordert jedoch eine Unterscheidung in sachlicher, persönlicher und räumlicher Hinsicht.[524] Innerhalb des jeweiligen Handelszweigs müssen die Verkehrsteilnehmer mehrheitlich den einschlägigen Handelsbrauch kennen und beachten. Schon der Wortlaut des Art. 9 Abs. 2, 2. HS CISG *[Gebräuche,] die sie kannten oder kennen mußten und die im internationalen Handel den Parteien von Verträgen dieser Art in dem betreffenden Geschäftszweig weithin bekannt sind und von ihnen regelmäßig beachtet werden*, belegt, dass damit auch vereinzelte Abweichungen nicht schaden (*weithin bekannt; regelmäßig beachtet*). Im Gegenteil, gerade wenn die Parteien es für erforderlich halten, etwaige Abweichungen schriftlich zu fixieren, kann dieses Verhalten sogar für das Bestehen eines Handelsbrauchs streiten.[525] Das Kriterium der Kenntnis und Beachtung bedingt in gewisser Weise den zeitlichen Faktor. Zwar ist eine langandauernde Übung nicht entscheidend, doch etablieren sich neue Handelsbräuche nur verhalten. Die Tatsache, dass mehrere Vertragspartner eines Lieferanten eine im Entstehen befindliche Übung annehmen, kann zwar von einer sich entwickelnden (Vertrags-)Praxis zeugen, nicht jedoch von einem Handelsbrauch im Sinne des Art. 9 Abs. 2 CISG.[526] Deshalb ist eine gewisse Kontinuität zu fordern, wenngleich es an genauen zeitlichen Vorgaben fehlt.

Beruht die Einhaltung eines Handelsbrauchs tatsächlich nur auf den Vorgaben eines Monopolisten, wird damit dessen Legitimität in Zweifel gezogen. Denn die Übung mag zwar universelle Geltung beanspruchen, nicht jedoch die Anerkennung durch die Beteiligten des Geschäftszweigs genießen.[527] Abgesehen von dieser Wertung findet eine autonome Gültigkeitskontrolle nicht statt,

---

522 OGH, 21.03.2000, CISG-online 641 (Holzhandel); OHG, 06.02.1996, CISG-online224 (Mineralölbranche); Schlechtriem/Schwenzer/Schmidt-Kessel, Art. 9 CISG, Rn. 16; vgl. Kropholler, EUZPR, Art. 23 Rn. 55 (im Hinblick auf Art. 23 EuGVO).

523 Schlechtriem/Schwenzer/Schmidt-Kessel, Art. 9 CISG, Rn. 16; Staudinger/Magnus, Art. 9 CISG, Rn. 2.

524 Schlechtriem/Schwenzer/Schmidt-Kessel, Art. 9 CISG, Rn. 16; vgl. Schlechtriem/Junge (3. Aufl., 2000) Art. 9 CISG, Rn. 10; Pamboukis, 25 J L & Com (2005-2006), 107, 120.

525 Schlechtriem/Schwenzer/Schmidt-Kessel, Art. 9 CISG, Rn. 16.

526 RB Tongeren, 25.01.2005, CISG-online 1106.

527 Deshalb kommt Witz zu dem Ergebnis, dass Gesichtspunkte der Angemessenheit und Zumutbarkeit durchaus Einfluss auf die Feststellung der Einbeziehungsvoraussetzungen haben, etwa bei der Beurteilung des Einverständnisses in Art. 9 Abs. 1 CISG oder aber des Kennenmüssens in Art. 9 Abs. 2 CISG, Witz/Salger/Lorenz/Witz, Art. 9 CISG, Rn. 13.

auch nicht unter dem Gesichtspunkt der Angemessenheit, reasonableness.[528] Die Konvention überantwortet diese der jeweiligen nationalen Rechtsordnung.[529]

Indem das Abkommen qualifizierte Anforderungen an die Kenntnis und Beachtung des entsprechenden Handelsbrauchs stellt, verhindert es zugleich eine Kollision mehrerer Praktiken. Denn mehrere Übungen schließen eine hinreichende Beachtung innerhalb desselben Handelszweigs und damit in räumlichem Zusammenhang aus. Soweit es deshalb an einer deutlichen Mehrheit fehlt, ist der Anwendungsbereich des Art. 9 Abs. 2 CISG verschlossen.[530] Im Ergebnis weist das Erfordernis der Bekanntheit und Beachtung durchaus eine Parallele zu der Maßgeblichkeitsüberzeugung im deutschen *unvereinheitlichten* Sachrecht auf.

(2) Internationalität

Allgemein gesprochen beschränkt sich der Anwendungsbereich des § 346 HGB auf Handelsgeschäfte, an denen deutsche Kaufleute bzw. Personen, die sich wie solche behandeln lassen müssen, beteiligt sind. Die Bestimmung des Anwendungsbereichs des UN-Kaufrechts erfolgt differenzierter. Um die Normen der Konvention und damit auch Art. 9 CISG anwenden zu können, müssen zunächst die Voraussetzungen in persönlicher und räumlich-gegenständlicher Hinsicht vorliegen, die Artt. 1 ff. CISG genauer bestimmt. Es muss sich demnach um einen *internationalen* Warenkauf handeln. Dafür müssen die vertragsschließenden Parteien ihre Niederlassungen in verschiedenen Staaten haben, damit das Vorliegen eines reinen Inlandsgeschäfts ausgeschlossen werden kann.[531] Des Weiteren sind bestimmte Waren, Vertragstypen und Rechtsmaterien ausdrücklich vom Anwendungsbereich der Konvention ausgeschlossen.[532]

Fraglich ist, inwieweit Art. 9 Abs. 2 CISG in sachlicher Hinsicht eine weitere Einschränkung vornimmt. Der Wortlaut spricht von Handelsbräuchen, *die im internationalen Handel [...] weithin bekannt sind.* Deshalb wird angenommen,

528 Art. 4 Satz 2 lit. a) CISG.

529 BGH, NJW 1974, 412. In der europäischen Gemeinschaft sind insbesondere Artt. 81 ff. EG a.F. bzw. Art. 101 ff. AEUV n.F. zu beachten, denn deren Vernachlässigung kann die Anerkennungsfähigkeit staatlicher und schiedsgerichtlicher Entscheidungen verhindern, vgl. EuGH, EuZW 1999, 565, 567 (Eco Swiss China Time Ltd v Benetton International NV). Einschränkend s.o. Witz/Salger/Lorenz/Witz, Art. 9 CISG, Rn. 13.

530 Bamberger/Roth/Saenger, Art. 9 CISG, Rn. 5; Schlechtriem/Schwenzer/Schmidt-Kessel, Art. 9 CISG, Rn. 16; im Ergebnis Staudinger/Magnus, Art. 9 CISG, Rn. 19.

531 Brunner, Art. 1 CISG Rn. 5.

532 Vgl. hierzu Brunner, Artt. 2-5 CISG Rn. 1 ff., 4 mit einer Übersicht ausgeschlossener bzw. erfasster Waren, Vertragstypen und Rechtsmaterien.

dass sich die Norm auf Handelsbräuche mit internationalem Charakter beschränkt.[533] Teilweise wird das Merkmal der Internationalität in Art. 9 ABs. 2 CISG jedoch so verstanden, dass auch solche Handelsbräuche bei Verträgen, die dem UN-Kaufrecht unterliegen, Berücksichtigung finden, denen selbst keine internationale Bedeutung zukommt.[534] Demnach würden auch lokale Gebräuche und Platzusancen in den Anwendungsbereich der Norm fallen.[535] In der Folge wäre der erforderliche Bezug zum internationalen Handel sowie die hinreichende Bekanntheit und Beachtung besonders differenziert zu beäugen.[536] Diese Meinung ist allerdings abzulehnen. Das Kriterium der Internationalität wäre nicht erwähnenswert, würde man es nur auf die Art des Geschäfts beziehen, da die Artt. 1 ff. CISG dieses Kriterium ebenfalls aufstellen, um die Konvention überhaupt zur Anwendung zu bringen. Außerdem spricht für das extensive Verständnis eine stärkere Berücksichtigung der Handelsbräuche und damit der Privatautonomie. Rein interne Gebräuche können nach beiden Ansichten nicht zur Anwendung kommen, selbst wenn sich der auswärtige Teil erklecklich in dem betreffenden Staat betätigt.[537] Diese Fälle können höchstens gemäß Art. 9 Abs. 1 CISG beachtlich sein. Schließlich ist ein hinlänglicher Bezug des Geschäfts zum örtlichen und sachlichen Anwendungsbereich des Handelsbrauchs unerlässlich, denn der nur einseitige Bezug ist nicht ausreichend.[538]

---

533 Enderlein/Maskow/Strohbach/Maskow, Art. 8 CISG, Anm. 10; MünchKomm/Schmidt, § 346 HGB, Rn. 46; Reinhart, Art. 9 CISG, Rn. 3; Staudinger/Magnus, Art. 9 CISG, Rn. 21; Schlechtriem, Internationales UN-Kaufrecht, S. 57 f., Rn. 61; vgl auch Bonell, JBl 1985, 385, 390.

534 Insb. OHG Wien, JBl. 1999, 318 ff.; vgl. auch Achilles, Art. 9 CISG Rn. 5; Honnold/Flechtner, Uniform Law for International Sales, Art. 9 CISG, Rn. 120.1; Schlechtriem/Schwenzer/Schmidt-Kessel, Art. 9 CISG, Rn. 18; Bonell, JBl. 1985, 385, 391.

535 OLG Graz, 09.11.1995, CISG-online 308; Bianca/Bonell/Bonell, Art. 9 CISG, Anm. 2.2.3.; Honnold/Flechtner, Uniform Law for International Sales, Art. 9 CISG, Rn. 120.1; MünchKomm/Ferrari, Art. 9 CISG, Rn. 12; Schlechtriem/Schwenzer/Schmidt-Kessel, Art. 9 CISG, Rn. 18; Staudinger/Magnus, Art. 9 CISG, Rn. 22; Ferrari, EuLF 2002, 272, 275; Kröll/Hennecke, RabelsZ 67 (2003), 448, 472.

536 Schlechtriem/Schwenzer/Schmidt-Kessel, Art. 9 CISG, Rn. 18; Staudinger/Magnus, Art. 9 CISG, Rn. 22.

537 So jedoch OLG Graz, 09.11.1995, CISG-online 308; Pamboukis, 25 J L & Com (2005-2006), 107, 120f.; a.A. Schlechtriem/Schwenzer/Schmidt-Kessel, Art. 9 CISG, Rn. 18.

538 Schlechtriem/Schwenzer/Schmidt-Kessel, Art. 9 CISG Rn. 18; Staudinger/Magnus, Art. 9 CISG, Rn. 28.

Relevant wird das Merkmal der Internationalität etwa bei der Frage, ob das kaufmännische Bestätigungsschreiben in Gestalt eines Handelsbrauchs Wirkungen entfalten kann.[539]

(3) Kenntnis oder Kennenmüssen

Im deutschen unvereinheitlichten Sachrecht gelten Handelsbräuche normativ, eine Kenntnis der Parteien ist mithin nicht erforderlich. Vielmehr wird eine Maßgeblichkeitsüberzeugung als ausreichend erachtet. Im UN-Kaufrecht kommt der jeweilige Handelsbrauch, sofern eine Individualvereinbarung i.S.d. Art. 9 Abs. 1 CISG zwischen den Parteien fehlt, nur dann zur Anwendung, wenn dieser regelmäßig von den Parteien beachtet wird. Die Bedeutung dieses subjektiven Kriteriums ist umstritten,[540] doch soll es verhindern, dass ein Handelsbrauch Einfluss auf den Vertrag nimmt, obwohl eine der Parteien nicht über die erforderliche Kenntnis verfügte. So müssen Bräuche, die innerhalb der EU Geltung beanspruchen, nicht auch außereuropäischen Vertragsparteien bekannt sein.[541] Damit sind Handelsbräuche ausgeschlossen, die zwar in dem betreffenden Geschäftszweig bekannt sind und beachtet werden, so dass man die Internationalität bejahen kann, aber dennoch nicht in *allen* Regionen der Welt tatsächlich gleichermaßen Beachtung finden. Gleiches gilt etwa für Bräuche, die in weiten Teilen der Welt praktiziert, in manchen Ländern etwa aus politischen Gründen jedoch nicht angewandt werden (dürfen).[542] Gerade hierin verbirgt sich die Zielsetzung dieser restriktiven Voraussetzung, die in das UN-Kaufrecht neu eingefügt worden ist und die Vorgängervorschrift des Haager Kaufrechts somit einengt.[543] Sie ist das Ergebnis eines Kompromisses, zu dem insbesondere die ehemaligen Ostblockstaaten und Entwicklungsländer aus Angst vor einer Benachteiligung durch die westlichen Industrienationen gedrängt haben.[544] Eine ver-

---

539 OLG Frankfurt, 05.07.1995, CISG-online 257 im Hinblick auf ein kaufmännisches Bestätigungsschreiben, das nur in Deutschland und der Schweiz anerkannt ist; vgl. Honnold/Flechtner, Uniform Law for International Sales, Art. 9 CISG, Rn. 120.1; Schlechtriem/Schwenzer/Schmidt-Kessel, Art. CISG Rn. 18, 22 f..

540 Enderlein/Maskow/Strohbach/Maskow, Art. 9 CISG, Anm. 8 und Schlechtriem/ Schwenzer/Schmidt-Kessel, Art. 9 CISG, Rn. 19 halten dieses Erfordernis für praktisch kaum relevant; dagegen jedoch Staudinger/Magnus, Art. 9 CISG, Rn. 24; vgl. Ferrari, EurLF 2002, 272, 275 f..

541 Herber/Czerwenka, Art. 9 CISG, Rn. 10; Staudinger/Magnus, Art. 9 CISG, Rn. 24.

542 Enderlein/Maskow/Strohbach/Maskow, Art. 9 CISG, Anm. 10; Reinhart, Art. 9 CISG, Rn. 4.

543 Staudinger/Magnus, Art. 9 CISG, Rn. 24.

544 Bamberger/Roth/Saenger, Art. 9 CISG, Rn. 5; vgl. Bianca/Bonell/Bonell, Art. 9 CISG, Rn. 1.4.2.; Honnold/Flechtner, Uniform Law for International Sales, Art.9 CISG,

gleichbare Einschränkung findet sich im deutschen *unvereinheitlichten* Sachrecht nicht, was sich mit dem internationalen Charakter des Abkommens und dem daraus resultierenden heterogenen Anwendungsbereich des Art. 9 Abs. 2 CISG begründen lässt.

cc. Verhältnis zu anderen Normen

Gemäß Art. 6 CISG können die Parteien *die Anwendung dieses Übereinkommens ausschließen [...], von seinen Bestimmungen abweichen oder deren Wirkungen ändern.* Da die Handelsbräuche aufgrund hypothetischen Parteiwillens gelten,[545] genießen sie – sofern festgestellt – Vorrang vor der Konvention.[546] Der Regelungszweck des Art. 9 Abs. 2 CISG erstreckt sich auch auf eine lückenfüllende Funktion.[547] Allerdings stellen Artt. 6 und 9 Abs. 2 CISG jedoch klar, dass ihnen Parteivereinbarungen vorgehen,[548] so dass die von einem Handelsbrauch abweichenden Allgemeinen Geschäftsbedingungen[549] oder der davon abweichende Sprachgebrauch der Parteien[550] obsiegt. Deshalb ist die Vereinbarung einer *merger clause*[551] nicht abwegig, die den Rückgriff auf Gebräuche und Gepflogenheiten ausschließt;[552] doch wird dies in der Regel nicht die Funktion einer solchen Klausel sein.[553] Zumindest Rechtswahlklauseln lassen sich nicht als

---

Rn. 118; Carlsen, Remarks on the manner in which the PECL may be used to interpret or supplement Article 9 CISG, 3.(a) (http://www.cisg.law.pace.edu/cisg/text/peclcomp9.html, zuletzt besucht am: 01.08.2011).

545 Wollte man Handelsbräuchen normative Geltung zusprechen, muss man folgerichtig in Art. 9 Abs. 2 CISG die Anordnung eines normativen Vorrangs sehen. Widersprüchlich insoweit Pamboukis, 25 J L & Com (2005-2006), 107, 109.

546 OLG Saarbrücken, 13.01.1993, CISG-online 83; OHG, 21.03.2000, CISG-online 641; OHG, 15.10.1998, CISG-online 380; Bamberger/Roth/Saenger, Art. 9 CISG, Rn. 1; Pamboukis, 25 J L & Com (2005-2006), 107, 109, 122.

547 Vgl. LG Saarbrücken, 25.11.2002, CISG-online 718 (Vorrang vor gesetzlichen Zinssätzen des nationalen Rechts).

548 OLG Saarbrücken, 13.01.1993, CISG-online 83; Schlechtriem/Schwenzer/Schmidt-Kessel, Art. 9 CISG, Rn. 14; Pamboukis, 25 J L & Com (2005-2006), 107, 119.

549 OLG Saarbrücken, 13.01.1993, CISG-online 83.

550 Treibacher Industrie, A.G. v. Allegheny Technologies, Inc., U.S.Ct.App. (11th Cir.), 12.09.2006, CISG-online 1278.

551 Auch als entire agreement oder integration clause bezeichnet schließt sie die Geltendmachung von Ansprüchen aus, die sich aus sonstigen Dokumenten oder vorvertraglichen Erklärungen ableiten.

552 Schlechtriem/Schwenzer/Schmidt-Kessel, Art. 9 CISG Rn. 14; Witz/Salger/Lorenz/Witz, Art. 9 CISG, Rn. 19.

553 Schlechtriem/Schwenzer/Schmidt-Kessel, Art. 9 CISG, Rn. 14.

derartige, die Geltung von Handelsbräuchen ausschließende Klauseln qualifizieren, sofern nicht die Konvention in Gänze abbedungen wurde.

Schließlich müssen die Voraussetzungen zum Zeitpunkt des Vertragsschlusses vorliegen, ansonsten ist lediglich eine Vertragsänderung gemäß Art. 29 CISG möglich, sofern nicht ein auch nachträgliche Änderungen von Handelsbräuchen umfassender Parteiwille erkennbar ist. Letzterer kommt etwa bei sich ändernden Ortsgebräuchen eines internationalen Containerterminals in Betracht.[554]

dd. Ermittlung und prozessuale Behandlung

Ebenso wie im deutschen Recht, ist das Bestehen eines Handelsbrauchs im UN-Kaufrecht Tatfrage,[555] so wie auch die Bestimmung seines Inhalts. Eine Inhaltskontrolle i.S.d. Art. 7 Abs. 1 CISG findet jedoch nicht statt.[556] Das Übereinkommen erfordert keine Ermittlung von Amts wegen, schließt diese aber auch nicht aus.[557] Beweisbelastet im Hinblick auf das Bestehen *und* die Kenntnis ist diejenige Partei, die sich auf den Handelsbrauch beruft.[558] Spiegelbildlich ist die Partei beschwert, die eine vom Handelsbrauch abweichende Vereinbarung behauptet.[559] Die zulässigen Beweismittel ergeben sich gemäß Art. 4 S. 2 lit. a CISG aus dem nationalen Verfahrensrecht.[560] Insoweit sind die im Rahmen der nationalen Rechtsordnungen getroffenen Feststellungen von Bedeu-

---

554 Schlechtriem/Schwenzer/Schmidt-Kessel, Art. 9 CISG, Rn. 15.

555 OHG, 27.02.2003, CISG-online 794; OHG, 21.03.2000, CISG-online 641; OHG, 15.10.1998, CISG-online 380; Bamberger/Roth/Saenger, Art. 9 CISG, Rn. 6, Brunner, Art. 9 CISG, Rn. 5; Schlechtriem/Schwenzer/Schmidt-Kessel, Art. 9 CISG, Rn. 20.

556 Schlechtriem/Schwenzer/Schmidt-Kessel, Art. 9 CISG, Rn. 20.

557 Pamboukis, 25 J L & Com (2005-2006), 107, 125 der jedoch eine Anwendung seitens des Richters eher im Schiedsgerichtswesen annimmt, da es sich häufig um sehr spezielle Materien handele und dem staatlichen Richter die Kenntnis fehle.

558 OLG Dresden, 09.07.1998, CISG-online 559; ZGer Basel-Stadt, 03.12.1997, CISG-online 346; Bamberger/Roth/Saenger, Art. 9 CISG, Rn. 6; Staudinger/Magnus, Art. 9 CISG, Rn. 33; Müller, Beweislast, S. 54; Schlechtriem, Internationales UN-Kaufrecht, S. 58, Rn. 61; Lurger, IHR 2005, 177, 181; Pamboukis, 25 J L & Com (2005-2006), 107, 124 f..

559 Müller, Beweislast, S. 54.

560 OGH, Wien, JBl. 1999, 318 f.; Bianca/Bonell/Bonell, Art. 9 CISG, Anm. 3.4.; vgl. Honnold/Flechtner, Uniform Law for International Sales, Art. 9 CISG, Rn. 122; Honsell/Melis, Art. 9 CISG, Rn. 5; Schlechtriem/Schwenzer/Schmidt-Kessel, Art. 9 CISG, Rn. 20; Staudinger/Magnus, Art. 9 CISG, Rn. 10/20.

tung.[561] Mithin handelt es sich aus deutscher Sicht bei der Feststellung eines internationalen Handelsbrauchs ebenfalls um eine Tat- und nicht – wie teilweise gefordert – um eine Rechtsfrage. Es ist jedoch zu beachten, dass Art. 9 CISG nicht durch zu große Restriktionen seiner praktischen Wirksamkeit beraubt wird. So geht etwa eine Beschränkung auf solche Handelsbräuche, die von einer Handelskammer festgestellt worden sind, zu weit.[562] Dieses Verständnis unterscheidet sich von der Behandlung des § 346 HGB in der Praxis. Denn die Relevanz von Handelsbräuchen wird im deutschen Recht aufgrund der *lästigen* Beweissituation zunichte gemacht oder zumindest stark reduziert.

ee. Zusammenfassung und Bedeutung der Norm

Handelsbräuche des internationalen Handels erfordern zu ihrer Feststellung ähnliche Voraussetzungen wie Handelsbräuche im Sinne des § 346 HGB. Zunächst erfordert Art. 9 Abs. 2 CISG, dass die jeweilige Übung weitgehend bekannt ist und hinreichende Beachtung findet. Die beteiligten Verkehrskreise müssen die Übung mehrheitlich befolgen. Hierdurch wird eine im internationalen Handel durchaus denkbare Kollision verschiedener Praktiken vermieden. Die *qua* Gesetz geforderte Internationalität bezieht sich nach vorzugswürdiger Ansicht auf die Übung selber und nicht etwa auf das zugrundeliegende Geschäft. Schließlich enthält Art. 9 Abs. 2 CISG auch ein subjektives Element. So ist entweder die Kenntnis oder aber zumindest das Kennenmüssen von der Übung erforderlich, um den Handelsbrauch anwenden zu können. Dieses Kriterium ist als eine Kompromisslösung der Streitfrage zu erklären, ob Handelsbräuche unabhängig vom Parteiwillen gelten. Als *hypothetische* Parteivereinbarungen gehen sie den Regelungen der Konvention vor, die lediglich dispositiver Natur sind und der Parteiautonomie Vorrang einräumen. Allerdings sind insoweit die *tatsächlichen* Willensbekundungen der Parteien zu beachten. Stehen sie im Widerspruch zu Bräuchen des internationalen Handels, treten Letztere zurück. Die prozessuale Ermittlung von Handelsbräuchen richtet sich nach unvereinheitlichtem nationalem Recht, so dass es sich auch bei internationalen Handelsbräuchen um beweisbedürftige Tatsachen handelt, wenn etwa der Prozess in Deutschland stattfindet.

---

561 Bianca/Bonell/Bonell, Art. 9 CISG, Anm. 3.4; Honsell/Melis, Art. 9 CISG, Rn. 5; Witz/Salger/Lorenz/Witz, Art. 9 CISG, Rn. 11; Dölle, Festschrift für Rheinstein, S. 447, 452 noch im Kontext der Haager Einheitlichen Kaufgesetze von 1964; Bonell, JBl. 1985, 385, 393.

562 Schlechtriem/Schwenzer/Schmidt-Kessel, Art. 9 CISG, Rn. 20.

Ein Rückgriff auf Handelsbräuche findet sich an den verschiedensten Stellen, sei es zur Vertragsauslegung oder aber -ergänzung, doch sind seine Wirkungen auch auf die vertragliche Ebene beschränkt. So haben Gerichte etwa die Einigung über die Begebung eines Wechsels als eine zinslose Stundung des Kaufpreises ausgelegt.[563] Andererseits wurde angeregt, den Vertragsparteien eine Pflicht zur Anzeige eines Deckungsgeschäfts im Sinne des Art. 75 CISG *qua* Handelsbrauch aufzuerlegen.[564] Ebenso kann der Mechanismus von Artt. 38 CISG und 39 CISG dahingehend modifiziert werden, dass die Untersuchungs- und Rügefrist verkürzt wird.[565]

Darüber hinaus ist anzunehmen, dass Art. 9 Abs. 2 CISG auch solche Handelsbräuche zur Anwendung beruft, die Gerichtsstandsvereinbarungen und Schiedsklauseln – an sich konventionsfremde Materien – in den Vertrag einbeziehen.[566] Erstere werden jedoch gemäß Art. 90 CISG primär nach dem vereinheitlichten, internationalen Zuständigkeitsrecht[567] zu bewerten sein.[568] In diesem Zusammenhang ist Art. 23 EuGVVO von Bedeutung, der einer Gerichtsstandsvereinbarung Wirksamkeit zuspricht und die formalen Anforderungen an eine derartige Abrede normiert. So muss der Vertrag entweder gemäß Art. 23 Abs. 1 S. 3 lit. a EuGVVO *schriftlich oder mündlich mit einer schriftlichen Bestätigung geschlossen werden* oder aber gemäß Art. 23 Abs. 1 S. 3 lit. b EuGVVO *in einer Form, welche den Gepflogenheiten entspricht, die zwischen den Parteien entstanden sind,*[569] oder gemäß Art. 23 Abs. 1 S. 3 lit. c EuGVVO *im internationalen Handel in einer Form, die einem Handelsbrauch entspricht, den die Parteien kannten oder kennen mussten und den Parteien von Verträgen dieser Art in dem betreffenden Geschäftszweig allgemein kennen und regelmäßig beachten.* Der Verweis auf Gepflogenheiten wurde in bewusster Anlehnung an Art. 9 Abs. 1 CISG eingeführt und erfasst auch diejenigen Fälle, in denen der Geschäftsbeziehung Musterbedingungen eines Verbandes zugrundeliegen, die branchenüblich verwendet werden.[570] Die Regelung in Art. 23 Abs. 1

---

563 LG Hamburg, 26.09.1990, CISG-online 21; Juzgado Nacional de Primera Instancia en lo Comercial, 20.05.1991, CISG-online 461und UNILEX (Auszug ins Englische übersetzt); Witz/Salger/Lorenz/Witz, Art. 9 CISG, Rn. 11.

564 Noch Schlechtriem/Stoll (3. Auflage), Art. 75 CISG, Rn. 3; offenlassend jedoch Schlechtriem/Schwenzer/Schwenzer, Art. 75 CISG, Rn. 3.

565 AppGer Helsinki, 29.01.1998, UNILEX (Stahlhandel); Schlechtriem/Schwenzer/Schwenzer, Art. 38 CISG, Rn. 15, Art. 39 CISG, Rn. 35.

566 Schlechtriem/Schwenzer/Schmidt-Kessel, Art. 9 CISG, Rn. 25.

567 EuGVO, EuGVÜ, LugO.

568 Vgl. EuGH, 20.02.1997, NJW 1997, 1431,1433; BGH, NJW 1993, 1798.

569 Als Beispiel dafür: OLG Stuttgart, IPRax 2009, 64, 66.

570 MünchKomm/Gottwald, ZPO, VO (EG) 44/2001, Art. 23 EuGVVO, Rn. 41.

S. 3 lit. c EuGVVO lässt schließlich auch Gerichtsstands-vereinbarungen in der Form internationaler Handelsbräuche zu mit dem Ergebnis, dass die sonst erforderliche Willenseinigung vermutet wird.[571] So entschied das *Schifffahrtsobergericht Nürnberg 1998*, dass es einen international schifffartsüblichen Handelsbrauch gebe, wonach das Schifffahrtsunternehmen bei der Vercharterung eines Schiffes den eigenen Gerichtsstand als akzeptiert unterstellen könne, wenn der Vertragspartner auf erfolgte Bestätigungsschreiben, auf denen der Gerichtsstand vermerkt sei, nicht reagiere.[572] Die Norm ist ebenfalls Art. 9 Abs. 2 CISG nachempfunden, so dass auf die Ausführungen zur Feststellung von Handelsbräuchen verwiesen werden kann. Da eine Prorogation im internationalen Handel bereits kraft Handelsbrauchs gemäß Art. 23 Abs. 1 S. 3 lit. c EuGVVO wirksam erfolgen kann, ist die Einbeziehung von Schiedsklauseln mit Hilfe des Art. 9 CISG umso wichtiger. Nicht selten verweisen Platzusancen auf die Schiedsgerichtsbarkeit,[573] doch für bestimmte Branchen kommt auch eine Schiedsvereinbarung *qua* Handelsbrauch in Betracht.[574]

Der häufige Verweis auf Handelsbräuche ist Beleg für deren Relevanz auf der internationalen Bühne. Im Unterschied dazu wird die Verkehrssitte[575], zu der auch der Handelsbrauch zählt, als selbstständiger Auslegungs- und Bewertungsmaßstab von Verträgen und Handlungen von der Rechtsprechung zum deutschen unvereinheitlichten Recht zumeist nur stiefmütterlich behandelt.[576] Allerdings ist die Frage nach den Wirkungen des Schweigens auf ein kaufmännisches Bestätigungsschreiben, das in seinen Voraussetzungen unter Art. 9 CISG zu subsumieren wäre, obgleich es nach deutschem Recht teilweise dem Gewohnheitsrecht zugeschrieben wird,[577] von allgemeiner Bedeutung. Deshalb ist auch auf internationaler Ebene zu klären, ob das auf nationaler Ebene anerkannte Institut des kaufmännischen Bestätigungsschreibens ebenfalls anwendbar ist und inwieweit es sich im internationalen Wirtschaftsvertragsrecht hat durchsetzen können.

---

571 EuGH (Mainschifffahrts-Genossenschaft), NJW 1997, 1431; Musielak/Lackmann, Europäisches Zivilprozessrecht, Art. 23 EuGVVO, Rn. 11.

572 Schifffahrtsobergericht Nürnberg, TranspR 1998, 414 ff..

573 Schlechtriem/Schwenzer/Schmidt-Kessel, Art. 9 CISG, Rn. 25.

574 Vgl. BGH, NJW 1993, 1798 im Hinblick auf § 346 HGB für den internationalen Fellhandel.

575 Gemeint sind §§ 151, 157, 242 BGB, § 346 HGB.

576 Oestmann, KritV 2002, 409, 436.

577 Vgl. Staudinger/Magnus, Art. 9 CISG, Rn. 27 mit weiteren Nachweisen.

2. Exkurs: Das kaufmännische Bestätigungsschreiben

Das Institut des kaufmännischen Bestätigungsschreibens hat sich international nicht durchsetzen können, was in der Praxis nicht nur einen restriktiven Umgang sondern auch eine gewisse Rechtszersplitterung bedingt.[578] Entsprechend enthält das für den grenzüberschreitenden Warenkauf zentrale Regelwerk des UN-Kaufrecht keine vergleichbare Regelung. Lediglich die Auftragsbestätigung gemäß Art. 19 Abs. 2 CISG oder die rügelose Annahme einer Lieferung trotz vorangegangener Änderungswünsche des Liefervertrages lassen eine stillschweigende Annahme im UN-Kaufrecht zu.[579] Anregungen, das kaufmännische Bestätigungsschreiben in der Konvention zu regeln, wurden mit der Begründung abgelehnt, dass dieses Institut einer Vielzahl von Rechtsordnungen unbekannt sei.[580] Infolgedessen lehnt die deutsche Judikatur in der Mehrzahl der Fälle die Anwendung der deutschen Regelungen über das kaufmännische Bestätigungsschreiben auf Verträge, die dem UN-Kaufrecht unterstellt sind, ab.[581] Teilweise finden sich jedoch auch Entscheidungen deutscher und Schweizer Gerichte, die zu einem gegenteiligen Ergebnis gelangen und auf nationale Regelungen zum kaufmännischen Bestätigungsschreiben rekurrieren. Fraglich ist deshalb, inwieweit das Institut des kaufmännischen Bestätigungsschreibens auch im Rahmen des UN-Kaufrechts nutzbar gemacht werden kann. Deshalb soll zunächst überprüft werden, ob es sich bei der fehlenden Regelung dieses Instituts um eine interne (**a.**) oder aber um eine externe Lücke (**b.**) handelt. Nach einem Streitentscheid (**c.**), sollen die praktischen Auswirkungen (**d.**) und die Anwendbarkeit der deutschen Regelungen zum Bestätigungsschreiben diskutiert werden (**e.**). Es folgt eine Zusammenfassung (**f.**).

a. Interne Lücke

Die herrschende Meinung geht von einer *internen* Lücke aus, die mithilfe allgemeiner Prinzipien des Abkommens selbst geschlossen werden soll. Sie stützt sich insoweit auf Überlegungen zu Art. 7 Abs. 2 CISG, die während der Verhandlungen der Wiener Konferenz angestellt wurden.[582] Danach sollten die Regeln über das kaufmännische Bestätigungsschreiben zur Anwendung kommen,

578 Instruktiv Schlosser, Festschrift für Medicus, S. 543, 545 ff..

579 Fogt, IPRax 2001, 358, 360.

580 United Nations Commission on International Trade Law, Yearbook IX:1978 (1981) Nr. 213 ff. (S. 76 f.), Nr. 228 (S. 78).

581 Kröll/Hennecke, RabelsZ 67 (2003), S. 448, 450.

582 Schlechtriem/Schwenzer/Schroeter, Vor. zu Artt. 14-24 CISG, Rn. 18; Fogt, IPRax 2001, 358, 363.

wenn sie den Anforderungen an einen Handelsbrauch im Sinne des Art. 9 Abs. 2 CISG gerecht würden. Folglich wird die Frage der alternativen Vertragsschlussformen gemäß Art. 9 in Verbindung mit Art. 7 Abs. 2 CISG unter Anwendung internationaler Handelsbräuche als allgemeine Prinzipien beantwortet und ein Rückgriff auf das Kollisionsrecht verbaut.[583]

b. Externe Lücke

Vereinzelt wird eine *externe* Lücke bejaht, was einen Rückgriff auf unvereinheitlichtes Recht ermöglichte, so dass sich ausschließlich anhand der nationalen Regelungen entscheidet, ob und inwieweit ein kaufmännisches Bestätigungsschreiben anzuerkennen ist.[584] Begründet wird diese Ansicht damit, dass es an allgemeinen Grundsätzen zur Vertragsänderung oder zum Vertragsschluss durch ein konstitutives Bestätigungsschreiben fehle, so dass eine *externe* Lücke vorliege, die den Weg ebne, mittels kollisionsrechtlicher Anknüpfung, auf nationales Recht zurückzugreifen.[585] Dies ergebe sich zum einen aus Art. 19 Abs. 2 CISG, der wegen seiner umstrittenen Entstehungsgeschichte keinen allgemeinen Grundsatz über das Schweigen im Handelsverkehr enthalte[586] und zum anderen daraus, dass der Vorschlag, das kaufmännische Bestätigungsschreiben ausdrücklich zu regeln, abgelehnt worden sei. Außerdem beruhten die nationalen Regeln über das kaufmännische Bestätigungsschreiben auf Verkehrsschutzerwägungen und spielten daher in manchen Ländern eine erhebliche Rolle. Wendete man aber Art. 9 Abs. 2 CISG an, seien die Anforderungen an die Annahme eines Bestätigungsschreibens sehr hoch. Dies könne dazu führen, dass die nationalen Gerichte eine von den nationalen Regeln abweichende *interne* Lückenfüllung über Prinzipien des UN-Kaufrechts nicht anerkannten, was im

583 OLG Dresden, IHR 2001, 18, 19; unklar OLG Saarbrücken, IHR 2001, 64; LG Kiel, IPRax 2007, 451, 452; MünchKomm/Ferrari, Art. 9 CISG, Rn. 17; Schlechtriem/Schwenzer/Schlechtriem, Vor. Artt. 14-24 CISG, Rn. 4; Staudinger/Magnus, Art. 9 CISG, Rn. 27; Honnold, Documentary History of the uniform law for international sales, S. 475 ff.; Piltz, Internationales Kaufrecht, Rn. 3-64; Kröll/Hennecke, RabelsZ 2003, 448, 461 ff.; vgl. Schlechtriem, EWiR 1994, 867, 868 Anm. OLG Köln 22.02.1994.

584 Fogt, IPRax 2001, 358 ff.

585 Frigge, Externe Lücken und Internationales Privatrecht im UN-Kaufrecht (Art. 7 Abs. 2), S. 5; vgl. Fogt, IPRax 2001, 358, 361; allgemein zur externen Lücke Achilles, Art. 7 CISG, Rn. 7; vgl. Bianca/Bonell/Bonell, Art. 7 CISG, Anm. 2.3.3.; vgl. Burkart, Interpretatives Zusammenwirken von CISG und UNIDROIT principles, S. 106 ff..

586 Vgl. RB Tongeren, 25.01.2005, CISG-online 1106 (Schweigen könne unter der Geltung des UN-Kaufrechts nicht als Annahme gewertet werden); Fogt, IPRax 2001, 358, 362.

Ergebnis einer Rechtszersplitterung Vorschub leisten würde. Darüber hinaus müsse auch die nachteilige Beweislast des Art. 9 Abs. 2 CISG berücksichtigt werden, die zu einer erheblichen Rechtsunsicherheit führe.[587]

c. Streitentscheid

Gegen die Annahme einer *externen* Lücke spricht die Anordnung des Art. 7 Abs. 2 CISG, der ein genaues Vorgehen bei der Feststellung etwaiger Lücken vorgibt.[588] Entsprechend müsste das Vorliegen allgemeiner Grundsätze zunächst widerlegt werden, bevor ein Rückgriff auf nationales Recht erfolgen könne. Dieses Unterfangen gelingt schon deshalb nicht, weil die Artt. 14 - 24 CISG den allgemeinen Grundsatz eines *Konsens*- und *Mindestinhaltsprinzips* statuieren. Nur bei Einhaltung dieser Grundsätze ist eine Einigung und damit auch ein Vertragsschluss gemäß Artt. 7 Abs. 2, 14 Abs. 1 CISG anzunehmen.[589] Das *Konsensprinzip* gilt darüber hinaus auch bei vertraglichen Änderungen im Sinne des Art. 29 Abs. 1 CISG.[590] Es verbietet sich aufgrund der eindeutigen Vertragsschlussbestimmungen die Annahme, dass der Konventionsgeber andere Möglichkeiten, Verträge zu schließen, schlicht übersehen habe. Vielmehr verdeutlicht dies, dass ein Rückgriff auf die nach dem jeweiligen IPR anwendbaren nationalen Normen für alternative Vertragsschlüsse nicht gewollt war. Ungeachtet dessen kann auch die befürchtete Rechtszersplitterung nicht als Argument dienen, um den Willen des Gesetzgebers zu missachten. Die uneinheitliche Handhabung würde vielmehr eine solche Rechtszersplitterung begünstigen. Der Rückgriff auf nationale Regeln wäre für die Rechtsvereinheitlichung zwangsläufig abträglich, wohingegen die Annahme einer *internen* Lücke lediglich die *Gefahr* einer Rechtszersplitterung durch konventionsimmanente Prinzipien in sich birgt, der man jedoch gezielt entgegenwirken könnte. *De facto* bestätigt dies auch die Praxis der Gerichte, die die Frage der Anerkennung des Instituts des

---

587 Fogt, IPRax 2001, 358, 363.

588 OHG, 29.06.1999, ZfRVgl. 2000, 33, 33; Bianca/Bonell/Bonell, Art. 7 CISG, Anm. 2.3.3.2.; Staudinger/Magnus, Art. 7 CISG, Rn. 58; Witz/Lorenz/Salger/Witz, Art. 18 CISG, Rn. 15; Kröll/Hennecke, RabelsZ 67 (2003), S. 448, 457.

589 Schlechtriem/Schwenzer/Schlechtriem/Schroeter, Vorb. zu Artt. 14-24 CISG, Rn. 24; Staudinger/Magnus, Vorb. zu Artt. 14 ff. CISG, Rn. 5; Kröll/Hennecke, RabelsZ 67 (2003), S. 448, 457.

590 United Nations Commission on International Trade Law, Yearbook IX:1978 (1981) Nr. 228 (S. 78); Schlechtriem/Schwenzer/Schlechtriem/Schroeter, Art. 29 CISG Rn. 2; Stadinger/Magnus, Art. 29 CISG, Rn. 10.

kaufmännischen Bestätigungsschreibens ebenfalls anhand der Artt. 7 Abs. 2, 9 Abs. 2 CISG beantworten.[591]

d. Praktische Auswirkungen

Die Anwendung des *Konsensprinzips* führt dazu, dass einem Bestätigungsschreiben keine konstitutive Wirkung zukommen kann, da insoweit die Voraussetzung eines bereits erzielten Konsenses nicht erfüllt wäre. Der Ausschluss der Konstitutivwirkung entspricht auch dem gesetzgeberischen Willen, da eine derartige Regelung in Art. 19 CISG bewusst nicht aufgenommen wurde.[592] Infolgedessen verbietet sich eine Analogie zu Art. 19 Abs. 2 CISG, da es gerade an der Voraussetzung der *Planwidrigkeit* fehlt. Es handelt sich im Übrigen bei Art. 19 Abs. 2 CISG um eine Ausnahmevorschrift, die sich einer Analogie *per se* verschließt. Außerdem bezweckt Art. 19 Abs. 2 CISG lediglich, dass der Vertragsschluss nicht an *un*wesentlichen Modifikationen scheitern soll. Dieser Gedanke ist Ausdruck des Grundsatzes von Treu und Glauben, der in Art. 7 Abs. 1 CISG ausdrücklich normiert worden ist und vermeiden soll, dass sich eine Partei unter dem Vorwand des Dissenses vorschnell vom Vertrag löst. Insoweit ist zu beachten, dass es qualitativ einen Unterschied macht, ob ein Vertragsschluss bereits vorliegt, aber modifiziert werden soll, oder ob es schon an einem Grundkonsens fehlt. Außerdem würden Vertragspartner aus Ländern, die das Institut des kaufmännischen Bestätigungsschreibens nicht kennen, unbillig benachteiligt, nähme man eine konstitutive Wirkung pauschal unter Rückgriff auf Art. 19 Abs. 2 CISG (analog) an. Schließlich verfängt das Argument nicht, dass aus dem Grundsatz der Wahrung des guten Glaubens eine Pflicht des Empfängers eines Bestätigungsschreibens zum unverzüglichen Widerspruch folge. Vielmehr wird nachvertraglichen Schreiben generell geringere Bedeutung beigemessen, so dass aus dem Grundsatz des guten Glaubens im internationalen Handel gerade nicht *per se* eine solche Widerspruchspflicht folgt.[593]

Mithin lässt die Konvention ein konstitutiv wirkendes Bestätigungsschreiben nicht zu. Allerdings ist insoweit der weite Regelungsspielraum der Parteien

591 LG Kiel, IPRax 2007, 451, 452; OLG Dresden, IHR 2001, 18, 19; Kröll/Hennecke, RabelsZ 67 (2003), S. 448, 453, 458.

592 United Nations Commission on International Trade Law, Yearbook IX:1978 (1981) Nr. 228 (S. 78); die abweichende Ansicht will eine Analogie zu Art. 19 Abs. 2 CISG ziehen, vgl. Rehbinder, Vertragsschluss und UN-Kaufrecht im Vergleich zu EAG und BGB, in: Schlechtriem, Einheitliches Kaufrecht und nationales Obligationenrecht, S. 149, 170; Esser, Commercial Letters of Confirmation in International Trade, Ga J Int'l & Comp L 18 (1988), 427, 447; vgl. Holl/Keßler, RIW 1995, 457, 459.

593 Kröll/Hennecke, RabelsZ 67 (2003), S. 448, 461.

zu beachten. Zum einen können die Parteien die Vertragsschlussnormen gemäß Art. 6 CISG entsprechend modifizieren. Davon abgesehen kann sich eine konstitutive Wirkung aus Art. 9 Abs. 1 oder Abs. 2 CISG ergeben. An eine (konkludente) Abbedingung einzelner Vorschriften des CISG oder auch des ganzen Regelwerks sind jedoch hohe Anforderungen zu stellen, die über das bloße Versenden eines Bestätigungsschreibens zwischen Vertragsparteien aus zwei Staaten, die einem derartigen Schreiben konstitutive Wirkung beimessen, hinausgehen müssen.[594] Um ein konstitutiv wirkendes Bestätigungsschreiben als Gepflogenheit im Sinne des Art. 9 Abs. 1 CISG zu qualifizieren, ist ebenfalls eine *wirkliche* Vereinbarung, d.h. eine *individuelle* Übung, des Inhalts erforderlich, dass die Parteien dem Bestätigungsschreiben einen Erklärungsgehalt zuschreiben. Etwas anderes gilt nur, wenn ein Bestätigungsschreiben mit Erklärungsgehalt als Handelsbrauch im Sinne des Art. 9 Abs. 2 CISG zu qualifizieren ist. Dafür müssen die oben bereits genannten Voraussetzungen vorliegen, d.h. es muss sich um eine international bekannte und beachtete Übung handeln, welche die vertragschließenden Parteien kannten oder zumindest kennen mussten. Diese Kriterien implizieren bereits, dass zumindest die Rechtsordnungen der am Vertrag Beteiligten dieses Institut anerkennen müssen, um einen Brauch begründen zu können.

Die Gerichte messen einem kaufmännischen Bestätigungsschreiben oftmals deklaratorische Wirkungen bei.[595] Damit fungiert das kaufmännische Bestätigungsschreiben aus prozessualer Sicht als Beweismittel für das Vorliegen eines Vertragsschlusses, dessen Zulässigkeit sich im Prozess nach dem jeweils anwendbaren Prozessrecht richtet.[596] Nach deutschem Prozessrecht wäre der Anspruchsteller beweisbelastet.[597] Doch die Beweisfunktion des Bestätigungsschreibens ist nicht nur im Hinblick auf den Vertragsschluss selbst entscheidend, sondern auch dann, wenn es um die Ermittlung des Vertragsinhalts geht. Das ist zumindest immer dann möglich, wenn der Vertragsschluss selbst unstreitig ist.[598]

---

594 Kröll/Hennecke, RabelsZ 67 (2003), S. 448, 463 f..

595 Brunner, Vor. Artt. 14-24 CISG, Rn. 9; zur (begrifflichen) Unterscheidung nach der Funktion des Bestätigungsschreibens: Kindl, Rechtsscheintatbestände und ihre rückwirkende Beseitigung, S. 197 ff.; zu der Unterscheidung deklaratorisches und konstitutiv wirkendes Bestätigungsschreiben vgl. Diederichsen, JuS 1966, 129, 130.

596 Schlechtriem/Schwenzer/Schlechtriem/Schroeter, Vorb. Artt.14-24 CISG, Rn. 22.

597 Jung, Die Beweislastverteilung im UN-Kaufrecht, S. 107.

598 Kröll/Hennecke, RabelsZ 67 (2003), S. 448, 461.

e. Anwendbarkeit der deutschen Regeln zum kaufmännischen Bestätigungsschreiben am Beispiel des Handels mit England

Im Hinblick auf die deutschen Regeln zum kaufmännischen Bestätigungsschreiben kommen sie von ihrem Geltungsbereich als *ein im internationalen Handel bekannter und beachteter Gebrauch* in Betracht, da sie auch bei Geschäften mit Auslandsbezug, sofern deutsches unvereinheitlichtes Recht kraft Rechtswahl oder kollisionsrechtlicher Verweisung zur Anwendung berufen ist, berücksichtigt werden. Zusätzlich muss im Einzelfall jedoch auch die Kenntnis der Parteien oder zumindest das Kennenmüssen festgestellt werden sowie die Verbreitung in dem betreffenden Geschäftszweig.[599]

Eine uneingeschränkte Anwendung der deutschen Regeln über das Schweigen auf ein kaufmännisches Bestätigungsschreiben wird nur im bilateralen Handelsverkehr zu einigen Staaten infrage kommen.[600] Für diese Arbeit ist insbesondere die rechtliche Situation im Handel mit England von Bedeutung. Dem englischen Recht ist ein dem kaufmännischen Bestätigungsschreiben vergleichbares Konstrukt der *confirmation or sold note* fremd. Zum einen differenziert die Rechtsprechung nicht zwischen Vertragsschlüssen im Privatrecht und solchen im Handelsverkehr.[601] Zum anderen kommt nachvertraglichen Schreiben, die einen mündlichen Vertragsschluss festhalten, kein Erklärungsgehalt zu. Sie sind als nachvertragliche Dokumente, *postcontractual documents*, sogar *unbeachtlich*.[602] Deshalb trifft den Empfänger eines solchen Schreibens auch keine Widerspruchsobliegenheit, wenn er etwaige Änderungen nicht gegen sich gelten lassen möchte.[603] Etwas anderes gilt nur, wenn die Auslegung des Verhaltens des Empfängers zu einer abweichenden Bewertung zwingt. Dies ist etwa anzunehmen, wenn bereits eine längere Geschäftsbeziehung zwischen den Geschäftspartnern besteht. Dann kann das Institut des Bestätigungsschreibens als Geschäftsgebrauch, *course of dealing*, Geltung beanspruchen. Hat im Verlauf einer Geschäftsbeziehung eine Partei nach einem mündlich geschlossenen Vertrag dessen Inhalt noch einmal schriftlich in einem Bestätigungsschreiben zusammengefasst und die andere Partei diese Bestätigung stets unwidersprochen

---

599 Ausführlich Kröll/Hennecke, RabelsZ 67 (2003), 448, 465 ff., 474 ff..

600 Vgl. Brunner, Vor. Artt. 14-24 CISG, Rn. 5 ff..

601 Ludwig, Der Vertragsschluß nach UN-Kaufrecht im Spannungsverhältnis von Common Law und Civil Law (1994), S. 213; v. Westphalen/Jenkins/Henshall/Holland, Handbuch des Kaufvertragsrechts in den EG-Staaten, England Rn. 8.

602 Chitty/Treitel, Chitty on Contracts Vol. I, S. 164, para 2-038.

603 Olley v Marlborough Court Ltd [1949] LR 1 KB 532; Thornton v Shoe Lane Parking Ltd [1971] LR 2 QB 163; Ludwig, Der Vertragsschluß nach UN-Kaufrecht im Spannungsverhältnis von Common Law und Civil Law, S. 213.

hingenommen und entsprechend den Vertrag erfüllt, so trifft den Empfänger eine Widerspruchspflicht, sofern er die schriftlich fixierten Bedingungen nicht gegen sich gelten lassen möchte.[604] Diese Praxis lässt sich mit Vertrauensschutzgesichtspunkten erklären, die eine länger andauernde Geschäftsbeziehung tragen, bei neuen Vertragsabschlüssen naturgemäß jedoch nicht verfangen können. Das gleiche Ergebnis kann mit Hilfe eines Handelsbrauchs, *usage*, erreicht werden.[605] Fehlt es jedoch an einem allgemeinen oder auch individuellen Gebrauch, bleibt das Bestätigungsschreiben materiellrechtlich wirkungslos, so dass keine Obliegenheit seitens des Empfängers besteht, dem Schreiben inhaltlich zu widersprechen. Darin zeigt sich, dass das englische Recht dem kaufmännischen Bestätigungsschreiben keine besonderen Rechtswirkungen zuspricht. Eine konstitutive Wirkung des kaufmännischen Bestätigungsschreibens ist *per se* abzulehnen.[606]

f. Zusammenfassung

Obgleich Artt. 14 – 24 CISG ausschließlich von der Methode des Vertragsschlusses mittels zweier korrespondierender Willenserklärungen sprechen, sollte dies nicht zu der Annahme verleiten, dass andere Wege des Vertragsschlusses damit versperrt seien.[607] Nichtsdestotrotz erlaubt die erkannte Regelungslücke im UN-Kaufrecht keineswegs einen Rückgriff auf das unvereinheitlichte nationale Sachrecht. Dies wäre mit dem Vereinheitlichungszweck der Konvention nicht zu vereinbaren und darüberhinaus eine übertrieben restriktive Auslegung ihres Geltungsbereichs mit dem Ziel, nationalen Konzepten zur Beachtung zu verhelfen. Außerdem enthalten sowohl die *Unidroit Prinzipien* 2004[608] als auch die Grundregeln des Europäischen Vertragsrechts, *PECL*[609], Regeln zur konstitutiven Wirkung eines kaufmännischen Bestätigungsschreibens. Beide Kodifi-

---

604 Hardwick Game Farm v S.A.A.P.A. [1969] LR 2 AC 31. Diese Entscheidung wurde beim House of Lords unter der Bezeichnung Henry Kendall & Sons v William Lillico & Sons [1968] 2 All ER 444 verhandelt.

605 George Mitchell (Chersterhall) Ltd v Finney Lock Seeds Ltd [1983] QB 284, 291; Hoggett, Mod L Rev 33 (1970), 518, 520.

606 Fuchs, kaufmännische Bestätigungsschreiben im englischen und französischen Recht im Vergleich zum deutschen Bestätigungsschreiben, S. 122 f.; Kröll/Hennecke, RabelsZ 67 (2003), 448, 483.

607 Denn das UN-Kaufrecht enthält keine erschöpfende Regelung des Vertragsabschlusses, sondern beschränkt sich darauf, den Vertragsschluss zu regeln und der sich daraus ergebenden Rechte und Pflichten, vgl. Kröll/Hennecke RabelsZ 67 (2003), S. 448, 455.

608 Art. 2.1.12.

609 Art. 2:210.

zierungen gehen auf erhebliche rechtsvergleichende Vorarbeiten zurück und dienen dazu, Lücken innerhalb internationaler Konventionen auszufüllen.[610]. Vielmehr ist die aufgetane *interne* Lücke innerhalb des Regelungsbereichs des Abkommens am Maßstab des Art. 7 Abs. 2 CISG zu schließen. Alternative Vertragsschlüsse sind folglich mit Hilfe der allgemeinen Prinzipien des *Konsens-* und des *Mindestinhaltsprinzips* zu bewerten. In der Konsequenz ist ein konstitutives Bestätigungsschreiben nicht anzuerkennen, da es insoweit an einem Konsens zwischen den Parteien fehlt. Allerdings gehen Parteivereinbarungen den Bestimmungen des Übereinkommens vor, so dass es den Parteien freisteht, die Bestimmungen der Konvention entsprechend zu modifizieren. Dies kann zum einen über Art. 9 Abs. 1 CISG erfolgen oder aber *qua* Handelsbrauch im Sinne des Art. 9 Abs. 2 CISG. Die zuletzt genannte Möglichkeit wäre im deutsch-englischen Handelsverkehr nicht denkbar, da das *common law* ein solches Rechtsinstitut nicht erkennt. Allerdings wäre die Anerkennung eines deklaratorischen Bestätigungsschreibens möglich, insbesondere wenn sich zwischen den Parteien ein individueller Geschäftsgebrauch entwickelt hat.

3. Zusammenfassende Bewertung

Zum Abschluss dieses Abschnitts sollen die wichtigsten Aussagen kurz zusammengefasst werden. Die internationalen Handelsbräuche bilden das Äquivalent zu den im ersten Teil untersuchten deutschen Handelsbräuchen. Dabei bildet Art. 9 CISG die zentrale Norm für die Berücksichtigung von Handelsbräuchen im internationalen Warenkauf. Art. 9 Abs. 2 CISG entspricht in seinen Wirkungen § 346 HGB, obgleich Letzterer in seinen Wirkungen sehr viel weitergeht, da er nicht auf die vertragliche Ebene beschränkt ist. Zusätzlich regelt Art. 9 Abs. 1 CISG ausdrücklich die Wirkungen von Geschäftsgebräuchen und Gepflogenheiten. Art. 9 Abs. 2 CISG führt dazu, dass Handelsbräuche aufgrund unterstellter Kenntnis in den Vertrag einbezogen werden. Ein entsprechender, wenn auch hypothetischer Wille der Parteien, wird unterstellt. Auf eine derartige Fiktion verzichtet das deutsche Recht mit der Abkehr von der Willenstheorie.

Die Anforderungen, die das UN-Kaufrecht an die Feststellung eines Handelsbrauchs stellt, ergeben sich direkt aus der Norm selbst: So muss es sich um eine international bekannte und beachtete Übung handeln, die den Parteien bekannt ist oder zumindest sein sollte. Das Kriterium der unterstellten Kenntnis sucht man im unvereinheitlichten deutschen Sachrecht vergeblich. Vielmehr muss im Rahmen des § 346 HGB lediglich eine bekannte und beachtete Übung vorliegen. Abgesehen davon sind die Voraussetzungen denen im deutschen

610 Präambel der UNIDROIT Prinzipien bzw. Art. 1:101 PECL (Anwendungsbereich).

Recht jedoch ähnlich. Abweichungen lassen sich zumeist vor dem internationalen Hintergrund erklären. Die prozessuale Ermittlung erfolgt wie auf nationaler Ebene, da die Konvention hierzu keinerlei Aussagen trifft.

Ein Sonderproblem bildet der Umgang mit dem Institut des kaufmännischen Bestätigungsschreibens. Diesem ist im Rahmen der Konvention keine konstitutive Wirkung beizumessen, da es nicht den allgemeinen Grundsätzen im Sinne des Art. 7 Abs. 2 CISG, insbesondere dem *Konsensprinzip*, gerecht würde, da es an einem bereits erzielten Konsens fehlte. Etwas anderes gilt nur dann, wenn die Parteien die Bestimmungen des UN-Kaufrechts entsprechend modifiziert haben oder ein Handelsbrauch im Sinne des Art. 9 CISG anzunehmen ist. Letzterer scheitert jedoch zumeist an der internationalen Bekanntheit und Beachtung im Sinne des Art. 9 Abs. 2 CISG. Denn die Untersuchungen im vorangegangenen Abschnitt haben gezeigt, dass ein beiderseitiger Bezug für die Anerkennung eines Handelsbrauchs in der jeweiligen Branche erforderlich ist, was beim kaufmännischen Bestätigungsschreiben angesichts seiner Sonderstellung[611] insbesondere im deutschen[612] und schweizerischen Recht[613] regelmäßig zu verneinen sein dürfte.[614] Ein deklaratorisches Bestätigungsschreiben wird indes häufiger zum Nachweis eines Vertragsschlusses oder des vertraglichen Inhalts bemüht.

Die Bedeutung des Art. 9 CISG ist größer als die des § 346 HGB auf nationaler Ebene. Sie wird bemüht, um die Bestimmungen der Konvention zu modifizieren oder aber Schiedsklauseln in den Vertrag einzufügen. Im Hinblick auf Gerichtsstandsvereinbarungen ist Art. 23 EuGVVO vorrangig, dessen Wortlaut dem des Art. 9 Abs. 2 CISG entspricht. Außerdem ist mit Hilfe des Art. 9 Abs. 1 CISG die Einbeziehung ganzer Klauselwerke möglich. Als hypothetische Parteivereinbarungen gehen Handelsbräuche den Bestimmungen des UN-Kaufrechts vor. Allerdings treten sie zurück, sofern sie tatsächlich getroffenen Parteiabreden widersprechen.

---

611 Anerkannt in Polen (Enderlein/Maskow/Strohbach/Enderlein Art. 18 CISG Rn. 3 mit weiteren Nachweisen), Dänemark, Schweiz (vgl. Witz/Salger/Lorenz/Witz, Art. 9 CISG Rn. 10), Türkei (Art. 23 Türkisches Handelsgesetzbuch; vgl. Schwenzer/Mohs, IHR 2006, 239, 245) und in beschränktem Umfang auch in den USA (vgl. Kröll/Hennecke, RabelsZ 67 (2003) 448, 480 ff.).

612 Schlechtriem/Schwenzer/Schmidt-Kessel, Art. 9 CISG, Rn. 24Staudinger/Magnus, Art. 9 CISG, Rn. 27.

613 ZGer Basel-Stadt, 21.12.1992, CISG-online 55; BGer 27.10.1988, BGE 114, II, 250 ff.; Witz/Salger/Lorenz/Witz, Art. 9 CISG, Rn. 10.

614 Vgl. Schlechtriem/Schwenzer/Schmidt-Kessel, Art. 9 CISG, Rn. 22 ff. mit weiteren Nachweisen.

4. Andere Formen privater Regelbildung – Allgemeine Geschäftsbedingungen

Allgemeine Geschäftsbedingungen sind im internationalen (Waren-)Handel nicht mehr wegzudenken. Teilweise spielen die standardisierten Vertragsinhalte eine derart herausragende Rolle, dass ihnen unter dem Begriff *lex mercatoria* sogar ein eigener normativer Wert zugeschrieben wird.[615] Dies ist nach den obigen Ausführungen allerdings abzulehnen. Das UN-Kaufrecht enthält keine Regeln, die speziell oder ausdrücklich auf Allgemeine Geschäftsbeziehungen rekurrieren. Dennoch beeinflussen die einzelnen Artikel des UN-Kaufrechts Verträge, denen solche Bestimmungen zugrunde liegen,[616] so dass im Folgenden auf das Zusammenspiel zwischen den wenig spezifischen Bestimmungen des Abkommens und Allgemeinen Geschäftsbedingungen eingegangen werden soll. Parallel zum deutschen *unvereinheitlichten* Sachrecht wird zunächst die Einbeziehung (**a.**), sodann die Auslegung (**b.**) und Inhaltskontrolle (**c.**) Allgemeiner Geschäftsbedingungen im UN-Kaufrecht aufgezeigt. Der Abschnitt endet mit einer Zusammenfassung (**d.**).

a. Einbeziehung

Damit Allgemeine Geschäftsbedingungen auf das Vertragsverhältnis einwirken können, müssen sie zunächst die formellen (**aa.**) und materiellen Voraussetzungen für eine wirksame Einbeziehung erfüllen (**bb.**). Darüber hinaus stellt sich die Frage, wer das Sprachrisiko trägt (**cc.**) und ob es auch im internationalen Warenkauf ein dem § 305c BGB vergleichbares Überraschungsverbot gibt (**dd.**). Schließlich ist kurz auf den Umgang mit kollidierenden Allgemeinen Geschäftsbedingungen einzugehen (**ee.**).

aa. Formelle Anforderungen

Bei der Frage der wirksamen Einbeziehung Allgemeiner Geschäftsbedingungen sind die allgemeinen Regeln zum Vertragsschluss des UN-Kaufrechts zu beachten. Deshalb bedürfen Einigung über und Annahme von diesen Klauseln ebenso wie Individualvereinbarungen einer Prüfung anhand der Artt. 14 - 24 CISG, ohne dass sich an dieser Stelle bereits die Frage nach einem exakten AGB-Begriff

---

615 Berger, Formalisierte oder „schleichende“ Kodifizierung des transnationalen Wirtschaftsrechts (1996); vgl. Kappus, „Lex mercatoria“ in Europa und Wiener UN-Kaufrechtskonvention (1990); Stein, Lex mercatoria – Realität und Theorie (1995).

616 Stadler, Allgemeine Geschäftsbedingungen im internationalen Handel, S. 55.

in Abgrenzung zur Individualvereinbarung stellen würde. Damit ist eine *externe* Lücke ebenso wie ein Fall des Art. 7 Abs. 2 CISG abzulehnen und in der Folge ein Rückgriff auf nationales Recht unmöglich.[617] Vielmehr müssen die Voraussetzungen des Art. 8 CISG erfüllt sein, damit die Allgemeinen Geschäftsbedingungen überhaupt Teil der Vertragsschlusserklärung werden.[618] Demnach bedarf es entweder der Kenntnis oder der grob sorgfaltswidrigen Unkenntnis des Erklärungsempfängers nach dem Absatz 1 bzw. eines verständigen Dritten nach Absatz 2 zu ihrer Eingliederung in den Vertrag.[619]

Im deutschen Recht gelten insoweit Besonderheiten im Bezug auf branchenübliche Allgemeine Geschäftsbedingungen.[620] Verwendet die eine Partei Allgemeine Geschäftsbedingungen, die nach ständiger Rechtsprechung des *BGH* branchenüblich sind, kann von einem *Wissenmüssen* der anderen Seite ausgegangen werden, so dass noch nicht einmal ein Hinweis erforderlich ist, um eine Einbeziehung zu bewirken. Es müssen jedoch Umstände hinzutreten, die den Schluss zulassen, dass der Vertragspartner mit der Regelung einverstanden war. Nur dann wird dessen Willenserklärung entsprechend ausgelegt.[621] Im Ergebnis wird die Kenntnis, dass sich der Verwender auf Grundlage der branchenüblichen Allgemeinen Geschäftsbedingungen erklärt, ebenso vermutet wie das Einverständnis der Verwendergegenseite mit der Einbeziehung der Allgemeinen Geschäftsbedingungen.[622] Bei transnationalen Distanzgeschäften stellt sich jedoch das besondere Problem, dass die Annahme der Branchenüblichkeit stets räumlich begrenzt ist.[623] So sind die Allgemeinen Spediteurbedingungen in Deutschland eine Selbstverständlichkeit, während Spediteure in anderen Ländern entwe-

617 BGH, NJW 2002, 370, 371; Bamberger/Roth/Saenger, Art. 14 CISG, Rn. 7; Schlechtriem/Schwenzer/Schlechtriem/Schroeter, Vorb Artt. 14-24 CISG, Rn. 4; Staudinger/ Magnus , Art. 14 CISG, Rn. 41; Piltz, IHR 2004, 133; differenzierend Teklote, Die Einheitlichen Kaufgesetze und das deutsche AGB-Gesetz (1994), S. 92 ff..

618 Vgl. Schlechtriem/Schwenzer/Schlechtriem/Schroeter, Vor Artt. 14-24 CISG, Rn. 4; a.A. Piltz, IHR 2004, 133.

619 BGH, NJW 2002, 370, 371; Bamberger/Roth/Saenger, Art. 14 CISG, Rn. 7; Staudinger/Magnus , Art. 14 CISG, Rn. 41; Piltz, NJW 1996, 2768, 2770.

620 Zu nennen sind etwa die deutsche Bank-AGB, Allgemeine Deutsche Spediteurbedingungen und Versicherungsbedingungen – vgl. auch MünchKomm/Basedow, § 305 BGB, Rn. 92.

621 Vgl. BGH, NJW-RR 1992, 626, 627.

622 Vgl. BGH, NJW-RR 1992, 626, 627; für die ADSp vgl. Ebenroth/Boujong/Joost/Bahnsen, Vor. Ziff. 1 ADSp, Rn. 22; vgl. MünchKomm/Basedow, § 305 BGB, Rn. 93; MünchKomm/Kieninger, § 307 BGB, Rn. 200 der insoweit zwar nur von einer stillschweigenden Unterwerfung spricht, dies aber letztlich auf eine Fiktion des Einbeziehungswillens hinausläuft.

623 Vgl. Ulmer/Brandner/Hensen/Schmidt, Anh. § 305 BGB, Rn. 19.

der keine oder eigene AGB verwenden.[624] Eine Ausnahme wird jedoch für die AGB-Banken im internen Bankverkehr zu machen sein, wenn eine ausländische Bank häufig auf internationaler Ebene agiert und deshalb mit deren Geltung rechnen muss.[625] In Parallele zu den Anforderungen an die Branchenüblichkeit im Internationalen Privatrecht lässt sich sagen, dass Kenntnis angenommen werden kann, wenn die Verwendergegenseite eine Niederlassung in dem Land hat, in dem die Allgemeinen Geschäftsbedingungen branchenüblich sind, oder aus anderen Geschäften innerhalb derselben Branche wissen sollte, dass regelmäßig nach bestimmten Allgemeinen Geschäftsbedingungen verfahren wird.[626] Soweit die Allgemeinen Geschäftsbedingungen über die Branchenüblichkeit hinaus inhaltlich die Gestalt eines Handelsbrauchs angenommen haben, gelten sie gemäß Art. 9 Abs. 2 CISG und sind einer inhaltlichen Kontrolle nicht mehr zugänglich. Bis *dato* stellt diese Konstellation jedoch die absolute Ausnahme dar.[627] Wie bereits ausgeführt, werden noch nicht einmal die *Incoterms* – jedenfalls nicht in Gänze – als Handelsbrauch erachtet.[628]

In Abweichung zur klassischen Form des Vertragsschlusses durch Angebot und Annahme und abgesehen von der Einbeziehung kraft Handelsbrauchs, stellt sich die Frage, ob Allgemeine Geschäftsbedingungen auch auf andere Weise in den Vertrag inkorporiert werden können. So kennt das deutsche Recht zusätzlich die Möglichkeit der Einbeziehung mittels kaufmännischen Bestätigungsschreibens. Wie oben bereits festgestellt, lässt auch das UN-Kaufrecht dieses Institut zu, obgleich keine ausdrückliche Regelung in der Konvention enthalten ist.[629] Es spricht einem Bestätigungsschreiben jedoch nur deklaratorische Wirkung zu, so dass es als Beweismittel für den Vertragsschluss und auch den Inhalt des Vertrages fungieren kann. Sollen die Allgemeinen Geschäftsbedingungen durch das Schreiben jedoch erst in den Vertrag einbezogen werden, handelt es sich um ein konstitutives Bestätigungsschreiben, da dem Schreiben dadurch ein Erklärungswert zukommt. Eine derartige konstitutive Wirkung wird man jedoch nur mithil-

---

624 Vgl. MünchKomm/Spellenberg, Art. 31 EGBGB, Rn. 50. Anders im Hinblick auf die ADSp jedenfalls für die EU OLG Schleswig, NJW-RR 1988, 283, 284; vgl. auch OLG Hamburg, VersR 1986, 808; vgl. Reithmann/Martiny/Mankowski Rn. 4075, insb. 4079 mit ausführlicher Darstellung der ADSp.

625 BGH, WM 2004, 1177; BGH, NJW 1990, 242, 244; MünchKomm/Spellenberg, Art. 31 EGBGB, Rn. 50.

626 BGH, WM 2004, 1177, 1178; OLG Köln, RIW 1994, 599; MünchKomm/Spellenberg, Art. 31 EGBGB, Rn. 50; Reithmann/Martiny/Martiny, Rn. 281 ff., insb. 291 f. im Hinblick auf die Einbeziehung von AGB bei grenzüberschreitenden Distanzgeschäften.

627 So etwa die Allgemeinen Deutschen Seeversicherungsbedingungen (ADS) von 1919.

628 Stadler, Allgemeine Geschäftsbedingungen im internationalen Handel, S. 89.

629 Reithmann/Martiny/Martiny, Rn. 918.

fe des Art. 9 CISG konstruieren können oder aber, wenn der Wille der Parteien unzweideutig hervortritt, die Regeln des UN-Kaufrechts zum Vertragsschluss modifizieren zu wollen, um die Anerkennung eines Bestätigungsschreibens mit konstitutiver Wirkung herbeizuführen. An die Bekundung eines derartigen Willens sind jedoch hohe Anforderungen zu stellen. Mithin ist diese Art der Einbeziehung zwar *per se* gegeben, jedoch von kaum spürbarem praktischem Nutzen.[630]

bb. Materielle Anforderungen – die Übersendungsobliegenheit

Fraglich ist, ob über das Erfordernis des erkennbaren Konsenses und eines damit einhergehenden gewissen Mindestinhalts hinaus weitere Anforderungen an eine erfolgreiche Einbeziehung vorformulierter Vertragsklauseln unter Anwendung des UN-Kaufrechts zu stellen sind.

Im deutschen Recht schließt § 310 BGB die strengen Einbeziehungsvoraussetzungen des § 305 BGB für Geschäfte im unternehmerischen Verkehr aus.[631] Der *VIII Zivilsenat* des *BGH* hat die Frage, welche Anforderungen an die erfolgreiche Einbeziehung von Allgemeinen Geschäftsbedingungen im unternehmerischen Verkehr zu stellen sind 2001 auch für das UN-Kaufrecht entschieden.[632] In dem Urteil stellt der *Senat* klar, dass der Verwender von Allgemeinen Geschäftsbedingungen im Anwendungsbereich des UN-Kaufrechts dem Erklärungsgegner die Allgemeinen Geschäftsbedingungen in Textform übersenden oder anderweitig zugänglich machen muss. Damit wurde höchstrichterlich eine *Übersendungsobliegenheit*[633] im Bereich der Allgemeinen Geschäftsbedingungen statuiert, welche die Anforderungen an die Einbeziehung von Klausel-

630 Vgl. jedoch EuGH, NJW 1997, 1431, 1432 im Hinblick auf Art. 23 Abs. 1 lit c EuGVVO der dem Art. 9 Abs. 2 CISG nachempfunden wurde; vgl. OLG Hamburg, NJW 1980, 1232 im Hinblick auf den Umgang mit dem kaufmännischen Bestätigungsschreiben im deutsch-englischen Handelsverkehr, wenn deutsches Recht zur Anwendung berufen ist; vgl. Staudinger/Magnus, Art. 18 CISG, Rn. 13; allg. Schlechtriem/Schwenzer/Schlechtriem/Schroeter, Vorb. Artt. 14-24 CISG, Rn. 21. Ungeachtet dessen ist das Bestätigungsschreiben als Beweismittel durchaus von Relevanz, vgl. Huber/Kröll, IPRax 2003, 311, 312.

631 Stadler, Allgemeine Geschäftsbedingungen im internationalen Handel, S. 94 f., v. Westphalen, Anwendung des AGB-Rechts im Export, S. 175, 185.

632 BGH, JuS 2002, 617 ff..

633 BGH, NJW 2002, 370, 371; ebenso OLG Celle, NJW-RR 2010, 136, 138, das eine Erkundigungsobliegenheit als unzumutbar erachtet; vgl. bereits OLG Düsseldorf, NJW-RR 2001, 1562, 1563, das von einer Überlassungspflicht sprach.

werken in internationale Warenkaufverträge stark überspannt[634] und im Vergleich zur nationalen Rechtslage deutlich verschärft.[635] Denn eine derartige Mitwirkungspflicht lässt sich weder aus den Normen des UN-Kaufrechts ableiten noch mit den Bestimmungen zum sachlichen Anwendungsbereich der Konvention und deren leitenden Grundgedanken in Einklang bringen.[636] Der *BGH* begründet sein Urteil mit zwei Argumenten. Zum einen legt er der Übersendungsobliegenheit den Gedanken der Beschleunigung und Kooperation zugrunde: Müsse der Erklärungsempfänger zunächst Erkundigungen über den Inhalt der Bedingungen einholen, könne dies zu Verzögerungen beim Geschäftsabschluss kommen. Außerdem widerspreche eine Erkundigungsobliegenheit Art. 7 Abs. 1 CISG ebenso wie der allgemeinen Kooperationspflicht.[637]

Diese Einschränkung der Privatautonomie erscheint fragwürdig, da der Verwender etwaige Verzögerungen unter Umständen billigend in Kauf nimmt. Im Übrigen sind die angesprochenen Kooperationserwartungen keineswegs einseitig, sondern als allgemeiner Grundsatz im Sinne einer generellen Rückfrageobliegenheit zu verstehen,[638] die eine Konkretisierung des Art. 7 CISG darstellt[639]. Als weiteres Argument verweist der Senat darauf, dass der Anwendungsbereich der Konvention keinesfalls auf Kaufleute beschränkt sei. Vielmehr könnten auch Verbraucher im Sinne des § 13 BGB von den rechtlichen Wirkungen des UN-Kaufrechts betroffen sein, so dass sich die Einbeziehung nach einheitlichen Regeln vollziehen solle, um ein verringertes Schutzniveau zu vermeiden. Damit propagiert der *Senat* eine Differenzierung, die der Konvention nicht nur fremd ist, sondern die sie mit Art. 1 Abs. 3 CISG auch ausdrücklich ablehnt. Doch darüber hinaus wird mit dem Verweis auf § 13 BGB bei der Auslegung gemäß Art. 8 CISG auch das Gebot der autonomen Auslegung verletzt, das sogar die Berücksichtigung zwingender nationaler Verbraucherschutzbestimmungen verbietet.[640] Die Entscheidung des *BGH* ist damit wohl nicht nur abstrakt

---

634 Gegen eine derartige Mitwirkungspflicht Kindler, Festschrift für Heldrich, S. 225, 227 ff.; Schmidt-Kessel, NJW 2002, 3444, 3445; dafür Piltz, IHR 2004, 133, 134; Bamberger/Roth/Saenger, Art. 14 CISG, Rn. 7; Staudinger/Magnus , Art. 14 CISG, Rn. 41.

635 S.o..

636 Schmidt-Kessel, NJW 2002, 3444, 3445.

637 OLG Celle, NJW-RR 2010, 136, 138; NJW 2002, 370, 372; zustimmend Schlechtriem/Schwenzer/Ferrari, Art. 7 CISG, Rn. 54; Staudinger/Magnus, Art. 7 CISG, Rn. 47; a.A. wohl Ventsch, IHR 2003, 61, 62.

638 Schlechtriem/Schwenzer/Ferrari, Art. 7 CISG, Rn. 54; Magnus, 59 RabelsZ (1995), 469, 484.

639 Vgl. allgemein Soergel/Lüderitz/Fenge, Art. 14 CISG, Rn. 10; Schmidt-Kessel, NJW 2002, 3444, 3445.

640 Etwaige Konflikte des UN-Kaufrechts mit dem Gemeinschaftsrecht sind anhand der Kollisionsnormen der Art. 90, 94 CISG und des Art. 352 AEUV zu lösen.

von Bedenken einer zu leichten Einbeziehungsmöglichkeit getragen, sondern auch von der Sorge, die Klauseln, wenn sie Vertragsbestandteil geworden sind, inhaltlich nicht mehr hinreichend kontrollieren zu können.[641] Obgleich die Konvention in Art. 4 CISG Fragen der inhaltlichen Wirksamkeit dem *qua* Internationalen Privatrecht berufenen nationalen Recht überantwortet,[642] bedürfen die nationalen Regelungen einer konventionskonformen Interpretation. Dadurch wird das Schutzniveau zwangsläufig gesenkt. Die Verschärfung der Einbeziehungskontrolle soll diese aus Sicht des *BGH* vermeintlich defizitäre Lage wenigstens teilweise kompensieren. Dieses Vorgehen ist mit dem UN-Kaufrecht jedoch unvereinbar. Im Übrigen missachtet der *Senat* mit seiner Entscheidung auch teilweise die Vorgaben des Art. 7 Abs. 1 CISG, welcher den Rechtsanwender anhält, *bei der Auslegung dieses Übereinkommen [...] sein[en] internationalen Charakter und die Notwendigkeit zu berücksichtigen, seine einheitliche Anwendung und die Wahrung des guten Glaubens im internationalen Handel zu fördern.* Indem er dem Verwender eine Übersendungsobliegenheit aufbürdet, bekennt sich der *BGH* sicherlich zu dem im deutschen Recht wichtigsten Grundsatz von *Treu und Glauben*, zu dessen Beachtung auch die Konvention mittels Art. 7 CISG ausdrücklich ermahnt. Doch bereits an dieser Stelle ist zu beachten, dass bei der Wahrung des guten Glaubens ein Verhalten gefordert wird, wie es unter dem im internationalen Handel tätigen *Kaufleuten* üblich ist. Gleichwohl wird es stets nationale Unterschiede geben, so dass der Begriff des guten Glaubens autonom zu interpretieren ist und damit nur international anerkannte Grundsätze *kaufmännisch ehrbaren Verhaltens* maßgeblich sind.[643] Die Berücksichtigung rein nationaler Gutglaubenstatbestände ist ausgeschlossen.[644] Damit bietet sich eine Parallele zu § 242 BGB gerade nicht an,[645] sondern vielmehr eine gedankliche Anknüpfung an § 347 Abs. 1 HGB[646] oder aber schlicht an die *guten kaufmännischen Sitten*[647]. Außerdem negiert er durch den Verweis auf § 13 BGB den internationalen Charakter des Abkommens und die Notwendig-

641 Vgl. im Ansatz OLG Celle, NJW-RR 2010, 136, 138; vgl. bereits OLG Düsseldorf, NJW-RR 2001, 1562, 1563.

642 MünchKomm/Gruber, Art. 25 CISG, Rn. 35; MünchKomm/Westermann, Art. 4 CISG, Rn. 6.

643 Bamberger/Roth/Saenger, Art. 7 CISG, Rn. 6.

644 Bianca/Bonell/Bonell, Art. 7 CISG, Bem. 2.4.2.; Staudinger/Magnus, Art. 7 CISG, Rn. 24.

645 Staudinger/Magnus, Art. 7 CISG, Rn. 25. anderer Ansicht Bamberger/Roth/Saenger, Art. 7 CISG, Rn. 6; differenzierend Schlechtriem/Schwenzer/Ferrari, Art. 7 CISG, Rn. 49.

646 Reinhart, UN-Kaufrecht, Art. 7 CISG, Rn. 5.

647 Bamberger/Roth/Saenger, Art. 7 CISG, Rn. 6.

keit einer einheitlichen Anwendung des UN-Kaufrechts in den verschiedenen Vertragsstaaten. Denn durch diesen Zusatz soll dem nationalen Rechtsanwender verdeutlicht werden, dass bei Auslegungszweifeln nicht nur die Entscheidungen *seines* Landes zu berücksichtigen sind, sondern auch die anderer Vertragsstaaten.[648] So befasst sich die Entscheidung des *BGH* nicht mit dem abweichenden Urteil des *Tribunal Commercial von Nivelles* (Belgien), in dem ein bloßer Verweis in den Vertragserklärungen des Verkäufers im Hinblick auf Art. 8 Abs. 1, 3 CISG als ausreichend erachtet wurde.[649] Allerdings wurde die Rechtsprechung des *BGH* mittlerweile durch weitere Entscheidungen anderer Gerichte bestätigt.[650] Im Ergebnis führt das generelle Erfordernis einer Mitwirkungspflicht seitens des AGB-Verwenders dazu, dass auch bekannte Klauseltexte zum Beispiel die *Incoterms 2000*, die *ERA 500* oder aber Vertragsmuster großer Handelsorganisationen wie etwa *GAFTA 100* oder die Regeln der *Sugar Association London* ohne Übermittlung nicht Vertragsinhalt werden können.[651] Für etablierte Marktteilnehmer bestünde jedoch die Möglichkeit, dieses Problem über Art. 9 Abs. 1 CISG zu lösen.[652]

In praxi wirkt sich eine derartige Mitteilungspflicht in zweierlei Hinsicht aus: Zum einen wird es als nicht ausreichend erachtet, wenn die AGB lediglich bei einer Kammer oder einem Gericht hinterlegt worden sind[653] bzw. im Internet eingesehen und abgerufen werden können[654]. Bei einem Vertragsschluss unter Anwesenden genügt jedoch der Hinweis auf die im Geschäftslokal ausliegenden AGB und die Gelegenheit, diese zu lesen. Allerdings reicht ein bloßes Vorzeigen der AGB, ohne dass diese ausgehändigt werden, nicht aus.[655] Außerdem bewirkt die von der höchstrichterlichen Rechtsprechung statuierte Übersendungspflicht zugleich, dass die AGB regelmäßig in Textform vorliegen müssen,

---

648 Reinhart, UN-Kaufrecht, Art. 7 CISG, Rn. 2; vgl. MünchKomm/Martiny (4. Auflage 2006), Art. 7 CISG, Rn. 85.

649 vgl. OHG, 06.02.1996, 10 Ob 518/95, CISG Online Nr. 224; Tribunal Commercial von Nivelles, 19.09.1995, R.G. 1707/93, UNILEX D. 1995, 24.2; vgl. auch das obiter dictum des Cour d'Appel Paris, 13.05.1995, J.C.P. 1997, II, 22772.

650 Vgl. OLG Celle, MMR 2009, 799; OLG Neubrandenburg, IHR 2006, 26, 27 f.; OLG Köln, AZ 16 U 47/05 (abrufbar unter: www.justiz.nrw.de, zuletzt besucht am: 01.08.2011); Supreme Court of British Columbia, Urteil vom 21. 8. 2003.

651 Schmidt-Kessel, NJW 2002, 3444, 3446.

652 Staudinger/Magnus, Art. 14 CISG, Rn. 41; Schmidt-Kessel, NJW 2002, 3444, 3446.

653 Staudinger/Magnus, Art. 14 CISG, Rn. 41; Piltz, IHR 2004, 133, 134. Allerdings stellt dies in den Niederlanden eine verbreitete Übung dar.

654 OLG Celle, MMR 2009, 799; Bamberger/Roth/Saenger, Art. 14 CISG, Rn. 7; Staudinger/Magnus, Art. 14 CISG, Rn. 41a; a.A. MünchKomm/Gruber, Art. 14 CISG, Rn. 30; Stiegele/Halter, IHR 2003, 169.

655 Staudinger/Magnus, Art. 14 CISG, Rn. 41b.

was ebenfalls eine Verschärfung zum unvereinheitlichten nationalen Recht darstellt.

Im deutschen Recht wird eine Abgrenzung zwischen Allgemeinen Geschäftsbedingungen und Individualvereinbarungen bereits bei der vertraglichen Einbeziehung der Klauseln relevant. Im UN-Kaufrecht stellt sich dieses Problem zunächst nicht, da jeder Vertrag nach denselben Vertragsschlussregeln zustande kommt und eine Differenzierung mithin obsolet ist. Aufgrund der Übersendungsobliegenheit gewinnt die Abgrenzungsfrage schließlich jedoch, wenn auch abgeschwächt, an Bedeutung. Eine dezidierte Begriffsbestimmung, welche Klauselwerke als Allgemeine Geschäftsbedingungen aufzufassen sind, findet sich weder in der Rechtsprechung noch in der Kommentarliteratur. Lediglich *Schlechtriem*[656] fügt dem Begriff der *standardisierten Vertragsbedingungen* enumerativ *Allgemeine Geschäftsbedingungen, Formularbedingungen, Incoterms, Standardkontrakte* hinzu, ohne dass ersichtlich wäre, ob es sich um eine willkürliche oder abschließende Auflistung aller unter diesen Begriff fallenden Formen vorgefertigter Bedingungen handelt. Eine Begriffsbestimmung wäre insbesondere mit Blick auf das Klauselrecht wünschenswert, da eine extensive Auslegung zwangsläufig zu einer ausufernden Übersendungsobliegenheit führte.

cc. Sprachwahl

Anders als bei nationalen Distanzgeschäften stellt sich bei internationalen Warenkaufverträgen zusätzlich das Problem der Sprachwahl. Primär ist insoweit das Vertragsstatut zu beachten, mit Hilfe dessen die Parteien eine Sprachenwahl treffen können.[657] Fehlt diese oder sind die Bedingungen oder der Verweis auf die AGB in einer Sprache abgefasst, die dem Erklärungsempfänger unverständlich ist und die von den Parteien nicht als Vertragssprache gewählt worden ist, kann die Kenntnisnahme als unzumutbar gelten und damit eine erfolgreiche Einbeziehung scheitern[658] Ob mit Verständnisschwierigkeiten seitens des Erklärungsempfängers zu rechnen war, entscheidet sich nach den Umständen des

656 Schlechtriem/Schwenzer/Schlechtriem, Vorb. Artt. 14-24 CISG, Rn. 9.

657 vgl. Jayme, ZHR 142 (1978), 105, 111.

658 OLG Linz, 08,08.2005, CISG-online 1087 (Verhandlungssprache); OLG Düsseldorf, 21.04.2004, CISG-online 915; vgl. OLG Stuttgart, 16.06.1987, IPRax 1988, 293 f.; vgl. LG Heilbronn, 15.09.1997, CISG-online 562; LG Göttingen, 31.07.1994, CISG-online 564; AG Kehl, 06.10.1995, CISG-online 162; vgl. AG Nordhorn, 16.04.1994, CISG-online 259 (zweisprachige AGB ausreichend); OHG, ÖJ 2004, 837; OGH, 17.12.2003, CISG-online 828; MünchKomm/Westermann, Art. 8 CISG, Rn. 3; Witz/Salger/Lorenz/Witz, Art. 8 CISG, Rn. 9; unklar Piltz, NJW 2005, 2126, 2128.

Einzelfalls. Der Verwender muss insoweit beweisen, dass die AGB für den Empfänger verständlich sind.[659] Deshalb sollte der Hinweis in der Verhandlungssprache oder in der Sprache der Partei, welche die Bedingungen annehmen muss, erfolgen.[660]

dd. Überraschungsverbot gemäß § 305c Abs. 1 BGB?

Schließlich stellt sich die Frage, ob ein dem § 305c Abs. 1 BGB vergleichbares Überraschungsverbot[661] oder der Grundsatz vom Vorrang der Individualvereinbarung ebenfalls im Rahmen des UN-Kaufrechts berücksichtigt werden sollte. Im Hinblick auf das Überraschungsverbot vertritt *Schlechtriem*[662] die überzeugende Ansicht, dass § 305c Abs. 1 BGB funktional als Gültigkeitsnorm zu beurteilen sei und die Konvention Fragen der Gültigkeit gemäß Art. 4 S. 2 lit. a CISG dem subsidiären Sachrecht überantworte.[663]

ee. Kollidierende Allgemeine Geschäftsbedingungen

Der Frage der Behandlung kollidierender Geschäftsbedingungen kommt auch unter Anwendung des UN-Kaufrechts als Erscheinung des unternehmerischen Geschäftsverkehrs wesentliche Bedeutung zu.[664] Gilt im deutschen Recht eine Kombination aus der *Theorie des letzten Wortes* und der *Restgültigkeitstheorie*, finden im UN-Kaufrecht vornehmlich die Regeln zum Dissens Anwendung. Gemäß Art. 19 Abs. 3 i.V.m. Abs. 1 CISG gelten Ergänzungen oder Abwei-

---

659 Schlechtriem/Schwenzer/Schmidt-Kessel, Art. 8 CISG, Rn. 54 a; vgl. v. Westphalen, Anwendung des AGB-Rechts im Export, S. 175, 188.

660 Bamberger/Roth/Saenger, Art. 14 CISG, Rn. 7; vgl. Staudinger/Magnus, Art. 14 CISG, Rn. 41.; Ulmer/Brandner/Hensen/Schmidt Anh. § 305 BGB, Rn. 16 (lässt auch die Verwendung einer Weltsprache genügen); Stadler, Allgemeine Geschäftsbedingungen im internationalen Handel, S. 85; vgl. v. Westphalen, Anwendung des AGB-Rechts im Export, S. 175, 188 ff.; vgl. Piltz, NJW 2003, 2056, 2060; vgl. Sauthoff, IHR 2005, 21, 22 f.; Ventsch, IHR 2003, 61, 65.

661 Dafür Schlechtriem/Schwenzer/Schmidt-Kessel, Art. 8 CISG Rn. 57 f.; Wolf/Lindacher/Pfeiffer/Hau, IntGV, Rn. 73.

662 MünchKomm/Westermann, Art. 4 CISG, Rn. 5; ebenso Schlechtriem/Schwenzer/Schlechtriem, Vor. Artt. 14-24 CISG, Rn. 9; Staudinger/Magnus, Art. 14 CISG, Rn. 42.

663 Ebenso Bamberger/Roth/Saenger, Art. 14 CISG, Rn. 7; MünchKomm/Westermann, Art. 4 CISG, Rn. 5; Staudinger/Magnus, Art. 14 CISG, Rn. 42; Kühl/Hingst, Festschrift für Herber, S. 50, 61 zur alten Rechtslage, § 3 AGBG, dessen Wortlaut sich jedoch exakt mit dem des heutigen § 305c Abs. 1 BGB deckt; Piltz, IHR 2004, 133, 138;.

664 Instruktiv Schlechtriem, Festschrift für Herber, S. 36, 37 ff..

chungen, die sich auf Preis, Bezahlung, Qualität und Menge der Ware, auf Ort und Zeit der Lieferung, auf den Umfang der Haftung der Parteien oder auf die Beilegung von Streitigkeiten beziehen, als Ablehnung des Angebots und gleichzeitige Gegenofferte, dessen Annahme sich wiederum nach den Artt. 8, 18 Abs. 1 und 3 CISG richtet. Da sich Einkaufs- und Verkaufsbedingungen regelmäßig in diesen Punkten unterscheiden, und das UN-Kaufrecht keine den §§ 154, 155 BGB vergleichbaren Regelungen enthält, wird teilweise[665] angenommen, der Vertrag komme unter Einbeziehung der Allgemeinen Geschäftsbedingungen des Verkäufers zustande, sofern mit der Durchführung des Vertrages bereits begonnen wurde. Der Käufer müsse dementsprechend die Annahme der Waren verweigern, will er die Verwendung der fremden Allgemeinen Geschäftsbedingungen vermeiden. Dieses Ergebnis entspricht der im deutschen Recht teilweise noch anwendbaren Theorie des letzten Wortes – auch *last-shot-doctrine* genannt.[666] *Farnsworth* nimmt infolgedessen an, dass sich vor der Vertragsdurchführung beide Parteien auf das Nichtzustandekommen des Vertrages berufen können.[667] *Martiny*[668] favorisiert zutreffenderweise im Gegensatz dazu eine differenzierte Lösung, die sich an Art. 19 CISG orientiert. Er unterscheidet danach, ob die Abweichung vom Angebot wesentlich ist. Fügt die annehmende Partei ihrer Willenserklärung eigene, wesentlich abweichende AGB bei, lässt dies den Vertragsschluss scheitern, doch kann darin ein neues Angebot erachtet werden, welches mit der Entgegennahme der Ware konkludent angenommen werden kann. Insoweit sind sich beide Meinungen einig. Enthalten die Allgemeinen Geschäftsbedingungen der einen Partei z.B. umfangreichere Haftungs- bzw. Gewährleistungsausschlüsse als die der anderen, soll dennoch ein Vertrag zustande kommen. An die Stelle der Bedingungen treten in diesem Fall die gesetzlichen Regelungen. Dieses Vorgehen entspricht der im deutschen Recht vorherrschenden *Restgültigkeitstheorie*, auch *knock out rule* genannt.[669] Dieser Re-

---

665 Enderlein/Maskow/Strohbach/Enderlein, Art. 19 CISG, Anm. 10; Schlechtriem/Schwenzer/Schlechtriem/Schroeter, Art. 19 CISG, Rn. 21 ff. mit weiteren Nachweisen; vgl. Karollus, UN-Kaufrecht, S. 71; Stadler, Allgemeine Geschäftsbedingungen im internationalen Handel, S. 92 f.; Koch, NJW 2000, 910, 911.

666 Vgl. Karollus, UN-Kaufrecht, S. 61; Perales Viscasillas, Vindobona Journal 2002, 217; a.A. Koch, NJW 2000, 910, 911; Magnus, ZEuP 2002, 523, 533; Piltz, NJW 2003, 2056, 2060, der diese Problematik jedoch noch nicht als entschieden ansieht.

667 Bianca/Bonell/Farnsworth, Art. 19 CISG, Anm. 2.5..

668 Reithmann/Martiny/Martiny, Rn. 918.

669 Schlechtriem/Schwenzer/Schlechtriem, Art. 19 CISG, Rn. 20 mit weiteren Nachweisen; Soergel/Lüderitz/Fenge, Art. 19 CISG, Rn. 5; vgl. Staudinger/Magnus, Art. 19 CISG, Rn. 23 ff.; Reithmann/Martiny/Martiny, Rn. 918; Schlechtriem, Festschrift für Herber, S. 36, 49; Magnus, ZEuP 2002, 523, 533; a.A. Staub-Großkomm/Koller, Vorb. § 373

gel folgt, wenn auch nicht ganz eindeutig, der *BGH* in seiner Grundsatzentscheidung zu kollidierenden Allgemeinen Geschäftsbedingungen im UN-Kaufrecht vom 09.01.2002.[670] Damit wird das Problem der sich widersprechenden Allgemeinen Geschäftsbedingungen im UN-Kaufrecht genauso wie im deutschen Recht gelöst und ein *Bedingungs-Ping-Pong*[671] weitgehend vermieden.

b. Auslegung

Gemäß Art. 32 Abs. 1 EGBGB a.F. bzw. Art. 12 Abs. 1 Rom-I-Verordnung ist das Vertragsstatut für die Auslegung des Vertrages maßgeblich. Ist demnach deutsches Recht zur Anwendung berufen, so ist zunächst auf das UN-Kaufrecht als *lex specialis* Regelung abzustellen. Spezielle Regeln für die Auslegung von Allgemeinen Geschäftsbedingungen enthält die Konvention nicht. Geht es um Auslegungsfragen von Willenserklärungen im Allgemeinen, sind insbesondere die Artt. 7, 8 und 9 CISG zu beachten. Teilweise wird trotz dieser Regeln die Meinung vertreten, dass der Regelungsausschluss in Art. 4 S. 2 lit. a CISG auch Allgemeine Geschäftsbedingungen erfasse, so dass die Artt. 7 ff. CISG für diese besondere Art der Vertragsgestaltung nicht nutzbar gemacht werden könnten.[672] Diese Ansicht verfängt wegen des eindeutigen Wortlauts der zitierten Normen und aus den oben dargelegten Gründen jedoch nicht. Damit fehlt es an speziellen Auslegungsregeln für Allgemeine Geschäftsbedingungen, weshalb dem Gebot des Art. 7 Abs. 2 CISG, dass angemessene Sonderregeln zu entwickeln sind, auch hier großes Gewicht zukommt. Art. 8 Abs. 1 und 3 CISG ist der Grundsatz zu entnehmen, dass der Vertrag zunächst nach dem Willen der Parteien auszulegen und erst in einem zweiten Schritt aus Sicht eines objektiven Empfängers zu begutachten ist. Aus dem Zusammenspiel beider Absätzen ergibt sich, dass das UN-Kaufrecht ebenso wie das deutsche unvereinheitlichte Recht von einer Unklarheitenregel zulasten des Klauselverwenders ausgeht.[673]

HGB, Rn. 647 (für das Prinzip des letzten Wortes), ebenso Huber, RabelsZ 1979, 413, 444.

670 BGH, 09.01.2002, CISG-online 651 = NJW 2002, 1651, 1652; dafür Wolf/Lindacher/Pfeiffer/Hau, IntGV, Rn. 75; Ventsch, IHR 2003, 61, 64, a.A. Huber/Kröll, IPRax 2003, 309, 311 wegen der Ausführungen zur Theorie des letzten Wortes; ebenso Piltz, NJW 2003, 2056, 2060.

671 Kühl/Hingst, Festschrift für Herber, S. 50, 54.

672 OLG Koblenz, IPRax 1994, 46, 47 allerdings noch im Hinblick auf EKG, welches dem CISG zeitlich vorging; Ebenroth, JBl 1986, 681, 686 f..

673 Ulmer/Brandner/Hensen/Schmidt, Anh. § 305 BGB, Rn. 32.

Aus dem internationalen Charakter des UN-Kaufrechts und der in Art. 7 Abs. 1 CISG normierten Wahrung des guten Glaubens im internationalen Handel folgt jedoch nicht nur, dass Allgemeine Geschäftsbedingungen möglichst einheitlich auszulegen sind.[674] Darüber hinaus lässt sich ein weiterer Schluss aus der Auslegungssystematik des Art. 8 CISG in Kombination mit dem allgemeinen Grundsatz aus Art. 7 Abs. 2 CISG ziehen: Individualabreden gehen Allgemeinen Geschäftsbedingungen im Zweifel vor.[675] Diese These wird mit dem Willen der Parteien begründet. Demnach gehen die Parteien regelmäßig davon aus, dass Standardklauseln durch individuelle Abreden modifiziert werden können.[676] Eine Mindermeinung nimmt zwar auch hier an, dass § 305b BGB *neben* dem UN-Kaufrecht Anwendung fände.[677] Dies widerspräche jedoch klar dem Ausschluss des Art. 4 S. 2 a CISG, der nur die inhaltliche Gültigkeit einzelner Vertragsbedingungen aus dem Regelungsbereich des Abkommens herausnimmt. Dementsprechend sind Auslegungsfragen von der Konvention zu beantworten, so dass es an einer *externen* Lücke fehlt, die einen Rückgriff auf unvereinheitlichtes nationales Recht rechtfertigen würde. Ansonsten würde ein *Einfallstor* für unvereinheitlichtes Sekundärrecht geschaffen, welches sich immer dann öffnet, wenn Bereiche nicht vollumfänglich vom Einheitsrecht erfasst werden.[678] Deshalb ist eine ergänzende Anwendung nationaler Vorschriften für Bereiche, die durch das UN-Kaufrecht eine Regelung erfahren haben, abzulehnen. Obgleich das UN-Kaufrecht über keine dem § 305b BGB vergleichbare ausdrückliche Regelung verfügt, kommt es mithilfe der Anwendung allgemeiner Prinzipien, wie etwa des Grundsatzes von Treu und Glauben, zu demselben Ergebnis.

c. Inhaltskontrolle – formelle und materielle Gültigkeit von Klauseln

In formeller Hinsicht bestimmen die Artt. 11, 12, 29 Abs. 2 und 96 CISG eine Formfreiheit für Kaufverträge. Die Vertragsstaaten bekommen jedoch durch die in Artt. 12, 96 CISG vorgesehenen Vorbehalte die Möglichkeit, sich formeller

674 Reinhart, Art. 7 CISG, Rn. 3; Frense, Grenzen der formularmäßigen Freizeichnung im einheitlichen Kaufrecht, S. 89; Stadler, Allgemeine Geschäftsbedingungen im internationalen Handel, S. 104; Wolf, ZHR 153 (1989) 300, 305 ff..

675 Vgl. MünchKomm/Westermann, Art. 4 CISG, Rn. 5; Schlechtriem/Schwenzer/Schmidt-Kessel, Art. 8 CISG, Rn. 58; Wolf/Lindacher/Pfeiffer/Hau, IntGV, Rn. 73.

676 Ulmer/Brandner/Hensen/Schmidt, Anh. § 305 BGB, Rn. 32.

677 Teklote, Die Einheitlichen Kaufgesetze und das deutsche AGB-Gesetz, S. 159.

678 Stadler, Allgemeine Geschäftsbedingungen im internationalen Handel, S. 105.

Gültigkeitserfordernisse zu bedienen. Hiervon hat Deutschland jedoch keinen Gebrauch gemacht.

Aufgrund des bereits erwähnten Art. 4 S. 2 lit. a CISG ist im Hinblick auf materielle Wirksamkeitsfragen anzunehmen, dass das Übereinkommen die Gültigkeit einzelner Klauseln nicht behandelt und die wirksam einbezogenen Allgemeinen Geschäftsbedingungen deshalb nur nach Maßgabe des anzuwendenden Subsidiärrechts einer inhaltlichen Überprüfung zugänglich sind. Diese Inhaltskontrolle muss jedoch dem primär anwendbaren UN-Kaufrecht angepasst werden.[679] Mithin besteht nicht wie bei der Einbeziehung und anschließenden Auslegung eine Konkurrenzsituation zwischen internationalem und unvereinheitlichtem Recht. Vielmehr kommt nur Letzteres zur Anwendung, doch gilt es die spezifischen Besonderheiten auf internationaler Ebene zu beachten.

Wendet man sich dem unvereinheitlichten deutschen Sachrecht zu, finden sich in § 310 Abs. 1 BGB Sonderregeln für die Kontrolle von Allgemeine Geschäftsbedingungen im unternehmerischen Geschäftsverkehr. Dementsprechend finden die Inhaltskontrollvorschriften des deutschen AGB-Rechts, insbesondere §§ 308, 309 BGB, nicht bzw. nicht unmittelbar Anwendung und es ist auf die im Handelsverkehr geltenden Gewohnheiten und Gebräuche Rücksicht zu nehmen. Über § 307 Abs. 1 und 2 BGB sind die Wertungen der §§ 308, 309 BGB jedoch durch die Hintertür auch im unternehmerischen Verkehr zu berücksichtigen. Dieses Regel-Ausnahme-Rückausnahme-Prinzip ist speziell auf das deutsche Recht zugeschnitten.[680] Dies lässt sich etwa am Beispiel der Schadensersatzansprüche dokumentieren. Das deutsche Recht geht vom Grundsatz der verschuldensabhängigen Schadensersatzpflicht aus. Deshalb wäre es verfehlt, eine Klausel für wirksam zu erklären, die verschuldensunabhängig Schadensersatz zuspricht. Das UN-Kaufrecht sieht im Gegensatz dazu jedoch eine verschuldensunabhängige Haftung vor, so dass es nicht gerechtfertigt erschiene, würde man dennoch eine derartige Klausel stets für unwirksam erklären. Abgesehen von dogmatischen Unterschieden rekurriert das deutsche Recht stets auch auf andere Normen des BGB, so dass auch an diesen Stellen Anpassungen unumgänglich sind.[681]

Aus der soeben erfolgten Analyse ergibt sich, dass jene AGB-rechtlichen Vorschriften, die auf Grundprinzipien des deutschen Rechts abstellen und ihren

---

679 Bamberger/Roth/Saenger, Art. 4 CISG, Rn. 22; MünchKomm/Westermann, Art. 4 CISG, Rn. 6; Schlechtriem/Schwenzer/Schlechtriem Art. 4 CISG, Rn. 21; Stadler, Allgemeine Geschäftsbedingungen im internationalen Handel, S. 107; Schlechtriem, JZ 1988, 1037, 1040.

680 Stadler, Allgemeine Geschäftsbedingungen im internationalen Handel, S. 107.

681 Koch, NJW 2000, 910; Stadler, Allgemeine Geschäftsbedingungen im internationalen Handel, S. 107.

Niederschlag nicht auch im UN-Kaufrecht gefunden haben, entweder gar nicht oder nur in verändertem Gewand nutzbar gemacht werden können.[682] Anstatt die Wertungsmaßstäbe des deutschen Rechts heranzuziehen, sind solche des UN-Kaufrechts zu bemühen. [683] Unverändert bleibt indes das Verbot der geltungserhaltenden Reduktion.[684] § 307 Abs. 3 BGB, der eine Inhaltskontrolle für Klauseln ausschließt, die lediglich den Gesetzeswortlaut wiederholen, ist entsprechend auf das UN-Kaufrecht zu beziehen. Führt die insoweit angepasste Inhaltskontrolle zur Unwirksamkeit der Klausel, erfolgt eine Lückenschließung nach den Grundsätzen des UN-Kaufrechts und erst hilfsweise gemäß Art. 7 Abs. 2 CISG nach unvereinheitlichtem nationalem Recht. Dies entspricht der Regelung des § 306 BGB, die anordnet, dass an die Stelle der unwirksamen Klausel dispositives Gesetzesrecht tritt. So wie sich im deutschen Recht eine subsidiäre richterliche Lückenfüllung durch ergänzende Vertragsauslegung am hypothetischen Parteiwillen im Sinne des § 157 BGB orientiert, gilt dies entsprechend gemäß Artt. 7 und 8 CISG auch im UN-Kaufrecht.[685] Handelt es sich allerdings um Allgemeine Geschäftsbedingungen internationaler Organisationen oder Interessenverbände beider Parteien, streitet eine Vermutung für die Ausgewogenheit jener Klauseln.[686] Gleiches gilt für Klauseln, die inhaltlich internationale Handelsbräuche wiedergeben oder auch branchenübliche Allgemeine Geschäftsbedingungen widerspiegeln.[687]

d. Zusammenfassung

Im UN-Kaufrecht bedarf es ebenso wie im unvereinheitlichten deutschen Recht eines Dreischritts, um Allgemeine Geschäftsbedingungen als Vertragsbestandteil anzuerkennen und bei der Vertragsauslegung entsprechend zu berücksichtigen: Einbeziehung, Auslegung und inhaltliche Ausgestaltung. Doch die aus dem autonomen nationalen Recht bekannten Anforderungen an diese Prüfungspunkte werden im Rahmen der Konvention modifiziert.

---

682 Frense, Grenzen der formularmäßigen Freizeichnung im einheitlichen Kaufrecht, S. 102 ff.; Teklote, Die Einheitlichen Kaufgesetze und das deutsche AGB-Gesetz, S. 173 ff.; Koch, NJW 2000, 910, 913 f..

683 Bamberger/Roth/Saenger, Art. 25 CISG, Rn. 6; Schlechtriem/Schwenzer/Schlechtriem/Schroeter, Art. 25 CISG, Rn. 10; Wolf/Lindacher/Pfeiffer/Hau, IntGV, Rn. 76; Koch, NJW 2000, 910.

684 Ulmer/Brandner/Hensen/Schmidt, Anh. § 305 BGB, Rn. 33.

685 Stadler, Allgemeine Geschäftsbedingungen, S. 108.

686 Ulmer/Brandner/Hensen/Schmidt, Anh. § 305 BGB, Rn. 34.

687 Wolf/Lindacher/Pfeiffer/Hau, IntGV, Rn. 57.

Zunächst fehlt es der Konvention an einem Sonderrecht für Allgemeine Geschäftsbedingungen, so dass sich deren wirksame Einbeziehung nach den allgemeinen Vertragsschlussregeln richtet. Als allgemeine Prinzipien lassen sich das Konsens- und das Mindestinhaltsprinzip identifizieren, die bei den Feststellungen, ob ein Vertragsschluss vorliegt, beachtet werden müssen. Demzufolge können Allgemeine Geschäftsbedingungen klassischerweise durch Angebot und Annahme Vertragsbestandteil werden. Ungeachtet dessen besteht theoretisch die Möglichkeit die Bedingungen auch *qua* kaufmännischen Bestätigungsschreibens einzubeziehen. In der Praxis ist diese Vorgehensweise jedoch kaum relevant, da aus Verkehrsschutzgründen hohe Anforderungen an diese Art der Einbeziehung gestellt werden. Am ehesten ist der Weg über Art. 9 CISG denkbar, wenn die Parteien einen entsprechenden Geschäftsgebrauch entwickelt haben oder aber Kenntnis vom Institut des kaufmännischen Bestätigungsschreibens angenommen werden kann.

Entscheidender Unterschied zum autonomen nationalen Recht ist jedoch die Übersendungsobliegenheit des Verwenders. Obgleich das deutsche AGB-Recht die Einbeziehungsvoraussetzungen für den unternehmerischen Verkehr lockert, wurde für das UN-Kaufrecht höchstrichterlich entschieden, dass eine wirksame Einbeziehung Allgemeiner Geschäftsbedingungen auch eine Übermittlung des Regelwerks durch den Verwender erfordert. Darüberhinaus müssen die Bedingungen in der Vertragssprache oder aber in einer dem Empfänger vertrauten Sprache abgefasst sein. Schließlich gilt auch im Rahmen der Konvention ein dem § 305c Abs. 1 BGB vergleichbares Überraschungsverbot, wobei streitig ist, ob es direkt aus dem autonomen Recht abgeleitet wird oder sich aus allgemeinen Prinzipien des Abkommens ergibt.

Ähnliches gilt der Auslegung. Auch hier wird angenommen, dass Individualvereinbarungen den Allgemeinen Geschäftsbedingungen vorgehen, doch wird die rechtliche Grundlage dafür entweder dem nationalen Recht entnommen oder ebenfalls aus der Konvention selbst gezogen. Jedenfalls ist eine möglichst einheitliche Auslegung erstrebenswert, um dem Sinn und Zweck des Abkommens gerecht zu werden.

Soweit Allgemeine Geschäftsbedingungen wirksam einbezogen und auch ausgelegt worden sind, werden sie auch inhaltlich einer Prüfung unterzogen. Diese Untersuchung richtet sich unstreitig nach autonomem Recht, da das UN-Kaufrecht Fragen der Gültigkeit aus dem Regelungsbereich des Übereinkommens in Art. 4 S. 2 lit a CISG ausschließlich herausnimmt und den nationalen Rechtsordnungen überantwortet. Folglich kommen die §§ 307 ff. BGB zur Anwendung. Insoweit ist jedoch zu beachten, dass die Regelungen entsprechend modifiziert werden, da nicht die Wertungen des Bürgerlichen Gesetzbuchs und die darin enthaltenen Grundprinzipien Maßstab für die Bewertung der inhaltlichen Wirksamkeit sind. Vielmehr ist auf die Eigenarten des UN-Kaufrechts abzustellen, welches ein abweichendes Haftungssystem vorsieht und im Übrigen primär den international agierenden Unternehmer zum Leitbild und Maßstab für die Überprüfung vertraglicher Inhalte erklärt.

5. Moderne Klauselwerke im UN-Kaufrecht

Im deutschen unvereinheitlichten Recht wurde die Einordnung moderner Klauselwerke thematisiert. Klauselkataloge, die von Wirtschaftsverbänden oder Handelsorganisationen für die Verwendung durch ihre Mitglieder bereitgestellt werden, sind unproblematisch dem AGB-Recht unterstellt worden. Schwieriger gestaltete sich die Situation bei der Einordnung solcher Regelwerke, die in Zusammenarbeit der Interessenvertreter beider Seiten oder von neutralen Institutionen erstellt worden sind. Insoweit ist auch unter Geltung des UN-Kaufrechts fraglich, ob die so erdachten Regeln als Allgemeine Geschäftsbedingungen klassifiziert werden müssen oder eher als Handelsbrauch anzusehen sind.[688]

So finden sich zwar vereinzelt Entscheidungen, die etwa die *PICC*[689], *Incoterms*[690] oder das UN-Kaufrecht als Handelsbrauch qualifizieren.[691] Doch spiegeln diese Urteile nicht das gegenwärtige Meinungsbild[692] wider, wonach lediglich einzelnen Regelungen diese Qualität zugesprochen wird[693]. Insgesamt können diese Klauselwerke lediglich eine Richtschnur für die Vertragsauslegung begründen.[694] Als *verlässliche Quelle*[695] für Handelsbräuche fungieren bereits *PICC* und *PECL*[696], wenn sie im Rahmen von Schiedsgerichtsentscheidungen

688 S.o..

689 UNIDROIT Principles of International Commercial Contracts 1994/2004.

690 St. Paul Guardian Insurance Co v Neuromed Medical Systems & Support, 2002 US Dist Lexis 5096 (S.D.N.Y. 2002).

691 Vgl. Tribunal of International Commercial Arbitration at the Russian Federation Chamber of Commerce and Industry, 27.07.1999, CISG-online 779.

692 Bianca/Bonell/Bonell, Art. 9 CISG, Anm. 3.5. im Hinblick auf die Incoterms; Brunner, Art. 9 CISG, Rn. 2 für die UCP/ERA 500; Staudinger/Magnus, Art. 9 CISG, Rn. 8 für die Incoterms; Honnold/Flechtner, Uniform Law for International Sales, Rn. 118; Ferrari, EuLF 2002, 272, 276 f..

693 Im Ergebnis Staudinger/Magnus, Art. 9 CISG, Rn. 8 für CFR;

694 Schlechtriem/Schwenzer/Schmidt-Kessel, Art. 9 CISG, Rn. 26; Schmidt-Kessel, NJW 2002, 3444.

695 Schlechtriem/Schwenzer/Schmidt-Kessel, Art. 9 CISG, Rn. 26.

696 Principles of European Contract Law 1999.

hilfsweise herangezogen werden.[697] Bei den *Incoterms* besteht im Gegensatz dazu rein tatsächlich das Problem, dass eine ständige Beachtung innerhalb der betreffenden Branche notwendig ist.[698] Außerdem unterliegen sie immer wieder Veränderungen, so dass es an einer gewachsenen Regel fehlt, die von den Beteiligten anerkannt und befolgt wird. Insofern sind moderne Klauselwerke als Erscheinungsform Allgemeiner Geschäftsbedingungen zu sehen und unterliegen damit der oben dargestellten Kontrolle.

Eine Besonderheit gilt jedoch im Hinblick auf Art. 9 Abs. 1 CISG, der auf vereinbarte Gebräuche sowie Gepflogenheiten rekurriert und damit einzelne Regelwerke einer AGB-rechtlichen Kontrolle entzieht. Anders als Art. 9 Abs. 1 CISG erfasst der zweite Absatz zunächst nur einzelne Regeln. Die Einordnung ganzer Regelwerke als Handelsbrauch ist zwar möglich, doch dürfte sich dies im Ergebnis als unpraktisch erweisen, weil für jede angesprochene Klausel einzeln geprüft werden müsste, ob sie den Vorgaben des zweiten Absatzes entspricht. Insofern erscheint die Entscheidungspraxis etwa im Hinblick auf die *Incoterms* dogmatisch nicht ganz unbedenklich. Fehlt es an einer Vereinbarung im Sinne des Art. 9 Abs. 1 CISG oder aber an der Qualität eines Handelsbrauchs gemäß Art. 9 Abs. 2 CISG, verbleibt jenen Regelwerken nur die Funktion als Auslegungshilfe, wie es Art. 8 Abs. 3 CISG anordnet.[699]

VI. Die Bedeutung von Handelsbräuchen und Handelsklauseln im deutschen Recht

Bevor sich der Blick auf die britischen Inseln richtet, soll eine kurze Zusammenfassung der gewonnenen Einsichten im Hinblick auf Handelsbräuche (**1.**) und auch Allgemeine Geschäftsbedingungen (**2.**) für das deutsche Recht erfolgen. Der deutsche Teil soll mit einer kurzen Bewertung abgeschlossen werden (**3.**).

1. Handelsbräuche

Das deutsche Recht gesteht Handelsbräuchen ebenso wie der Verkehrssitte gemäß §§ 133, 157 BGB eine Auslegungsfunktion zu. Darüber hinaus kommt der

---

697 ICC 9479/1999, 00.02.1999, UNILEX; ICC 10022/2000, 00.10.2000, UNILEX (im Hinblick auf PICC und PECL); vgl. auch ICC 9875/1999, 00.01.1999, UNILEX.

698 Corte di Appello di Genova, 24.03.1995, CISG-online 315, bejahte dies etwa für die Handelsklausel f.o.b. und rekurrierte dabei auf die Incoterms; vgl. Schlechtriem/ Schwenzer/Schmidt-Kessel, Art. 9 CISG, Rn. 26.

699 Brunner, Art. 9 CISG, Rn. 2; Schlechtriem/Schwenzer/Schmidt-Kessel, Art. 9 CISG, Rn. 26.

Handelssitte auch noch eine vertragsergänzende Aufgabe zu, welche bei der Interpretation von kaufmännischen Willenserklärungen, aber auch von tatsächlichem Handeln oder Unterlassen zum Tragen kommt. Es handelt sich um die *Verkehrssitte des Handels*[700]. Dogmatisch betrachtet begründet der Handelsbrauch eine Verhaltenserwartung, ohne jedoch Rechtsnorm zu sein. Deshalb spricht § 346 HGB auch von *geltenden* Handelsbräuchen, insofern geht man auch von einer *normativen Wirkung* aus.[701] Dennoch ist diese *Geltung* keine *Rechtsgeltung*,[702] denn Handelsbräuche werden nicht als Rechtsnormen anerkannt,[703] so dass sie nicht unmittelbar über Art. 20 Abs. 3 GG für die Judikative rechtsverbindlich wirken.[704] Vielmehr wird ihre Beachtung *qua* Vertrag oder aber *qua* Gesetz angeordnet. Damit enthält § 346 HGB eine Generalklausel oder passender eine *Befehlshülse*[705], welche den privaten Regeln der Kaufmannschaft mittelbar Rechtsverbindlichkeit zukommen lässt. Darüber hinaus haben Handelsbräuche für die an Handlungen und Unterlassungen zu knüpfenden Rechtsfolgen *normativen* Charakter. Als Beispiel hierfür dient etwa ein handelsüblicher verlängerter Eigentumsvorbehalt, welcher dazu führt, dass ein gutgläubiger Erwerb durch Angehörige des jeweiligen Verkehrskreises gemäß § 366 Abs. 1 HGB ausscheidet.[706] Die normative Wirkung von Handelsbräuchen strahlt auf deren weitere Voraussetzungen aus. So verzichtet das deutsche Recht auf eine inhaltliche Kontrolle von Handelsbräuchen oder gar auf die Anordnung rechtlicher Voraussetzungen. Folglich beschränken sich die Vorgaben für die Feststellung eines Handelsbrauchs auf rein tatsächliche Umstände, die vom Gericht oder durch die von diesem hinzugezogenen Sachverständigen festgestellt werden. Darüber hinaus fehlt es an einem subjektiven Element, da ein bestehender Handelsbrauch aus sich heraus gilt. Es streitet insoweit eine Vermutung für die Kenntnis der beteiligten Parteien von dem Inhalt des Handelsbrauchs, deren

---

700 MünchKomm/Schmidt, § 346 HGB, Rn. 1.

701 BGH, LM ZPO § 1027 Nr. 18 Anm. Kappus; Schmidt, Handelsrecht, S. 23 f., § 1 III 3a.

702 Vgl. MünchKomm/Schmidt, § 346 HGB, Rn. 33.

703 MünchKomm/Busche, § 157 BGB, Rn. 16; Schlegelberger/Hefermehl, § 346 HGB, Rn. 1; Bachmann, Private Rechtsordnung, S. 341 ff.; Canaris, Handelsrecht, § 22 Rn. 11; Schmidt, Handelsrecht, S. 21 f., § 1 III 3a; a.A. Danz, JherJB 38 (1898), 373, 397 ff.; ausführlich Gottwald, Revisionsinstanz als Tatsacheninstanz, S. 105 ff. und Limbach, Festschrift für Hirsch, S. 77, 80 ff., insbesondere S. 90.

704 BGH, NJW 1993, 1798; Ebenroth/Boujong/Joost/Strohn/Joost, § 346 HGB, Rn.1; Koller/Roth/Morck, § 346 HGB, Rn. 1; MünchKomm/Schmidt, § 346 HGB, Rn. 1; indirekt Schlegelberger/Hefermehl, § 346 HGB, Rn.1.

705 Bachmann, Private Ordnung, S. 345; Oertmann, Rechtsordnung und Verkehrssitte, spricht allerdings im Hinblick auf § 242 BGB von einer „hohlen Nuß", S. 365.

706 BGH, NJW-RR 2004, 555 f.; Ebenroth/Boujong/Joost/Strohn/Joost, § 346 HGB, Rn. 23; MünchKomm/Schmidt § 346 HGB, Rn. 2.

Wirkung nur dann eingeschränkt werden muss, wenn es der räumliche oder persönliche Geltungsbereich erfordert.[707]

Diese Feststellungen lassen sich jedoch nicht ohne weiteres auf Art. 9 CISG übertragen, welcher den Umgang mit Handelsbräuchen für den internationalen Warenkauf regelt. Denn dieser Artikel geht gerade nicht von einer *normativen* Wirkung der Handelsbräuche aus, sondern ergänzt die Wirkungsweise aus dogmatischer Sicht um ein subjektives Element. Anders als § 346 HGB gliedert sich Art. 9 CISG in zwei Absätze, die zunächst vereinbarte und im Anschluss daran internationale Bräuche zum Gegenstand haben. Obgleich Handelsbräuche im unvereinheitlichten deutschen Sachrecht aufgrund vertraglicher Vereinbarung gelten können, sorgt § 346 HGB unabhängig davon für deren Beachtlichkeit. Im Gegensatz dazu ruht die Vereinbarung im Sinne des Art. 9 Abs. 1 CISG auf der Annahme einer logischen Schlussfolgerung. Damit stellt Art. 9 Abs. 2 CISG für die Vertragsergänzung auf die unterstellte Kenntnis, *imputed knowledge*, ab. Anders als § 346 HGB geht er von einer stillschweigenden *Bezugnahme* und nicht von einer *Rücksichtnahme* auf Handelsbräuche aus. Mithilfe des Art. 9 Abs. 2 CISG wird der hypothetische Parteiwille anhand verschiedener Kriterien ermittelt und dadurch den von Art. 8 Abs. 2 CISG gesetzten Standards entsprochen. Denn Art. 8 Abs. 2 CISG besagt, dass *Erklärungen und das sonstige Verhalten einer Partei so auszulegen [sind], wie eine vernünftige Person der gleichen Art wie die andere Partei sie unter den gleichen Umständen aufgefaßt hätte.* Damit sind Erklärungen und das Verhalten einer Partei so auszulegen, wie sie ein fiktiver Erklärungsempfänger unter ebendiesen Umständen, wie sie im konkreten Fall vorlagen, verstanden hätte. Folglich handelt es sich um einen objektiven Maßstab, in den subjektive Elemente mit einbezogen werden,[708] was auch als *typenbezogene Objektivierung* bezeichnet wird.[709] Dieser Auslegungsregel entspricht die Formulierung des Art. 9 Abs. 2 CISG, indem die Geltung von Handelsbräuchen von der individuellen Vertragsbeziehung gelöst wird und vom abstrakten *Kennenmüssen* abhängig ist. Damit hat ein subjektives Kriterium in Form des *Kennens* respektive *Kennenmüssens* Einzug in die Konvention erhalten. Eine Voraussetzung, auf die das deutsche Recht mit der Abkehr von der Willenstheorie verzichtet und sich stattdessen auf das Erfordernis der Maßgeblichkeitsüberzeugung beschränkt hat. In der Folge wird im Rahmen des UN-Kaufrechts eine Hypothese darüber aufgestellt, ob die Parteien von dem

707 BGH, NJW-RR 2004, 555 f.; BGH, WM 2000, 1744 f.; BGH, BB 1973, 635, 636; Thüringer OLG, NJ 2003, 436 f.; OLG Köln, NJW-RR 1998, 926; Ebenroth/Boujong/Joost/Strohn/Joost, § 346 HGB, Rn. 11; Koller/Roth/Morck, § 346 HGB, Rn. 11.

708 Reinhart, Art. 8 CISG, Rn. 3.

709 Enderlein/Maskow/Strohbach/Maskow, Art. 8 CISG, Anm. 5.

Handelsbrauch wussten oder aber in einer Position waren, in der sie wenigstens Kenntnis hätten haben können und müssen. Ist dies zu bejahen, streitet eine Vermutung dafür, dass die Parteien sich stillschweigend auf Gebräuche bezogen haben. Aufgrund des klaren Wortlauts handelt es sich sogar um eine *unwiderlegliche Vermutung*, so dass Geltungsgrund der Handelsbräuche zwar der hypothetische Parteiwille sein mag, dieser jedoch anhand objektiver Kriterien ermittelt wird. Im Ergebnis wird zunächst das Bestehen und Kennenmüssen eines Handelsbrauches festgestellt, um diesen dann aufgrund des Art. 9 Abs. 2 CISG als hypothetischen Parteiwillen zu *deklarieren*. Folglich sind weder Art. 9 Abs. 2 CISG noch § 346 HGB daran interessiert, den tatsächlichen Willen der Parteien zu ergründen. Vielmehr wird ein Handelsbrauch in beiden Fällen objektiv festgestellt, um ihm entweder sogleich normative Geltung zu verleihen, oder aber normativ zu bestimmen, dass dessen Inhalt den Willen der Parteien widerspiegelt. Ungeachtet dessen bleibt zu ergänzen, dass sowohl § 346 HGB als auch Art. 9 CISG[710] auf eine eigenständige abstrakte Inhaltskontrolle von Handelsbräuchen verzichten.

Mit Hilfe des Art. 9 Abs. 1 CISG erfasst das UN-Kaufrecht auch solche Erscheinungsformen, nicht alle Voraussetzungen für die Feststellung eines Handelsbrauchs erfüllen, diesen aber dennoch ähnlich sind. So können etwa Handelsübungen oder Geschäftsgebräuche untern die Begriffe der Gebräuche und Gepflogenheiten subsumiert werden. Im deutschen Recht bleibt nur der Rückgriff auf § 242 BGB. Art. 9 Abs. 2 CISG erfasst die eigentlichen Handelsbräuche. Es muss sich insoweit um eine tatsächliche Übung handeln, die international bekannt ist und Beachtung findet. Außerdem müssen die Parteien von dem Handelsbrauch zumindest Kenntnis haben. Die Vorgaben sind in etwa mit den Kriterien im unvereinheitlichten Recht vergleichbar. Allerdings wird das Merkmal der Kenntnis durch eine Maßgeblichkeitsüberzeugung ersetzt und die Übung muss nicht international sein.

Obgleich im Rahmen des UN-Kaufrechts versucht wurde, Handelsbräuche nicht zu hohen beweisrechtlichen Anforderungen zu unterstellen, sind die Schwierigkeiten im Ergebnis weitgehend identisch, denn die Konvention überantwortet Fragen der Gültigkeit dem nationalen Recht, welches Handelsbräuche lediglich als Tatsachenfragen ansieht, deren Beweisführung sehr unsicher ist. Praktisch bedeutsam werden die Regelungen über Handelsbräuche jedoch insbesondere dann, wenn es um das Institut des kaufmännischen Bestätigungsschreibens geht. Obgleich dieser Handelsbrauch bei nationalen Distanzgeschäften kei-

---

710 A.A. Bianca/Bonell/Bonell, Art. 9 CISG, Anm. 3.4.2.. Bonell nimmt an, dass die Konvention eine derartige Inhaltskontrolle unter Art. 7 Abs. 2 CISG vorsieht. Ähnlich Witz/Salger/Lorenz/Witz, Art. 9 CISG, Rn. 13.

nerlei beweisrechtliche Schwierigkeiten mehr darstellt, sind die Anforderungen im Rahmen des UN-Kaufrechts recht hoch. Im Ergebnis fungiert ein derartiges Schreiben deshalb eher als Beweismittel für die Bestimmung der vertraglichen Inhalte, als dass ihm ein eigenständiger Erklärungsgehalt beigemessen wird.

2. Allgemeine Geschäftsbedingungen

Im 20. Jahrhundert haben die aus historischer Sicht bedeutsamen Handelsbräuche durch die gewachsene Bedeutung Allgemeiner Geschäftsbedingungen spürbaren Gegenwind erfahren. Diese vorgefertigten Klauseln ergänzen respektive erweitern nicht nur einen schriftlich oder mündlich geschlossenen Vertrag, sondern regeln weite Teile der vertraglichen Beziehung. Im Gegensatz zu Handelsbräuchen handelt es sich zumeist um schriftlich vorgefertigte Formulare, die das Pflichtenprogramm der Vertragsparteien wiedergeben – vornehmlich jedoch zugunsten einer Partei wirken, nämlich der des *Verwenders*. Anders als bei den Handelsbräuchen hat der Gesetzgeber für Allgemeine Geschäftsbedingungen mit den §§ 305 ff. BGB ein dezidiertes Regelungssystem aufgestellt. So begnügt er sich keinesfalls mehr nur mit der Feststellung, *dass* es sich um Allgemeine Geschäftsbedingungen handelt, sondern hat darüber hinaus spezielle Grundsätze zu deren Einbeziehung und Auslegung aufgestellt und vor allem Maßstäbe für eine inhaltliche Kontrolle vorgegeben. Da Allgemeine Geschäftsbedingungen in fast allen Bereichen des täglichen Lebens eine Rolle spielen, differenzieren die §§ 305 ff. BGB zwischen Verbraucherverträgen und Verträgen im unternehmerischen Verkehr. Letztere sind Gegenstand des § 310 Abs. 1 BGB, der den Umfang der gerichtlichen Kontrolle im Hinblick auf den Inhalt der einzelnen Klauseln zumindest in der Theorie einschränkt. Darüber hinaus ordnet der zweite Satz an, dass *auf die im Handelsverkehr geltenden Gewohnheiten und Gebräuche [...] angemessen Rücksicht zu nehmen* ist. Damit hat der Gesetzgeber entschieden, dass Handelsbräuche – soweit ihr Bestehen unbestritten ist – nicht mehr der AGB-rechtlichen Kontrolle unterfallen sollen.

Den gesetzgeberischen Vorgaben kommt die Rechtsprechung im unternehmerischen Verkehr jedoch nur ungenügend nach. Zwar werden die Einbeziehungsvoraussetzungen *in praxi* gelockert, doch wird § 310 Abs. 1 BGB insoweit ignoriert, als der *BGH* den §§ 308 f. BGB Indizwirkung für die inhaltliche Kontrolle der im unternehmerischen Verkehr verwendeten Allgemeinen Geschäftsbedingungen beimisst. Dadurch wird der strenge Maßstab für Verbraucherverträge auf das unternehmensbezogene Geschäft übertragen und die Attraktivität, auf Allgemeine Geschäftsbedingungen zurückzugreifen, ungemein geschmälert. Darüber hinaus führt diese Rechtsprechung im internationalen Vergleich zu erheblichen Wettbewerbsnachteilen. Zusammenfassend lässt sich sagen, dass die Einbeziehung *zulasten* einer strengeren Inhaltskontrolle gelockert wird.

Im Hinblick auf internationale Verträge ist der Blick wieder auf das UN-Kaufrecht zu richten. Dieses kennt kein gesondertes System der Allgemeinen Geschäftsbedingungen. Vielmehr sind für Einbeziehungs- und Auslegungsfragen die allgemeinen Vertragsschluss- und Auslegungsregeln des Art. 8 CISG zu bemühen. Diese lassen prinzipiell auch einen Rückgriff auf das Institut des kaufmännischen Bestätigungsschreibens zu, allerdings bleibt es insoweit bei einer deklaratorischen Wirkung. Für eine Konstitutivwirkung wäre eine der Konvention vorgehende Individualabrede notwendig oder die Feststellung eines entsprechenden Handelsbrauchs. Bis heute umstritten bleibt der Umgang mit kollidierenden Geschäftsbedingungen. Teile der Literatur verteidigen die *Theorie des letzten Wortes*, an der auch die ältere deutsche Rechtsprechung zunächst sehr konsequent festhielt, hiervon später jedoch zugunsten einer Dissensregelung ein Stück weit Abstand nahm. Folgte man dieser Ansicht, würden autonomes Sachrecht und Konvention im Falle eines Widerspruchs von der anderen Seite zu divergierenden Ergebnissen kommen, denn ersteres wendet die sich widersprechenden Bedingungen nur in den Punkten an, in denen eine Übereinstimmung besteht, im Übrigen gilt dispositives Gesetzesrecht. Das UN-Kaufrecht ließe abweichend dazu die Bedingungen gelten, die zuletzt in den Vertrag eingefügt worden sind. Der *BGH* hat sich zutreffend für eine Parallele zum unvereinheitlichten deutschen Recht entschieden, wenngleich diese Entscheidung nicht von allen Seiten als klärend betrachtet wird. Inhaltliche Wirksamkeitsfragen fallen aufgrund des Art. 4 CISG nicht in den Anwendungsbereich des Abkommens. Doch sind deshalb die nationalen Regeln, insbesondere § 307 BGB, nicht starr anzuwenden, sondern typische, auf nationale Sachverhalte ausgerichtete Regelungen entsprechend teleologisch zu reduzieren und im Übrigen soweit erforderlich den internationalen Bedürfnissen anzupassen.

Vergleicht man deutsches unvereinheitlichtes und UN-Kaufrecht im Hinblick auf Allgemeine Geschäftsbedingungen im unternehmerischen Verkehr, wird die deutsche AGB-Kontrolle durch lasche Einbeziehungsvoraussetzungen, und im Gegenzug dafür durch strenge und mit dem Wortlaut kaum zu vereinbarende inhaltliche Grenzen charakterisiert. Im UN-Kaufrecht verhält es sich andersherum. Die Anforderungen an die Einbeziehungen sind durch den *BGH* heraufgesetzt, doch ist die Inhaltskontrolle dafür relativ mild, da nicht jeder Vertragsstaat über eine dem deutschen Recht vergleichbare Inhaltskontrolle verfügt und darüber hinaus die Wertungen der Konvention berücksichtigt werden müssen.

3. Abschließende Bewertung

Die Untersuchung von Handelsbräuchen und Allgemeinen Geschäftsbedingungen hat deren Vor- aber auch Nachteile zutage befördert. Handelsbräuche werden in Deutschland durch eine Zentralnorm geregelt, doch ist ihre Bedeutung und ihr Regelungsbereich keineswegs auf die nationale Ebene begrenzt. Im Gegenteil, das UN-Kaufrecht enthält in Art. 9 CISG anders als das deutsche Recht sogar eine dezidierte Regelung, welche nicht nur auf Handelsbräuche, sondern auch auf Geschäftsgebräuche und Gepflogenheiten rekurriert. Ungeachtet dogmatischer Unterschiede[711] belegt der Verweis auf Handelsbräuche in vielen nationalen Rechtsordnungen, aber auch großen internationalen Regelwerken, dass sie noch immer einen festen Bestandteil der handelsrechtlichen Ordnung bilden. Dies gilt für die nationale und im Besonderen für die international Ebene. Handelsbräuche können unkomplizierte, aber auch unkonventionelle Lösungen darstellen, ohne dabei eine Partei über Gebühr zu belasten, denn es handelt sich um natürlich gewachsene, private Regeln, die den Grundsatz von Treu und Glauben konkretisieren. Die zumeist ungeschriebenen Handelsbräuche bedürfen deshalb auch keiner Inhaltskontrolle wie etwa Allgemeine Geschäftsbedingungen, es gelten vielmehr die allgemeinen Grenzen der §§ 134, 138 BGB wie bei Individualvereinbarungen. Allerdings regeln sie stets nur einzelne Aspekte einer vertraglichen Beziehung und sind insoweit keinesfalls so umfassend wie die vielfach verwendeten Klauselwerke. Trotz der spürbaren Relevanz und Berücksichtigung ist die prozessuale Behandlung für den Rückgriff auf Handelsbräuche wenig zuträglich. Indem die Rechtsprechung Handelsbräuche als Tatsachenfragen behandelt und damit die Beweisführung auf ein wackeliges Fundament stellt, macht sie die Möglichkeit, außergesetzliche (Sozial-)Normen bei der Entscheidungsfindung zu berücksichtigen, weitgehend zunichte. Stattdessen stellen die Gerichte eigene Erwägungen an, die den Besonderheiten des Handels kaum gerecht werden können.

Allgemeine Geschäftsbedingungen stehen in der handelsrechtlichen Vertragsgestaltung ebenso für Effizienz und Vereinfachung wie Handelsbräuche, doch unterscheiden sie sich in ihrem Wesen evident. Allgemeine Geschäftsbedingungen stellen ganze Regelwerke dar, die die Rechte und Pflichten der Vertragsparteien dezidiert regeln und vielseitig und immer wieder einsetzbar sind. Diese Regelwerke sind jedoch nicht das Ergebnis eines länger währenden Prozesses, sondern Ausdruck von Verhandlungsmacht. Denn es werden regelmäßig die Bedingungen der stärkeren Partei in den Vertrag aufgenommen werden, was die Verwendergegenseite gezwungenermaßen und in Ermangelung einer Alter-

711 Anders als Art. 9 CISG schreibt § 346 HGB den Handelsbräuchen „quasi normative Wirkungen“ zu.

native akzeptieren muss. Allerdings verdeutlicht § 310 Abs. 1 BGB, *dass* der Gesetzgeber von einem ausgeglichenen Kräfteverhältnis im unternehmensbezogenen Geschäft ausgegangen ist. Infolgedessen hat er auf die strengen Einbeziehungsvoraussetzungen des § 305 BGB, wie sie für das Verbrauchergeschäft bestehen, verzichtet und im Rahmen der Inhaltskontrolle großzügiger der Privatautonomie den Vorzug gewährt.

Doch auch diesen Bereich der privaten Regelbildung hat die Rechtsprechung nicht in dem Maße sich selbst überlassen und geachtet, wie es das Gesetz vorsieht. Erneut hält der *BGH* seine schützende Hand über die §§ 305 ff. BGB und schränkt damit die Privatautonomie stark ein. So schraubt er die Anforderungen für die Annahme einer Individualvereinbarung sehr hoch und prüft die Klauseln trotz des § 310 Abs. 1 BGB *de facto* am Maßstab der §§ 308 f. BGB. Dies führt zu Wettbewerbsnachteilen nicht nur für das deutsche Recht, sondern auch für deutsche Unternehmen, die auf internationaler Ebene agieren. Sogar im Rahmen des UN-Kaufrechts wittert der *BGH* die Gefahr, dass einer der Vertragsparteien als Verbraucher einzustufen sein könnte. Deshalb verschärft er die Einbeziehungsvoraussetzungen durch Statuierung einer Übersendungsobliegenheit, obwohl sie jeder rechtlichen Grundlage entbehrt. Diese Rechtsprechung legt jedoch auch Zeugnis darüber ab, dass der *BGH* durch erhöhte Einbeziehungsvoraussetzungen Mängel bei der Inhaltskontrolle zu kompensieren versucht. Denn letztere überantwortet die Konvention den nationalen Rechtsordnungen, die nicht immer eine Inhaltskontrolle vorsehen.

Im Bereich der privaten Regelbildung überzeugt das deutsche Recht. Es verleiht Handelsbräuchen größtmögliche Anerkennung und weitreichende Wirkungen. Ebenso adäquat entspricht der Gesetzgeber den Bedürfnissen des Handels beim Umgang mit Allgemeinen Geschäftsbedingungen. Er erkennt, dass die Handelspartner über eine gewisse Branchenkenntnis verfügen und sich zumeist als ebenbürtige Parteien gegenüberstehen. Deshalb sind sowohl Einbeziehung als auch inhaltliche Überprüfung gemäßigter und Handelsbräuche werden gar nicht überprüft. Allein die Rechtsanwendung durch die Judikative ist fragwürdig und führt zu unangemessenen Einschränkungen.

C. England

Die weltweite Bedeutung des englischen Handelsrechts spiegelt sich in der Rolle Englands bzw. Londons als zentraler Austragungsort internationaler Rechtsstreitigkeiten wider. So ist der *Commercial Court* in England das am meisten genutzte Gericht in internationalen Handelsstreitigkeiten, bei dessen Verfahren zu 60 % beide Parteien, in 80 % der Fälle zumindest eine der Parteien ausländisch sind.[712] Doch nicht nur der Standort England erfreut sich enormer Beliebtheit, sondern auch die Wahl englischen Rechts,[713] worauf die *Law Society* in der eingangs bereits erwähnten Online-Broschüre hinweist.[714] Es wird im Hinblick auf wechselnde wirtschaftliche Bedürfnisse als anpassungsfähig gepriesen, weshalb es einer empirischen Studie von *Stephen Weatherill* und *Stefan Vorgenauer* zufolge zweieinhalb Mal öfter gewählt wird als andere nationale Rechtsordnungen.[715] Dies erklärt nicht nur die ablehnende Haltung der englischen Gesetzgebung und Rechtsanwendung, es kontinentaleuropäischen Rechtsordnungen mit ihren kodifizierten Gesetzen gleichzutun,[716] sondern weckt zugleich die Neugierde des kontinentaleuropäischen Juristen, ob das angepriesene Rechtssystem tatsächlich so viel attraktiver ist als etwa die deutsche Rechtsordnung und wenn ja, wie eine Rechtsordnung ausgestaltet sein muss, damit sie von der Wirtschaft zur Regelung der vertraglichen Beziehungen berufen wird. Obgleich sich der angestrebte Rechtsvergleich nur auf Teile der privaten Regelbildung beschränkt, werden im Folgenden dennoch kurz die Besonderheiten des englischen Rechtssystems aufgezeigt (**I.**). Dann erst widmet sich die Arbeit den Handelsbräuchen (**II.**) und dem Recht der Allgemeinen Geschäftsbedingungen (**III.**). Daran anknüpfend findet ein Exkurs in die rechtliche Bewertung moderner Klauselwerke statt (**IV.**). Das Kapitel schließt mit einer zusammenfassenden Darstellung der gewonnenen Erkenntnisse (**V.**).

---

712 Triebel/Plaßmeier, BB-Beilage 13, 1997, 2, die auf einen Vortrag von Sir Mark Saville aus dem Jahre 1994 verweisen.

713 Drettmann, Would English law on trade usages benefit from adopting a more formal approach such as seen in other jurisdictions as well as in international conventions?, S. 50 (verfügbar unter: http://www.cisg.law.pace.edu/cisg/biblio/drettmann.html, zuletzt besucht am: 01.08.2011).

714 S.o. in der Einleitung.

715 Weatherill/Vogenauer, (2005) ELR 30(6), 821, 832.

716 Goode, 14 Monash U L Rev (1988), 135, 150.

I. Die englische und deutsche Rechtstradition im Vergleich

Es ist unumgänglich, sich vor einer rechtsvergleichenden Erörterung der Behandlung von Handelsbräuchen und Allgemeinen Geschäftsbedingungen einen Überblick über das englische Recht zu verschaffen, um im Anschluss daran einen Rechtsvergleich anzustellen. Im Folgenden sollen zunächst die strukturellen Besonderheiten des englischen Rechts aufrissartig dargestellt werden (**1.**). Dabei ist der Frage nachzugehen, ob es ein englisches Handelsrecht gibt und was darunter gegebenenfalls zu verstehen ist. Im Anschluss daran ist speziell auf Handelsbräuche einzugehen, da sich deren Verortung im Recht nicht ohne weiteres erschließt (**2.**).

1. Grundprinzipien des englischen Rechts

Das englische Recht beschränkt sich territorial auf England und Wales, doch dient es als Ausgangsbasis für den gesamten *englischen Rechtskreis.* Allein das *Commonwealth* umfasst rund 1,7 Milliarden Menschen und obgleich sich der englische Rechtskreis nicht in dieser Staatenverbindung erschöpft, unterliegt schon bei Zugrundelegung dieser Zahl jeder vierte Bewohner der Erde dem englischen Recht, dem sogenannten *common law.*[717] Auch im Hinblick auf die wirtschaftliche Bedeutung seiner Mitglieder stellt es die wohl wichtigste Rechtsordnung der Welt dar.[718] Obgleich historische Verknüpfungen zwischen dem *common law* und dem deutschen Recht evident sind und die Europäische Union für weitere Rechtsangleichung sorgt[719], unterscheidet sich das englische Recht in seiner heutigen Form dennoch vom *kontinentalen* deutschen Recht.

Das *common law* baut auf jahrhundertealtem Fallrecht der oberen Gerichtsinstanzen auf und schafft nur gelegentlich Gesetzeswerke – meist auf einer dezi-

717 Etwa in der Mitte des 12. Jahrhunderts fand unter Henry II eine große Gerichtsreform statt. Im Auftrage des Königs zogen reitende Richter durch das Land und sprachen Recht, das sich im Folgenden gegen die bis dahin bestehenden unterschiedlichen Regeln des Gewohnheitsrechts durchsetzte und als „gemeinsames" oder „gemeines" Recht, das common law, bezeichnet wurde. Ab Mitte des 13. Jahrhunderts konnte es sich schließlich erfolgreich gegen bisherige gewohnheitsrechtliche Regelungen, die so genannten county customs, durchsetzen. Die individuelle Spruchpraxis der Richter verhinderte eine Rezeption des römischen Rechts, wie sie etwa in den kontinental-europäischen Rechtsordnungen möglich war. Lediglich auf die sachrechtliche Ausgestaltung einzelner Institutionen konnte das römische Recht Einfluss ausüben.

718 v. Bernstorff, Einführung in das englische Recht, S. 1, 2.

719 Schiemann, EuR 2003, 17, 21 ff..

dierten Rechtsprechung aufbauend, sogenanntes *statutory law*.[720] So gibt es kein spezifisches englisches Recht der Schuldverhältnisse, sondern nur englisches Vertragsrecht, in dem besondere Vertragstypen grundsätzlich nicht geregelt sind.[721] Während der letzten 20 Jahre ist dieses Fallrechtssystem, sogenanntes *case law-system*, durch den kontinuierlich wachsenden Einfluss der Europäischen Union aufgeweicht worden. Dies hat jedoch nicht zu klareren Strukturen beigetragen. Im Gegenteil, das englische Recht hat an Homogenität verloren, da in einigen Bereichen noch immer auf Fallrecht zurückgegriffen wird, wohingegen andere Bereiche aufgrund europäischer Vorgaben kodifiziert worden sind.[722]

Nichtsdestotrotz stellt das teilweise jahrhundertealte *case law* die wichtigste Quelle des englischen (Handels-)Rechts dar. Dieses wird in Abgrenzung zu dem von der Legislative gesetzten Recht, dem *statutory law*, auch als *common law*[723] bezeichnet. Seine Vorrangstellung wird durch die herausragende Stellung der Richter bei der Fortentwicklung des englischen Rechts belegt.[724] Im Übrigen ist es immer dann von Bedeutung, wenn ein Rechtsakt das jeweilige Sachgebiet nicht abschließend regelt.[725] So verhält es sich etwa im Bereich der Allgemeinen Geschäftsbedingungen. Die einschlägigen Gesetze lassen Fragen der Einbeziehung und einer näheren Begriffsbestimmungen unbeantwortet, so dass ein Rückgriff auf das Fallrecht unumgänglich ist. Seine herausragende Bedeutung führt schließlich dazu, dass der englische Jurist die wichtigsten Entscheidungen samt den rechtsprechenden Einzelrichtern, den tragenden Gründen und dogmatischen Randbemerkungen auswendig kennt. Denn dieses Wissen versetzt ihn in die Lage, allgemeine Schlüsse zu ziehen und diese gegebenenfalls bei späteren

---

720 Vertiefend dazu v. Bernstorff, Einführung in das englische Recht, S. 3 ff..

721 Der Sale of Goods Act 1979 (Warenkaufvertragsgesetz) oder auch die Transport Acts 1962 und 1969 (Eisenbahnfrachtvertragsgesetz), der Carriage of Road Act 1965 (internationales Landfrachtvertragsgesetz), Carriage of Goods by Sea Act 1992 (Seefrachtvertragsgesetz), Marine Insurance Act 1906 (Seeversicherungsvertragsgesetz), Bill of Exchange Act 1882 (Gesetz über die Rechtsverhältnisse bei Wechselbegebung) bilden etwaige Ausnahmen zu diesem Grundsatz und sind keinesfalls mit den kontinentaleuropäischen Kodifizierungen vergleichbar; sie verdrängen auch nicht das Fallrecht.

722 Zu weiteren Problemen Englands mit dem EU-Recht vgl. v. Bernstorff, Einführung in das englische Recht, S. 19, 20.

723 Der Begriff common law wird jedoch auch in Abgrenzung zum englischen Billigkeitsrecht, sog. equity law, verwendet, vgl. hierzu Triebel/Huber/Micheler/Vogenauer, Englisches Handels- und Wirtschaftsrecht, Rn. 24 (S. 34). Außerdem kann mit dem Begriff common law auch das gesamte englische Recht bezeichnet werden im Gegensatz zum kontinentalen civil law.

724 Triebel/Huber/Micheler/Vogenauer, Englisches Handels- und Wirtschaftsrecht, S. 34, Rn. 24; Goode, 50(4) ICLQ 2001, 751, 759 ff..

725 v. Bernstorff, Einführung in das englische Recht, S. 1, 2.

gerichtlichen Streitigkeiten anzubringen. Aufgrund dieser Bedeutung soll auch in der folgenden Betrachtung des englischen Rechts zu einem wesentlichen Teil auf das Fallrecht eingegangen werden.

Das Recht der Allgemeinen Geschäftsbedingungen im unternehmerischen Verkehr ist nur teilweise kodifiziert. Einschlägige Vorschriften finden sich im *Unfair Contract Terms Act 1977*[726] und in der *Unfair Terms in Consumer Contracts Regulation 1999*. Der *UCTA 1977* ist ein rein nationales, nicht auf europarechtlichen Vorgaben beruhendes Gesetz und behandelt sowohl Verbraucherverträge als auch unternehmensbezogene Geschäfte. Im Gegensatz dazu basiert das spätere Regelwerk, der *UTCCR 1999*, auf einer europäischen Richtlinie und trifft ausschließlich Regelungen für Verbraucherverträge.

Das englische Recht kennt kein dem deutschen Recht vergleichbares Handelsrecht.[727] Es verfügt weder über einen zentralen Kaufmannsbegriff, noch über spezifische Regeln für den Handelskauf. Mit den Begriffen *Commercial Law* oder *Mercantile Law* werden lediglich einige relevante Rechtsregeln bezeichnet, doch kann deshalb nicht von einem *Sonderrecht der Kaufleute* gesprochen werden.[728] Die Grundprinzipien des im Mittelalter noch als universell geltenden Handelsrechts, des *law merchant*, wurden im 18. Jahrhundert in das nationale Recht integriert.[729] Im Gegensatz dazu wurde in Deutschland das internationale Handelsrecht erst Mitte des 19. Jahrhunderts wahrgenommen, als es für eine Zusammenführung mit dem allgemeinen Zivilrecht bereits zu spät war, so dass sich zwei mehr oder weniger eigenständige Rechtsbereiche abzeichneten, die sich im Laufe der Zeit weiter verfestigten.[730]

Infolgedessen ist die Suche nach einem kaufmännischen Sonderrecht vergebens. Dennoch gesteht das englische Recht dem Unternehmer oder einem Kaufmann im Sinne des HGB im Rechtsverkehr eine gewisse Sonderrolle zu. Das allgemeine Vertragsrecht verfügt über einige Sonderregeln für gewerblich

726 Im Folgenden abgekürzt als UCTA 1977.

727 Als handelsrechtliche Besonderheiten kann z.B. die Vermutung, dass die Parteien einer Vereinbarung auch rechtlichen Bindungswillen haben, ansehen werden, vgl. Edwards v. Skyways [1964] 1 WLR 349; Esso Petroleum v Commissioners for Customs and Excise [1976] 1 WLR 1078.

728 Triebel/Huber/Micheler/Vogenauer, Englisches Handels- und Wirtschaftsrecht, S. 29, Rn. 13 ff..

729 Triebel/Huber/Micheler/Vogenauer, Englisches Handels- und Wirtschaftsrecht, S. 29, Rn. 13.

730 v. Bernstorff, Einführung in das englische Recht, S. 207; Triebel/Huber/Micheler/ Vogenauer, Englisches Handels- und Wirtschaftsrecht, S. 29, Rn. 13; einen Überblick über die Entstehung des Handelsrechts und der Handelsrechtswissenschaft in Deutschland bietet Eisenhardt, Festschrift für Raisch, S. 51 ff..

tätige Personen. Anderenorts wird dieser Personenkreis explizit aus dem Regelungsbereich bestimmter Vorschriften ausgeschlossen. Außerdem eröffnet das englische Zivilprozessrecht die Möglichkeit, Handelssachen auszugliedern und die Rechte in Gestalt von Handelsklagen, sogenannte *commercial actions*, geltend zu machen.[731] Festzuhalten bleibt, dass England zwar kein Handelsrecht im Sinne des HGB besitzt, aber dennoch über spezielle Rechtsregeln des englischen Zivilrechts für den kaufmännischen Bereich verfügt.[732] Zu den wichtigen Rechtsquellen des Handelsrechts gehört neben dem Fall- und Gesetzesrecht vor allem die außerstaatliche Rechtsetzung, denn das englische Handelsrecht ist überwiegend Vertragsrecht. Judikative und Legislative gleichermaßen ließen die Autonomie von Wirtschaftsorganisationen in der Vergangenheit nahezu unberührt, was der privaten Regelbildung *per se* mannigfache Einsatzmöglichkeiten bot.[733]

2. Die private Regelbildung im Rechtsvergleich

Im deutschen Recht stellt § 346 HGB die zentrale Regelungsnorm für die Berücksichtigung von Handelsbräuchen dar. Im englischen Recht fehlt es an einer solchen Norm. Das englische Handelsrecht ist im Wesentlichen Vertragsrecht, so dass auch die Handelsbräuche hierüber Wirkungen entfalten. Das einschlägige *case law* berücksichtigt diese als stillschweigend in den Vertrag aufgenommene Bedingungen, als *implied terms*.

Die Vertragsparteien können und wollen regelmäßig nicht das gesamte Pflichtenprogramm selbst regeln, da die Vereinbarungen sonst sehr umfangreich wären.[734] Im deutschen Recht ist insoweit auf das dispositive geschriebene Recht zurückzugreifen, um den Inhalt eines Vertrages zu bestimmen. Eine derartige Lückenschließung ist im englischen Recht aufgrund des fragmentarischen Gesetzesrechts[735] und des Fehlens eines nachgiebigen Rechts, *ius dispositivum*,[736] nicht ohne Weiteres möglich. In der Folge ist ein Vorgehen wie im deutschen Recht nur in seltenen Fällen möglich. Vielmehr ist auf die Ausle-

---

731 Für einen Überblick über die historische Entwicklung prozessualer Besonderheiten für Kaufleute vgl. Colman, The Practice of the Commercial Court, S. 1 ff..

732 Triebel/Huber/Micheler/Vogenauer, Englisches Handels- und Wirtschaftsrecht, S. 31, Rn. 18.

733 Triebel/Huber/Micheler/Vogenauer, Englisches Handels- und Wirtschaftsrecht, S. 42, Rn. 41 ff..

734 Kötz, Europäisches Vertragsrecht, Vol. I, S. 176 ff..

735 Kötz, Europäisches Vertragsrecht, Vol. I, S. 177, 178.

736 Kahn-Freund 30 MLR [1967] 635, 641 ff..

gung als wesentliche Interpretationshilfe zurückzugreifen, soweit es um uneinheitlich aufgefasste oder gar fehlende Regelungen geht. Die englischen Gerichte behelfen sich in diesen Fällen mit einem ausgereiften Ergänzungskonzept, der *doctrine of implied terms*.[737] Demnach erkennt das englische Recht solche Pflichten an, welche die Parteien nicht ausdrücklich geregelt haben, *contractual duties not (explicitly) fixed by the parties*.[738] Die notwendigen Bestimmungen werden infolgedessen häufig über eine Implikation, *implication*, in den Vertrag eingeführt. Hierbei kann das englische Zivilrecht auf eine lange Tradition zurückblicken.[739] Die Richter[740] sind jedoch sehr zurückhaltend bei der Heranziehung dieses Instituts zur Vertragsauslegung und –ergänzung, da sie die Vertragsautonomie schützen wollen und es deshalb nicht als ihre Aufgabe ansehen, den Vertrag für die Parteien zu gestalten.[741] Durch die *implication* vermag der Richter sogar Vereinbarungen zu vervollständigen, zu denen es noch keine gesetzlichen Vorschriften gibt, etwa weil es sich um einen neuen Vertragstyp handelt. Bei den als stillschweigend vereinbart geltenden Bedingungen lassen sich drei Gruppen unterscheiden: *terms implied in fact, implied in law* und *implied by custom or usage*.[742]

Als *terms implied in fact* sind solche Bestimmungen in den Vertrag hineinzulesen, die vernünftigerweise angesichts des abgeschlossenen Rechtsgeschäfts dem mutmaßlichen Parteiwillen entsprechen.[743] Danach ist eine Vertragsergänzung geboten, wenn sie erforderlich ist,[744] um die Abwicklung des Vertrages erst möglich zu machen, das heißt um dem Kontrakt *business efficacy* zu verleihen. Alternativ bemühen englische Gerichte den *officious-bystander-test*, der aus der Entscheidung *Reigate v Union Manufactoring Co. (Ramsbottom)*[745] hervorgeht.

737 Diese Lehre wurde durch das House of Lords erstmals am 12.06.1997 höchstrichterlich bestätigt in Malik v Bank of Credit and Commerce International SA (1997) ICR 606 HL und damit zu einem gemein verbindlichen Rechtsinstitut gemacht; Stölting, Vertragsergänzung und implied terms, S. 69.

738 Atiyah, Introduction to the law of contract, S. 155 ff..

739 Das Ergänzungskonzept in der Rechtsprechung lässt sich bis zum 16. Jh. zurückverfolgen; zur historischen Entwicklung vgl. Grobecker, Implied Terms, S. 76 ff..

740 Doch nicht nur Gerichte, sondern auch der Gesetzgeber nutzt dieses Konzept für sich. Als Beispiel lassen sich etwa ss 13-15 Sale of Goods Act 1979 nennen.

741 Für eine ausführliche Darstellung dieses Instituts einschließlich seiner Voraussetzungen Melot de Beauregard, ZfRV 2004, 1 ff..

742 Zu den Voraussetzungen für die Anwendbarkeit dieser Lehre, vgl. Schmidt-Kessel, ZVglRWiss 96 (1997), 101, 105 ff..

743 Triebel/ Huber/Micheler/Vogenauer, Englisches Handels- und Wirtschaftsrecht, S. 52, Rn. 64.

744 The Moorcock (1889) 14 PD 64 als Präzendensfall für die implied terms by fact.

745 (1918) 1 KB 592 ff..

Dieser führt immer dann zu einer Einbeziehung einer Bestimmung, wenn die Vertragsparteien auf die Frage eines neutralen Dritten, ob ihre Vereinbarung eine gewisse Regelung enthalte, übereinstimmend mit Ja, natürlich! – zu Englisch *Of course!* – geantwortet hätten.[746] Beide Verfahren dienen dazu, die vermutlichen Intentionen der Vertragspartner zu bestimmen.

Zum anderen kann sich der Vertragsinhalt aus *terms implied in law* ergeben. Die englischen Gerichte erkannten schnell, dass sich viele Ergänzungen nicht mit einem vermuteten Parteiwillen rechtfertigen lassen, wollte man nicht auf Fiktionen zurückgreifen. Außerdem hatte sich zu diesem Zeitpunkt der Gesetzgeber bereits der logischen Schlussfolgerung, das heißt der so genannten *implication*, bedient, um seine vielfältigen Wertungen in Verträge zu übertragen.[747] Deshalb etablierte das *House of Lords* in *Sterling Engineering Co Ltd v Patchett*[748] eine zweite Kategorie der *implication*, die *terms implied in law*,[749] welche es mit der Entscheidung *Lister v Romford Ice and Cold Storage*[750] bekräftigte.[751] Hiernach können sich *implied terms* auch aus dem Gesetz bzw. Richterrecht ergeben.[752]

Die letzte Kategorie bilden die *terms implied by custom and usage*. Mit deren Hilfe können Vertragslücken durch Handelsbräuche, *trade usages*, und bei längeren Vertragsbeziehungen durch Usancen zwischen Geschäftspartnern, *course of dealings*, geschlossen werden.[753] *Terms implied by custom or usage* bilden insoweit das rechtstechnische Mittel zur Einführung von Gewohnheiten und Gebräuche.[754] Die Bedeutung dieser Art der *implication* steht in keinem Verhältnis zu der geringen Beachtung in der Literatur. Denn sie bildet die

746 Stölting, Vertragsergänzung und implied terms, S. 105.

747 Vgl. Sale of Goods Act 1893.

748 (1955) AC 534, 544 ("the law imports into the contract").

749 Vgl. Luxor (Eastbourne) Ltd v Cooper (1941) AC 108, 137.

750 (1957) AC 555, 579 („imposed by law"), 594 („general rules of law").

751 Diese Kategorie unterteilt sich weiter in terms implied by statutes and by court. Diese Differenzierung entspricht den jüngsten Entwicklungen im Recht der imlication in law, da sich die einzelnen Voraussetzungen beider Kategorien nicht mehr völlig decken, vgl. Schmidt-Kessel, ZVglRWiss 96 (1997), 101, 113 mit weiteren Nachweisen.

752 Etabliert hat sich diese Trennung zwischen terms implied in fact and law erst seit Luxor (Eastbourne) Ltd v Cooper (1941) AC 108, 137; weitergeführt in Lister v Romford Ice and Cold Storage Co Ltd (1957) AC 555, 576, 594; seit Liverpool City Council v Irvin (1977) AC 239, 253E- 254 A, 257 H-258 D; näher dazu Lewison, Interpretation of Contracts, S. 93 ff.; Phang [1993] JBL, 242 ff..

753 James, Introduction to English Law, S. 301.

754 Schmidt-Kessel, ZVglRWiss 96 (1997), 101, 105.

Grundlage für große Teile des Handelsrechts[755] und wichtige Bereiche des Pachtrechts (*law of landlord and tenant)*[756]. Die Betrachtung hat gezeigt, dass es dem englischen Recht zwar an einer dem § 346 HGB vergleichbaren Zentralnorm für die Berücksichtigung von Handelsbräuchen fehlt, eine solche allerdings über die Auslegung zu erreichen ist. Insoweit berücksichtigen die Gerichte bei der inhaltlichen Klärung von Verträgen oder eventuell aufgetanen Lücken die *doctrine of implied terms by custom or usage.*

II. Handelsbräuche im englischen Recht – die normative Kraft des Faktischen?

Die Untersuchung der rechtlichen Bestimmungen für Handelsbräuche im deutschen Recht hat gezeigt, dass die materiell-rechtlichen Vorgaben für die Berücksichtigung der Handelssitte *per se* angemessen erscheinen. Dennoch wurde ein Misstrauen der Rechtsanwender gegen nichtstaatlich gebildete Verhaltensregeln aufgedeckt, was sich in einem Mangel an Berücksichtigung dieser privaten Regelungen widerspiegelt.[757] Ausgehend von diesem Befund, soll eine Untersuchung des englischen Rechts durchgeführt werden. Insoweit ist nochmals die Position der *Law Society* in Erinnerung zu rufen, die für das englische Recht im internationalen Vergleich ausdrücklich mit dem Vorrang der Privatautonomie und größtmöglicher Flexibilität wirbt.[758] Im Folgenden soll zunächst auf den Geltungsgrund von Handelsbräuchen eingegangen werden (**1.**), bevor der Begriff des Handelsbrauchs näher zu bestimmen ist (**2.**). Erst dann werden die tatsächlichen (**3.**) sowie rechtlichen Voraussetzungen (**4.**) untersucht. Außerdem ist die Frage zu klären, ob die Geltung von Handelsbräuchen auch vereinbart werden kann (**5.**), wann Handelsbräuche erlöschen (**6.**) und wie sich der prozessuale Umgang mit diesen gestaltet (**7.**). Im Anschluss daran werden die bisherigen Erkenntnisse in einem kurzen Zwischenergebnis gebündelt (**8.**). Schließlich ist das Verhältnis des Handelsbrauchs zu weiteren ähnlichen Rechtsinstituten (**9.**) sowie zu anderen Arten des englischen Vertragsergänzungskonzepts, der *implication*, (**10.**) zu klären. Das Kapitel schließt mit einer Zusammenfassung (**11.**).

---

755 Vgl. Liverpool City Council v Irwin (1977) AC 239, 253 F; Lüderitz, Auslegung von Rechtsgeschäften, S. 413 f. mit weiteren Nachweisen.

756 Cheshire/Fifoot/Furmston, Law of Contract, S. 172.

757 Oestmann, KritV 2002, 409, 436.

758 S.o. Einleitung, S. 2, 3.

1. Geltungsgrund

Handelsbräuche wirken kraft Vertrages und entfalten auch nur als solche, das heißt in Form von Vertragsbedingungen, rechtliche Wirkungen. Dies verdeutlicht die Entscheidung in *Lord Eldon v Hedley Brothers*[759], in der eine der Parteien auf einen Handelsbrauch aus dem Heugewerbe rekurrierte, demzufolge das Eigentum bereits bei Vertragsschluss übergehe. Im Hinblick auf die rechtliche Natur von Handelsbräuchen führte das Gericht aus, dass ausgehend vom Vertrag, dem Verhalten der Parteien und den Umständen des Falles, der Wille der Parteien darin bestand, den Eigentumsübergang bereits bei Vertragsschluss erfolgen zu lassen. Insoweit wird deutlich, dass der Handelsbrauch aufgrund eines *vermuteten Parteiwillens* konkludent in den Vertrag eingeführt wird und deshalb vom Willen der vertragsschließenden Parteien abhängt. *Peel*[760] zweifelt diese dogmatische Begründung zu Recht an, da sie ebenso wie die in Deutschland abgelehnte Willenstheorie auf eine Willensfiktion hinausläuft, was verdeutlicht, dass es auf den Willen gerade nicht ankommt. Ungeachtet dieser Kritik werden Handelsbräuche als Vertragsbedingungen angesehen, die als ungeschriebene Regeln stillschweigend eingebunden werden.

Der Handelsbrauch ist damit anders als das geltende Recht für die jeweiligen Verkehrskreise nicht *per se* bindend, sondern bedarf einer Einbeziehung nach den Regeln des englischen Vertragsrechts.[761] Deshalb leitet der Brauch seine bindende Wirkung von der ausdrücklichen oder auch stillschweigend erfolgten Zustimmung der relevanten Verkehrskreise ab.[762] Daraus folgt, dass die Wirkungen eines Handelsbrauchs niemals größer sein können als in den Fällen, in denen sich die Parteien individuell über dessen Inhalt geeinigt haben.[763] Besagte daher ein Handelsbrauch, dass innerhalb bestimmter Verkehrskreise ein wirksamer Vertrag unter Missachtung wesentlicher Prinzipien der Vertrags-

---

759 [1935] 2 KB 1.

760 Treitel/Peel, The Law of Contract, S. 236, para 6-047.

761 Halsbury's Laws of England, Vol. 12 (1), para 651 mit Angaben folgender Gerichtsentscheidungen: Partridge v Bank of England (1846) 9 QB 396, 425; Crouch v Crédit Foncier of England (1873) LR 8 QB 374, 380, 386; Robinson v Mollett (1875) LR 7 HL 802, 826 f.; ebenso Bank of Baroda Ltd v Punjab National Bank Ltd [1944] 2 All ER 83, 86.

762 Halsbury's Laws of England, Vol. 12 (1), para 651 mit Angabe folgender Gerichtsentscheidungen: Crouch v Crédit Foncier of England (1873) LR 8 QB 374, 380, 386; Robinson v Mollett (1875) LR 7 HL 802, 826 f.; ebenso Bank of Baroda Ltd v Punjab National Bank Ltd [1944] 2 All ER 83, 86.

763 Oppenheim v Russell (1802) 3 Bos & P 42; Crouch v Crédit Foncier of England (1873) LR 8 QB 374, 380, 386; Halsbury's Laws of England, Vol. 12 (1), para 651.

schlusslehre zustande komme, wäre diese Regel unwirksam, da sie individualvertraglich nicht vereinbart werden könnte.[764]

Anders als im deutschen Recht lässt sich mithin keine *normative Wirkung* der Handelsbräuche begründen.[765] Der Brauch bedarf vielmehr eines rechtsgeschäftlichen Einbeziehungsakts, um entsprechende Wirkungen zu entfalten. Dies erfordert jedoch stets einen Unterwerfungswillen der Parteien. Ein Kriterium, von dem im deutschen Recht mit der Abkehr von der Willenstheorie Abstand genommen wurde.

2. *Law merchant* und variierende Handelsbräuche

Das englische Recht kennt zwei Arten von Bräuchen, die allgemeingültigen Handelsbräuche, *universal usages*, und die variierenden Handelsbräuche, *fluctuating trade usages*.[766]

Bei den *universal usages* handelt es sich um generelle Aussagen, deren rechtliche Wirkungen über die Parteienabrede hinausgehen und so das geltende Recht *mitgestalten*.[767] Diese universellen Handelsbräuche, die im Mittelalter über die Landesgrenzen hinweg Geltung beanspruchten und unkonventionelle Lösungen für die am (inter-)nationalen Handel beteiligten Personen bereithielten, wurden unter dem Begriff des *law merchant* zusammengefasst.[768] Die Idee eines universellen Handelsrechts, das Landesgrenzen überwinden konnte, wurde mit der einsetzenden Nationalisierung allen (Handels-)Rechts jedoch schnell wieder zunichte gemacht. In England gelang es *Justice Holmes*, diese Zweigleisigkeit im englischen Recht sehr früh zu beseitigen, indem das *law merchant* dem *common law* einverleibt wurde.[769] Es hat dadurch jedoch nicht aufgehört zu

764 Potter v Pearson (1702) 2 Ld Raym 759; Halsbury's Laws of England, Vol. 12 (1), para 651; 5 Williston on Contracts, 12 s 655.

765 Dazu Schlechtriem/Schwenzer/Schmidt-Kessel, Art. 9 CISG, Rn. 1.

766 Vgl. Russian Steam-Navigation Trading Co v Silva (1863) 13 CBNS 610; vgl. Halsbury's Laws of England, Vol. 12 (1), para 663.

767 Dennoch können sie den Inhalt und die Bedeutung individuell geschlossener Verträge beeinflussen.

768 Bradgate/Savage, Commercial Law, S. 7; Colman, The Practice of the Commercial Court, S. 1 f.; Gierke/Sandrock, Handels- und Wirtschaftsrecht, Band I, § 2 IV III, S. 11 ff.; Goode, Commercial Law, S. 3; Meyer, Bona fides und lex mercatoria in der europäischen Rechtstradition, S. 60 ff.; zum lex specialis Verhältnis des law merchant zum common law, ders., S. 59; Devlin, 14 Mod L Rev (1951), 249, 250; vgl. Zimmerman, ZEuP 1993, 4, 29 ff. zur internationalen Kohärenz des mittelalterlichen Handelsrechts.

769 V. Bar, Internationales Privatrecht Bd. I, § 2 Rn. 13; insbesondere § 2 Rn. 17; Goode, Commercial Law, S. 6; Holdsworth, A history of English Law Vol. VI, S. 519 f..

existieren,[770] sondern als Teil des *common law* dieses beweglicher gestaltet.[771] Die wohl wichtigste Errungenschaft des *law merchant* dürfte die Ausbildung eines Wertpapierrechts gewesen sein, so wurden beispielsweise bestimmten Handelspapieren einzelne oder alle Charakteristika der Begebbarkeit verliehen.[772]

Die erfassten Handelsbräuche können sich ebenso wie das übrige *common law* systematisch weiterentwickeln, sei es durch Analogien, sei es durch die Berücksichtigung des sich stetig verändernden Wirtschaftslebens. Dies nimmt jedoch eine gewisse Zeit in Anspruch. Die Grundprinzipien bleiben allerdings stets unverändert.[773]

Rechtsvergleichend drängen sich dem kontinentaleuropäischen Juristen Parallelen zum (Handels-)Gewohnheitsrecht auf, welches ebenso wie das geschriebene Recht berücksichtigt werden muss und teilweise aus ehemals bestehenden Handelsbräuchen hervorgeht, die sich im Laufe der Zeit zu Gewohnheitsrecht verfestigt haben und im Prozess deshalb nicht mehr eines langwierigen Beweisverfahrens unterzogen werden müssen.[774]

Variierende Handelsbräuche, *fluctuating usages*, erklären oder erweitern die vertragliche Abrede und werden deshalb als Tatsachenfeststellungen behandelt, die bei der Ermittlung des exakten Vertragsinhalts assistieren. Da sie stets im Zusammenhang mit einem Vertrag stehen und nur beschränkt, innerhalb bestimmter Verkehrskreise Geltung beanspruchen, fehlt ihnen das Merkmal der Allgemeingültigkeit, so dass sie nicht als Recht im eigentlichen Sinne anerkannt werden und auch nicht dem *law merchant* zugerechnet werden können.[775] Des-

770 Vgl. etwa Sale of Goods Act 1979 s. 62 (2) (The rules of the common law, including the law merchant [...]).

771 V. Bar, Internationales Privatrecht, Bd. I, § 2 Rn. 9 ff..

772 Verallgemeinernd kann man sagen, dass sich die Rolle des law merchant und damit auch die des common law auf die Abtretung klagbarer Forderungen und die Übertragbarkeit bestimmter Handelspapiere beschränkt, vgl. Halsbury's Laws of England, Vol. 12 (1), para 663 Fn. 8; v. Bar, Internationales Privatrecht Bd. I, § 2 Rn. 13.

773 Glyn v Baker (1811) 13 East 509; Wookey v Pole (1820) 4 B & Ald; Gorgier v Mieville (1824) 3 B & C 45; Lang v Smyth (1831) 7 Bing 284; Attorney General v Bouwens (1838) 4 M & W 171; Goodwin v Robarts (1875) LR 10 Exch 337, 355 ff., bestätigt durch (1876) 1 App Cas 476, HL. All diese Fälle zeigen lediglich eine Analogie, d.h. eine Erweiterung des Brauchs, dass bestimmte Handelspapiere handelbar sind. Sie sind jedoch keinesfalls Ausdruck dafür, dass der ursprüngliche Handelsbrauch aufgehoben worden ist als Folge veränderter Handelsbräuche.

774 Dölle, Festschrift für Rheinstein, S. 447, 452; Wortley, RabelsZ 1959, 259, 260.

775 In Haynes v Holliday (1831) 7 Bing 587; Brown v Byrne (1854) 3 E & B 703; Russian Steam-Navigation Trading Company v Silva (1863) 13 CBNS 610, 615 ging es um die

halb bedürfen sie stets des Beweises.[776] Es besteht jedoch auch die Möglichkeit, dass sie Teil des *common law* werden, indem die Gerichte die Aussage des Handelsbrauchs akzeptieren und es in der Folge keines weiteren Beweises mehr bedarf.[777] Es handelt sich damit bei ihnen um eine Folge des vorherrschenden Präjudizienrechts, *binding precedent*, welches besagt, dass Gerichtsentscheidungen höherer Instanzen eine vertikale Bindungswirkung für untere Instanzen entfalten.[778] Dadurch werden allerdings die bereits erwähnten Vorzüge von Handelsbräuchen, dass sie unkonventionelle, aber zeitgerechte und adäquate Lösung für die sich ständig ändernden wirtschaftlichen Abläufe bereit halten, letztlich gefährdet oder gar zunichte gemacht.[779] Abgesehen von dem Fall der gerichtlichen Anerkennung, *judicial notice*, bleibt es dabei, dass einzelne Handelsbräuche *per se* keinen Teil des geltenden Rechts darstellen.[780]

Mit dem Begriff des Handelsbrauchs wird im englischen Recht folglich eine Rechtsquelle umschrieben. Zum einen handelt es sich bei den *universal usages* um eine Rechtsgeltungsquelle, das *law merchant* als Teil des *common law*. Zum anderen stellen die *fluctuating usages* eine Art Rechtserkenntnisquelle dar, indem sie den Inhalt eines Vertrages genauer bestimmen. Letztere sind nur dann zu berücksichtigen, wenn sie entweder *qua* vertraglicher Einigung inkorporiert wurden oder aber durch eine Gerichtsentscheidung bereits bestätigt wurden.[781] Die folgende Untersuchung beschränkt sich deshalb auf die Kategorie der *fluctuating usages*, deren Funktion und Wirkungsweise eine Vergleichbarkeit mit dem deutschen Verständnis von Handelsbräuchen nahelegt.

---

vertragsergänzende Funktion von Handelsbräuchen im Zusammenhang mit Konnossementen.

776 Edie and Laird v The East India Co (1761) 2 Burr 1216, 1226; Bellasis v Hester (1697) 1 Ld Raym 280, 281; Hodges v Steaward (1693) 3 Salk 68, 69; Lethulier's Case (1692) 2 Salk 443.

777 Goodwin v Robarts (1875) LR 10 Exch 337, 346, bestätigt durch (1876) 1 App Cas 476, HL.

778 Vgl. Edie and Laird v The East India Co (1761) 2 Burr 1216, 1222, 1224, 1226; Susé v Pompe (1860) 8 CBNS 538, 567; Crouch v Crédit Foncier of England (1873) LR 8 QB 374, 386; Goodwin v Robarts (1875) LR 10 Exch 337, 357, bestätigt durch (1876) 1 App Cas 476, HL.

779 In Teheran-Europe Co Ltd v ST Belton (Tractors) Ltd [1968] 2 QB 53 wurde festgestellt, dass ein Handelsbrauch aus dem Jahre 1873 nicht mehr existiere. Obwohl erstinstanzlich der Brauch dem law merchant zugeordnet wurde, hat Lord Diplock in der Rechtsmittelinstanz [1968] 2 QB 545, 558 bekräftigt, dass es sich um einen Handelsbrauch handele.

780 Lloyds Bank Ltd. v Swiss Bankverein (1913) 108 LT 143, 145.

781 Vgl. Meyer v Dresser (1864) 16 CBNS 646, 662-664.

3. Tatsachenfragen – die tatsächliche Übung

Bei den *fluctuating usages*, im Folgenden schlicht *usages* genannt, handelt es sich vornehmlich um beweisbedürftige Tatsachenfragen. Die Partei, die sich auf einen solchen Handelsbrauch beruft, muss das Vorliegen einer tatsächlichen Übung (**a.**) ebenso wie die Zustimmung der beteiligten Verkehrskreise (**b.**) darlegen und beweisen.

a. Die tatsächliche Übung der beteiligten Kreise

Wie das deutsche erfordert auch das englische Recht eine tatsächliche Übung der beteiligten Verkehrskreise. Es bedarf insoweit eines beobachteten Verhaltens (**aa.**), das hinreichend bestimmt ist (**bb.**) und innerhalb eines abgesteckten Geltungsbereichs (**cc.**) von gewisser Häufigkeit zeugt (**dd.**).

aa. Ein beobachtetes Verhalten

Die tatsächliche Übung bedarf eines beobachteten, sich wiederholenden Verhaltens, mit den Worten des *EuGH*, einer *konsolidierten Praxis*[782]. *Halsbury's Laws of England*[783] umschreibt einen Handelsbrauch als einen *Verhaltensgrundsatz*, *a line of conduct*, oder auch als eine *regelmäßige Verhaltensweise* bzw. *-regel*, *a course of dealing or rule of conduct*, der bzw. die so offenkundig, *notorious*, ist, dass Personen in jeweilig vergleichbaren Situationen dessen vertragliche Einbeziehung gewissermaßen beabsichtigt haben müssen.

So entschied *Justice Scott* in *Lord Forres v Scottish Flax Co Ltd*[784], dass die bindende Natur eines derartigen Brauchs aus unzähligen Transaktionen heraus erwächst, in denen die jeweiligen Parteien ihre Verträge konstant jener Verhaltensregel unterwerfen.[785] Diese Umschreibung ist mit den Vorgaben des deutschen Rechts vergleichbar, welches ein Handeln oder Unterlassen fordert, dem (rechts-)geschäftliche Bedeutung zukommt und in den betreffenden Kreisen gleichmäßig und einheitlich befolgt wird.[786] Aus *Nelson v Dahl*[787] ergibt sich schließlich, dass die Übung derart offenkundig sein muss, dass alle Verkehrsbe-

782 EuGH, EuZW 1999, 441 (LS 4).

783 Halsbury's Laws of England, Vol. 12 (1), para 650.

784 [1943] 2 All ER 366.

785 Lord Forres v Scottish Flax Co Ltd [1943] 2 All ER 366, 368.

786 B. I. 2. a. aa..

787 (1879) 12 ChD 568.

teiligten ihre Verträge einem bestehenden Handelsbrauch unterstellen,[788] ohne dass es des Nachweises einer besonderen Vereinbarung bedürfe.[789]

Daneben ist ähnlich wie im deutschen Recht[790] eine nur partiell durchgesetzte Verkehrspraxis nicht ausreichend. Im *common law* wird insoweit jedoch eine Einschränkung zugelassen. Auch eine nur beschränkt übliche Praxis kann demnach einen Handelsbrauch darstellen, wenn beide Vertragsparteien einen entsprechenden Unterwerfungswillen tatsächlich geäußert haben.[791]

bb. Bestimmtheit

Das festgestellte beobachtete Verhalten muss zudem hinreichend bestimmt sein. Die Übung muss folglich in ihrer Erscheinung soweit konkretisiert sein, dass sie einer schriftlich fixierten Erklärung gleichkommt.[792] Mithin muss die *konsolidierte Praxis*, um in den (schriftlichen) Vertrag als Bestandteil aufgenommen zu werden, ebenso bestimmt sein wie das Vertragsstatut selbst.[793] Dies wurde etwa im Fall *Bank of India v Patel*[794] verneint. Der Beklagte berief sich auf eine tatsächliche Übung, der zufolge die klagende Bank einen Vertrag ohne schriftliche Bestätigung nach Ablauf einer gewissen Zeit ausbuchen dürfe. Das Gericht lehnte eine derartige Praxis *inter alia* als zu unbestimmt ab, da der genaue Zeitpunkt unklar und von Umständen in der Person des Auftraggebers abhängig sei.[795]

Es schadet jedoch nicht, dass ein Handelsbrauch in seinen Wirkungen davon abhängig ist, was ein Tribunal als angemessen oder vernünftig ansieht. So wurde ein Handelsbrauch im Londoner Getreidehandel nicht aufgrund fehlender Bestimmtheit abgelehnt, obwohl dieser vorsah, dass die Käufer die Ware nicht auf-

---

788 Nelson v Dahl (1879) 12 ChD 568, 575.

789 Cunliffe-Owen v Teather and Greenwood [1967] 1 WLR 1421, 1438; Nelson v Dahl (1879) 12 ChD 568, 576; Halsbury's Laws of England, Vol. 12 (1), para 650.

790 S.o. B. I. 2. a. aa..

791 Earl of Sheffield v London Joint Stock Bank (1888) 13 App Cas 333, 343, 345; Halsbury's Laws of England, Vol. 12 (1), para 656.

792 Sewell v Corp (1824) 1 C & P 392, 393; Daun v City of London Brewery Co (1869) LR 8 Eq 155; Nelson v Dahl (1879) 12 ChD 568, 575; Cooper v Strauss (1898) 14 TLR 233; Strathlorne v Steamship Co Ltd v Hugh Baird & Sons Ltd 1916 SC 134, 138; Devonald v Rosser & Sons [1906] 2 KB 728, 743; Roar Marine v Bimeh Iran Insurance [1998] 1 Lloyd's Rep 423, 429;.

793 vgl. Cunliffe-Owen v Teather and Greenwood [1967] 3 All ER 561, 572; Nelson v Dahl (1879) 12 ChD 568, 575; Strathlorne Steamship and Co v Baird & Sons (1916) SC 134, 138.

794 [1982] 1 Lloyd's Rep 506.

795 Bank of India v Patel [1982] 1 Lloyd's Rep 506, 516.

grund unterschiedlicher Güte ablehnen konnten, sofern die Abweichungen nicht exzessiv oder aus Sicht eines Schiedsgerichts unangemessen waren.[796]

cc. Geltungsbereich

In Ermangelung eines Kaufmannsbegriffs gelten Handelsbräuche zunächst für jeden, ob Unternehmer, Kaufmann entsprechend den §§ 1 ff. HGB oder aber Verbraucher. In der Rechtswirklichkeit wird dieser ausufernde Geltungsbereich jedoch eingeschränkt.[797] Dies ist darauf zurück zu führen, dass Handelsbräuche besondere Bedeutung in den Verkehrskreisen haben, in denen sie sich in besonders starkem Umfang herausgebildet haben. Deshalb verdienen sie auch stets nur innerhalb des Verkehrskreises Beachtung, in dem sie anerkannt sind. Es geht um die Bestimmung des erfassten Kreises von Wirtschaftssubjekten. Infolgedessen stellt sich für das englische Recht primär die Frage, in welcher *Umgebung* die konsolidierte Praxis zu beobachten ist, bevor man Auskunft darüber geben kann, welche Wirtschaftssubjekte an den Brauch gebunden sind.

Grundsätzlich kann ein Handelsbrauch in jedem Geschäfts- bzw. Gewerbezweig auftreten.[798] So wurde in *Lord Eldon v Hedley Brothers*[799] entschieden, dass im Heuhandel das Eigentum kraft Handelsbrauchs schon mit Vertragsschluss und nicht wie gewöhnlich erst mit Wiegen des Heues zur Preisfestlegung und Benachrichtigung des Käufers übergehe.[800] Ebenso kann ein Handelsbrauch in jedem beliebigen Berufsstand und Handelsbereich entscheidungserheblich werden.[801] Handelsbräuche der Versicherungsbranche binden zum Beispiel *per se* nur Versicherungsmakler, nicht jedoch die Versicherten selbst oder

796 Re Walkers, Winser and Hamm and Shaw Son & Co [1904] 2 KB 152.

797 Triebel/Huber/Micheler/Vogenauer, Englisches Handels- und Wirtschaftsrecht, S. 43, Rn. 44.

798 Yates v Pym (1816) 6 Taunt 446 „Schinkengewerbe"; Whittaker v Mason (1835) 2 Bing NC 359 „Londoner Buchhandelsgewerbe"; Johnston v Usborne (1840) 11 Ad & El 549 „Getreidehandel"; Chawner v Cummings (1846) 8 QB 311 „Handschuhhandel"; Gorrisen v Perrin (1857) 2 CBNS 681 „Gambierhandel", wobei es sich dabei um eine Drogenart handelt; Howard v Sheward (1866) LR 2 CP 148 „Pferdehandel"; Plaice v Allcock (1866) 4 F & F 1074 „Bleichgewerbe"; Cropper v Cook (1868) LR 3 CP 194 „Wollhandel"; Fleet v Murton (1871) LR 7 QB 126 „Fruchthandel".

799 [1935] 2 KB 1.

800 Lord Eldon v Hedley Brothers [1935] 2 KB 1, 2 f..

801 Palmer v Blackburn (1822) 1 Bing 61 (Versicherungsmakler); Murray v Currie (1836) 7 C & P 584 (Grundstücksmakler); Moon v Witney Union Guardians (1837) 3 Bing NC 814; Burnett v Bouch (1840) 9 C&P 620 (Schiffsmakler); Grant v Maddox (1846) 15 M & W 737 (Schausteller); Alston v Herring (1856) 11 Exch 822 (Schiffskaufleute); Knox and Robb v Scottish Garden Suburb Co Ltd (1913) SC 872 (Architekten).

gar Banken, die als Sicherungsgeber fungieren. Die Entscheidung *Bartlett v Pentland*[802] belegt diese Feststellung. Ein Kaufmann aus Plymouth hat Waren bei einem irischen Unternehmen versichern lassen. Nachdem der Versicherungsfall eingetreten war, beauftragte der Kläger einen Makler, die fällige Forderung bei *Lloyd's Coffee House*[803] in London beizutreiben. Aufgrund eines bestehenden Handelsbrauchs bei *Lloyd's* war es zur Erfüllung des Zahlungsanspruchs jedoch ausreichend, wenn der Versicherer dem Makler gegenüber die Aufrechnung erklärte und infolgedessen aus dem Versicherungsschein herausgestrichen wurde. Der Makler geriet jedoch wenig später in die Insolvenz, so dass der Versicherungsnehmer Klage gegen den Versicherer erhob, welcher sich auf den Handelsbrauch berief. Das Gericht führte hierzu aus, dass ein Handelsbrauch, der an einem bestimmten Ort oder innerhalb eines bestimmten Verkehrskreises bestehe, nicht auch andere außerhalb dieses Bereichs stehende Personen tangieren könne, es sei denn, sie sind mit den angeführten Handelsbräuchen hinreichend vertraut. Kaufleute, die in London wohnen und dort auch Versicherungen abschließen, sollten mit den dort vorherrschenden Handelsbräuchen, insbesondere bei *Lloyd's*, vertraut sein und ihnen entsprechend handeln. Der Kläger habe jedoch noch nie zuvor einen Versicherungsfall geltend gemacht und den Makler ausdrücklich angewiesen, die Forderung für ihn als den Begünstigten geltend zu machen. Die Anweisung bestand darin, die Erfüllung durch Leistung in Geld zu bewirken. Der Handelsbrauch habe zwar lediglich zu einer weiteren Konkretisierung dieses Auftrags geführt. Da die Versicherer für gewöhnlich jedoch nicht bei *Lloyd's* Versicherungen abschlossen und auch der klagende Kaufmann seine Geschäfte nicht bei *Lloyd's* mache, konnten die Parteien nicht als Angehörige des betroffenen Verkehrskreises angesehen werden.[804] Ähnlich entschied das Gericht im Fall *Mcgowin Lumber and Export Co Inc v Pacific Marine Insurance Co Ltd*[805]. Der angeführte Handelsbrauch, der es dem Versicherer und dem Makler ermöglichen sollte, den Schadensfall untereinander zu verrechnen, bestand nur innerhalb *Lloyd's* und galt damit nicht für den Versicherungsnehmer.[806]

Ebenso kann sich der Geltungsbereich eines Handelsbrauchs aus dem Bankgewerbe nicht auf Kunden der einzelnen Banken erstrecken. In *Turner v Royal*

802 (1830) 10 B & C 760.

803 Es handelt sich bei Lloyd's Coffee House um einen Britischen (Rück-)Versicherungsmarkt, auf dem sich die verschiedenen Interessengruppen wie Versicherer, Versicherungsnehmer und Mittelsmänner treffen.

804 Bartlett v Pentland (1830) 10 B & C 760, 770; vgl. auch Scott v Irving (1830) 1 B & Ad. 605.

805 (1922) 38 TLR 901.

806 Mcgowin Lumber and Export Co Inc v Pacific Marine Insurance Co Ltd (1922) 38 TLR 901.

Bank of Scotland[807] ging es darum, dass die *Royal Bank of Scotland* (*RBS*) gegen ein erstinstanzliches Urteil Rechtsmittel einlegte, in dem festgestellt wurde, dass die Bank gegen das Bankgeheimnis verstoßen habe, als sie auf eine Anfrage einer anderen Bank hin vertrauliche Kundeninformationen weitergab. Die Bank wandte sich vor dem *Court of Appeal* jedoch hiergegen, indem sie sich auf einen Handelsbrauch berief, demzufolge es in dem relevanten Zeitraum unter Banken üblich gewesen sei, vertrauliche Informationen auszutauschen, wozu die Kunden stillschweigend ihr Einverständnis erteilt hätten. Das Gericht bestätigte das angefochtene Urteil, da die Vorgehensweise der Banken nicht auch für Kunden der Bank gelte. Eine Übung müsse innerhalb eines örtlich abgegrenzten Bereichs allgemein bekannt, nicht unangemessen und rechtmäßig sein. Sie beschränke sich in seinen Wirkungen jedoch auf diesen Bereich.[808] Da es sich bei der Übung lediglich um eine Absprache unter Banken gehandelt habe, zählten deren Kunden als unbeteiligte Dritte nicht zu dem Verkehrskreis.[809]

Dies gilt jedoch auch im umgekehrten Fall. Die Frage, ob Banken Wirkungen von Handelsbräuchen ausgesetzt sind, die sich in den Branchen ihrer Kunden herausgebildet haben, verneinte das Gericht in *Rayner v Hambro's Bank*[810]. Die beklagte Bank wurde vom Käufer beauftragt, für die klagenden Verkäufer ein unwiderrufliches Dokumentenakkreditiv zu eröffnen. Im Akkreditiv wurde die verkaufte Ware als *coromandel groundnuts* bezeichnet, so dass die eröffnende Bank eben diese *coromandel groundnuts* für das Konnossement und die Rechnung verlangte. Die Kläger schickten die geforderten Dokumente, darunter auch das Konnossement sowie die Rechnung. Doch nur Letzteres bezog sich auf *coromandel groundnuts*, wohingegen Ersteres die Ware als *machine-shelled groundnut kernels* bezeichnete. Infolgedessen akzeptierte die eröffnende Bank die vorgelegten Dokumente nicht mangels Akkreditivkonformität und verweigerte die Zahlung. Das Gericht ließ einen Beweis zu, dass die Bezeichnung auf der Rechnung und auf dem Konnossement jeweils austauschbar verwendet werden dürfe, so dass die Bank die Dokumente hätte akzeptieren müssen und zur Zahlung verpflichtet gewesen sei. Ungeachtet dessen kam das Gericht jedoch zu dem Entschluss, dass es einer Bank schlechthin unmöglich sei, mit all den Handelsbräuchen vertraut zu sein, die für die Bereiche gelten, in denen Banken Akkreditive eröffnen sollen.[811]

---

807 [1999] 2 All ER (Comm) 664.

808 Chitty/Guest, Chitty on Contract Vol. I, S. 899, para 13-018.

809 Turner v Royal Bank of Scotland [1999] 2 All E.R. (Comm) 664.

810 [1943] KB 37.

811 Rayner v Hambro's Bank [1943] KB 37, 41.

Außerdem kann sich ein Handelsbrauch auf Parteien erstrecken, die eine bestimmte vertragliche oder tatsächliche Beziehung entweder innerhalb des gesamten Königreichs[812] oder sogar grenzüberschreitend[813] hegen. Der Handelsbrauch kann sich jedoch auch auf eine Handelssparte beschränken, die sich vornehmlich auf Geschäfte zwischen England und einem Ort in Übersee konzentriert.[814] Schließlich kann sich der Handelsbrauch auf einen speziellen Ortsbereich beschränken, mag er noch so klein sein.[815] In *Kirchner v Venus*[816] beispielsweise ging es um das Bestehen eines Zurückbehaltungsrechts an verschiffter Ware von Liverpool nach Sydney. Das *common law* gesteht dem Reeder ein derartiges Recht zu, sofern es dazu dient, die geschuldete Fracht zu bekommen. In dem zu entscheidenden Fall hatten die Parteien die Bezahlung jedoch abweichend von den Bestimmungen des *common law* geregelt, so dass es sich rechtlich nicht mehr um eine noch ausstehende Fracht handelte und das gesetzliche Zurückbehaltungsrecht keine Anwendung finden konnte. Der Verfrachter berief sich jedoch auf eine Übung in Liverpool, die auch ohne eine Frachtvereinbarung ein Zurückbehaltungsrecht für den noch ausstehenden Betrag vorsah. Das Gericht stellte fest, dass der angeführte Handelsbrauch zwar bestehe,[817] sich räumlich jedoch auf Liverpool beschränke. Da die Berechtigten der Ware in Sydney

812 Metzner v Bolton (1854) 9 Exch 518; Universo Insurance Co of Milan v Merchants Marine Insurance Co [1897] 2 QB 93.

813 Lickbarrow v Mason (1790) 1 Hy Bl 357 (ein genereller Handelsbrauch unter Kaufleuten die Übergabe eines Konnossements als Eigentumsübertragung an den darin aufgeführten Gütern zu betrachten); Dale v Humfrey (1858) EB & E 1004; Goodwin v Robarts (1876) 1 App Cas 476; Hamzeh Malas & Sons v British Imex Industries Ltd [1958] 2 QB 127, 129; RD Harbottle Mercantile Ltd v National Westminster Bank Ltd [1978] QB 146, 155; Amin Raheed Shipping Corpn v Kuwait Insurance Co [1982] 1 WLR 961, bestätigt durch Court of Appeal [1983] 1 WLR 228.

814 Pelly v Royal Exchange Insurance Co (1757) 1 Burr 341 (ein Handelsbrauch, der alle europäischen Schiffe auf ihrer Strecke nach China betrafen mit Ausnahme der niederländischen Schiffe); Eddowes v Hopkins (1780) 1 Doug KB 376 (Amerikanischer Brauch); Taylor v Briggs (1827) 2 C & P 525 (Brauch im Baumwollgewerbe zwischen Liverpool und Alexandria); Kum v Wah Tat Bank Ltd [1971] 1 Lloyd's Rep 439 (ein Handelsbrauch in der Schifffahrt zwischen Sarawak und Singapur, dass eine Verladebescheinigung als eine Traditionspapier angesehen wird.

815 Plaice v Allcock (1866) 4 F & F 1074 (Bleichgewerbe in der Gegend um Nottingham); Robinson v Mollett (1875) LR 7 HL 802; Norden Steamship Co v Dempsey (1876) 1 CPD 654 (Handelsbrauch zwischen Spediteuren in bestimmten Häfen); vgl. North and South Trust Co v Berkeley [1971] 1 All ER 980, 990 (eng umgrenzter Raum).

816 (1859) 12 Moo PCC 361, 399.

817 Zurückhaltend noch im Hinblick auf immer weitergehende Zurückbehaltungsrechte Rushforth v Hadfield (1806) 7 East 224, 229.

situiert waren und der Brauch unter Kaufleuten in Liverpool befolgt wurde, befand das Gericht den Handelsbrauch für unanwendbar.

Allerdings hat die Rechtsprechung den Geltungsbereich eines Handelsbrauchs vereinzelt auch auf Branchenfremde ausgeweitet. So erwarten die Gerichte von Versicherern, dass sie mit den Bräuchen, die in der Branche ihrer Versicherten gelten, vertraut sind. So muss ein Seeversicherer die Handelsbräuche der Kaufleute beachten, deren Güter er versichert.[818] Dementsprechend entschied das *House of Lords* in *British and Foreign Marine Insurance Co v Gaunt*[819], dass der Versicherer sich auch Handelsbräuche anderer Branchen entgegenhalten lassen müsse. Der klagende Käufer einer bestimmten Menge Wollbündel, die in Patagonien hergestellt und nach einem Hafen in Chile f.o.b. verbracht werden sollte, war Zessionar dreier Versicherungspolicen, welche den Weg vom Rücken der Schafe bis nach Chile abdeckten. Der Weg von Chile nach England wurde durch zwei weitere Versicherungen gedeckt. Die Klage ist auf Ersatz eines Teilverlustes der Wolle gerichtet, der von den ersten drei Versicherungen abgedeckt werden sollte. Der geltend gemachte Schaden ereignete sich laut Sachverständigengutachten während des Transports nach Chile, bei dem die Wolle teilweise als Deckladung verschifft wurde. Da Auslegungsregel 17 des ersten Anhangs des *Marine Insurance Acts 1906* jedoch vorsah, dass eine Deckladung in Ermangelung spezieller Handelsbräuche stets gesondert versichert werden müsse, verweigerten sich die beklagten Versicherer der Zahlung. Deshalb hatte das Gericht die Frage zu klären, ob der Versicherungsfall eingetreten oder aber die Wolle als Deckladung nicht mehr vom normalen Versicherungsschutz umfasst war. Hierzu führte es aus, dass die Auslegungsregel dahingehend zu verstehen sei, dass Deckladung nicht stets gesondert, sondern vielmehr *als solche* zu versichern sei, denn Deckladung sei besonderen Risiken ausgesetzt, die vom Versicherungsgeber berücksichtigt werden müssten. Könne aber ein Handelsbrauch des Inhalts festgestellt werden, dass die Verladung an Deck in einem Handelszweig als üblich gelte, sei der Versicherer verpflichtet, diesen zu kennen und in der Folge die Deckladung automatisch mitzuversichern, ohne dass dies besonderer Erwähnung bedürfe. Ob der Handelsbrauch aus dem Versicherungsgewerbe stammen müsse, hatte der *Court of Appeal* nicht zu entscheiden, da er den Handelsbrauch in jedem Fall anwenden würde.[820] Das *House of Lords* als oberstes Gericht entschied diese Frage und ließ *jeden* Handels-

818 Salvador v Hopkins (1763) 3 Burr 1707; Noble v Kennoway (1780) 2 Doug KB 510; Kingston v Knibbs (1808) 1 Camp 508; Da Costa v Edmunds (1815) 4 Camp 142; British and Foreign Marine Insurance Co v Gaunt [1921] 2 AC 41, HL; differenzierend Pearson v Commercial Union Assurance Co (1876) 1 App Cas 498, 512.

819 [1921] 2 AC 41.

820 [1920] 1 K. B. 903, 916.

brauch genügen, der den Transport auch als Deckladung vorsehe. Damit müsse es sich weder um einen speziellen Handelsbrauch aus dem Versicherungsgewerbe handeln, noch sei eine individuelle Kenntnis des jeweiligen Versicherers vonnöten.[821]

Ähnliche Rückschlüsse lassen sich aus der Entscheidung *Noble v Kennoway*[822] ziehen. In diesem Fall ging es um die Dauer einer Versicherung für Waren auf einem Schiff, welches vor Labrador ankerte. Die beklagten Versicherer behaupteten, der Versicherungsschutz bestehe in der Regel nur für 24 Stunden nach sicherer Ankunft. Die klagenden Versicherungsnehmer erwiderten jedoch, dass dieser Schutz aufgrund eines für die Küste Neufundlands geltenden Handelsbrauchs auf 60 Tage oder mehr ausgeweitet werden könne. *Lord Mansfield* entschied zugunsten der Kläger, indem er feststellte, dass von jedem Versicherer erwartet werden dürfe, dass er über das Bestehen und die Bedeutung vorherrschender Handelsbräuche informiert sei. Fehle ihm diese Kenntnis, müsse er sich mit den Gebräuchen und Gepflogenheiten vertraut machen.[823] Die Kenntnis könne deshalb – losgelöst vom zu entscheidenden Einzelfall – *stets* angenommen werden.[824] Dieser Fall belegt, dass insbesondere Versicherer auch branchenfremde Handelsbräuche berücksichtigen müssen, ohne dass im Einzelfall nach der Kenntnis gefragt würde.[825]

Die Entscheidungen belegen letztlich, dass auch im englischen Recht nicht *jede Person* uneingeschränkt den Wirkungen eines Handelsbrauchs ausgesetzt ist. Vielmehr müssen die vertragsschließenden Parteien als Wirtschaftssubjekte Angehörige des jeweiligen Verkehrskreises sein, in dem sich die Übung etabliert hat.[826] Dessen ungeachtet ist stets eine Erweiterung des Geltungsbereichs möglich, indem sich die Parteien der jeweiligen Übung *unterwerfen*, wenn die Vertragsschließenden beide den Handelsbrauch tatsächlich kannten und sich dessen Wirkungen nicht entziehen wollten.

dd. Häufigkeit des Verhaltens

Im Hinblick auf die erforderliche Häufigkeit des beobachteten Verhaltens wird im englischen Recht stets betont, dass es weniger eine Frage der Länge als viel-

821 British and Foreign Marine Insurance Co v Gaunt [1921] 2 AC 41, 48.
822 (1780) 2 Doug KB 510.
823 Noble v Kennoway (1780) 2 Doug KB 510.
824 Noble v Kennoway (1780) 2 Doug KB 510, 513.
825 Apollinaris Company v. Norddeutsche Insurance Company [1904] 1 K.B. 252, 253.
826 Nation Bank of Greece SA v Pinios Shipping Co No 1 (The Maira) [1990] 1 AC 637, 681.

mehr der Häufigkeit sei, ob ein beobachtetes Verhalten einen Handelsbrauch konstituiere oder nicht.[827] Dementsprechend entschied der *Commercial Court* in *Edelstein v Schuler & Co*[828], dass das zeitliche Element einer *konsolidierten Praxis* zwar ein wichtiges Indiz darstelle, doch Handelsbräuche in der heutigen Zeit schneller festgestellt würden. Deshalb komme es auch eher auf die Anzahl der Transaktionen an als auf den Zeitraum, den diese bereits beanspruchten.[829] Denn mittlerweile würden in einer Stunde mehr Verträge geschlossen als früher in einer Woche, doch seien die Übungen dafür kurzweiliger.[830] Mithin kann eine noch junge tatsächliche Übung einen Handelsbrauch darstellen, sofern die übrigen Voraussetzungen für dessen Feststellung vorliegen.[831]

b. Zustimmung der beteiligten Verkehrskreise

Die beteiligten Verkehrskreise müssen der soeben beschriebenen tatsächlichen und hinreichend bestimmten Übung außerdem zustimmen. Deshalb muss sie zum einen als verpflichtende Regel befolgt werden (**aa.**). Zum anderen muss in subjektiver Hinsicht eine Rechtsüberzeugung (**bb.**) und eine Offenkundigkeit der tatsächlichen Übung hinzutreten (**cc.**). Dabei ist die letzte Voraussetzung für die weitere Prüfungsfolge von besonderer Bedeutung.

aa. Befolgung als verpflichtende Regel

Im englischen Recht muss die Übung mit der Einwilligung und Überzeugung der beteiligten Kreise befolgt werden, wobei jedoch die bloße Bereitschaft, die Handlungsweise nachzuvollziehen, nicht ausreicht.[832] Vielmehr muss der Handelsbrauch von den beteiligten Kreisen akzeptiert und als verpflichtende Regel befolgt werden. So hat das *House of Lords* in *Robinson v Mollett*[833] bereits festgestellt, dass aus einem beobachteten Verhalten keine rechtliche Verbindlichkeit erwachse, es sei denn die jeweiligen Personen willigten ausdrücklich oder still-

827 Vgl. Moult v Halliday [1898] 1 QB 125, 130 ; Halsbury's Laws of England, Vol. 12 (1), para 656.

828 [1902] 2 KB 144.

829 Strathlorne Steamship Co Ltd v Hugh Baird & Sons Ltd 1916 SC 134, 136.

830 Edelstein v Schuler & Co [1902] 2 KB 144, 154.

831 Crouch v Crédit Foncier of England (1873) LR 8 QB 374, 380, 386.

832 Cunliffe-Owen v Teather & Greenwood [1967] 1 WLR 1421, 1438; General Reinsurance Corporation v. Forsakringsaktiebolaget Fennia Patria [1983] Q.B. 856, 874; Libyan Arab Foreign Bank v Bankers Trust Co. [1989] Q.B. 728, 757.

833 (1875) LR 7 HL 802.

schweigend ein.[834] Anders als im deutschen Recht schließt die explizite Aufnahme von Handelsbräuchen in den Vertrag jedoch die Annahme einer freiwilligen Anerkennung durch die beteiligten Kreise *per se* aus. So entschied der *High Court* in *Cunliffe-Owen v Teather & Greenwood*[835], dass eine derartige Absprache der Theorie der Handelsbräuche zuwiderlaufe. Das Gericht urteilte dabei allerdings etwas undifferenziert, dass eine Vereinbarung, die inhaltlich einem Handelsbrauch entspräche, lediglich eine Vorstufe eines Handelsbrauchs darstellen könne, da Sinn und Zweck eines Handelsbrauchs gerade darin bestünde, keine ausdrückliche Vereinbarung mehr treffen zu müssen.[836] Dabei verkennt das Gericht jedoch, dass Parteien einen Handelsbrauch auch der Vollständigkeit wegen oder zu Zwecken der Beweissicherung schriftlich fixieren können, so dass eine dahingehende Vereinbarung weder für noch wider das Bestehen eines Handelsbrauchs streitet. Im deutschen Recht kann eine tatsächliche Übung nur diejenigen Personen binden, die diese Regel freiwillig befolgen, wobei ein Handeln aus Höflichkeit oder Kulanz nicht ausreicht.[837] Der Handelsbrauch ist anders als das geltende Recht für die jeweiligen Verkehrskreise nicht *per se* bindend. Ob die Parteien die jeweilige Übung vertraglich festgehalten haben oder auf deren Geltung vertrauen, ist jedoch irrelevant.

bb. Opinio juris – die Rechtsüberzeugung

Dass die Wirtschaftssubjekte innerhalb eines Verkehrskreises die Übung als verpflichtende Regel befolgen müssen, trifft noch keine Aussage darüber, ob eine Maßgeblichkeits- oder sogar eine Rechtsüberzeugung der beteiligten Kreise erforderlich ist. Die englische Position stellt in diesem Punkt recht hohe Anforderungen. In der Entscheidung *Strathlorne Steamship Co Ltd v Hugh Baird & Sons Ltd*[838] des *House of Lords* äußerte sich *Lord Shaw of Dunfermline* besonders deutlich zum Verständnis dieses subjektiven Erfordernisses, indem er einen Handelsbrauch als eine Übung umschrieb, deren Anerkennung einer rechtlichen Verpflichtung gleichkomme.[839] In diesem Zusammenhang ist auf drei weitere

---

834 Halsbury's Laws of England, Vol. 12 (1), para 651 mit der Angabe folgender Gerichtsentscheidungen: Crouch v Crédit Foncier of England (1873) LR 8 QB 374, 380, 386; Robinson v Mollett (1875) LR 7 HL 802, 826 f.; ebenso Bank of Baroda Ltd v Punjab National Bank Ltd [1944] 2 All ER 83, 86.

835 [1967] 1 WLR 1421.

836 Cunliffe-Owen v Teather & Greenwood [1967] 1 WLR 1421, 1438.

837 S.o.B. I. 2. b. aa., bb..

838 (1916) SC 134.

839 Strathlorne Steamship Co Ltd v Hugh Baird & Sons Ltd 1916 SC 134, 141. So auch Wortley, RabelsZ 1959, 259, 262.

Entscheidungen aus den 60er respektive 80er Jahren des letzten Jahrhunderts einzugehen. Im Jahre 1967 entschied der *High Court* in *Cunliffe-Owen v Teather & Greenwood*[840], dass die *rechtliche Verbindlichkeit* einer tatsächlichen Übung begründet werden muss, um als Handelsbrauch zu fungieren.[841] Ähnlich urteilte der *Court of Appeal* 1983 in *General Reinsurance Corporation and Others v Forsakringsaktiebolaget Fennia Patria*[842]. So stellte er fest, dass ein ständig beobachtetes Verhalten nur deshalb einen Handelsbrauch darstelle, weil davon auszugehen sei, dass den betroffenen Parteien ein verbindliches Recht zustehe, dieses Verhalten einzufordern. Schließlich beschäftigte sich der *High Court* einige Jahre später in *Libyan Arab Foreign Bank v Bankers Trust Co*[843] nochmals mit der Frage, wann ein Handelsbrauch im Wege der *implication* Eingang in den Vertrag finden könne.[844] Er übertrug insoweit die Feststellungen des *Court of Appeal* aus dem Jahre 1983 auf den nun zu entscheidenden Fall und stellte sich die Frage, ob innerhalb des jeweiligen Geltungsbereichs eine rechtlich verbindliche Pflicht, die tatsächliche Übung zu befolgen, angenommen werden könne.[845]

Das englische Recht geht mithin davon aus, dass die betroffenen Verkehrskreise die tatsächliche Übung als rechtlich verbindlich ansehen müssen. Damit fordert es eine der *opinio juris* im Sinne der Lehre vom Gewohnheitsrecht vergleichbare Rechtsüberzeugung, was über die bloße Überzeugung der Maßgeblichkeit der jeweiligen Übung hinausgeht und damit auch über die Anforderungen, die das deutsche Recht stellt.[846] Für § 346 HGB muss die Übung in den beteiligten Kreisen als maßgeblich angesehen respektive gebilligt werden. Diese *opinio necessitatis* muss jedoch nicht das Gewicht eines Rechtsgeltungswillens haben, denn hierdurch entsteht Gewohnheitsrecht. Der Unterschied zwischen beiden Überzeugungen ist tatsächlich jedoch nur marginal, wenn nicht sogar fließend, so dass er praktisch kaum spürbar ist.[847]

---

840 [1967] 1 WLR 1421.

841 Cunliffe-Owen v Teather & Greenwood [1967] 1 WLR 1421, 1438; vgl. auch General Reinsurance Corp v Forsakringaktienbolaget Fennia Patria [1983] QB 856, 876.

842 [1983] QB 856.

843 [1989] QB 728.

844 Libyan Arab Foreign Bank v Bankers Trust Co [1989] QB 728, 757.

845 Libyan Arab Foreign Bank v Bankers Trust Co [1989] QB 728, 757 f..

846 Goode, Commercial Law, S. 13; vgl. dazu auch (zwar für das deutsche Recht, aber dennoch übertragbar) Ebenroth/Boujong/Joost/Strohn/Joost, § 346 HGB, Rn. 2, 5; MünchKomm/Schmidt, § 346 HGB, Rn. 14.

847 Ebenroth/Boujong/Joost/Strohn/Joost, § 346 HGB, Rn. 5; Koller/Roth/Morck/Roth, § 346 HGB, Rn. 3; MünchKomm/Schmidt, § 346 HGB, Rn. 16.

cc. Offenkundigkeit

Die soeben beschriebene tatsächliche Übung muss nicht nur von einem entsprechenden Rechtsgeltungswillen getragen sein, sie muss darüber hinaus auch offenkundig, *notorious*, sein. Die Offenkundigkeit stellt das zentrale Element bei der Feststellung eines Handelsbrauchs dar und bestimmt das Vorgehen für den Umgang mit seinen übrigen Merkmalen. Ist eine tatsächliche Übung offenkundig, so arbeitet das englische Recht im Hinblick auf die verbleibenden, nachfolgend zu erörternden Voraussetzungen mit Vermutungen. Es geht dann davon aus, dass die Übung nicht unangemessen ist und sich die Parteien dieser Praxis auch unterwerfen wollten und sie deshalb mit dem vertraglich geäußerten Willen zu vereinbaren ist. Sollte es an der Offenkundigkeit fehlen, wird zwar immer noch von einem Handelsbrauch, *usage*, gesprochen, doch ist diese Begriffswahl ungenau. Die Wirkungen dieser Übung sind in diesem Fall allein auf die Vertragsparteien beschränkt. Die einzelnen Voraussetzungen können mithin gerade nicht vermutet werden, vielmehr müssen sie im konkreten Einzelfall bewiesen werden. Im Folgenden wird deshalb stets nur von (*per se* unverbindlichen) *Übungen* gesprochen, wenn es an der Offenkundigkeit fehlt.

Fraglich ist nun, wann die Übung als *offenkundig* anzusehen ist. Um eine Offenkundigkeit, *notoriety*, bejahen zu können, bedarf es einer einheitlichen Übung und der Überzeugung fast aller Marktteilnehmer. So schreibt *Halsbury's Laws of England*[848] zur Frage der Offenkundigkeit, dass die Übung *jeder* Person innerhalb des jeweiligen Verkehrskreises bekannt sein müsse.[849] Ähnlich entschied die Rechtsprechung. Insoweit forderte *Lord Chancellor Buckmaster* in *Strathlorne Steamship Co Ltd v Hugh Baird & Sons Ltd*[850], eine derart bekannte Übung, dass die Angehörigen des jeweiligen Verkehrskreises so zu behandeln seien, als ob sie vertragliche Verpflichtungen stets nur mit der Intention eingingen, diese Übung einzubeziehen.[851] Es müsse dementsprechend einer Zeitverschwendung gleichkommen, deren Inhalt in den Vertrag hineinzuschreiben.[852] In der Entscheidung *Sagar v H Ridealgh & Son Ltd*[853] ging es um eine tatsächliche Übung, die von 85 % der Angehörigen des Verkehrskreises getragen wurde. Das Gericht stellte einen Handelsbrauch fest und bemerkte, dass keine Notwendigkeit bestehe, dass jeder der Übung zustimme. *Lord Justice Lawrence* verwies

---

848 Vol. 12 (1) para 657 mit weiteren Nachweisen.

849 Vgl. auch Plaice v Allcock (1866) 4 F & F 1074; Brown v IRC [1965] AC 244; Danowski v Henry Moore Foundation [1996] EMLR 364.

850 (1916) SC 134.

851 Vgl. auch Plaice v Allcock (1866) 4 F & F 1074; Brown v IRC [1965] AC 244; Strathlorne Steamship Co Ltd v Hugh Baird & Sons Ltd 1916 SC 134, 136.

852 Strathlorne Steamship Co Ltd v Hugh Baird & Sons Ltd 1916 SC 134, 136.

853 (CA) (1931) 1 Ch 310.

insoweit auf die Entscheidung *Ropner & Co v Stoate, Hosegood & Co*[854], in der *Justice Channel* zum Merkmal der Offenkundigkeit ausführte, dass der vertragliche Ausschluss eines Brauchs dessen Bestand nicht in Zweifel ziehe. Erst wenn die Parteien die tatsächliche Übung regelmäßig ausschlossen, stehe dies der Feststellung eines Handelsbrauchs entgegen.

Letztlich dient das Erfordernis der Offenkundigkeit dem Verkehrsschutz. Die Wirkungen eines Handelsbrauchs sollen die Vertragsparteien nur dann treffen, wenn der Handelsbrauch in der Branche oder innerhalb des jeweiligen Verkehrskreises entsprechende Berücksichtigung findet. Lässt ein überwiegender Teil der Beteiligten die tatsächliche Übung als maßgeblich erscheinen, entfaltet sie – losgelöst vom konkreten Einzelfall und in Ermangelung eines Widerspruchs – allein aufgrund der Verkehrserwartung entsprechende Wirkungen. Lehnt ein erheblicher Teil der beteiligten Verkehrskreise die Übung jedoch ab, spricht dies gegen deren Berücksichtigung bzw. Einbeziehung in den Vertrag. Angesichts dieser Zielsetzung wird auch im englischen Recht generell eine Zustimmung von etwa 85 % der beteiligten Verkehrskreise zu fordern sein, was mit den Anforderungen im deutschen Recht durchaus vergleichbar ist. Dort nimmt die Judikatur eine beiderseitige Zustimmung von 75 - 80 % als realistisch an.[855]

4. Rechtsfragen

Der Handelsbrauch als tatsächliche Übung stellt im gerichtlichen Verfahren eine Tatsachenfeststellung dar. Ungeachtet dessen wirft die Feststellung eines Handelsbrauchs jedoch auch rechtliche Fragen auf. Zunächst ist zu prüfen, ob die Übung angemessen und zumutbar, *reasonable*, ist (**a.**).[856] Die Entscheidung, ob eine Übung unangemessen bzw. unzumutbar ist, entscheidet darüber, ob überhaupt von einem Handelsbrauch oder nur von einer (*per se* unverbindlichen) Übung gesprochen werden kann.[857] Darüber hinaus ist zu untersuchen, inwie-

854 92 LT 332.

855 S.o. B. I. 2. b. dd..

856 The Cognac – (Ewen) (1832) 2 Hag Adm 377, 390; Harrison v Universal Marine Insurance Co (1862) 3 F & F 190, 194; Perry v Barnett (1885) 15 QBD 388, 393; Sea Steamship Co v Price, Walker & Co (1903) 8 Com Cas 292; Ropner & Co v Stoate, Hosegood & Co (1905) 92 LT 328, 330; Re Colin Williams (Insurance) Pty Ltd [1975] 1 NSWLR 130, 136.

857 Senior v Armytage (1816) Holt NP 197; Dalby v Hirst (1819) 1 Brod & Bing 224, 226; Bottomley v Forbes (1838) 5 Bing NC 121, 128; Dunbar v Cardiff Philharmonic Music-Hall Co (1893) 9 TLR 461.

weit Kenntnis bei der Feststellung von Handelsbräuchen eine Rolle spielt (**b.**). Schließlich dürfen Handelsbräuche nicht gegen zwingendes Recht verstoßen (**c.**) und müssen mit dem vertraglich geäußerten Willen vereinbar sein (**d.**). Im deutschen Recht beschränkt sich die rechtliche Prüfung auf die letzten beiden Punkte, so dass dort Fragen der Angemessenheit oder der Kenntnis keine eigenen Prüfungspunkte darstellen.

a. Angemessenheit

In *Halsbury's Laws of England* findet sich folgende Aussage zum Merkmal der Angemessenheit eines Handelsbrauchs:

> *The role of reasonableness is not, therefore, to control the parties' own agreement. It is rather that, in the absence of an explicit agreement, usages may only be incorporated into contracts on the basis of implied consent, and no one can be taken to have tacitly consented to something unreasonable.*[858]

Besinnt man sich der dogmatischen Grundlage von Handelsbräuchen im englischen Recht, so wird den beteiligten Kreisen stets die Kenntnis und damit eine zumindest *gemutmaßte* Einwilligung abverlangt. Deshalb nimmt die oben zitierte Aussage nicht wunder, dass die Angemessenheit nicht dazu diene, die Vereinbarung der Parteien zu kontrollieren, sondern vielmehr der Tatsache Rechnung trage, dass Handelsbräuche in Ermangelung einer ausdrücklichen Einbeziehung nur durch eine stillschweigende Einigung in den Vertrag aufgenommen werden können und es deshalb dem vermuteten Willen der Parteien nicht entspreche, einen unangemessenen Handelsbrauch aufzunehmen.

Es gibt zwar abgesehen von rechtlich zwingenden Bestimmungen keinen Grund, weshalb die vertragsschließenden Parteien nicht auch *unvernünftige* Vereinbarungen treffen können, doch erfordert dies stets das Vorliegen einer klaren und unmissverständlichen Einigung.[859] Eine konsolidierte Praxis, die etwa im Widerspruch zum *UCTA 1977* steht, kann also nicht als Handelsbrauch qualifiziert werden.[860] Ist der Brauch hingegen gesetzeskonform, aber dennoch unangemessen, bezeichnet die Rechtsprechung diese Übung begrifflich zwar immer noch als Handelsbrauch, fordert jedoch als Ausgleich ein starkes subjek-

858 Halsbury's Laws of England, Vol. 12 (1), para 659.

859 Halsbury's Laws of England, Vol. 12 (1), para 659.

860 Halsbury's Laws of England, Vol. 12 (1), para 659 mit Angaben folgender Gerichtsentscheidungen: Stewart v West India and Pacific Steamship Co (1873) LR 8 QB 88; Blackburn v Mason (1893) 68 LT 510, CA; Cunliffe-Owen v Teather and Greenwood [1967] 3 ALL ER 561, 573.

tives Element in Form einer unzweideutigen Einwilligung in deren Einbeziehung, einen *Unterwerfungsakt*. Das Merkmal der Angemessenheit verhindert folglich, dass unangemessene Übungen berücksichtigt werden, es sei denn, die Parteien wünschen dies.

Handelt es sich um eine offenkundige Übung und gehören die Parteien dem jeweiligen Verkehrskreis an, wird die Angemessenheit in aller Regel vermutet.[861] Es handelt sich um eine widerlegliche Vermutung[862]: Befolgen fast alle Wirtschaftssubjekte eines Verkehrskreises eine Übung mit Rechtsgeltungswillen, so spricht dieses Verhalten für die Angemessenheit der Übung. Im Umkehrschluss dazu bedarf es immer dann einer positiven Feststellung dieses Merkmals, wenn es sich um eine Übung handelt, die nicht als *notorious* bezeichnet werden kann. Gleiches gilt, wenn eine der Parteien nicht dem jeweiligen Verkehrskreis angehört und damit kein Wirtschaftssubjekt ist, welches mit den vorherrschenden Handelsbräuchen vertraut sein muss. Diese Feststellungen lassen sich auch aus der Entscheidung *Cunliffe-Owen v Teather and Greenwood*[863] ableiten, in der es um die wirksame Ausübung von Optionsrechten an der Londoner Börse und etwaige Schadensersatzforderungen wegen positiver Vertragsverletzung ging. Wegen Unstimmigkeiten über die inhaltliche Ausgestaltung des Optionsvertrages übte der Kläger ohne Mitwirkung seines Börsenmaklers die Option selbst aus, um so die Beklagten zum Kauf zu zwingen. Die Beklagten lehnten die Ausübung als unwirksam ab, da es einem Handelsbrauch zufolge nur den Mitgliedern der Londoner Börse erlaubt sei, Optionen auszuüben.[864] Das Gericht entschied, dass der Handelsbrauch offenkundig sei, so dass er nicht als unangemessen beurteilt und die stillschweigende Einbeziehung vermutet werden könne.[865] Gleiches folgt auch aus der Entscheidung *Produce Brokers Co Ltd v Olympia Oil and Cake Co Ltd*[866]. Es ging um die Angemessenheit eines Handelsbrauchs, der die Gefahrtragung bei einem Distanzkauf regelt und der stets zur Anwendung kam, wenn die Parteien ihrem Vertrag die Bedingungen der *Oil*

---

861 Strathlorne Steamship and Co v Baird & Sons (1916) SC 134, 136.

862 Der Fall Sweeting v Pearce belegt dies: Es ging um einen Handelsbrauch, der es dem Versicherer im Versicherungsfalle ermöglichen sollte, gegen Forderungen des vom Versicherungsnehmer beauftragten Maklers aufzurechnen und so von seiner Verpflichtung gegenüber seinem eigentlichen Vertragspartner frei zu werden. Das Gericht erklärte im Hinblick auf das Erfordernis der Kenntnis, dass eine Bindungswirkung selbst dann entfalle, wenn der Handelsbrauch allgemein bekannt, jedoch unangemessen ist und der Betroffene nach Ansicht der Geschworenen keine Kenntnis besitzt.

863 [1967] 1 WLR 1421.

864 Cunliffe-Owen v Teather and Greenwood [1967] 1 WLR 1421, 1437.

865 Cunliffe-Owen v Teather and Greenwood [1967] 1 WLR 1421, 1456.

866 [1916] 2 KB 296.

Seed Association zugrunde legten. Der Brauch führte dazu, dass die Leistungsgefahr mit Konkretisierung der Ware und deren ordnungsgemäßer und wirksamer Anzeige auf den Käufer überging, so dass der Verkäufer schon vor der Übergabe von seiner Leistungsgefahr befreit wurde. Die beklagten Käufer machten geltend, dass der Brauch im Widerspruch zu den niedergeschriebenen Vertragsinhalten stehe und der Brauch darüber hinaus unangemessen sei. Doch der *Court of Appeal* blieb in der Rechtsmittelinstanz von diesen Ausführungen unbeeindruckt und hielt den Handelsbrauch deshalb für angemessen, weil eine Vielzahl der Kaufleute diesem gemäß handelten.[867] Der Handelsbrauch stelle eine gerechte Aufteilung der Leistungs- und Preisgefahr zwischen den Parteien dar und sei damit ein vertragsinterpretierender Brauch, der dem Vertrag keinesfalls widerspreche.[868] Ebenso entschied das *House of Lords* in *Robins Goodwin v Henry Christopher Robarts and Others*[869] als es die Angemessenheit anhand der generellen Anerkennung unter Käufern und Verkäufern feststellte und dieses Indiz als zwingenden Beweis wertete.[870]

Fraglich ist nun, was genau unter dem Begriff der *Unangemessenheit* zu verstehen ist, wann die Gerichte in die Privatautonomie eingreifen, weil eine Regelung *nicht angemessen* erscheint. Es handelt sich hierbei um einen unbestimmten Rechtsbegriff, der zunächst einer inhaltlichen Ausgestaltung bedarf. So wurde in *Paxton v Courtnay*[871] bestimmt, dass ein Handelsbrauch als angemessen gelte, sofern er fair und gut sei und ein vernünftiger, objektiver Dritter diesem folgen würde.[872] In der Vergangenheit wurde das Merkmal der Angemessenheit recht unterschiedlich verstanden und führte teilweise sogar dazu, dass Richter eigene Zweckmäßigkeitserwägungen anstrebten.[873] Von derart subjektiven Erwägungen sollte die Feststellung von Handelsbräuchen jedoch nicht abhängig sein. Vielmehr ist auch das Merkmal der Angemessenheit objektiv zu bestimmen. So ist ein Handelsbrauch immer dann als *unangemessen* anzusehen,

867 Produce Brokers Co Ltd v Olympia Oil and Cake Co Ltd [1916] 1 KB 320, 328.

868 Produce Brokers Co Ltd v Olympia Oil and Cake Co Ltd [1916] 1 KB 320, 329.

869 (1875) LR 10 EXch 337.

870 Robins Goodwin v Henry Christopher Robarts and Others (1875) LR 10 EXch 337, 353. Das Gericht umschrieb die Angemessenheit als public convenience.

871 (1860) 2 F & F 131; bestätigt in Produce Brokers Co Ltd v Olympia Oil and Cake Co Ltd [1916] 2 KB 296, 298.

872 Paxton v Courtnay (1860) 2 F & F 131; Produce Brokers Co Ltd v Olympia Oil and Cake Co Ltd [1916] 2 KB 296, 298.

873 Halsbury's Laws of England, Vol. 12 (1), para 659; Wright, 26 Col Law Review, 917 (Fn. 1).

wenn er einseitig[874] ist (**aa.**) oder gegen tragende Grundprinzipien verstößt[875] (**bb.**). Aus dieser negativen Abgrenzung lässt sich im Umkehrschluss die Angemessenheit ableiten. (**cc.**).

aa. Einseitig begünstigende Übungen

Einseitige Übungen zeichnen sich dadurch aus, dass eine beträchtliche Anzahl von Geschäftsleuten stets eine Seite des Handelsgeschäfts repräsentiert und aufgrund ihrer Position eine Übung aufstellt, die ausschließlich ihren Interessen dient, ohne dabei gegen positives Recht zu verstoßen. Diese Konstellation ist etwa anzunehmen, wenn die Klausel einer Handelsorganisation sich auffällig zum Vorteil einer Partei geriert. Die *London Wharfingers Clause* könnte insoweit als Beispiel dienen. Diese enthält eine sehr weitreichende Freizeichnung und findet sich in vielen Vertragsformularen von Handelsorganisationen wieder.[876] Rechtlich bestehen gegen die Klausel keine Bedenken, so dass sie in den Vertrag aufgenommen werden kann. Doch um diese Regelung auch *qua* Handelsbrauch in den Vertrag einzubeziehen, müsste sie das Kriterium der Angemessenheit erfüllen, was bei einer so weitgehenden Freizeichnung auszuschließen sein dürfte.[877] Verneinte man folglich die Angemessenheit, könnte die Übung nur noch Wirkungen entfalten, wenn die vertragsschließenden Parteien entsprechende Kenntnis hatten.

Auch Praktiken, die zum Beispiel einem Makler eine doppelte Provision, das heißt Zahlungsansprüche von beiden Vertragsparteien, zubilligen, sind von den Gerichten als einseitig abgelehnt worden und konnten deshalb nicht *qua* Handelsbrauch in den Vertrag einbezogen werden.[878] Einseitige Regelungen

---

874 Robinson v Mollett (1875) LR 7 HL 802, 818; Devonald v Rosser & Sons [1906] 2 KB 728, 743 (jedoch handelt es sich um einen Brauch im Arbeitsrecht); Bank of India v Patel [1982] 1 Lloyd's Rep 506, 516.

875 Robinson v Mollett (1875) LR 7 HL 802, 818; vgl. auch Attorney General v Lindegren (1819) 6 Price 287, 311; Leuckhart v Cooper (1836) 3 Bing NC 99 107, 109; Produce Brokers Co Ltd v Olympia Oil and Cake Co Ltd [1916] 2 KB 296, 301; Fullwood v Hurley [1928] 1 KB 498, 504; North and South Trust Co v Berkeley [1971] 1 WLR 470, 482.

876 Andrewartha/Stone, 35 J Mar L & Com (2004) 369, 372 f..

877 Young v WM Smith & Son (1948) 81 Lloyd's Law Rep 274, 276. Seit 1977 würde diese Klausel auch nach dem UCTA 1977 bewertet und unter Umständen für unwirksam erklärt werden. Siehe auch unten bei C. III. 2. c..

878 Fullwood v Hurley [1928] 1 KB 498; Anglo-African Merchants Ltd v Bayley [1970] 1 QB 311, 323; North and South Trust Co v Berkeley [1971] 1 WLR 470; Pryke v Gibbs Hartley [1991] 1 Lloyd's Rep 602, 615; Halsbury's Laws of England, Vol. 12 (1), para 676.

sind im Rahmen der Vertragsfreiheit zwar ohne weiteres möglich,[879] doch kommt es zu einem Rechtsstreit, muss sich die Partei, zu deren Gunsten die Übung wirkt und auf die sie sich beruft, eine etwaige Unangemessenheit entgegenhalten lassen und fürchten, dass die Übung nicht berücksichtigt wird.[880]

bb. Verstoß gegen tragende Grundprinzipien

Ungeachtet einseitiger Übungen wird ein Gericht einen vermeintlichen Handelsbrauch immer dann als unangemessen ablehnen, wenn er gegen wesentliche Grundprinzipien des englischen Rechts verstößt.[881] Inwiefern das Gericht damit berechtigt ist, eine richterliche Vertragskorrektur vorzunehmen, wird in der englischen Rechtsprechung unterschiedlich aufgefasst.[882] In der bereits erwähnten[883] Entscheidung *Sweeting v Pearce*[884] legt das Gericht das Merkmal der Angemessenheit dahingehend aus, dass die angeführte Übung allgemein anerkannten Prinzipien nicht zuwiderlaufen dürfe.[885] So entschied das Gericht, dass ein vermeintlicher Handelsbrauch bei *Lloyd's of London*[886] des Inhalts, dass eine Aufrechnung des Versicherers gegen den Versicherungsmakler als vertragliche Erfüllung möglich sei und damit ein Schuldnerwechsel bewirkt würde, mangels Angemessenheit nicht zur Anwendung kommen könne. Die Berücksichtigung einer derartigen Übung wäre nur denkbar, wenn der Versicherungsnehmer Kenntnis von der Übung hätte. Denn die Berechtigung des Maklers eine fremde Geldforderung geltend zu machen, beschränke sich darauf, das Geld einzufordern und nicht etwa, eine andere Art der Erfüllung zu akzeptieren. Der vermeintliche Brauch würde dieser Befugnis jedoch zuwiderlaufen und widerspreche damit der rechtlichen Vermutung, dass die Erfüllung *per se* nur durch Leistung der fälligen Geldsumme bewirkt werden könne.[887] Infolgedessen wurde diese Praxis für unangemessen befunden und ihre Anwendung abgelehnt. Zwar ließ sich die Übung mit dem geltenden Recht vereinbaren, doch wich sie von den

---

879 Anglo-African Merchants Ltd v Bayley [1970] 1 QB 311, 323.

880 Robinson v Mollett (1875) LR 7 HL 802, 818; Anglo-African Merchants Ltd v Bayley [1970] 1 QB 311; vgl. auch North and South Trust Co v Berkeley [1971] 1 All ER 980.

881 Salmond/Williams, Salmond on Jurisprudence, S. 246, para 70 (Fn. h).

882 Vgl. Halsbury's Laws of England, Vol. 12 (1), para 659.

883 Fn. 862.

884 (1861) 9 CBNS 534, 540, 541.

885 Halsbury's Laws of England, Vol. 12 (1), para 659.

886 Es handelt sich hierbei um einen internationalen Versicherungsmarkt, d.h. um eine Börsenplattform.

887 Sweeting v Pearce (1861) 9 CBNS 534, 540, 541

rechtlichen Grundprinzipien ab, so dass die Kenntnis der Parteien bei Vertragsschluss nicht vermutet werden konnte.

Im Fall *Bradburn v Foley*[888] ging es darum, wer bei einem Pächterwechsel die Ausgaben des Altpächters für die Bewirtschaftung des gepachteten Landes tragen sollte. Dem Handelsbrauch gemäß sollte der Neupächter die Ausgaben seines Vorgängers tragen und nicht etwa der Grundherr. Beide potenziellen Anspruchsgegner verweigerten sich jedoch einer etwaigen Verpflichtung, so dass der Altpächter klagte. Der Grundherr verteidigte sich mit einem vermeintlichen Handelsbrauch, der seine vertragliche Verpflichtung für den Fall ausschloss, dass ein zeitlich unmittelbar erfolgender Pächterwechsel stattfand. Dieser wurde zwar erst- und zweitinstanzlich als tatsächlich existent beurteilt, jedoch sprach sich das Rechtsmittelgericht gegen dessen rechtliche Wirksamkeit aus. Der *Divisional Court* argumentierte, dass es bereits an einer vertraglichen Beziehung zwischen den Pächtern fehle, die aber für die Anwendung eines Handelsbrauches Grundvoraussetzung sei. Darüber hinaus stehe der mutmaßliche Handelsbrauch im Widerspruch zu einem gewohnheitsrechtlich anerkannten Grundsatz, wonach der Grundherr verpflichtet sei, die Unkosten des Altpächters zu kompensieren. Schließlich und entscheidend stellte das Gericht fest, dass der vermeintliche Brauch den Interessen von Grundherr und Pächter zuwiderliefe. Denn ein skrupelloser Verpächter würde einen insolventen neuen Pächter suchen, mit dem er einen kurzzeitigen Vertrag schließe, so dass er aus seiner Verpflichtung befreit wäre und der Altpächter aufgrund der Zahlungsunfähigkeit seines Nachfolgers leer ausgehe. In der Konsequenz bewirtschaftete der Altpächter das Land gegen Vertragsende schlechter, damit er seine eigenen Kosten möglichst gering halte.[889] Die Abwägung der betroffenen Interessen führte dazu, dass der Brauch als unangemessen abgelehnt wurde. Das Gericht strebt bei der Beurteilung der (*Un-*)Angemessenheit stets nach einer interessengerechten Lösung, ohne die Zweckmäßigkeit der vertraglichen Vereinbarung inhaltlich zu bewerten.[890] Dies belegt auch der Fall *Bank of India v Patel*[891]. Das Gericht konnte den vermeintlichen Handelsbrauch deshalb nicht feststellen, weil er gegen tragende Prinzipien des englischen Rechts verstoßen hätte. Nach Ansicht des Gerichts hätte dessen Anwendung dazu geführt, dass ein Vertragsschluss in Ermangelung einer schriftlichen Bestätigung hätte verneint werden müssen ungeachtet einer *de facto* bestehenden mündlichen Zusage.[892]

---

888 (1878) 3 CPD 129.

889 Bradburn v Foley (1878) 3 CPD 129, 134, 135.

890 Vgl. Dalby v Hirst (1819) 1 Brod & Bing 224, 236.

891 [1982] 1 Lloyd's Rep 506.

892 [1982] 1 Lloyd's Rep 506, 516.

cc. Schlussfolgerungen und Bewertungen

In den vorgestellten Fällen fehlte es entweder an der Offenkundigkeit der tatsachlichen Übung oder an einer gemeinsamen Zugehörigkeit der Parteien zu dem jeweiligen Verkehrskreis. Ob eine Regelung als angemessen oder in ihren Auswirkungen als unangemessen zu beurteilen ist, hängt auch – losgelöst von dem konkreten Fall – von dem jeweiligen Vertragstypus und dessen Zwecksetzung ab. Als Grenze des wirtschaftlich Unvernünftigen fungiert nicht mehr nur das rechtlich Zulässige, sondern darüber hinaus eine Abwägung der Interessen, wenn auch nicht unbedingt am zu entscheidenden Einzelfall orientiert. Dies belegt auch der Fall *A/S Sameiling v Grain Importers Eire Ltd*[893]. Darin ging es um das Bestehen eines Handelsbrauchs, der eine Kostenregelung bei loser Ware vorsieht, die verschifft und aufgeteilt werden sollte. Normalerweise ist der Reeder verpflichtet, die Ware so abzuliefern, wie er sie entgegengenommen hat. Die Empfänger können demnach nicht verlangen, dass die lose Ware bzw. das Schüttgut zunächst eingetütet wird. Dies ist Sache der Empfänger nach Abladung der Ware. Der angeführte Handelsbrauch modifiziert diese Verpflichtung, indem er es den Empfängern erlaubt, das Gut an Bord einzutüten und die Abladung den Reedern überlässt, die Kosten dafür jedoch hälftig zwischen Reeder und Empfänger aufteilt. Das Gericht beurteilte diesen Handelsbrauch als angemessen, da der Empfänger von dem Eintüten an Bord profitiere, so dass eine teilweise Kostentragung gerechtfertigt sei.[894] Außerdem wurde die Angemessenheit damit begründet, dass der Handelsbrauch dem Gemeinwohl entspreche.[895] Diese Rechtsprechung setzt die in *Leuckhart v Cooper*[896] aufgestellten Grundsätze nahtlos fort. In der Entscheidung wurde ein behaupteter Handelsbrauch als unangemessen abgelehnt, weil er sich aus englischer Sicht nachteilig auf den internationalen Handel auswirke und damit ausländische Händler abschrecke.[897]

Im Rahmen der Angemessenheit wird folglich zunächst geprüft, inwieweit die Übung offenkundig ist und die Parteien dem jeweiligen Verkehrskreis angehören. Handelt es sich um eine allseitige, allgemein bekannte Übung, wird die Angemessenheit ähnlich wie im deutschen Recht bei branchenüblichen AGB-

893 [1952] 2 All ER 315.

894 A/S Sameiling v Grain Importers Eire Ltd [1952] 2 All ER 315, 316.

895 Wigglesworth v Dallison (1779) 1 Doug KB 201, 207; Hankey v Jones (1778) 2 Cowp 745, 750; Goodwin v Robarts (1875) LR 10 Exch 337, 353; Tucker v Linger (1883) 8 App Cas 508.

896 (1836) 3 Bing NW 99.

897 Leuckhart v Cooper (1836) 3 Bing NW 99, 107.

Klauseln regelmäßig vermutet, nicht jedoch fingiert. Eine detaillierte Prüfung erübrigt sich damit. Erfüllt die angeführte Übung diese Anforderung nicht, kann sie nur dann zwischen den Vertragsparteien Wirkung entfalten, wenn die Angemessenheit gesondert festgestellt worden ist. Es findet insoweit eine inhaltliche Prüfung der angeführten Übung statt. Als Grundregel gilt, dass eine unangemessene Individualvereinbarung in der Gestalt eines Brauches niemals angemessen sein kann.[898]

Im Gegensatz dazu wird im deutschen Recht auf eine inhaltliche Kontrolle von (festgestellten) Handelsbräuchen verzichtet. Fragen nach der Sinnhaltigkeit oder Angemessenheit eines Handelsbrauchs verkennen dessen Funktion als unbedingtes Auslegungsmittel.[899] Wurde eine entsprechende Übung festgestellt, findet eine weitergehende Prüfung nur anhand des zwingenden Rechts statt. Ist sie damit unvereinbar, kann sie keinerlei rechtliche Wirkungen mehr entfalten. Wird dagegen im *common law* die rechtliche Angemessenheit einer Übung widerlegt, ist eine vertragliche Einbeziehung nur denkbar, sofern der nachfolgend darzustellende Unterwerfungswille festgestellt werden kann.

b. Unterwerfungswille

Die bisherige Untersuchung hat ergeben, dass eine einheitliche, offenkundige und mit Rechtsüberzeugung praktizierte Übung in der Regel angemessen ist. In der Folge wird der Unterwerfungswille der Parteien als Angehörige des jeweiligen Verkehrskreises unwiderleglich vermutet. Es kann in diesem Fall davon ausgegangen werden, dass die Parteien in Kenntnis dieser Übung den zugrundeliegenden Vertrag geschlossen haben. Die Ausführungen zur rechtlichen Natur eines Handelsbrauchs haben bereits ergeben, dass dieser stets in Abhängigkeit zu einem Vertrag und damit auch im Zusammenhang mit der Kenntnis der Parteien steht. Es ist jedoch ebenso deutlich geworden, dass keineswegs eine *tatsächliche* Kenntnis vom Bestehen dieses Brauches erforderlich ist.[900] Liegen die zuvor dargestellten Merkmale eines Handelsbrauchs vor, so reicht eine *hypothetische* Kenntnis aus. Der *Unterwerfungswille* der Parteien wird mithin fingiert, *they will be deemed to have submitted to be bound by it, even though they allege*

---

898 Grissell v Bristowe (1868) LR 4 CP 36, 47; vgl. Mousley v Ludlam (1851) 21 LJQB 64, 65.

899 BGH, NJW 1964, 1365, 1366.

900 Halsbury's Laws of England, Vol. 12 (1), para 657 mit Angabe folgender Gerichtsentscheidungen: Strathlorne Steamship Co Ltd v Hugh Baird & Sons Ltd 1916 SC 134, 136; Bank of India v Patel [1982] 1 Lloyd's Rep 506, 515.

that they were ignorant of its existence.[901] Die erforderliche Kenntnis kann somit bei weit verbreiteten Übungen, *notorious usages*, unwiderleglich vermutet werden, wenn die Parteien Angehörige des jeweiligen Verkehrskreises sind.

Diesen Grundsatz belegt die Entscheidung *Buckle v Knoop and Others*[902], in der es um die Frachthöhe einer verschifften Ladung Baumwolle von Bombay nach Liverpool ging. Der Rohstoff wurde vor seiner Verschiffung in Bombay starkem Hydraulikdruck ausgesetzt, um ihn für die Fahrt volumenmäßig zu verkleinern. Am Bestimmungshafen wurde die Baumwolle entladen und erreichte wieder ihre natürlichen Ausmaße. Der Reeder forderte Fracht für die Baumwolle am Bestimmungshafen, der beklagte Kaufmann berief sich jedoch auf einen Handelsbrauch in Bombay, dessen Inhalt nach der Umfang des Rohstoffs am Verschiffungshafen die Frachthöhe bestimmte. Eine tatsächliche Kenntnis von dem vermeintlichen Handelsbrauch musste nicht bewiesen werden. Das Gericht entschied, dass die Kenntnis der Parteien vermutet werden könne, da der Handel zwischen London und Bombay über die Existenz des Brauchs hinreichend unterrichtet und die Übung mithin offenkundig sei.[903]

Ähnliches ergibt sich aus *Holderness v Collinson*[904]. Es ging um die Problematik eines erweiterten Zurückbehaltungsrechts – vergleichbar der Regelung in § 464 HGB – im Verhältnis zwischen Stauer und Eigentümer der zu entladenden Güter. Das Gericht führte hierzu aus, dass die Geltung von Handelsbräuchen regional zwar divergiere, aber ein Handelsbrauch, der allgemein üblich sei, als bekannt vorausgesetzt werde und das Bestreiten mit Nichtwissen nicht vor dessen Anwendung schützen könne. Die Kenntnis werde insoweit generell und *un*widerleglich vermutet.[905] Sobald jedoch Zweifel am Bestehen der jeweiligen Übung, deren Reichweite oder inhaltlicher Ausformung aufkämen, könne kein Handelsbrauch angenommen werden. Die Übung könne zu Vertragsauslegung nur herangezogen werden, wenn die Kenntnis beider Parteien und damit auch

901 Halsbury's Laws of England, Vol. 12 (1), para 672.

902 (1867) LR 2 Exch. 125.

903 Buckle v Knoop and Others (1867) LR 2 Exch. 125, 129.

904 (1827) 7 B & C 212.

905 Halsbury's Laws of England, Vol. 12 (1), para 672 mit Angaben folgender Gerichtsentscheidungen: Rushforth v Hadfield (1806) 7 East 224, 228, 230; Todd v Reed (1821) 2 Stark 16; Swell v Corp (1824) 1 C & P 392; Gabay v Lloyd (1825) 3 B & C 793; Holderness v Collinson (1827) 7 B & C 212, 216; Bleaden v Hancock (1829) 4 C & P 152; Rainy v Vernon (1840) 9 C & P 559; Pollock v Stables (1848) 12 QB 765; Buckle v Knoop (1867) LR 2 Exch 125, 129; Foxall v International Land Credit Co (1867) 16 LT 637; Robinson v Mollett (1875) LR 7 HL 802; Nelson v Dahl (1879) 12 ChD 568, 575; Young v WM Smith & Son (1948) 81 Ll L Rep 274, 276; Cunliffe-Owen v Teather Greenwood [1967] 3 All ER 561.

die konkludente Einwilligung in die vertragliche Einbeziehung jener konsolidierten Praxis eindeutig feststellbar sei.[906]

Der restriktive Umgang mit der fingierten Kenntnis dient vornehmlich Verkehrsschutzaspekten. Auf diese Weise wird gewährleistet, dass die Wirkungen eines Handelsbrauchs nur solche Personen treffen, die von dessen Existenz hätten Kenntnis haben müssen. Personen, die einer bestimmten Branche angehören, müssen sich deshalb regelmäßig nicht mit den Handelsbräuchen und Gepflogenheiten anderer Handelszweige oder gar anderer Länder auseinandersetzen. Die Kenntnis kann nur dann unwiderleglich vermutet werden, wenn die jeweilige Übung allgemein anerkannt, *notorious*, ist und die Beteiligten dem jeweiligen Geltungsbereich angehören. Externe müssen demzufolge einen Handelsbrauch außerhalb ihres Verkehrskreises nur dann gegen sich gelten lassen, wenn sie mit den anderswo vorherrschenden Bräuchen vertraut sind oder dies zumindest sein sollten,[907] wenn auf Handelsbräuche explizit verwiesen wird oder Versicherer als Vertragspartei auftreten. Darüber hinaus entfaltet er keinerlei Bindungswirkung.[908] Primär dient die Voraussetzung der Kenntnis mithin als Stellwerk. Ist die Übung innerhalb eines bestimmten Geltungsbereichs offenkundig und deren Befolgung anerkannt, wird die Kenntnis innerhalb des jeweiligen Verkehrskreises *per se* vermutet.

Kann die Offenkundigkeit jedoch nicht hinreichend festgestellt werden oder soll der Handelsbrauch außerhalb seines Geltungsbereichs bei der Auslegung von Verträgen bemüht werden, wachsen die Anforderungen an die Kenntnis. Eine Vermutung schickt sich in diesen Fällen nicht mehr an, so dass das Vorliegen der Kenntnis auf beiden Seiten bewiesen werden muss. Ähnliches gilt für Übungen, die als unangemessen zu beurteilen sind.

Es bleibt festzuhalten, dass für die Annahme eines Handelsbrauchs entweder bereits hypothetische Kenntnis und damit ein *Kennenmüssen* ausreichen kann oder aber sogar tatsächliches Wissen vorliegen muss.[909] Eine Fiktion setzt eine offenkundige, nicht unangemessene Übung voraus, die von den beteiligten Kreisen mit Rechtsgeltungswillen befolgt werden muss. Ist die Übung nicht offenkundig oder fällt eine der Vertragsparteien aus dem Geltungsbereich der Übung heraus, scheitert die Feststellung eines Handelsbrauchs, es sei denn die Parteien haben sich dieser Übung tatsächlich unterworfen. Gleiches gilt im Hinblick auf eine unangemessene Übung. Ist die Übung unangemessen, so kann sie die ver-

906 Holderness v Collinson (1827) 7 B & C 212, 216.

907 Bartlett v Pentland (1830) 10 B & C 760, 770.

908 Gabay v Lloyd (1825) 3 B & C 793, 797.

909 Vgl. Grissell v Bristowe (1868) LR 3 CP 112, 128; Nelson v Dahl (1879) 12 ChD 568, 575; Young v WM Smith & Son (1948) 81 Ll L Rep 274, 276; Cunliffe-Owen v Teather and Greenwood [1967] 3 All ER 561, 573.

traglichen Beziehungen nicht mehr kraft hypothetischen Unterwerfungswillens beeinflussen, wohl aber, sofern sich die Parteien der Übung tatsächlich unterworfen haben.

c. Rechtmäßigkeit

Schließlich muss die Übung rechtmäßig sein, das heißt sie darf nicht gegen zwingendes Recht verstoßen. Ein Brauch kann insoweit keine Rechte und Pflichten begründen, gestalten oder beeinträchtigen, die über die individualvertragliche Regelungsbefugnis der Parteien hinausgehen. So ist eine konsolidierte Praxis, die dem Inhalt eines Parlamentsgesetzes zuwiderläuft,[910] ebenso unwirksam wie eine Übung, die dem gemeinen Recht, dem *common law*, entgegensteht.[911] Denn ein Handelsbrauch kann das zwingende Recht nicht ändern oder modifizieren. Unter den Begriff des zwingenden Rechts fallen dann auch allgemeingültige Bräuche, die von den Gerichten rezipiert worden sind und als *law merchant* einen Teil des gemeinen Rechts, des *common law*, bilden.[912] Sie können das *common law* verändern, indem langfristig von zwingenden Prinzipien abgewichen wird. Dies ist etwa im 18. Jahrhundert geschehen, als es verstärkt um die Frage ging, wann Wertpapiere handelbar sind. Insoweit wurde von den eng umschriebenen Voraussetzungen des *common law* konsensual abgewichen und es bildeten sich im Laufe der Zeit *universal usages* heraus, die das geltende Recht erweiterten.[913]

d. Vereinbarkeit mit dem vertraglich geäußerten Willen

Obgleich die Frage nach der Natur des Vertrages, *nature of the contract*, und deren Vereinbarkeit mit der jeweiligen Übung, *consistency with the contract*, teilweise mit dem Kriterium der Angemessenheit verwechselt wird, handelt es sich bei diesem Themenkomplex um gesonderte, bei der Anwendbarkeit eines Handelsbrauchs zu beachtende Umstände.[914] Zwar gibt es Entscheidungen, wie

---

910 Ex Parte Aynsworth (1799) 4 Ves 678.

911 Meyer v Dresser (1864) 16 CBNS 646, 660, 667 ff..

912 Goodwin v Robarts (1875) LR 10 Exch 337, 357 (das Wort allgemeingültig ist in dem Urteil nicht enthalten, es dient jedoch der Betonung und Unterscheidbarkeit).

913 Halsbury's Laws of England, Vol. 12 (1), para 661, 664.

914 Ebenso Anson/Guest, Anson's Law of Contract, S. 128; Salmond/Williams, Principles of the Law of Contracts, S. 39; vgl. dies., Salmond on Jurisprudence, S. 239; a.A. Schmidt-Kessel, ZVglRWiss 96 (1997), 101, 128; unklar Treitel/Peel, The Law of Contract, S. 236, para 6-047.

beispielsweise *Leopold Walford (London) Ltd v Les Affréteurs Réunis Société Anonyme*[915], die eine Übung als *unangemessen* beurteilen, durch die die übrigen ausdrücklichen oder stillschweigend vereinbarten Vertragsinhalte negiert würden, doch lässt diese Begründung keinesfalls den Rückschluss zu, dass die Frage der Angemessenheit anhand der vertraglichen Zielsetzung beurteilt werden müsste. Das Gericht lehnte den vermeintlichen Handelsbrauch zwar als unangemessen ab, doch bezog es sich nicht primär auf die Natur des Vertrages. Vielmehr sprach es sich generell gegen die Feststellung eines Handelsbrauchs aus, der im Ergebnis die Vertragsfreiheit unterminiert.[916]

Es handelt sich bei Handelsbräuchen um ein Auslegungsmittel, dessen Anwendung nicht den ausdrücklich getroffenen vertraglichen Abreden zuwiderlaufen darf. Denn es muss stets möglich sein, der Einbeziehung eines Handelsbrauchs zu widersprechen oder ihr vertraglich entgegenzuwirken. So kann ein Handelsbrauch zwar allen oben bereits erörterten Anforderungen gerecht werden, aber dennoch mit der Natur des Vertrages[917] oder mit dessen Beschaffenheit[918], unvereinbar und damit unanwendbar sein. Denn Handelsbräuche gelten als stillschweigend vereinbarte Vertragsinhalte und werden als solche in den Vertrag hineingelesen. Dadurch dürfen aber nicht die zweifelsfrei ermittelten und nicht auslegungsbedürftigen Vertragsinhalten in Frage gestellt werden. Deshalb ist stets die Vereinbarkeit mit den übrigen vertraglichen Inhalten zu prüfen.

5. Vertragliche Vereinbarung

Sollte die obigen Voraussetzungen nicht allesamt vorliegen, seht es den Parteien dennoch frei, sie *qua* Vereinbarung in die jeweilige Vertragsbeziehung einzubeziehen.[919] Dies lässt sich aus der Entscheidung *Salvador v Hopkins* [920] ableiten. Die Versicherungspolice rekurrierte ausdrücklich auf die geltenden Handelsbräuche. Das Gericht entschied daher, dass sich die Verpflichtungen der Ver-

915 [1918] 2 KB 498.

916 Leopold Walford (London) Ltd v Les Affréteurs Réunis Société Anonyme [1918] 2 KB 498, 507.

917 Treitel/Peel, The Law of Contract, S. 236, para 6-047.

918 London Export Corp v Jubilee Coffee Roasting Co (1958) 1 WLR 661, 675; Walton (Grains & Shipping) Ltd v British Italian Trading Co Ltd (1959) 1 Lloyd's Rep 223, 234; vgl. Kum v Wah Tat Bank Ltd (1971) 1 Lloyd's Rep 439.

919 Bottomley v Forbes (1838) 5 Bing NC 121; Cuthbert v Cumming (1855) 11 Exch 405; Pust v Dowie (1864) 5 B & S 20.

920 (1763) 3 Burr 1707.

tragsparteien nicht nur aus den Bedingungen der Police ergaben, sondern zusätzlich und gleichermaßen die geltenden Bräuche berücksichtigt werden sollten.[921] Ähnliches ergibt sich aus der Entscheidung *Stewart and Others v The West India and Pacific Steamship Company*[922]. Hierbei ging es um die Frage, ob es sich bei den Schadensposten des klagenden Reeders um eine große Haverei, der sogenannten *general average*, handelte, die diesem dann von dem beklagten Ladungsbeteiligten zu erstatten wären. Der Beklagte berief sich auf einen Handelsbrauch, welcher den erlittenen Schaden als von der großen Haverei nicht erfasst behandelte. Das Gericht führte hierzu aus, dass die Bedingungen für die Anwendung der Regeln der großen Haverei nach dem geltenden Recht, also dem *common law*, zwar gegeben seien, denn das Schiff und später auch die Ladung fingen ohne Verschulden der Mannschaft Feuer und die Wasserschäden seien als unmittelbare Folge der Gefahrenabwendung anzusehen. Außerdem seien durch die Gefahrabwendung die übrigen Teile der Ladung auch unversehrt geblieben. Schließlich seien sowohl die Gefahr als auch die Kosten der Abhilfe als gewöhnlich einzustufen gewesen. Dennoch musste der Anspruch verneint werden, weil die Beteiligten in ihrem Vertrag ausdrücklich bestimmt hatten, dass die Handelsbräuche der *Dispacheure* berücksichtigt werden sollten. Diese spezialisierten Sachverständigen ermitteln nicht nur die durch Aufopferung entstandenen Schäden, sondern erstellen auch einen Verteilungsplan, aus dem hervorgeht, welche Schadensquote die Beteiligten jeweils zu tragen haben. In England bestand unter den *Dispacheuren* ein Handelsbrauch des Inhalts, dass ein Wasserschaden, so wie er sich in der oben beschriebenen Art und Weise zugetragen hat, nicht als große Haverei behandelt wird. Ungeachtet dieser nicht nachvollziehbaren Differenzierung zwischen den einzelnen Gefahrensituationen, hat das Gericht den Vertrag aufgrund der vertraglichen Bezugnahme entsprechend ausgelegt und damit eine Erstattung der durch Aufopferung entstandenen Kosten verneint.[923]

In *Russian Steam-Navigation Trading Co v Silva*[924] verwies der Verkäufer im Konnossement bei der Frachtgebühr darauf, dass die besagten Güter zahlbar bei Lieferung seien, die 20 Zentner (Bruttogewicht) Schmiere zum Satz von 80 Sterling pro Zentner, andere Güter, Getreide oder Saatgut sich nach den London Baltic Gebühren richteten. Der beklagte Kaibesitzer, der die eingelagerte Wolle

921 Der Verweis auf bestehende Handelsbräuche bedeutet gerade nicht, dass Klauseln, die Handelsbräuche inhaltlich wiedergeben, in den Vertrag aufgenommen wurden. Der Verweis schließt bei der Auslegung lediglich ausdrücklich alle geltenden Handelsbräuche mit ein.

922 (1873) LR 8 QB 88.

923 Stewart v West India and Pacific Steamship Co (1873) LR 8 QB 88, 95.

924 (1863) 13 CBNS 610.

an den Käufer gegen Zahlung der Frachtgebühr herausgab, verstand diesen Teil des Konnossements dahingehend, dass die 80 Sterling pro Zentner die Gebühren für die Wolle darstellten. Die klagenden Verkäufer forderten jedoch eine viel höhere Gebühr. Denn ihre Auslegung der Worte 80 Sterling pro Zentner Schmiere ergab, dass die Schmiere den Maßstab für den Frachtsatz aller anderen Güter darstellen sollte, und nicht wie der Beklagte fälschlicherweise annahm, den für die Fracht zu bezahlenden Betrag ausmachte. Diese Interpretation wurde von mehreren Kaufleuten als allgemein anerkannt und üblich bestätigt. Das Gericht entschied zugunsten der Kläger, so dass die Beklagte die Zulassung eines Rechtsmittels ersuchte. Zwar hatte ein Richter für die Position der Beklagten Partei ergriffen, indem er nur die Personen an einen Handelsbrauch binden wollte, die in dem jeweiligen Handelszweig auch bewandert seien. Eine Bindung sei nur dann gerechtfertigt, wenn vernünftigerweise angenommen werden könne, dass die Parteien vertraglich auf den jeweiligen Brauch rekurrierten.[925] Die übrigen zur Entscheidung berufenen Richter entschieden jedoch mehrheitlich, dass der Beklagte, der an das Konnossement vertraglich gebunden war, verpflichtet gewesen sei, sich dessen wahrer Bedeutung zu versichern. Das Konnossement sei im Hinblick auf die Gebühren vage, so dass der Beklagte sich über dessen wahren Bedeutungskern hätte informieren müssen. Er habe diese Sorgfalt jedoch nicht walten lassen, so dass der Einwand der fehlenden Kenntnis von der Üblichkeit der Berechnung nicht verfange. Denn auch eine zaghafte Anfrage hätte die tatsächliche Berechnungsweise zu Tage befördert.[926]. Folglich können beide Seiten *qua* Vertrag zu besonderer Achtsamkeit angehalten sein, um ihren Verpflichtungen in gebührender Weise nachzukommen, wenn auf die bestehenden Handelsbräuche verwiesen wurde.[927]

Personen, die ausdrücklich auf Handelsbräuche bestimmter Branchen verweisen, sind deshalb gehalten, sich über die vorherrschenden Gebräuche und Gewohnheiten zu informieren, denn deren jeweilige Vertragspartner haben das Recht, sich auf den Handelsbrauch zu berufen, so als würden beide Parteien demselben Absatzmarkt angehören.[928] Der Einwand des Nichtwissens kann ihnen dann nicht weiterhelfen.[929]

---

925 Russian Steam-Navigation Trading Co v Silva (1863) 13 CBNS 610, 615.

926 Russian Steam-Navigation Trading Co v Silva (1863) 13 CBNS 610, 618; vgl. auch Strathlorne Steamship and Co v Baird & Sons (1916) SC 134, 138.

927 Russian Steam-Navigation Trading Co v Silva (1863) 13 CBNS 610, 617.

928 Vgl. Robinson v Mollett (1875) LR 7 HL 802, 807, 808; Bayliffe v Butterworth (1847) 1 Exch 425, 429; Pollock v Stables (1848) 12 QB 765.

929 Bayliffe v Butterworth (1847) 1 Exch 425, 429; Pollock v Stables (1848) 12 QB 765; Bayley v Wilkins (1849) 7 CB 886, 902.

Andererseits können Parteien die Einführung eines Handelsbrauchs in ihren Vertrag ausdrücklich respektive konkludent ausschließen. Letzteres ist etwa anzunehmen, wenn dessen Anwendung in direktem Widerspruch zu einzelnen Vertragsbestandteilen steht.[930] So wurde in *Harley & Co v Nagata*[931] ein Handelsbrauch zwar angenommen, demzufolge sich die Maklercourtage aus einem bestimmten Prozentsatz auf die vereinbarte Zeitchartermiete, *hire*, ergab, mit der Einschränkung, dass jene Miete auch tatsächlich gezahlt würde. Doch wurde dieser in *Les Affréteurs Réunis Société Anonyme v Leopold Walford (London) Ltd*[932] für nicht anwendbar erklärt, da er im Widerspruch zu den ausdrücklich festgelegten Vertragsinhalten stand, die vorsahen, dass die Provision 3 % der Brutto-Zeitchartermiete beträgt und mit Unterzeichnung dieses Charter-Vertrages fällig ist. Denn diese Vertragsbestimmung ließ einen Provisionsanspruch unabhängig davon entstehen, ob die Miete tatsächlich gezahlt wurde oder aber nicht, so dass der angeführte Handelsbrauch hinter der ausdrücklichen Vertragsabrede zurücktreten musste.[933] Dieser Fall zeigt, dass eine Abgrenzung zwischen einer vertraglichen Abbedingung einerseits und der Unvereinbarkeit mit dem vertraglich geäußerten Willen andererseits kaum mehr möglich ist. Vielmehr sind die Grenzen zwischen diesen beiden Prüfungspunkten fließend.

6. Erlöschen von Handelsbräuchen

Da Handelsbräuche einzig auf eine gleichmäßige Übung zurückzuführen sind, können sie durch fehlende Betätigung an Bekanntheit einbüßen und schließlich wieder erlöschen.[934] Eine entsprechende Ungebräuchlichkeit, *desuetude*, tritt nicht bereits deshalb auf, weil der jeweilige Brauch *qua* Vertrag ausgeschlossen wird. Dafür müsste der vertragliche Ausschluss die Regel und die Anwendung des Handelsbrauchs die Ausnahme darstellen.[935] So musste das *House of Lords* 1968 in *Teheran-Europe Co Ltd v ST Belton (Tractors) Ltd*[936] entscheiden, ob zwei Handelsbräuche, die den Umfang der rechtsgeschäftlichen Vertretungsmacht betrafen und 1873 gerichtlich festgestellt wurden, noch immer Bestand

930 Anson/Guest, Anson's Law of Contract, S. 128.

931 (1917) 23 Com Cas 121.

932 [1919] AC 801.

933 Les Affréteurs Réunis Société Anonyme v Leopold Walford (London) Ltd [1919] AC 801, 813 f..

934 Moult v Halliday [1898] 1 QB 125, 130.

935 Ropner & Co v Stoate, Hosegood & Co (1905) 92 LT 328, 332, bestätigt durch Sagar v H Ridehalgh & Son Ltd [1931] 1 Ch 310, 339.

936 [1968] 2 QB 545.

haben konnten. Die Handelsbräuche sahen einerseits vor, dass ausländische Geschäftsherren englische Kaufleute nicht bevollmächtigen sollten, um für sie rechtsverbindliche Verträge abzuschließen. Korrespondierend dazu bestand andererseits eine Vermutung, dass englische Kaufleute nicht gewillt waren, vertragliche Verpflichtungen mit einem ausländischen Händler einzugehen, der durch einen inländischen Kaufmann vertreten wurde. Die klagenden ausländischen Kaufleute machten eine Vertragsverletzung geltend und erwiderten auf die vorgetragenen Handelsbräuche, dass viel Zeit seit Feststellung der Handelsbräuche vergangen sei, *much water has flown under the bridge since then.*[937] *Lord Diplock* entschied, dass diese Regelungen nicht mehr zeitgemäß oder gar handelsüblich seien, zumal sie nicht im Einklang mit den Regeln des internationalen Privatrechts stünden, welche 1873 sicherlich nicht in dieser Form bestanden hätten.[938]

Ein Handelsbrauch kann jedoch nicht nur durch die kontinuierliche Entwicklung eines neuen, dem alten zuwiderlaufenden Handelsbrauchs abgelöst werden. Insbesondere können auch Krisensituationen veränderte Handelsbedingungen hervorrufen, auf die mit modifizierten oder auch neuen Handelsbräuchen reagiert wird.[939] Handelt es sich um einen Handelsbrauch, der in den Bedingungen einer Handelsorganisation niedergeschrieben ist, kann dieser bereits durch eine Veränderung in den Bedingungen erlöschen.[940] Ungeachtet dessen wird jedoch angenommen, dass die zunehmende Verwendung Allgemeiner Geschäftsbedingungen die Handelsbräuche immer stärker verdrängt.[941] Denn sofern diese standardisierten Klauseln inhaltlich einen Handelsbrauch wiedergeben, wird dies als Beweis dafür gewertet, dass der Handelsbrauch keinen Bestand (mehr) hat.[942]

---

937 Teheran-Europe Co Ltd v ST Belton (Tractors) Ltd [1968] 2 QB 545, 549.

938 Teheran-Europe Co Ltd v ST Belton (Tractors) Ltd [1968] 2 QB 545, 558.

939 In Bezug auf Kriegszeiten vgl. Re L Sutro & Co and Heilbut, Symons & Co [1917] 2 KB 348, 363.

940 Vgl Halsbury's Laws of England, Vol. 12 (1), para 655 mit einem Beispiel der amtlich zugelassenen Schadensregulierer (Fn. 8).

941 Vgl. Devlin, 14 MLR 252; vgl. Wright, 26 Columbia Law Rev 917, 930; Halsbury's Laws of England, Vol. 12 (1), para 655.

942 Cunliffe-Owen v Teather and Greenwood [1967] 3 All ER 561, 572; Halsbury's Laws of England, Vol. 12 (1), para 679, 681.

7. Der Handelsbrauch als Tatfrage?

Lord Chancellor Buckmaster stellte in *Strathlorne Steamship and Co v Baird & Sons*[943] fest, dass ein Handelsbrauch unzweifelhaft Tatsachenfragen aufwerfe, die jedoch auch durch das *House of Lords* nachgeprüft werden können, sofern der Richter der vorangegangenen Instanz die Beweislage nicht richtig gewürdigt habe. Abgesehen von Fällen, in denen Tatfragen bereits endgültig durch ein bestimmtes Tribunal entschieden werden, gäbe es keinen Grund, weshalb das *House of Lords* Tatfragen nicht genauso wie Rechtsfragen entscheiden solle. Allerdings übten sich die Richter in Zurückhaltung, wenn es darum ginge, welcher Zeugenaussage mehr Gewicht zukomme.[944] Gerade letzterer Aspekt ist jedoch bei der Feststellung von Handelsbräuchen wesentlich. Außerdem kann ein Handelsbrauch, der an einem bestimmten Ort festgestellt worden ist, als Indiz dafür dienen, dass auch anderenorts dieser Brauch besteht, sofern sich beide Orte innerhalb derselben Umgebung befinden und eine Handelsbeziehung gepflegt wird.[945]

Ein Handelsbrauch wird im englischen Recht durch Zeugenbeweis festgestellt. Erforderlich ist, dass die Person unmittelbar und direkt über eigene Erfahrungen aus dem jeweiligen Handelszweig verfügt. Es muss sich also um einen *sachverständigen* Zeugen handeln. Ein Jurist, der im Rahmen seiner Arbeit die notwendigen Kenntnisse erlangt, ist deshalb nicht ausreichend.[946] Dessen ungeachtet kann allerdings – wie im deutschen Recht – der Richter einen Handelsbrauch kraft eigener Kenntnis feststellen. In der Praxis beschränkt sich dies jedoch eher auf Bräuche des täglichen Lebens.[947]

Im Hinblick auf die Anforderungen an den Beweis durchläuft ein Handelsbrauch verschiedene Stadien: Auf unterster Stufe steht der Brauch, der mit hinreichender Bestimmtheit und Präzision bewiesen werden muss. Ist das Gericht in gewissem Maße vertraut mit dem Brauch, bedarf es nur eines geringfügigen

943 (1916) SC 134.

944 Strathlorne Steamship and Co v Baird & Sons (1916) SC 134, 135.

945 Noble v Kennoway (1780) 2 Doug KB 510 (der Beweis eines festgestellten Handelsbrauchs erstreckte sich von Neufundland bis Labrador); Falkner v Earle (1863) 32 LJQB 124 (Beweis eines festgestellten Handelsbrauchs in Texas kann für die Behauptung streiten, dass ein ähnlicher Handelsbrauch auch in Kalifornien bestehe); Plaice v Allcock (1866) 4 F & F 1074 (ein Handelsbrauch in Loughborough wird angeführt, um einen ähnlichen Handelsbrauch in der Nottingham-Region festzustellen).

946 Davis v Temco [1992] CLY 2064; vgl. Fitzjames, A digest of the law of evidence, S. 98; Halsbury's Laws of England, Vol. 12 (1), para 678.

947 A-G v Wright [1897] 2 QB 318; Mount v Oldham Corpn [1973] QB 309, 315; American Airlines Inc v Hope [1973] 1 Lloyd's Rep 233, 245; Re Charge Card Services Ltd [1987] Ch 150, 158.

Beweises, um den Handelsbrauch erfolgreich festzustellen.[948] Schließlich ist auf der letzten Stufe keinerlei Beweisantritt mehr vonnöten, sofern der Handelsbrauch gerichtsnotorisch ist, das Gericht also *judicial notice* genommen hat.[949]

In *Affréteurs Réunis Société Anonyme v Leopold Walford (London) Ltd*[950] äußerte *Lord Birkenhead* jedoch Bedenken, Tatsachen durch Verweis auf frühere Gerichtsentscheidungen mit anderen Parteien festzustellen.[951] Diese Entscheidung spricht dafür, dass Handelsbräuche vornehmlich durch Zeugenbeweis und nicht etwa durch den Verweis auf ältere Entscheidungen oder gerichtseigene Erwägungen und richterliche Selbsterkenntnis ermittelt werden sollen, um den sich stetig wandelnden Bedingungen des Handels Rechnung zu tragen und die Handelsbräuche nicht durch Fairnesserwägungen zu verrechtlichen.[952]

8. Zusammenfassung

Für die Feststellung eines Handelsbrauchs bedarf es einer tatsächlichen Übung, die hinreichend bestimmt ist und innerhalb eines Verkehrskreises mit gewisser Häufigkeit als rechtlich verpflichtende Regel befolgt wird. Es muss sich insoweit um eine Rechts- und nicht wie im deutschen Recht um eine Maßgeblichkeitsüberzeugung handeln. Die Übung muss außerdem offenkundig sein, was anzunehmen ist, wenn mindestens 85 % davon Kenntnis hat. In rechtlicher Hinsicht wird infolge der Offenkundigkeit die Angemessenheit vermutet. Gehören die Parteien des Vertrages dem Verkehrskreis an, in dem die Übung offenkundig ist, wird ihre Kenntnis und damit deren Unterwerfungswille *un*widerleglich angenommen. Aufgrund dieses Mechanismus' wird das Erfordernis

---

948 Cory Brothers Shipping Ltd v Baldan Ltd [1997] 2 Ll Rep 58, 63; Halsbury's Laws of England, Vol. 12 (1), para 683.

949 Vgl. The State (Taylor) v Circuit Court Judge for Wicklow [1951] IR 311, 321; Teheran-Europe Co Ltd v ST Belton (Tractors) Ltd [1968] 2 QB 545, 548 ff..

950 [1919] AC 801.

951 [1919] AC 801, 807; vgl. jedoch Cory Brothers Shipping Ltd v Baldan Ltd [1997] 2 Ll Rep 58, 63, in dem ein Handelsbrauch festgestellt wurde, weil dieser in einem anderen Fall bereits festgestellt wurde und durch bestätigenden Zeugenbeweis. In Affréteurs Réunis Société Anonyme v Leopold Walford (London) Ltd [1919] AC 801, 807 äußerte Lord Birkenhead Bedenken, dass Tatsachen durch Verweis auf frühere Gerichtsentscheidungen mit anderen Parteien festgestellt würden.

952 Vgl. Thomas Crema v Cenkos Securities Plc [2010] 461 (Comm) 63. Queen's Counsel Hirst nimmt insoweit Bezug auf die Entscheidung Cunliffe-Owen v Teather and Greenwood [1967] 3 All ER 561 und betont in Abweichung hierzu, dass zukünftig verstärkt auf die Umstände des Einzelfalls, auf Handelsbräuche und Geschäftsgebräuche abgestellt werden sollte.

eines Unterwerfungswillens teilweise mit dem Argument kritisiert, dass es gerade nicht auf den Willen der Parteien ankäme, denn der Handelsbrauch würde davon unabhängig einbezogen.[953]

Ungeachtet dieser komplexen Prüfungsfolge können die Parteien jedoch auch auf Handelsbräuche bestimmter Verkehrskreise verweisen, so dass deren Geltungsbereich vertraglich erweitert wird und ein Unterwerfungswille nicht mehr gesondert zu prüfen ist. Gehen weite Teile eines Verkehrskreises jedoch dazu über, Handelsbräuche explizit in ihre Abreden aufzunehmen, werden die Wirkungen dieser Handelsbräuche auf den Fall eines vertraglichen Verweises reduziert. Denn es liegt gerade in der Natur der Bräuche, dass diese ohne Vereinbarung berücksichtigt werden.

In prozessualer Hinsicht stellt der Handelsbrauch eine Mischung aus Rechts- und Tatfrage dar. Ist die Beweislage unzureichend oder falsch von den unteren Instanzen gewürdigt worden, kann das *House of Lords* entscheiden. Da Handelsbräuche als private Regeln zu Rechtssätzen erstarken können, durchlaufen sie unterschiedliche Stadien bei der Beweislast. Wird ein Handelsbrauch behauptet, der zuvor noch nie zuvor gerichtlich gewürdigt wurde, sind die Anforderungen für dessen Beweis hoch anzusetzen. Anders verhält es sich jedoch, wenn der Brauch bereits Gegenstand einer Gerichtsentscheidung war oder dessen Existenz sogar häufiger bestätigt worden ist. In diesen Fällen sinken die Anforderungen an die Beweisführung immer weiter bis eine Gerichtsbekanntheit des Handelsbrauchs anzunehmen ist. Gegen diese Beweiswürdigung, insbesondere den Verweis, spricht jedoch, dass es sich um private Regeln handelt, deren Bestehen nicht durch Verweis auf ältere Gerichtsentscheidungen, sondern durch Befragung der beteiligten Kreise bewiesen werden sollte.

Die soeben beschriebenen Handelsbräuche können sich zu Gewohnheitsrechtssätzen entwickeln, sofern sie durch das Gericht festgestellt worden sind. Es handelt sich dann nicht mehr um *fluctuating usages*. Mithilfe dieser *universal usages* wurden weite Teile des Wertpapierrechts entwickelt. Sie wurden früher unter dem Begriff des *law merchant* zusammengefasst, welches später seine Eigenständigkeit verlor, aber bis heute Teil des *common law* ist.

Im Vergleich zum deutschen Recht, fallen vorrangig erhebliche Parallelen auf und erst nachrangig feine Unterschiede auf. So lässt sich der Geltungsbereich im deutschen Recht durch die persönliche Eingrenzung leichter definieren, und es wird lediglich eine Maßgeblichkeitsüberzeugung der beteiligten Kreise gefordert. Zwar wird im englischen Recht eine Rechtsüberzeugung gefordert, doch ist die Unterscheidung zwischen Maßgeblichkeits- und Rechtsüberzeugung

953 Halsbury's Laws of England, Vol. 9 (1), para 780; Treitel/Peel, The Law of Contract, S. 236, para 6-047.

angesichts der ohnehin fließenden Grenzen in diesem Bereich von minder starker Bedeutung. Die allgemeine Anerkennung wird im *common law* durch das Merkmal der Offenkundigkeit der Übung ersetzt. Außerdem kommt das Kriterium der Angemessenheit hinzu, die im Falle der Offenkundigkeit widerleglich vermutet wird. Schließlich erfordert das englische Recht stets einen Unterwerfungswillen, der bei Vorliegen der übrigen Voraussetzungen[954] jedoch *fingiert* wird. Auf eine derartige Fiktion verzichtet das deutsche Recht, doch wird dieser Unterschied durch einen Blick in das UN-Kaufrecht relativiert. Dieses geht von einer unterstellten Kenntnis aus und arbeitet deshalb im Ergebnis ebenso mit einer unwiderleglichen Vermutung wie das *common law*. Allerdings ist diese Voraussetzung im UN-Kaufrecht das Ergebnis fehlender bzw. nicht klar abgrenzbarer Geltungsbereiche. Anders als das deutsche und damit auch das UN-Kaufrecht geht das *common law* davon aus, dass die generelle Aufnahme von Handelsbräuchen in vertragliche Abreden langfristig zu deren Erlöschen führt. In den rechtlichen Folgen nähern sich das englische Recht und das Wiener Kaufrechtsabkommen am ehesten an. Die Handelsbräuche werden kraft Vereinbarung in den Vertrag aufgenommen, können mithin auch nur in Abhängigkeit zu einer vertraglichen Abrede Wirkungen entfalten. Im deutschen Recht wirken die Handelsbräuche unabhängig von einem Unterwerfungswillen und ohne Zuhilfenahme einer Fiktion. Deshalb spricht man ihnen auch normative Wirkungen zu, ohne dass damit die Rechtsnormqualität von Handelsbräuchen anerkannt würde.

In beweisrechtlicher Hinsicht stimmen die Rechtsordnungen weitgehend überein. Die Beweislast sinkt, je bekannter ein Handelsbrauch ist. Obgleich dies die Berücksichtigung privater Regeln erleichtert, entspricht es nicht deren Sinn und Zweck. Handelsbräuche sollen belegen, was in den beteiligten Kreisen allgemein üblich ist und als verpflichtende Regel befolgt wird, und nicht, was der Richter aus älteren Gerichtsentscheidungen ableitet oder kraft eigener Erkenntnis weiß.

9. Verhältnis des Handelsbrauchs zu ähnlichen Rechtsinstituten

Lord Lloyd of Berwick äußerte sich in Kleinwort Benson Ltd v Lincoln City Council[955] wie folgt über Handelsbräuche:

> *In the field of commercial law [...] the custom of merchants has always been a fruitful source of law. It is true that a custom can be*

954 Damit sind die unter C. II. 3. a., b., 4. a. geprüften Voraussetzungen gemeint.
955 [1999] 2 AC 349.

challenged in a court of law. But it does not need a court of law to establish a custom. Custom is binding on the parties irrespective of any judicial decision.[956]

Abweichend dazu äußert sich *Sir Johan Steyn* eher skeptisch über die fortwährende Bedeutung der Handelsbräuche. Er geht vielmehr davon aus, dass Handelsbräuche in ihrer Funktion als Auslegungsmittel von Wirtschaftsverträgen durch andere, sehr viel flexiblere Instrumente abgelöst worden seien.[957] Ohne diese Aussagen an diesem Punkt verifizieren zu müssen, stellt sich die Frage, welche anderen Erscheinungsformen privater Regeln, Gebräuche und Sitten gemeint sind. Deshalb soll im Folgenden eine Abgrenzung der Handelsbräuche zu anderen ähnlichen Instituten erfolgen. In diesem Zusammenhang stellt sich die Frage, ob das englische Recht ebenso wie das deutsche Recht über sogenanntes Handelsgewohnheitsrecht verfügt (**a.**). Im Anschluss daran werden die im Kontext der Handelsbräuche oft genannten Rechtsinstitute vorgestellt und unterschieden. Insbesondere geht es um den Begriff der *lex mercatoria* und was sich dahinter verbirgt (**b.**), aber auch um Handelsusancen (**c.**) und –übungen (**d.**).

a. (Handels-)Gewohnheitsrecht

Unter *custom* versteht man eine bestimmte Regel, welche entweder tatsächlich oder aber auf einer Vermutung basierend seit jeher und für ein örtlich begrenztes Gebiet gilt.[958] Im Einzelnen werden der örtlichen Gewohnheit fünf essentielle Attribute zugeschrieben.[959] Sie muss seit jeher bestehen. Die Erinnerung in rechtlicher Hinsicht unterscheidet sich jedoch von der generellen Erinnerung. Letztere wird mit der Wendung *seit Menschen gedenken* umschrieben. In rechtlicher Hinsicht beginnt die Erinnerung aber erst 1189 mit der Krönung Richards I.[960] Darüber hinaus muss sie hinreichend bestimmt und angemessen sein. Das Bestimmtheitserfordernis erstreckt sich auf die Anwendungsvoraussetzungen und auf den örtlichen sowie persönlichen Geltungsbereich. Außerdem muss die Gewohnheit ohne Unterbrechung seit ihrer Entstehung andauern und mit den

---

956 Kleinwort Benson Ltd v Lincoln City Council [1999] 2 AC 349, 394 (dissenting opinion = abweichende Meinung).

957 Steyn, [1997] 113 LQR 433, 441; Steyn, [1988] CLP 23, 26 f..

958 Tanistry Case (1608) Dav Ir 28, 31–32.

959 Tanistry Case (1608) Dav Ir 28, 32; Tyson v Smith (1838) 9 Ad & El 406, 421, Ex Ch; Mercer v Denne [1904] 2 Ch 534, 551; bestätigt [1905] 2 Ch 538; Wolstanton Ltd and A-G of Duchy of Lancaster v Newcastle-under-Lyme Corpn [1940] AC 860, 876, [1940] 3 All ER 101, 109 (drei Voraussetzungen: Bestimmtheit, Angemessenheit und uraltes Bestehen); Egerton v Harding [1975] QB 62, 68, [1974] 3 All ER 689, 692.

960 Salmond/Williams, Salmond on Jurisprudence, S. 243, para 70.

von der Legislative erlassenen Gesetzen zu vereinbaren sein. Die strengen Anforderungen zielen darauf ab, das geltende Rechtssystem des *common law* innerhalb des Landes möglichst einheitlich zu gestalten und einer Erosion durch eine Vielzahl unterschiedlicher und örtlich begrenzter Gewohnheiten vorzubeugen.[961]

Von einer *custom* wird begrifflich nur die örtliche Gewohnheit erfasst. Dennoch kennt das englische Recht auch die *general custom of the realm*. Die ältere Rechtstheorie Englands ging davon aus, dass die Gesetze und Gewohnheiten des Königreichs die echten Rechtsquellen des Landes darstellten. Deshalb wurde das englische Recht in seinem Kern – abgesehen von den erlassenen Statuten – als Gewohnheitsrecht klassifiziert. Demgemäß bezeichnete man örtliche Gewohnheiten als *customs*, allgemeingültige uralte Übungen innerhalb des gesamten Königreichs jedoch als *common law*.[962] Zweifelsohne gab es jene Gewohnheiten bereits vor dem heute noch geltenden *common law* und sie genossen auch Priorität vor dem *common law*, welches im Verlaufe des 12. und 13. Jahrhunderts von justiziellen Institutionen zum geltenden Recht erklärt wurde.[963] Nichtsdestotrotz haben die Richter auch *Recht* geschaffen, welches nicht seinen Ursprung, *fons iuris*, in uralten Gewohnheiten fand, sondern etwa im kanonischen Recht.[964] Mögen die Richter anfangs überwiegend auf Gewohnheiten rekurriert haben, so hat sich das Verhältnis von Gewohnheiten und anderen Rechtsquellen immer stärker in sein Gegenteil verkehrt, so dass das englische Recht schließlich aufhörte, auf Gewohnheitsrecht zu basieren und stattdessen überwiegend auf Fallrecht aufbaute.[965]

Ungeklärt ist bislang, ob es sich bei den oben beschriebenen Gewohnheiten um Normen handelt, die als weitere Rechtsquelle neben dem Fallrecht stehen. *Triebel*[966] ist der Ansicht, dass Gewohnheitsrecht im englischen Recht nicht als selbstständige Rechtsquelle angesehen werden könne, denn sobald es Gegenstand einer gerichtlichen Entscheidung geworden sei, gehöre es zum Fallrecht und werde damit Teil des *common law*. Diese Argumentation entspricht dogmatisch der *Judge-made-law*-Theorie, nach der die Gewohnheiten quasi zunächst

961 Salmond/Williams, Salmond on Jurisprudence, S. 246, para 70.

962 Blundell v Caterall (1821) 5 B & Ald 268, 279 f..

963 Halsbury's Laws of England, Vol. 12 (1), para 601; vgl. Administration of Estates Act 1925 s 45(1)(a).

964 Salmond/Williams, Salmond on Jurisprudence, S. 249, para 72.

965 The common law of England has long since ceased to be customary law and become a body of case law instead, Salmond/Williams, Salmond on Jurisprudence, para 72 (S. 249).

966 Triebel/Huber/Micheler/Vogenauer, Englisches Handels- und Wirtschaftsrecht, S. 43, Rn. 45.

von einer Autorität, etwa einem Richter, angenommen werden müssen, um Rechtsnormen darzustellen. Dies erscheint logische Konsequenz des bestehenden Fallrechts-Systems zu sein. *Halsbury's Laws of England* widerspricht dieser Behauptung nicht explizit, doch wird jedenfalls begrifflich zwischen *custom* und *usage* einerseits und dem *common law*, d.h. dem Fallrecht, andererseits differenziert. Dies spricht dafür, dass Gewohnheits- und Fallrecht nebeneinander stehen und sich das geltende Recht nicht in dem staatlichen Befehl erschöpft. Vertreter der *Modification*-Theorie argumentieren, dass historisch betrachtet, das Recht nicht immer von einem Souverän komme, sondern in erster Linie Ausdruck der Überzeugung der Allgemeinheit sei.[967] Sie weist zu Recht darauf hin, dass die bis zur ersten Gerichtsentscheidung verbleibende Unsicherheit über das Bestehen einer Gewohnheit ebenso bei gesetzlichen Regeln besteht.[968] Allerdings bleiben auch nach dieser Ansicht die Einflussmöglichkeiten der Rechtsprechung groß und damit die Unterschiede beider Meinungen gering. So kann die Judikative nach der *Modification*-Theorie die Gewohnheit unverändert bestätigten, aber auch wesentlich umwandeln oder ihr die Normqualität gänzlich versagen.[969] Das Gewohnheitsrecht würde demnach lediglich eine lückenfüllende Funktion einnehmen, die mit der ersten Gerichtsentscheidung endet. Damit ist die Einordnung der Gewohnheit als Rechtsquelle kaum mehr tragbar und im Ergebnis abzulehnen. Vielmehr handelt es sich bei den *customs* lediglich um eine Rechts*erkenntnis*quelle.[970]

Customs sind nach den bisherigen Feststellungen den *usages* in ihren Entstehungsvoraussetzungen ähnlich, so dass beide Termini in der englischen Fachliteratur oftmals sogar als Synonyme verwendet werden.[971] Anders als einem *usage* wird einer *custom* teilweise jedoch Rechtsnormqualität zugesprochen.

---

967 Allen, Law in the Making, S.d 3 ff.; Bodenheimer, Jurisprudence, S. 373.

968 Ausführlich zum Streitstand Ostertun, Gewohnheitsrecht in der Europäischen Union, S. 196 ff..

969 Ostertun, Gewohnheitsrecht in der Europäischen Union, S. 200.

970 A.A. Ostertun, Gewohnheitsrecht in der Europäischen Union, S. 200 f..

971 YB Mich 8 Hen 6, f 3, pl 9, f 4 (die Begriffe usage und custom seien gleichbedeutend); Wigglesworth v Dallison (1779) 1 Doug KB 201; Brown v Byrne (1854) 3 E & B 703, 714 ff. (Handelsbrauch am Hafen von Liverpool); Gibson v Crick (1862) 1 H & C 142, 144–145; Hutchinson v Tatham (1873) LR 8 CP 482, 484 ff. (Handelsbrauch der Frachtführer); Hutcheson v Eaton (1884) 13 QBD 861, 866; Re North Western Rubber Co Ltd and Huttenbach & Co [1908] 2 KB 907 (vermeintlicher Handelsbrauch eines Frachtführers); Blandy Bros & Co LDA v Nello Simoni Ltd [1963] 2 Lloyd's Rep 393, 400 (Handelsbrauch); Kum v Wah Tat Bank Ltd [1971] 1 Lloyd's Rep 439 (hier wurden die Begrifflichkeiten des Handelsbrauchs und der Gewohnheit im engeren Sinne verwechselt); McGowan (Inspector of Taxes) v Brown and Cousins (t/a Stuart Edwards) [1977] 3 All ER 844, 848, [1977] 1 WLR 1403, 1404.

Letztlich ist dies wenig überzeugend und unerheblich, da Brauch und Gewohnheit ihre endgültige Gestalt erst im Wege gerichtlicher Feststellung erhalten und dann *gerichtsnotorisch* sind, das heißt die Gerichte setzen diese nach der *doctrine of judicial notice* als bekannt voraus. Sie werden in Fallrecht umgewandelt, dessen Rechtsquelle wiederum die Präzedenzfälle darstellen.[972] Deshalb behält *Triebel* Recht, wenn er schreibt, dass sich *customs* in Fallrecht umwandelten, sobald sie Gegenstand gerichtlicher Überprüfung geworden seien.[973] Im Gegensatz zu Deutschland erkennt das englische Recht mithin nur das Fall- und Gesetzrecht als Rechtsquellen an, nicht jedoch auch die Gewohnheiten.[974]

b. Lex Mercatoria

Teilweise wird argumentiert, dass ein Konvolut von ungeschriebenem Handelsrecht und nicht kodifizierten Bräuchen, sog. *lex mercatoria*, existiere. Dieses bestehe unabhängig von jedem nationalen Rechtssystem, so dass internationale Konventionen als Teil der *lex mercatoria* unabhängig von einer Rechtswahl durch die Parteien zur Anwendung gelangen könnten.[975]

Goode bestreitet zwar nicht die Annahme eines derartigen ungeschriebenen Rechtssystems, doch hält er dieses Konzept einer *lex mercatoria* mit den Grundsätzen des englischen Rechts für unvereinbar. Nichtsdestotrotz sieht er durchaus die Möglichkeit, dass Handelsbräuche als Teil der *lex mercatoria* nach den dafür vorgesehenen nationalen Regeln in den Vertrag einbezogen werden können und internationale Konventionen den besten Beweis dafür liefern, dass der jeweilige Handelsbrauch tatsächlich besteht.[976] Diese Ausführungen verdeutlichen, dass ebenso wie im deutschen auch im englischen Recht die *lex mercatoria* bekannt ist. Sie hat jedoch weder eine gesicherte dogmatische Grundlage, so dass sie nicht als Alternative zum englischen Recht Anwendung finden kann, noch stellt sie in Gänze einen Handelsbrauch oder ähnliches dar. Allein in beweisrechtlicher Hinsicht kann auf die *lex mercatoria* verwiesen werden, um das Bestehen von Handelsbräuchen leichter beweisen zu können.

---

972 Halsbury's Laws of England, Vol. 12 (1), para 683.

973 Triebel/Huber/Micheler/Vogenauer, Englisches Handels- und Wirtschaftsrecht, S. 43, Rn. 45; a.A. Ostertun, Gewohnheitsrecht in der Europäischen Union, S. 192 ff., insbesondere 200 f..

974 Ebenso Fikentscher, Methoden des Rechts, Bd. II, S. 78; a.A. Ostertun, Gewohnheitsrecht in der Europäischen Union, S. 200 f..

975 Vgl. Watkins-Johnson Co and Watkins-Johnson Ltd v Islamic Republic of Iran (1990) XV Yearbook of Commercial Arbitration, S. 220, 226 [95]; vgl. Berger, IPRax 1993, 281 – der Fall Compania Valenciana de Cementos Portland v Primary Coal.

976 Goode, Commercial Law, S. 919.

c. Handelsübung

Trade practice ist die wörtliche Übersetzung des Begriffs *Handelsübung*, welche nicht nur terminologisch, sondern auch inhaltlich große Parallelen zu ihrem deutschen Pendant aufweist. So beschreibt *Colinvaux* in *Carver's Carriage by Sea* dieses Institut als eine etablierte Übung, *established practice*, innerhalb eines bestimmten Bereichs. Die einzelnen *Verhaltensmuster* sind Zeugnis dessen, was etwa in der jeweiligen Branche als richtig und zufriedenstellend, *proper and satisfactory*, angesehen wird.[977] Es handelt sich jedoch immer nur um eine Richtschnur, *a guiding principle*. Ein Zuwiderhandeln gegen diese Verhaltensmuster wird zwar als unangemessen und ungewöhnlich, *unreasonable and inconvenient*, beurteilt. Im Gegensatz zu Handelsbräuchen müssen sie jedoch nicht hinreichend bestimmt sein. Deshalb nimmt es nicht wunder, dass die Handelsübung ebenso wie der Brauch ein Mittel zur erklärenden Vertragsauslegung ist, sich darauf jedoch auch beschränkt und zur Vertragsergänzung nicht herangezogen werden kann.[978]

Diese Feststellungen lassen den Schluss zu, dass die Handelsübung als unverbindliche Verhaltensanforderung *eine* Möglichkeit der Auslegung von Verträgen darstellt. So führte *Queen's Counsel Hirst* in *Thomas Crema v Cenkos Securities Plc*[979] aus, dass der Beweis einer bestehenden Handelsübung zwar zulässig sei, deren Bedeutung jedoch von Fall zu Fall variiere. Deshalb könne eine Handelsübung den Inhalt eines Vertrages nicht letztverbindlich bestimmen. In der Vielzahl der Fälle stelle sie nicht mehr als einen zu berücksichtigen Umstand bei der Gesamtbetrachtung dar.[980] Im Gegensatz dazu enthält ein Handelsbrauch eine verbindliche und hinreichend bestimmte Regel, welche *allein* das Ergebnis der Auslegung bestimmt.[981] Dies ebnet freilich den Weg dafür, dass eine Handelsübung zu einem Handelsbrauch erstarken kann. Schließlich besteht ein weiterer Unterschied darin, dass die Handelsübung im Zeitpunkt der Vertragsdurchführung relevant wird, der Handelsbrauch jedoch schon bei Vertrags-

---

977 Colinvaux, Carver's Carriage by Sea, para 900.

978 Vgl. Drettmann, Would English law on trade usages benefit from adopting a more formal approach such as seen in other jurisdictions as well as in international conventions? S. 10 (verfügbar unter: http://www.cisg.law.pace.edu/cisg/biblio/drettmann.html, zuletzt besucht am: 01.08.2011).

979 [2010] 461 (Comm).

980 Thomas Crema v Cenkos Securities Plc [2010] 461 (Comm) 62 ff., insb. 64.

981 Colinvaux, Carver's Carriage by Sea, para 900.

schluss.[982] Aufgrund der strengen Anforderungen an die Feststellung eines Handelsbrauchs sind die Gerichte in jüngerer Zeit jedoch immer öfter gewillt, auch Handelsübungen bei der Auslegung zu berücksichtigen.[983] Sie sollen sogar als hinreichender Beweis für das Vorliegen eines Handelsbrauchs dienen.[984]

d. Usancen zwischen Geschäftspartnern

Ebenso wie im deutschen Recht differenziert auch das englische Recht nach dem Geltungsbereich einer tatsächlichen Übung. So bezeichnet es eine Übung, deren Anwendungsbereich auf die vertragsschließenden Parteien beschränkt ist und damit keine allgemeine Anerkennung genießt, als Geschäftsgebrauch, *course of dealing*.[985] Die Bedeutung dieses Instituts ist nicht zu unterschätzen, dies belegen auch gesetzliche Verweise, so etwa *section 55 Sale of Goods Act 1979*. Mangels Offenkundigkeit weist es nicht alle Attribute eines Handelsbrauchs auf, dafür ist die Beweislast von geringerem Ausmaß. So kann ein Geschäftsgebrauch behilflich sein, Allgemeine Geschäftsbedingungen in den Vertrag einzubeziehen, ohne dass es auf die an sich damit verbundenen besonderen Anforderungen ankommt.[986]

10. Verhältnis des Handelsbrauchs zur Vertragsergänzung

Wie eingangs bereits dargestellt, kommt einem Handelsbrauch nicht nur bei der erklärenden, sondern auch bei der ergänzenden Vertragsauslegung Bedeutung zu. Dogmatisch betrachtet geschieht dies mithilfe der *doctrine of implied terms*. Das englische Wort *implication* lässt sich mit verschiedenen Begriffen übersetzen. So wird *Vermutung, Folgerung, Unterstellung* oder auch *stillschweigendes*

---

982 Vgl. Thomas Crema v Cenkos Securities Plc [2010] 461 (Comm) 62 ff., insb. 64; Tsakiroglou v Noblee Thorl [1962] A C 93, 113.

983 McMeel, The Construction of Contracts, S. 248, Rn. 12.03; vgl. Steyn [1988] CLP 23, 26 f..

984 McMeel, The Construction of Contracts, S. 248, Rn. 12.03; anders jedoch noch z.B. in General Reinsurance Corp v Forsakringsaktiebolaget Fennia Partia (The Zephyr) [1983] QB 856, 874-875.

985 Halsbury's Laws of England, Vol. 12 (1), para 652 (nach Fn. 8).

986 Vgl. Granville Oil & Chemicals Ltd v Davies Turner & Co Ltd [2003] 2 CLC 418, 419, 427; Calyon v Wytwornia Sprzetu Komunikacynego PZL Swidnik SA [2009] EWHC 1914 (Comm) Rn. 79; Tital Steel Wheels Ltd v Royal Bank of Scotland Plc [2010] EWHC 211 (Comm) Rn. 80 ff., insb. 84.

Inbegriffensein als Übersetzungsmöglichkeit angeboten.[987] Das Gericht wird damit in die Lage versetzt, einen Vertrag nicht nur im Hinblick auf seine ausdrücklichen Inhalte hin zu überprüfen, sondern kann darüber hinaus auch weitere (notwendige) Schlussfolgerungen anstellen und damit den Vertrag und dessen Inhalte erläutern und sogar ergänzen. Neben den Handelsbräuchen, die als *terms implied by custom or usage* berücksichtigt werden, können außerdem vertragliche Lücken mittels der *implication in fact* geschlossen oder aber notwendige Ergänzungen im Wege der *implication in law* vorgenommen werden. Mithilfe der *implication* werden folglich im Vertrag nicht ausdrücklich enthaltene, aber durch Gesetz, Handelsbrauch oder richterliche Auslegung des Parteiwillens als stillschweigend vereinbart angesehene Vertragsbedingungen neben den *express terms* ebenfalls berücksichtigt.[988] Ausgangspunkt und Grenze zugleich ist stets der Wille der Parteien.

Im deutschen Teil dieser Arbeit erfolgte eine Abgrenzung der Handelsbräuche vom zwingenden Recht, von der Parteivereinbarung und schließlich vom dispositiven Recht. Übertragen auf das englische Recht erfordert dies eine Abgrenzung von anderen Formen der *implication*, der *implication in fact* (**a.**) wie auch der *implication in law* (**b.**). Erst nach dieser Darstellung erfolgt eine Abgrenzung des Handelsbrauchs von den anderen Formen der Vertragsauslegung (**c.**).

a. Implication in fact

Mit der *implication in fact* gehen die Gerichte eher zurückhaltend um. Es handelt sich hierbei um eine *einzelfallbezogene Vertragsergänzung*. Obgleich die Rechtsprechung in der Vergangenheit mehrfach betonte, dass die *doctrine of implied terms* ausschließlich dem Ziel diene, den Willen der Beteiligten zu ermitteln, erfüllt dies nur noch die *implication in fact*.[989] Die Gerichte bemühen diese Form der *implication*, wenn der Vertrag unvollständig ist und die Parteien von der Lückenhaftigkeit wissen. Die Kenntnis muss sich zum einen darauf beziehen, dass eine entsprechende vertragliche Regelung zu erwarten ist und zum anderen auf den genauen Inhalt der vertraglichen Ergänzung.[990] So wird beispielsweise angenommen, dass die Parteien gegenseitig stillschweigend vereinbart haben, den anderen nicht bei der Ausführung seiner vertraglichen Pflichten

---

987 Romain/Bader/Byrd, Wörterbuch der Rechts- und Wirtschaftssprache, Teil I.

988 Flory/Froschauer, Grundwortschaft der Rechtssprache, S. 140.

989 Halsbury's Laws of England, Vol. 9 (1), para 781 (insbesondere Fn. 36), vgl. auch para 782.

990 Goode, Commercial Law, S. 87; vgl. Schmidt-Kessel, ZVglRWiss 96 (1997) 101, 105.

zu behindern.[991] Es handelt sich dabei um eine *logische Schlussfolgerung*, eine *implication.*

Um eine Bedingung in den Vertrag hineinzulesen, müssten die Parteien, so sie während der Vertragsverhandlungen von einem unbeteiligten Dritten nach der nun einzufügenden Regelung gefragt worden wären, selbstverständlich von deren Einbeziehung ausgegangen sein und antworten: *oh natürlich, of course.*[992] Als Alternative zu diesem subjektiven *officious bystander test* wird die jeweilige Klausel dann Vertragsbestandteil, wenn sie objektiv für die sinnvolle Vertragsdurchführung unerlässlich ist, *to give the transaction such business efficacy as the parties must have intended.*[993] Teilweise mussten jedoch auch beide Kriterien bejaht werden, bevor eine Implikation möglich sein sollte.[994] Aus dem äußerst bedeutsamen Parteiwillen folgt, dass die Parteien hinlängliche Kenntnis über Inhalt und Grundlage der einzufügenden Bedingung haben müssen.[995] Diese Voraussetzung gewinnt besondere Relevanz, wenn es um die Einbeziehung ganzer Regelwerke geht. Denn hier erstreckt sich die Kenntnis der Parteien regelmäßig nicht auf alle einzelnen Klauseln des Regelwerkes. Infolgedessen würden die vertragsschließenden Parteien einem objektiven Dritten nicht antworten: *oh, of course*, sondern vielmehr *would you mind putting that in writing because I haven't followed it.*[996]

---

991 Mackay v Dick (1881) 6 App Cas 251: Es wird in dem Fall zwar von implication by law gesprochen, doch ist die implication by fact gemeint, die sich erst später als eigenständige Form der implication herausgebildet hat; Phoebus D Kyprianou v Cyprus Textiles Ltd [1958] 2 Llody's Rep 60, 64; Bournemouth and Boscombe Athletic Football Club v Manchester United Football Club (1980), Times 22. Mai 1980; vgl. Goode, Commercial Law, S. 88.

992 Schmidt-Kessel, ZVglRWiss 96 (1997), 101, 107 mit Angabe folgender Gerichtsentscheidungen: MacKinnon in Shirlaw v Southern Foundries (1926) Ltd (1939) 2 KB 206, 227; ähnlich Scrutton in Reigate v Union Manufacturing Co (1918) 1 KB 592, 605; Trollope & Colls Ltd v NW Metropolitan Hospital Bd (1973) 1 WLR 601, 608 f..

993 Bowen in The Moorcock (1889) 14 PD 64, 68 (deshalb wird dieses Prinzip auch als Moorcock-principle bezeichnet); Reigate v Union Manufacturing Co (1918) 1 KB 592, 605; Wright in Luxor (Eastbourne) Ltd v Cooper (1941) AC 108, 137.

994 Lymington Marina Ltd v Macnamara [2007] All ER (Comm) 825, 836; vgl. Stubbes v Trower, Still and Keeling [1987] IRLR 321; ausführlich dazu Schmidt-Kessel, ZVglRWiss 96 (1997), 101, 108 ff.; Halsbury's Laws of England, Vol. 9 (1), para 782.

995 Re Arthur, Arthur v Wynne (1880) 14 CHD 603, 609; Reid v Rush & Tompkins Group plc (1990) 1 WLR 212, 227f.; vgl. Schal International Ltd v Norwich Union Life Insurance Society (1992) 28 Con LR 129.

996 Ashmore v Corporation of Lloyd's (No. 2) (1992) 2 Lloyd's Rep 620, 624.

b. Implication in law

Diese Form der *implication* untergliedert sich in eine *implication by statute* und in eine *implication by court* und sorgt dafür, dass Rechtsregeln in den Vertrag eingeführt werden.[997]Auch hier ist eine unvollständige vertragliche Regelung vonnöten. Außerdem darf die Parteiabsicht nicht entgegenstehen, so dass die *implication* erforderlich und ein – wenn auch unbestimmtes – Einverständnis der Parteien ersichtlich sein muss. Anders als bei der *implication in fact* erfolgt diese Art der *implication* unabhängig von einem positiven Parteiwillen.[998] Vielmehr ist für die Einführung einer komplexen Regelung in den Vertrag ein unterstelltes generelles Einverständnis ausreichend, denn die Parteien müssen sich den genauen Inhalt des ergänzten Vertragsteils nicht ausgemalt haben.[999] Nur ein *entgegenstehender* Wille schadet.[1000] Dieser kann sich nicht nur aus dem Wortlaut des Vertrages ergeben, *inconsistency with the contract*, und wird dann in aller Regel sogar vermutet,[1001] sondern auch aus dem vertraglich verfolgten Zweck, wobei auch generelle Erwägungen zum jeweiligen Vertragstyp tragend sein können.[1002] Soweit allerdings die Regelungen des *UCTA 1977* eingreifen, wird damit der Weg für eine *implication* auf Basis einer Angemessenheitsprüfung eröffnet.[1003] Die vertraglichen Regelungen werden insoweit inhaltlich darauf überprüft, ob sie den Vorgaben dieses Gesetzes standhalten. Schließlich hat sich auch für die *implication in law* ein vom Einzelfall gelöster *business-efficacy-test* herausgebildet,[1004] doch betonen neuere Entscheidungen verstärkt das Rechtsset-

---

997 Schmidt-Kessel, ZVglRWiss 96 (1997), 101, 113 ff..

998 Maritime National Fish Co v Ocean Trawlers (1935) AC 524, 529 f.; Triplex Safety Glass Ltd v Scorah (1938) Ch 211, 217; Luxor (Eastbourne) Ltd v Cooper (1941) AC 108, 137; Shell UK Ltd v Lostock Garage Ltd (1976) 1 WLR 1187, 1196; El Awadi v Bank of Credit an d Commerce International SA (1990) 1 QB 606, 624; Chitty/Guest, Chitty on Contracts Vol. I, S. 887f., para 13-003.

999 Treitel/Peel, The Law of Contract, S. 229 f., para 6-038; Schmidt-Kessel, ZVglRWiss 96 (1997), 101, 116.

1000 El Awadi v Bank of Credit and Commerce International SA (1990) 1 QB 606, 624.

1001 Kaid v Barclays Bank plc (1990) Lexisdokument, S. 13; Cheshire/Fifoot/Furmston, Law of Contract, S. 173 f..

1002 Vgl. GM Shepherd Ltd v North West Securities Ltd and Gordon Maurice Shepherd (1991) SLT 499, 506 (Schottland).

1003 GM Shepherd Ltd v North West Securities Ltd and Gordon Maurice Shepherd (1991) SLT 499, 506 (Schottland); Johnstone v Bloomsbury Health Authority (1992) 1 QB 333, 345 f..

1004 Detailliert dazu Schmidt-Kessel, ZVglRWiss 96 (1997), 101, 124 ff..

zungsmonopol der Legislative[1005]. Die *implication by statute* und die *implication by court* unterscheiden sich darin, da sie auf verschiedenen Rechtsquellen beruhen.

Im Hinblick auf die *implication by statute* muss die aufgrund logischer Schlussfolgerung einzufügende Regel überhaupt bestehen, weshalb zunächst gefragt wird, ob es eine Rechtsnorm für diesen Bereich gibt *(has the law already defined the obligation or the extent of it?)*[1006]. Wie eingangs bereits erklärt, verfügt das englische Recht nicht über ein dispositives Recht wie es der deutsche Jurist kennt.[1007] Gesetzliche Regelungen werden immer nur für einzelne Vertragstypen und nur in sehr beschränktem Maße getroffen. Deren Anwendbarkeit richtet sich nach den zu Beginn eines jeden Gesetzes definierten Vertragstypen und den weiteren im Gesetz normierten Anforderungen. Ist das Gesetzeswerk für den jeweiligen Vertrag einschlägig, umschreibt es dezidiert, was als stillschweigend vereinbart, *qua implication*, Vertragsinhalt geworden ist. Viele der *implications* beruhen auf kodifizierter Rechtsprechung, was insbesondere an der Überschrift des *Supply of Goods (Implied Terms) Act 1973* deutlich zutage tritt.[1008]

Anders verhält es sich mit der *implication by court.* Denn insoweit geht es nicht um das Auffinden einer bereits bestehenden und im konkreten Einzelfall einschlägigen Rechtsregel. Vielmehr steht hier die Frage nach der *zu erzeugenden* Rechtsregel durch den Richter im Vordergrund.[1009] Hierfür werden zumeist ältere Entscheidungen zitiert[1010] oder es wird auf diese rekurriert[1011]. Es müssen

1005 Johnstone v Bloomsbury Health Authority (1992) 1 QB 333, 347; Liverpool City Council v Irwin (1977) AC 239, 257, 263, 268; detailliert dazu Schmidt-Kessel, ZVglRWiss 96 (1997), 101, 124 ff..

1006 Denning in Shell UK Ltd v Lostock Garage Ltd (1976) 1 WLR 1187, 1196; als Beispiel sei der Sale of Goods Act 1979 s 14 (2) lit (a) genannt. Das Gesetz ordnet insoweit an, was in den Vertrag als stillschweigend vereinbart hineinzulesen ist.

1007 Triebel/Huber/Micheler/Vogenauer, Englisches Handels- und Wirtschaftsrecht, S. 65, Rn. 104; vgl. auch Howarth, 36 NILQ 101, 103 f.; Kahn-Freund [1967] 30 MLR 635, 641 f..

1008 Schmidt-Kessel, ZVglRWiss 96 (1997), 101, 114.

1009 Schmidt-Kessel, ZVglRWiss 96 (1997), 101, 116.

1010 Schmidt-Kessel, ZVglRWiss 96 (1997), 101, 117 mit Angabe folgender Gerichtsentscheidungen: Lister v Romford Ice and Cold Storage Co Ltd (1957) AC 555, 572 f.; Yeoman Credit Ltd v Apps (1962) 2 QB 508, 516, 523 f.; Greaves & Co Ltd v Baynham Meikle and Partners (1975) 1 WLR 1095, 1098; Liverpool City Council v Irwin (1977) AC 239, 255, 261 ff.; Hawkins v Chrysler (UK) Ltd (1986) 38 BLR 36; El Awadi v Bank of Credit and Commerce International SA (1990) 1 QB 606, 624 f.; Halsbury's Laws of England, Vol. 9 (1), para 781.

dann alle Anwendungsvoraussetzungen der *Fallnorm* vorliegen. Insbesondere ist die Möglichkeit zu beachten, von Entscheidungen unter Umständen auch abweichen zu können, sog. *distinguishing*,[1012] um deren (ungünstigen) Auswirkungen zu entgehen. Das Gericht wird eine neue *Fallnorm* in den Vertrag einfügen, sofern eine Klausel dieses Inhalts als logische Schlussfolgerung in den Vertrag *hineingelesen* werden kann. Im englischen Recht fragt man deshalb nach der Zweckmäßigkeit respektive der *policy*.[1013] Damit wird die strenge Bindung an den Parteiwillen aufgegeben. An dessen Stelle treten allgemeine Zweckmäßigkeitserwägungen, sog. *policy considerations*. Hierbei werden unter anderem Gerechtigkeitserwägungen, *reasonableness*[1014] *and fairness*[1015], angestellt, aber auch der jeweilige Vertragstyp[1016] oder die vertragliche Beziehung der Parteien, *the nature of the relationship*,[1017] finden Berücksichtigung.[1018] Im Rahmen der letzten beiden Kriterien wird häufig auch die vertragliche Risikoverteilung in die Bewertung mit einbezogen.[1019] Dieses Vorgehen lässt auf eine *fremdbestimmte* Vertragsergänzung schließen und ist folglich nicht nur an dem Schicksal des vorliegenden Vertrags interessiert, sondern versucht vielmehr allgemein gültige

---

1011 Sig Bergesen Dy & Co v Mobil Shipping and Transportation Co (The Berge Sund) (1992) 1 Lloyd's Rep. 460, 465 (it is common ground);Treitel/Peel, The Law of Contract, S. 230, para 6-039 ff..

1012 Liverpool City Council v Irwin (1977) AC 239, 260; Tai Hing Cotton Mill Ltd v Liu Chong Hing Bank Ltd (1986) AC 80, 103 ff.; Sig Bergesen Dy & Co v Mobil Shipping and Transportation Co (The Berge Sund) (1992) 1 Lloyd's Rep. 460, 467; vgl. Halsbury's Laws of England, Vol. 9 (1), para 782; vgl. für die Bedeutung von Analogien Schmidt-Kessel, ZVglRWiss 96 (1997), 101, 120.

1013 Reid v Rush & Tompkins Group plc (1990) 1 WLR 212, 220, 228; Treitel/Peel, The Law of Contract, S. 230 f., para 6-042.

1014 Shell UK Ltd v Lostock Garage Ltd (1976) 1 WLR 1187, 1196; Liverpool City Council v Irwin (1977) AC 239, 258.

1015 Reid v Rush & Tompkins Group plc (1990) 1 WLR 212, 220, 228; Treitel/Peel, The Law of Contract, S. 231, para 6-042.

1016 Liverpool City Council v Irwin (1977) AC 239, 254; SB Property Co Ltd v Chelsea Football and Athletic Co Ltd (1992) 64 P & CR 440, 448; Sutton/Shannon, S. 96.

1017 Liverpool City Council v Irwin (1977) AC 239, 254; Sig Bergesen Dy & Co v Mobil Shipping and Transportation Co (The Berge Sund) (1992) 1 Lloyd's Rep. 460, 467; Halsbury's Laws of England, Vol. 9 (1), para 778.

1018 Schmidt-Kessel, ZVglRWiss 96 (1997), 101, 118.

1019 Lister v Romford Ice and Cold Storage Co Ltd (1957) AC 555, 595; Reid v Rush & Tompkins Group plc (1990) 1 WLR 212, 228; Sig Bergesen Dy & Co v Mobil Shipping and Transportation Co (The Berge Sund) (1992) 1 Lloyd's Rep. 460, 467; Anders and Kern UK Ltd (Trading as Anders and Kern Presentation Systems) v CGU Insurance plc (Trading as Norwich Union Insurance) [2008] 2 All ER (Comm) 1185, 1186, 1191 ff..

Aussagen für den jeweiligen Vertragstyp zu treffen.[1020] Dies trägt der Tatsache Rechnung, dass die Rechtsanwendung im englischen Recht als eigenständige Rechtsquelle gilt und sie sich deshalb vor einer allzu starken Kasuistik hüten muss.[1021] Die Notwendigkeit, *necessity*, zur Schöpfung einer generellen Regel dient zugleich als Grenze der richterlichen Ergänzungsbefugnis. Es nimmt nicht wunder, dass es sich bei *terms implied in law* häufig um standardisierte *terms implied in fact* handelt,[1022] so etwa bei einzelnen mittlerweile gesetzlich geregelten Vertragspflichten.[1023] Diese Entwicklung mündet regelmäßig in der Kodifikation der auf diese Weise entstandenen *Norm*. Außerdem bedarf es – ob der Nähe zur *implication in fact* – einer sorgfältigen Prüfung des Parteiwillens.

c. Abgrenzung des Handelsbrauchs von den *implications in fact* und *in law*

Die Möglichkeiten der Vertragsergänzung, *means of implication*, werden auch als *shades on a continuous spectrum*[1024] bezeichnet, deren Wirkungen sich im logischen Fortsetzen des ausdrücklich Vereinbarten, aber auch in der Ergänzung des Vertrages zeigen.[1025] Dass die ausdrücklich erfolgten Parteivereinbarungen den Handelsbräuchen vorgehen, ergibt sich für das englische Recht bereits aus der Tatsache, dass Letztere stets *nur* dem *vermuteten* Willen der vertragsschließenden Parteien entsprechen müssen.

Es handelt sich folglich bei den verschiedenen Formen der *implication* um eine Abstufung der *Intention* der Parteien unterhalb der ausdrücklich getroffenen Parteiabreden, die aber den *positiv geäußerten Parteiwillen* widerspiegeln.[1026] So steht an oberster Stelle der *ausdrücklich geäußerte Wille*, gefolgt von dem *positiven, aber nicht geäußerten Willen* in Gestalt der *implication in fact*. Sodann kommt auf nächster Stufe die *positive Kenntnis* im Falle eines unangemes-

---

1020 Halsbury's Laws of England, Vol. 9 (1), para 781.

1021 Schmidt-Kessel, ZVglRWiss 96 (1997), 101, 119 mit weiteren Nachweisen.

1022 Anson/Guest, Anson's Law of Contract, S. 127 f.; Chitty/Guest, Chitty on contracts Vol. I, S. 887 f., para 13-003; Halsbury's Laws of England, Vol. 9 (1), para 781; Sutton/Shannon, S. 96.

1023 Sale of Goods Act 1979 s 14 (fitness for purpose), begründet von Kelly in Francis v Cockrell (1870) LR 5 QB 501; Lewison, S. 120 f. mit weiteren Nachweisen; Schmidt-Kessel, ZVglRWiss 96 (1997), 101, 120 f. mit weiteren Nachweisen.

1024 Lord Wilberforce in Liverpool City Council v Irwin (1977) AC 239, 254; Zitat von Schmidt-Kessel, ZVglRWiss 96 (1997) 101, 129 mit weiteren Ausführungen und Nachweisen.

1025 Schmidt-Kessel, ZVglRWiss 96 (1997) 101, 129.

1026 Schmidt-Kessel, ZVglRWiss 96 (1997) 101, 129.

senen Handelsbrauchs, *implication by an unreasonable usage*. Schließlich ist das Fehlen eines entgegenstehenden Willens hinsichtlich der Einbeziehung einer Regelung, die sich aus einer Übung bzw. einem Gesetz oder einem Präzedenzfall ableiten lässt, für die *implication by a reasonable usage/custom or by law* ausreichend. Denn in Ermangelung eines entgegenstehenden Willens kann vermutet werden, dass die Vertragsergänzung dem Willen der Parteien entspricht.[1027]

Der Handelsbrauch steht seit der Differenzierung der *implication in law* von der weiteren eigenständigen Kategorie, der *implication in fact*, wohl zwischen beiden Erscheinungsformen. Dennoch ist darauf hinzuweisen, dass alle drei Arten der *implication* unterschiedliche Motive verfolgen, so dass diese systematische Abstufung von positivem Willen über Kenntnis bis zum vermuteten Willen keinesfalls Auskunft darüber gibt, in welchem Verhältnis die *implications* zueinanderstehen.[1028]

11. Zusammenfassung

Das englische Recht unterscheidet zwischen allgemein gültigen universellen, *universal*, und *variierenden* Bräuchen, *fluctuating usages*. Die universellen Handelsbräuche bilden Teil des *law merchants*, welches zum *common law* gehört. Sie bedürfen keines Beweises mehr, da sie von der Rechtsprechung bereits festgestellt worden sind. Im Gegensatz dazu müssen die eigentlichen Handelsbräuche, *trade usages*, stets vom Gericht festgestellt werden, bevor sie zur Auslegung und Ergänzung eines bestimmten Vertrages herangezogen werden dürfen. Es handelt sich um Tatsachen und nicht etwa wie bei den *universal customs* um rechtliche Feststellungen. Beiden ist gemein, dass sie eigens für den Handel aufgestellte Regelsätze enthalten. Dieser Dichotomie stehen die *customs* gegenüber, welche den Bräuchen bedeutungsverwandt sind. Sie regeln zumeist jedoch keine spezifisch handelsrechtlichen Fragen. Vielmehr stellen sie maßgebliche Ergänzungen zum englischen Pachtrecht dar. In ihren Entstehungsvoraussetzungen weisen sie gewisse Parallelen zu den Handelsbräuchen auf. So müssen sie ebenfalls angemessen, *reasonable*, sein. Außerdem sind *customs* in ihren Wirkungen regional stark begrenzt, doch zeichnen sich durch eine dominierende zeitliche Komponente aus. Schließlich stellen weder *usages* noch *customs* Rechtsquellen im eigentlichen Sinne dar.

1027 Schmidt-Kessel, ZVglRWiss 96 (1997) 101, 129.

1028 Schmidt-Kessel, ZVglRWiss 96 (1997) 101, 130 f..

Trotz dieses Dreiklangs von *fluctuating* und *universal usages* einerseits und *customs* andererseits, verbietet sich eine Parallele zum deutschen Recht, welches zwischen Handelsbräuchen, Handelsgewohnheitsrecht und allgemeinem Gewohnheitsrecht differenziert. Anders als das englische Recht, welches das Fall- und Gesetzesrecht als Rechtsquellen anerkennt, unterscheidet das deutsche Recht zwischen Gesetzes- und Gewohnheitsrecht.

Dogmatisch betrachtet sind Handelsbräuche im englischen Recht Vertragsbestimmungen, die in den Vertrag hineingelesen werden, da sie von den Parteien zumeist nicht explizit erwähnt worden sind. Zur Feststellung eines Handelsbrauchs bedarf es insoweit eines hinreichend bestimmten Verhaltens, das innerhalb seines Geltungsbereichs regelmäßig zu beobachten und damit offenkundig ist. Der davon erfasste Personenkreis muss die Regel als rechtliche Verpflichtung anerkennen, ein Erfordernis, das im deutschen Recht nur für das (Handels-) Gewohnheitsrecht angenommen wird, wohingegen bei Handelsbräuchen eine Maßgeblichkeitsüberzeugung ausreichen soll.

Außerdem darf die tatsächliche Übung nicht unangemessen, *unreasonable*, sein. Sofern die Übung *notorious* ist, streitet eine Vermutung für die Angemessenheit. Fehlt der Übung jedoch eine entsprechende Bekanntheit, muss die Angemessenheit positiv festgestellt werden. In diesem Fall stellt das Gericht eine eingeschränkte inhaltliche Überprüfung der angeführten Übung an und untersucht, ob sie einseitig oder etwa mit den wesentlichen Grundprinzipien des geltenden Rechts unvereinbar ist. Kommt das Gericht zu dem Entschluss, dass eine Übung unangemessen ist, muss deren Einfluss auf den zugrundeliegenden Vertrag dennoch nicht ausgeschlossen sein. Vielmehr können die Parteien die Übung ausdrücklich in den Vertrag einbeziehen. Insoweit wird der Privatautonomie im deutschen Recht mit den zwingenden Bestimmungen der §§ 134, 138, 242 BGB eher Grenzen aufgezeigt, die auch bei individuellen Vereinbarungen zu beachten sind. Ist die Übung offenkundig und angemessen, kann die erforderliche Kenntnis der Parteien schließlich fingiert werden.

Die Grenze jeder Individualvereinbarung und damit auch jedes Handelsbrauchs ist das geltende Recht. Eine tatsächliche Übung darf weder dem Gesetzes- noch dem Fallrecht widersprechen. Handelsbräuche können vertraglich ausdrücklich vereinbart werden. Allerdings erlischt ein Handelsbrauch, wenn er konsequent in Verträge *expressis verbis* aufgenommen wird und er nur noch aufgrund schriftlicher Inbezugnahme Verwendung findet. Außerdem können sich andere Verhaltensregeln entwickeln, mit deren Befolgung der einstmals festgestellte Handelsbrauch obsolet wird. Schließlich kann sich die wirtschaftliche Situation verändern, so dass neue Regeln im Handel erforderlich sind, die die bestehenden Handelsbräuche inadäquat erscheinen lassen.

Die aufgezeigten Attribute zeichnen einen Handelsbrauch aus, verleihen ihm seine Funktionen als Auslegungsmittel und unterscheiden ihn von anderen ähnlichen Instituten der privaten Regelbildung. Seine nur schwach ausgeprägte zeitliche Komponente unterscheidet ihn von den lokalen Gebräuchen und universellen Handelsbräuchen ebenso wie sein Stellenwert in der Normenhierarchie. Er stellt einen Teil der *lex mercatoria* dar, welche ein universelles Handelsrecht beinhalten soll, jedoch zugleich jeder rechtlichen Grundlage entbehrt. Ein Handelsbrauch ist verbindlicher als die bloße Handelsübung, die eine Orientierungshilfe bei der Vertragsauslegung darstellen mag, deren Befolgung ebenso wenig rechtlich verbindlich ist wie deren Beachtung bei der Vertragsauslegung durch die Gerichte. Eine *Usance* beschränkt sich auf eine bestimmte vertragliche Beziehung und wird auch als Geschäftsgebrauch bezeichnet. Diesem fehlt naturgemäß das Merkmal der Offenkundigkeit, doch kann er zu einem Handelsbrauch erstarken.

Im Bereich der Vertragsauslegung und -ergänzung stellt der Handelsbrauch ebenso wie die Gewohnheit für das Gericht nur eine von drei Alternativen dar, um den wirklichen Inhalt des Vertrages zu ermitteln. So hat der Richter neben der Auslegung der ausdrücklich geregelten Vertragsinhalte die Möglichkeit, den Vertrag unter Beachtung des Willens der Parteien um weitere (notwendige) Regelungen zu ergänzen. Insoweit bietet die *implication in fact* eine einzelfallbezogene Vertragsergänzung, die jedoch nicht auf heteronomer Grundlage erfolgen kann und den Handelsbräuchen im Falle eines Konflikts deshalb vorgeht. Eine rein heteronome Vertragsergänzung ist nur auf der Ebene der Rechtsfortbildung zulässig. Die *implication in law* untergliedert sich in eine *implication by court* und *by statute* und ermöglicht unter anderem die Einfügung richterlich herausgebildeter Regeln. Die Gerichte sind im Bereich der Vertragsergänzung jedoch zurückhaltend, da sie sich nicht in der Position sehen, den Vertrag für die Parteien zu gestalten.

III. Andere Formen privater Regelbildung – Allgemeine Geschäftsbedingungen

Die eingangs bereits erwähnte Vertragsfreiheit spielt auch bei anderen Formen privater Regelbildung eine Rolle, insbesondere im Zusammenhang mit Allgemeinen Geschäftsbedingungen, *standard contract terms*, die stetig an Bedeutung gewinnen. Englische Kaufleute versuchen, Verträge stets zu ihren Gunsten zu gestalten und das anwendbare Recht dementsprechend zu modifizieren. Das ist insbesondere darauf zurückzuführen, dass das englische Vertragsrecht in seiner

Haftung ebenso wie das UN-Kaufrecht grundsätzlich verschuldensunabhängig ist.[1029]

Noch im 19. Jahrhundert nahmen Richter an, dass vollgeschäftsfähige Menschen Verträge beliebigen Inhalts schließen konnten und galten damit als Verfechter der Vertragsfreiheit in Reinform. Sie fühlten sich nicht bemüßigt einzugreifen, wenn eine der am Vertrag beteiligten Parteien wirtschaftlich schwächer gestellt war und deshalb eine hohe Wahrscheinlichkeit bestand, dass die andere Vertragspartei ihre Position ausnützen würde.[1030] Dieser ausufernden Vertragsfreiheit wurde durch Rechtsprechung und Legislative nach und nach immer stärker Einhalt geboten. Heute unterliegen insbesondere Allgemeine Geschäftsbedingungen, die die Haftung beschränken oder ganz ausschließen auch im unternehmerischen Verkehr gesetzlichen Einschränkungen. Deshalb sollen im Folgenden zunächst der dogmatische Ansatz dargestellt (**1.**) und dann die (noch geltenden) Regelungen für Allgemeine Geschäftsbedingungen im unternehmerischen Verkehr abgehandelt werden (**2.**). Insoweit wird auch der Umgang mit internationalen Handelsgeschäften näher untersucht (**3.**). Nach einer kurzen Zusammenfassung (**4.**) wird der Gesetzentwurf der *Law Commission* für ein neues einheitliches AGB-Gesetz vorgestellt (**5.**). Im Anschluss daran findet eine Abgrenzung der Allgemeinen Geschäftsbedingungen vom Institut der Handelsbräuche statt (**6.**). In diesem Zusammenhang sollen schließlich auch die Schnittpunkte zwischen beiden Formen der privaten Regelbildung aufgezeigt werden (**7.**).

1. Geltungsgrund

Anders als im deutschen Recht ist die Rechtsnatur der Allgemeinen Geschäftsbedingungen im englischen Rechtskreis nie wirklich umstritten gewesen. So gehen Rechtsprechung und Lehre übereinstimmend davon aus, dass Allgemeine Geschäftsbedingungen kraft Vertrages wirken, d.h. in Form von Vertragsbedingungen rechtliche Wirkungen entfalten.[1031] Dieses Verständnis ist bislang nur einmal in Zweifel gezogen worden. Im Fall *Bonsor v Musicians' Union*[1032] ging es um einen Vertragsschluss mit einem marktbeherrschenden Unternehmen, der

1029 Triebel/Huber/Micheler/Vogenauer, Englisches Handels- und Wirtschaftsrecht, S. 63, Rn. 95.

1030 Shears/Stephenson, James' Introduction to English Law, S. 243 f.; Treitel/Peel, The Law of Contract, S. 2 f., para 1-004.

1031 Prinz zu Sayn-Wittgenstein-Berleburg, AGB im englischen Recht, S. 3; Weick, ZHR 145 (1981) 68.

1032 [1954] 1 All ER 822.

es dem Kläger erst ermöglichte, seinen Beruf in einem bestimmten Bereich auszuüben. Es handelte sich um einen Formularvertrag, der ein außerordentliches Kündigungsrecht zugunsten des Unternehmens enthielt, sofern der andere Teil in Zahlungsverzug mit seinen Beiträgen geriet. Der *Court of Appeal* hatte die Frage der Wirksamkeit einer derartigen Klausel zu prüfen und *Lord Denning* zweifelte die vertragliche Natur dieser Bestimmungen an, da ein echter Vertrag der freien Übereinkunft der Parteien bedürfe – bei voller Kenntnis und ohne jeglichen Zwang. Im vorliegenden Fall seien diese Kriterien jedoch nicht erfüllt. Vielmehr ähnelte der Vertrag einer privaten Rechtsordnung, etwa einer Verordnung, sog. *Bye-laws*. Doch diese Ausführungen haben keinen Anklang in der Judikatur der höheren Gerichte gefunden. Vielmehr ist ihnen das Argument der fehlenden Rechtssetzungsbefugnis entgegenzuhalten, so dass es sich nicht um Regeln mit Rechtsnormcharakter handeln kann.[1033]

2. Die Rechtslage de lege lata

Das englische Recht ist gemeinhin als konservativ bekannt und das Vertragsrecht wird stark vom Grundsatz der Vertragsfreiheit beeinflusst. Lange Zeit hat England zwar das Problem der Allgemeinen Geschäftsbedingungen erkannt, aber dennoch keine besondere Doktrin für den Umgang mit Standardwerken entwickelt. Erst in der zweiten Hälfte des 20. Jahrhunderts sollte sich dies ändern, als der Gesetzgeber tätig wurde, da sich die Gerichte konsequent einer direkten Inhaltskontrolle verweigerten. Die Aktivitäten des Gesetzgebers sollten den Spielraum für einseitige, unangemessene Vertragsgestaltungen einengen. Wichtige Schritte auf diesem Weg waren der *Misrepresentation Act 1967*, der für einen eng umgrenzten Bereich eine Angemessenheitskontrolle, *fairness and reasonableness*, einführte, der *Fair Trading Act 1973*[1034] und der *Supply of Goods (Implied Term) Act 1973*[1035], der ein Modell für die Kontrolle von Haftungsbeschränkungen und –ausschlüssen schaffte. In diese Reihe von Gesetzen fügt sich auch der *UCTA 1977* nahtlos ein. Er bildet noch immer das zentrale Regelungsinstrument[1036] für Allgemeine Geschäftsbedingungen und stellt einen

1033 Faramus v Film Artistes Association [1963] 2 QB 527, 566 f..

1034 Abgelöst durch den Enterprise Act 2002.

1035 Abgelöst durch den Sale of Goods Act 1979.

1036 Insbesondere der Supply of Goods Act 1973 s 55 enthielt eine wesentliche Einschränkung der Verwendungsmöglichkeit von Freizeichnungsklauseln in Allgemeinen Geschäftsbedingungen. Der Sale of Goods Act 1979 als dessen Nachfolger verweist im Gegensatz dazu jedoch nur noch auf den UCTA 1977, um den UCTA 1977 nicht aussehr viel weiterreichenderen Eingriff in die Gestaltungsfreiheit als die bisher ergangenen Gesetze dar.[1037] Außerdem spricht sich die Legislative mit dem *UCTA 1977* erstmals für eine direkte Inhaltskontrolle aus.

Die von der Legislative geschaffenen Kontrollmechanismen beschränken sich jedoch stets auf eine inhaltliche Ausgestaltung von Verträgen, so dass Fragen der Einbeziehung und Auslegung weiterhin durch das *common law* und damit durch die Rechtsprechung zu beantworten sind. Es wird sich jedoch zeigen, dass insbesondere die Auslegung durch das Inkrafttreten des *UCTA 1977* nachhaltig beeinflusst worden ist. Im Folgenden sollen alle drei Problempunkte, Einbeziehung (**a.**), Auslegung (**b.**) und Inhaltskontrolle (**c.**), die bei dem Umgang mit Allgemeinen Geschäftsbedingungen zu berücksichtigen sind, untersucht werden.

a. Einbeziehung von Allgemeinen Geschäftsbedingungen

Der *UCTA 1977* verweist immer wieder auf Allgemeine Geschäftsbedingungen, *written standard terms of business*,[1038] und entscheidet sich damit ebenso wie das deutsche Recht in § 305 Abs. 1 BGB gegen die weite Begrifflichkeit der *nicht individuell ausgehandelten Bedingungen.*[1039] Eine der Vorschrift des § 305 BGB vergleichbare Bestimmung, in der Allgemeine Geschäftsbedingungen definiert und deren wirksame Einbeziehung geregelt sind, fehlt jedoch.[1040] Es werden lediglich die Rechtsfolgen für den Fall normiert, dass zweifelhafte Klauseln bereits Vertragsbedingungen geworden sind. Fragen der wirksamen Einbeziehung und der zutreffenden Begriffsbestimmung von Allgemeinen Ge-

---

einanderzureißen und Sonderregeln in anderen Gesetzen wie etwa dem Sale of Goods Act 1979 zu vermeiden.

1037 Speziell für den Verbraucherschutz hat die EU in den 90er Jahren des vergangenen Jahrhunderts die Richtlinie RL 93/13/EWG erlassen, deren Umsetzung in den Mitgliedsstaaten verbindlich ist. England verabschiedete deshalb die Unfair Terms in Consumer Contracts Regulations 1999 (UTCCR 1999), welche die Einbeziehung, Auslegung und inhaltliche Kontrolle Allgemeiner Geschäftsbedingungen im Verkehr mit Verbrauchern näher regelte.

1038 UCTA 1977 s 3 (1).

1039 Wie sie etwa im Gemeinsamen Referenzrahmen zu finden ist, s.u.; vgl. Whittaker, The "Draft Common Frame of Reference" An Assessment, Commissioned by the Ministry of Justice, United Kingdom, Appendix I – The treatment of standard contract terms, S. 129, para 3.

1040 Triebel/Huber/Micheler/Vogenauer, Englisches Handels- und Wirtschaftsrecht, S. 74, Rn. 133; Triebel, RIW/AWD 1978, 353, 354, der im UCTA 1977 in s 3 (1) einen Hinweis auf eine weite Auslegung des Begriffs erblickt.

schäftsbedingungen sind deshalb mithilfe des *common law* zu klären. Im Hinblick auf Verbraucherverträge tritt die Frage, ob Allgemeine Geschäftsbedingungen oder aber Individualabreden vorliegen, ohnehin stark in den Hintergrund,[1041] da die Bestimmungen des *UCTA 1977* bei *allen* Vertragsbedingungen im Verbraucherverkehr anwendbar sind.[1042] Anderes gilt jedoch für den unternehmerischen Verkehr, da der *UCTA 1977* in diesem Bereich nur eingreift, wenn es sich um Allgemeine Geschäftsbedingungen handelt.

Deshalb soll zunächst ein Blick in die bereits vorhandene Rechtsprechung zur näheren Bestimmung des Begriffs der Allgemeinen Geschäftsbedingungen erfolgen (**aa.**), bevor die Einbeziehungsvoraussetzungen dieser Vertragswerke nach dem *common law* in einem zweiten Schritt abgehandelt werden (**bb.**).

aa. Begriffsbestimmung

Diese Frage ist deshalb von großer Bedeutung, weil die deutsche Rechtsprechung § 305 Abs. 1 BGB sehr streng auslegt. So nimmt sie ein *Aushandeln* des Vertragsinhalts immer dann an, wenn der Verwender *den gesetzesfremden Kerngehalt [seiner AGB] inhaltlich ernsthaft zur Disposition stellt und dem Verhandlungspartner zumindest [die reale] Möglichkeit [einräumt], die inhaltliche Ausgestaltung der Vertragsbedingungen zu beeinflussen.*[1043] Dieses weite Begriffsverständnis gilt für Verbraucherverträge und unternehmensbezogene Geschäfte gleichermaßen. In der Folge unterfallen fast alle Verträge, denen ursprünglich Allgemeine Geschäftsbedingungen zugrunde gelegt wurden, der Kontrolle der §§ 305 ff. BGB, mögen sie auch teilweise verhandelt worden sein. Für unternehmensbezogene Geschäfte hat dies gravierende Auswirkungen, denn damit ist die Inhaltskontrolle eröffnet, welche die Rechtsprechung weitgehend an den Bestimmungen für Verbraucherverträge orientiert.

Demgegenüber fehlt es dem *UCTA 1977* selbst wie auch der zum Vertragsrecht vorhandenen Fachliteratur an einer genauen Begriffsbestimmung. Der *UCTA 1977* verweist lediglich auf die Allgemeinen Geschäftsbedingungen der anderen Partei, *the other's written standard terms*, ohne die gewählte Terminologie näher zu erläutern. Vielmehr wird auch hier das Vorliegen Allgemeiner Geschäftsbedingungen vorausgesetzt und – auf dieser Annahme aufbauend – die weitere Prüfung der inhaltlichen Wirksamkeit dieser Klauselwerke angestrebt.

1041 Nicht so beim Unfair Terms in Consumer Contracts Regulations 1999, der bei Verbraucherverträgen die Wirksamkeit der Allgemeinen Geschäftsbedingungen reguliert.

1042 UCTA 1977 s 3 (1).

1043 BGH, NJW 2003, 1805, 1807.

Die *Law Commission* entschied 1975 im Rahmen des Gesetzgebungsverfahrens, als sie über den Umfang der inhaltlichen Kontrolle im unternehmensbezogenen Geschäft beriet, dass ein Kontrollmechanismus immer dann am notwendigsten sei, wenn die eine Partei die bereits vorformulierten und damit zumeist einseitig begünstigenden Vertragsbedingungen der anderen Partei annehmen oder aber auf das Geschäft verzichten müsse. Mithin wurde im unternehmerischen Verkehr eine Kontrolle immer dann befürwortet, wenn dem Vertrag Allgemeine Geschäftsbedingungen zugrunde gelegt wurden. Haben die Parteien die Einzelheiten des Vertrages jedoch individuell und unter gleichen Bedingungen aushandeln können, sei ein späteres Eingreifen durch die Gerichte nicht erforderlich.[1044] Obgleich die *Law Commission* eine Definition des Begriffs der Allgemeinen Geschäftsbedingungen ablehnte, verwehrte sie sich zumindest nicht dagegen, das Fehlen von Vertragsverhandlungen als *den* bestimmenden Faktor zu erkennen.[1045] Vielmehr überließ sie die genaue Auslegung den Gerichten. Fraglich ist, ob die bereits ergangene Rechtsprechung Aufschluss darüber geben kann, wie der Begriff der Allgemeinen Geschäftsbedingungen ausgelegt und mit etwaigen *Grenzfällen* umgegangen wird.

In *Watford Electronics Ltd v Sanderson CFL Ltd*[1046] ging es um einen Software-Lieferungsvertrag und die damit verbundenen Lizenzen. Die Allgemeinen Geschäftsbedingungen des Beklagten wurden dahingehend erweitert, dass ihn eine Obliegenheit zur Schadensminderung treffen sollte. Aufgrund dieser Modifizierung machte er geltend, dass die Bestimmungen des *UCTA 1977* keine Anwendung finden könnten, da es sich nicht mehr um Allgemeine Geschäftsbedingungen im Sinne dieses Gesetzes handle. Der *High Court* verwies zur Beantwortung dieser Frage auf den schottischen Fall *McCrone v Boots Farm Sales Ltd*[1047], in dem festgestellt wurde, dass unter den Begriff der Allgemeinen Geschäftsbedingungen, *written standard terms*, alle Verträge fallen, die ein vorformuliertes Klauselwerk enthalten, das der Verwender für diese Art von Verträgen stets nutzbar macht und das auch im streitigen Fall ohne wesentliche Veränderungen übernommen wurde.[1048] Das Gericht übertrug diese Ausführungen auf den Fall und entschied, dass es sich trotz der Modifizierungen um Allgemeine Geschäftsbedingungen handele. Die eingefügte Klausel enthalte nur eine vage und nicht einklagbar Obliegenheit. Selbst wenn man aus dieser gerichtlich vorgehen könne, stelle diese Verpflichtung doch nur eine ohnehin bestehende vertragliche

---

1044 Law Commission, Second Report, para 147.
1045 Law Commission, Second Report, para 156.
1046 [2000] 2 All ER (Comm) 984.
1047 1981 SLT 103.
1048 McCrone v Boots Farm Sales Ltd 1981 SLT 103, 105.

Nebenpflicht dar, die auch ohne ausdrückliche Vereinbarung bestanden habe. Außerdem wirke sich diese Klausel im Vergleich zu dem ansonsten unverändert gebliebenen radikalen Haftungsregime, das durch die Allgemeinen Geschäftsbedingungen in den Vertrag eingefügt worden sei, kaum aus.[1049] Deshalb befand das Gericht den *UCTA 1977* für anwendbar und unterzog die Bedingungen einer Angemessenheitskontrolle.[1050] Beide Gerichtsentscheidungen charakterisieren Allgemeine Geschäftsbedingungen demnach als schriftlich vorformulierte Vertragsbedingungen, die der Verwender für Kontrakte der vorliegenden Art entwickelt hat und die im Einzelfall in ihrem Kerngehalt auch unverändert übernommen wurden.

Einen anderen Weg zur Beantwortung der Frage, ob es sich um Allgemeine Geschäftsbedingungen handelt, wählte das Gericht in *The Salvage Association v CAP Financial Services Ltd*[1051]. Auch hier legte der beklagte Verwender dem Vertrag zwar ursprünglich seine Allgemeinen Geschäftsbedingungen zugrunde, doch hatten die Parteien über sie Vertragsverhandlungen geführt und die Bedingungen auf die konkrete Vertragssituation übertragen. Das Gericht verneinte die Anwendbarkeit des *UCTA 1977*, obgleich es feststellte, dass den Allgemeinen Geschäftsbedingungen weitgehend gefolgt worden und diese damit im Kern unverändert geblieben seien.[1052] Richter *Thayne Forbes QC* stellte eine nicht abschließende Liste von Faktoren auf, die es zu beachten gelte, wenn man in tatsächlicher Hinsicht entscheiden müsse, ob es sich noch immer um die ursprünglich vom Verwender vorgelegten Standardklauseln handele oder schon die Grenze zu den individuell ausgehandelten Vertragsbedingungen überschritten sei. Demnach sollte ein besonderes Augenmerk darauf liegen, ob die andere Partei Gelegenheit hatte, die Bedingungen im Verlauf der Vertragsvorbereitung zu prüfen. Außerdem sollte berücksichtigt werden, inwieweit die Bedingungen *einseitig gestellt* wurden. Darüber hinaus müsse das Kräfteverhältnis beider Vertragspartner in die Betrachtung einbezogen werden. Schließlich seien die Verhandlungsbereitschaft des Verwenders ebenso wie die Dauer der Verhandlungen und die Qualität des erzielten Ergebnisses zu berücksichtigen.[1053]

Der *Court of Appeal* qualifizierte diese Ausführungen in *St Albans City and District Council v International Computers Ltd*[1054] zwar nicht, doch verwies er

---

1049 Vgl. auch Chester Grosvenor Hotel v Alfred McAlpine Management 56 BLR 115.

1050 [2000] 2 All ER (Comm) 984, 1016.

1051 [1995] FSR 654.

1052 The Salvage Association v CAP Financial Services Ltd [1995] FSR 654, 672.

1053 The Salvage Association v CAP Financial Services Ltd [1995] FSR 654.

1054 [1996] 4 All ER 481.

auf die entscheidenden Passagen.[1055] In dem Fall ging es nicht direkt um die Frage, ob es sich um Allgemeine Geschäftsbedingungen handelte, sondern vielmehr darum, ob der andere Teil auf Grundlage der Allgemeinen Geschäftsbedingungen des Verwenders den Vertrag geschlossen hatte. Das Gericht entschied, dass eine Klausel auch dann eine Allgemeine Geschäftsbedingung im Sinne des Gesetzes darstellen könne, wenn andere Bedingungen des Vertrages individuell ausgehandelt worden seien. Das Gericht stellte entscheidend darauf ab, ob die Klauseln im Ergebnis noch den Allgemeinen Geschäftsbedingungen des Verwenders entsprachen.[1056]

Damit ist jedoch noch nicht entschieden, ob Vertragsklauseln auch dann noch in Gänze als Allgemeine Geschäftsbedingungen zu qualifizieren sind, wenn ihnen teilweise individuelle Vertragsverhandlungen vorausgegangen sind. Alternativ könnte ähnlich der deutschen Herangehensweise auch anhand jeder einzelnen Klausel, *term-by-term*, geprüft werden, ob diese individuell ausgehandelt wurde oder nicht. Die Rechtsprechung ist in diesem Punkt uneinheitlich. So entschied der *High Court* in *Pegler Ltd v Wang (UK) Ltd (No 1)*[1057], dass es sich auch dann um Allgemeine Geschäftsbedingungen handele, wenn der Verwender zu Vertragsverhandlungen im Hinblick auf solche Klauseln bereit sei, die Begriffe wie *Lieferung, Leistung, Gefahrübergang* genauer definierten, nicht jedoch in Bezug auf die vorformulierten Haftungsausschluss- und Freizeichnungsklauseln. Denn die Bereitschaft, über geringfügige Abweichungen zu verhandeln, reiche *per se* nicht aus, um *in Gänze* von einer individualvertraglichen Lösung auszugehen. Um den *UCTA 1977* zur Anwendung zu berufen, müsse nicht der *ganze* Vertrag als Standardvertrag qualifiziert werden. Deshalb könne im vorliegenden Fall bei den Haftungsausschluss- und Freizeichnungsklauseln von vorformulierten Klauseln im Sinne des Gesetzes ausgegangen werden.[1058] Anders entschied das Gericht jedoch in dem bereits besprochenen Fall *The Salvage Association v CAP Financial Services Ltd*[1059]. Denn obgleich der Vertrag eng an die Allgemeinen Geschäftsbedingungen des Verwenders angelehnt war und diesen sogar folgte, wurden die vorformulierten Klauseln durch Vertragsverhandlungen hinreichend qualifiziert.[1060] Gegen das Urteil des *High Courts* wurde zwar ein Rechtsmittel eingelegt, doch ließ dieses die Ausführun-

1055 St Albans City and District Council v International Computers Ltd [1996] 4 All ER 481.

1056 St Albans City and District Council v International Computers Ltd [1996] 4 All ER 481, 491.

1057 [2000] BLR 218.

1058 Pegler Ltd v Wang (UK) Ltd (No 1) [2000] BLR 218, para 72 f..

1059 [1995] FSR 654.

1060 [1995] FSR 654, 672.

gen über die Allgemeinen Geschäftsbedingungen unberührt.[1061] Die Grenze zwischen Allgemeinen Geschäftsbedingungen und Individualvereinbarungen ist im englischen Recht nicht so klar abgesteckt wie im deutschen. Es fehlt nicht nur an einer genauen Begriffsbestimmung im *UCTA 1977*, sondern auch an einer einheitlichen Rechtsprechung. Die zusammengetragenen Entscheidungen deuten lediglich darauf hin, dass an das Aushandeln gewisse Anforderungen gestellt werden und eine Gesamtbetrachtung über den Charakter der Vertragsbedingungen entscheidet.

Der Verweis im *UCTA 1977* auf *the other's written standard terms of business* weist noch zwei weitere Probleme auf, welche die Gerichte beschäftigt haben. So muss es sich zunächst um Standardklauseln, *standard written terms*, handeln. Dies impliziert eine gewisse Regelmäßigkeit in der Verwendung des Vertragsmusters. Anders als im deutschen Recht arbeitet die englische Rechtsprechung jedoch nicht mit einer Vermutung oder stellt primär und ausdrücklich auf die Absicht des Klauselverwenders ab. Aus dem bereits zitierten schottischen Fall[1062] geht hervor, dass der Verwender seine Allgemeinen Geschäftsbedingungen *regelmäßig* bzw. *immer* zur Grundlage seiner Verträge erklären muss, *terms the proponer applies to contracts of the kind in question*. So argumentierte das Gericht, dass bei wörtlicher Auslegung der Wendung *standard form contract* all diejenigen Kontrakte erfasst würden, die der Verwender ohne wesentliche Veränderungen für eine bestimmte Art von Verträgen immer wieder verwende.

Doch auch im Hinblick auf das Kriterium der Häufigkeit ist die englische Judikatur uneinheitlich. Denn in *British Fermentation Products v Compair Reavell*[1063] ging das Gericht davon aus, dass die Klauseln ständig, *consistently*, verwendet werden müssten. Dies sei allerdings zu verneinen, sofern der Verwender Kontrakte auch auf der Grundlage anderer Vertragsformulare bzw. anderer Geschäftsbedingungen schließe,[1064] das heißt eben nicht die dem konkreten Vertrag zugrunde liegenden Klauseln ständig, *consistently*, verwende.

Anders fiel die Auslegung in *Oval Ltd v Aegon Insurance Co (UK) Ltd*[1065] aus. In diesem Fall genügte es dem Richter, dass die Allgemeinen Geschäftsbedingungen vorher bereits einmal benutzt wurden, um dem Wortlaut des Gesetzes, *the other's standard terms of business*, gerecht zu werden.[1066] Allerdings sagt dieses Urteil nichts darüber aus, wie zu entscheiden wäre, wenn der Ver-

1061 The Salvage Association v CAP Financial Services Ltd 1993WL 13005057.
1062 McCrone v Boots Farm Sales Ltd 1981 SLT 103, 105.
1063 [1999] BLR 352.
1064 [1999] BLR 352, 361.
1065 (1997) 54 Con LR 74.
1066 (1997) 54 Con LR 74.

wender Beweis geführt hätte, dass er auch andere Formulare regelmäßig nutzte. Die gewählte Formulierung erfordert im Unterschied zu der Umschreibung der *nicht individuell ausgehandelten Verträge*, dass eine gewisse Regelmäßigkeit erkennbar sein muss, bevor Klauseln als Allgemeine Geschäftsbedingungen, *standard written terms*, qualifiziert werden können.

Schließlich legt die gewählte Gesetzesformulierung nahe, dass es sich um die Allgemeinen Geschäftsbedingungen *des anderen Teils* respektive des Verwenders, *the other's written standard terms*, handeln muss. Im deutschen Teil wurde dazu festgestellt, dass es ob der neutralen Formulierung des § 305 Abs. 1 BGB nicht darauf ankommt, wer die Allgemeinen Geschäftsbedingungen entworfen hat, solange sie der Sphäre des Verwenders zuzurechnen sind. Es sind insoweit zwei Arten von Allgemeinen Geschäftsbedingungen zu unterscheiden: Zum einen gibt es Allgemeine Geschäftsbedingungen, die von dem Verwender selbst oder zu seinen Gunsten ausformuliert wurden. Das englische Recht umschreibt Verträge dieser Art als *contracts of adhesion*, weil sie dazu neigen, den schwächeren Vertragspartner zu knebeln bzw. die vertragliche Ausgestaltung zu diktieren.[1067] Zum anderen gibt es Klauselwerke und Vertragsmuster, die von Interessenverbänden oder Warenvereinen für die Mitglieder aufgestellt wurden und diesen für ihre Vertragsabschlüsse zur Verfügung stehen. Letztere sind eher gewillt, bei der Vertragsgestaltung die gegensätzlichen Interessen zu berücksichtigen und entsprechend vertragliche Lösungen zu schaffen, so dass die Interessenlage im Zweifel eine andere ist und staatliche Intervention nicht immer notwendig erscheint. Deshalb könnte man argumentieren, dass es sich bei diesen Vertragsmustern nicht um die Allgemeinen Geschäftsbedingungen der anderen Partei, *the other's written standard terms*, handelt. Die englische Judikatur ist bei diesem Themenkomplex wenig aufschlussreich. In *British Fermentation Products v Compair Reavell*[1068] wird diese Frage zwar aufgeworfen, nicht jedoch beantwortet. Das Gericht entschied insoweit, dass es sich schon deshalb nicht um Allgemeine Geschäftsbedingungen handele, weil nicht bewiesen worden sei, dass der Beklagte das Vertragsformular des *British Institute of Mechanical Engineers* ständig und immer wieder, *consistently*, verwendete. Doch erklärte das Gericht überdies, dass es keinen Versuch unternehmen werde, eine Regel darüber aufzustellen, wann der *UCTA 1977* im Falle von Klauselwerken Anwendung finde. Sollte das Gesetz anwendbar sein, wäre es zwingend erforderlich, dass Beweis über die Häufigkeit der Verwendung angetreten werde. Ansonsten könne nicht davon ausgegangen werden, dass es sich

---

1067 Reynolds, Formulation of standard terms and their incorporation in contracts, S. 17, 18; Weick, ZHR 145 (1981), 68, 79.

1068 [1999] BLR 352.

um die vorformulierten Bedingungen der anderen Partei, *the other's written standard terms*, handele.[1069] Ist das Kriterium der Häufigkeit erfüllt, steht einer Anwendung des *UCTA 1977* jedoch *per se* nichts im Weg.[1070] Denn ungeachtet der Tatsache, dass eine Handelsorganisation oder ein Handelsverein bei der Vertragsgestaltung neutraler vorgehen mag, ist nicht ohne Weiteres gewährleistet, dass das Ergebnis einen Interessenausgleich beinhaltet. Würde man den Kontrollmechanismus des *UCTA 1977* auf diese Weise aushebeln oder gar umgehen, stünde die andere Vertragspartei schutzlos dem Verwender gegenüber. Diese Gefahr drängt sich im unternehmerischen Verkehr insbesondere bei Verträgen mit kleineren und mittelständischen Unternehmen auf, so dass ein Mindestmaß an Schutz notwendig ist. Argumente, die gegen eine Kontrolle sprechen, finden später bei der Beurteilung der Angemessenheit Berücksichtigung. Aspekte wie die Herkunft der Vertragsmuster oder auch deren Akzeptanz auf dem Markt spielen hierbei eine große Rolle.[1071] Dennoch bleibt festzuhalten, dass es zumeist jene *contracts of adhesion* sein werden, die teilweise auch im unternehmerischen Verkehr einer externen Kontrolle bedürfen und nicht primär Vertragsformulare größerer Wirtschaftsverbände oder Handelsorganisationen.

Zusammenfassend lässt sich für die Begriffsbestimmung Allgemeiner Geschäftsbedingungen sagen, dass es sich um schriftliche[1072] Vertragsbedingungen handeln muss, die der Verwender vorformuliert hat und mit gewisser Regelmäßigkeit für Verträge der jeweiligen Art benutzt. Unwesentliche Modifizierungen als Ergebnis von Vertragsverhandlungen führen nicht zu der Annahme, dass es sich um Individualvereinbarungen handelt. Erst wenn die eingefügten Veränderungen eine bestimmte Qualität erreicht haben, bilden die Geschäftsbedingungen nicht mehr die Grundlage des Vertrages und die Klauseln sind einer Inhaltskontrolle in Gänze entzogen, ohne dass es darauf ankäme, ob die jeweilige Klausel das Ergebnis von Vertragsverhandlungen ist oder aber unverändert übernommen wurde.[1073]

1069 [1999] BLR 352.

1070 Vgl. Hadley Design Ass Ltd v Westminster City Council [2004] TLCR 1, 77-79.

1071 Law Commission, Unfair Terms in Contracts (Report on a reference), S. 72, para 4.61.

1072 Die elektronische Form wird der Schriftform insoweit gleichgesetzt, vgl. Law Commission, Consultation Paper No. 166, Unfair Terms in Contracts, S. 144, para 5.58.

1073 Law Commission, Unfair Terms in Contracts (Report on a reference), S. 68 f., para 4.50.

bb. Einbeziehungsvoraussetzungen nach dem common law

Die wirksame Einbeziehung wird bei Anwendung des *UCTA 1977* bereits vorausgesetzt.[1074] Sie richtet sich folglich nach den allgemeinen Grundsätzen des *common law*.[1075] Als Vertragsbedingungen erlangen Allgemeine Geschäftsbedingungen Wirksamkeit, indem sie vertraglich inkorporiert werden. Ein Vertrag kommt ebenso wie im deutschen Recht durch Angebot und Annahme zustande. Im Angebot müssen alle Bedingungen enthalten sein, die Vertragsbestandteil werden sollen. Infolgedessen müssen auch die Allgemeinen Geschäftsbedingungen *einbezogen* worden sein, so sich der Verwender auf sie berufen will. Nach dem *common law* bestehen generell zwei Möglichkeiten, der Einbeziehung:[1076] Zum einen durch Unterschrift, *incorporation by signature*, zum anderen durch ausreichende Kundgabe, *incorporation by reasonably sufficient notice*. Verträge, deren Inhalte sich sowohl aus schriftlichen als auch aus mündlichen Elementen zusammenfügen, sind rechtlich anerkannt.[1077] Dem steht auch die im englischen Beweisrecht geltende *parol evidence rule* nicht entgegen. Diese versucht zwar die Parteien ausschließlich an die schriftlich fixierten Bedingungen zu binden,[1078] doch angesichts zahlreicher Ausnahmen[1079] verliert diese Regel zusehends an Boden, so dass sie allenfalls als widerlegliche Vermutung der Vollständigkeit des schriftlichen Vertragstextes fungieren kann[1080] und damit einer Einbeziehung von Allgemeinen Geschäftsbedingungen, so diese zweifelhaft ist, nicht im Wege steht.[1081]

1074 Lütkenhaus, Unfair Contract Terms Act 1977 und das AGB-Gesetz 1976, S. 66.

1075 Beckmann/Sandrock, Handbuch der Internationalen Vertragsgestaltung. Band I, S. 314, Rn. 121.

1076 Diese gelten nicht nur speziell im Bereich von AGB, sondern generell, wenn es um die vertragliche Einbeziehung bestimmter Regelungen geht.

1077 Stellvertretend für alle: Law Commissions, 2nd Report, para 154.

1078 Vgl. Lord Morris, in Bank of Australia v Palmer (1987) AC 540, 545: Parol testimony cannot be received to contradict, vary, add to or substract from the terms of a written contract, or the terms in which the parties have deliberately agreed to record any part of their contract; Yates, Exclusion Clauses in Contracts (1. Auflage, London 1978) S. 33.

1079 Etwa für die Berichtigung einer geschriebenen Urkunde, für den Vertragsschluss infolge (auch schuldlos) fehlerhafter Unterrichtung über Inhalt und Wirkung, wenn die Niederschrift unvollständig ist. Schließlich gilt auch eine Ausnahme im Hinblick auf Handelsbräuche, so dass Vertragsinhalte, die wegen ihrer Üblichkeit nicht jedes Mal schriftlicher Fixierung bedürfen, trotzdem einbezogen werden.

1080 So Lütkenhaus, Unfair Contract Terms Act 1977 und das AGB-Gesetz 1976, S. 75 Fn. 17 unter Verweis auf den Interpretation Act 1978 s 30, Schedule 1 writing.

1081 Vgl. auch Couchman v Hill (1947) KB 554; Lütkenhaus, Unfair Contract Terms Act 1977 und das AGB-Gesetz 1976, S. 75.

Bei der ersten Konstellation, der Einbeziehung durch Unterschrift, *incorporation by signature*, sorgt bereits die Unterschrift dafür, dass die Klausel bzw. das Klauselwerk Vertragsbestandteil wird und diese als mit dem Verwender vereinbart gilt, so dass ein bloßer Verweis auf die in der Vertragsurkunde selbst nicht enthaltenen Allgemeinen Geschäftsbedingungen ausreicht.[1082] Auf eine tatsächliche Kenntnis kommt es nicht an,[1083] genauso wenig spielt es eine Rolle, ob der Unterzeichner der englischen Sprache mächtig ist.[1084] Das englische Recht geht in diesem Bereich mithin von der Exklusivität bzw. von dem abschließenden Charakter der Unterschrift, *conclusiveness of signature*, aus, insbesondere wenn lediglich ein Hinweis auf die Allgemeinen Geschäftsbedingungen erfolgt ist, ohne dass diese tatsächlich in der Vertragsurkunde enthalten sind.[1085] Eingeschränkt wird dieser Grundsatz, indem eine vertragliche Bindung nur angenommen wird, wenn der Unterzeichnende vernünftigerweise damit rechnen durfte, dass sich in dem Dokument Vertragsbedingungen befinden.[1086] Vertragsbedingungen, die *un*gewöhnlich sind, sollen jedoch nicht Vertragsbe-

1082 Whittaker, The "Draft Common Frame of Reference " An Assessment, Commissioned by the Ministry of Justice, United Kingdom, Appendix I – The treatment of standard contract terms S. 125, para 3.

1083 L'Estrange v F Graucob Ltd [1934] 2 KB 394; Levison v Patent Steam Cleaning Co Ltd [1978] QB 69; The Polyduke [1978] 1 Lloyd's Rep 211; Singer (Uk) Ltd v Tees & Hartlepool Port Authority [1988] 2 Lloyd's Rep 164, 166; a.A. McCutcheon v David MacBrayne Ltd [1964] 1 WLR 125, 133.

1084 The Luna [1920] p. 22; vgl. Barclays Bank Plc v Schwartz, The Times, 2.08.1995. Der Unterzeichnende kann sich evtl. auf die Regel non est factum (Einwand, dass es sich bei dem Schriftstück nicht um den eigenen Vertrag bzw. die eigene vertragliche Verpflichtung handele) berufen. In diesem Fall würde jedoch gar kein Vertrag bestehen, vgl. Treitel/Peel, The Law of Contract, S 240, para 7-004.

1085 Whittaker, The "Draft Common Frame of Reference" An Assessment, Commissioned by the Ministry of Justice, United Kingdom, Appendix I – The treatment of standard contract terms, S. 126, para 3; a.A. Beckmann/Sandrock, Handbuch der International Vertragsgestaltung, Bd. 1, S. 315, Rn. 125, die fordern, dass der gesamte Wortlaut der Geschäftsbedingungen als Teil eines schriftlich abgeschlossenen Vertrages mitunterzeichnet wird; ebenso Prinz zu Sayn-Wittgenstein-Berleburg, AGB im englischen Recht, S. 8.

1086 Vgl. Chapelton v Barry Urban DC [1940] 1 KB 532; Henson v London & North Eastern Ry [1946] 1 All ER 653; Grogan v Robin Meredith Plant Hire, The Times, 20.02.1995; The Eagle [1977] 2 Lloyd's Rep 70; Clarke, [1978] CLJ 21, 22 f.; Beckmann/Sandrock, Handbuch der Internationalen Vertragsgestaltung. Band I, S. 314, Rn. 125.

standteil werden, sofern der Unterzeichner nicht besonders auf diese Bedingungen aufmerksam gemacht wurde.[1087]

Das strenge Prinzip des abschließenden Charakters der Unterschrift, *conclusiveness of signature*, samt seiner Einschränkung begründet sich damit, dass die Aufforderung zur Unterschrift als Hinweis auf die Geltung von Allgemeinen Geschäftsbedingungen des Verwenders gewertet werden kann. Die Unterschrift fungiert deshalb als Beweis dafür, dass der Verwender seinen Willen, auf Grundlage seiner Allgemeinen Geschäftsbedingungen abzuschließen, hinlänglich dargetan hat und die Bedingungen folglich in seiner Offerte enthalten waren.[1088]

Es lassen sich gewisse Parallelen zum deutschen Recht ziehen. So entschied der *BGH* 1994, dass ein formularmäßiger Bürgschaftsvertrag durch die Unterschrift der Beklagten zustande gekommen sei. Zwar sei die Beklagte der deutschen Sprache nicht mächtig, doch bediente sie sich stets ihres Vetters als Dolmetscher. Obgleich sie dessen Dienste für den Vertragsschluss nicht in Anspruch nahm, habe sie die Möglichkeit gehabt, in zumutbarer Weise von der Art und dem Inhalt des vorgelegten Schriftstücks Kenntnis zu nehmen. Da die Beklagte diese Möglichkeit nicht genutzt habe, stehe sie demjenigen gleich, der eine Urkunde unterschreibt, ohne sich über deren Inhalt Gewissheit zu verschaffen.[1089] Diese Härte gegenüber Vertragsparteien, die der deutschen Sprache nicht mächtig sind, ist jedoch nur dann gerechtfertigt, wenn tatsächlich die gesetzlichen Voraussetzungen erfüllt sind, wenn also die Möglichkeit der Kenntnisnahme bestand, was zumindest beim Konsumentengeschäft die Anwesenheit eines Dolmetschers erfordert.[1090] Im unternehmerischen Verkehr muss die Kenntnis-

---

1087 Crooks v Allen (1870) 5 QBD 38, 40; im Fall J Spurling v Bradshaw [1956] 2 All ER 121, 125 stellte Lord Denning fest, je unangemessener eine Klausel ist, desto wichtiger wird die Kundgabe der Bedingung; Thornton v Shoe Lane Parking Ltd [1971] 2 QB 163; Interfoto Picture Library Ltd v Stiletto Visual Programms Ltd [1989] QB 433; Shearson Lehman Hutton Inc v Maclain Watson & Co Ltd [1989] 2 Lloyd's Rep 570, 612; Beckmann/Sandrock, Handbuch der Internationalen Vertragsgestaltung. Band I, S. 314, Rn. 128; Kade, richterliche Kontrolle von formularmäßigen Haftungsfreizeichnungen im englischen Recht, S. 36, 37; Schmitz, Haftungsausschlussklauseln in AGB nach englischem Recht und internationales Privatrecht, S. 24; Treitel/Peel, The Law of Contract, S. 240, para 7-004; Macdonald [1988] JBL 375, dies. 8 Legal Studies 48, 49 ff.; McLean [1988] CLJ 172.

1088 L'Estrange v F Graucob Ltd [1934] 2 KB 394, 402; Prinz zu Sayn-Wittgenstein-Berleburg, AGB im englischen Recht, S. 8; Treitel/Peel, The Law of Contract, S. 240, para 7-004.

1089 BGH, NJW 1995, 190.

1090 A.A. Schulze/Schulte-Nölke, § 305 BGB, Rn. 11 der diejenige Partei, die der Vertrags- und Verhandlungssprache nicht mächtig ist und den Vertrag dennoch schließt immer

nahme lediglich in zumutbarer Weise möglich sein. Dies entspricht der zweiten Möglichkeit der Einbeziehung.

Als zweite Möglichkeit kann die Einbeziehung durch einen ausreichenden Hinweis[1091] auf die jeweiligen Allgemeinen Geschäftsbedingungen erfolgen. Verträge werden häufig (fern-)mündlich geschlossen, ohne dass Vertragsdokumente erstellt oder Vertragsformulare unterschrieben werden. Selbst wenn es sich um einen teilweise schriftlich abgefassten Vertrag handelt, sind die Allgemeinen Geschäftsbedingungen nicht immer Bestandteil des Vertragsvordrucks. Für die wirksame Einbeziehung nicht unterschriebener Geschäftsbedingungen greift das englische Recht auf die Figur der hinreichenden Kundgabe, *reasonably sufficient notice*, zurück.[1092]

Der Verwender muss sich der einzubeziehenden Bedingungen zunächst einmal entäußert haben. Eine hinreichende Kundgabe erfordert in diesem Zusammenhang, dass ein *vernünftiger* Kunde sie wahrgenommen hätte.[1093] Hierbei wird ein objektiver Maßstab, *reasonable person standard*, angelegt, so dass es auf eine tatsächliche Kenntnisnahme nicht ankommt. Damit ein *vernünftiger Vertragspartner* die Bedingungen wahrgenommen hätte, müssen diese deutlich lesbar und verständlich sein. Ansonsten besteht die Gefahr, dass Gerichte eine Einbeziehung ablehnen. Befinden sich die Allgemeinen Geschäftsbedingungen auf der Rückseite eines Schriftstückes, ist im Zweifel ein Hinweis notwendig.[1094] Häufig finden sich die Bedingungen in schriftlichen Unterlagen, die in Zusammenhang mit den Vertragsverhandlungen und dem Vertragsabschluss ausgehändigt werden oder aber auf nicht zu unterschreibenden Vertragsvordrucken. Es muss sich stets um Vertragsunterlagen, *contractual documents*, handeln, das heißt sie müssen geeignet sein, den Vertrag inhaltlich zu bestimmen und über die durch diese Unterlagen getroffene Regelung des Vertragsinhalts auch eine Einigung der Parteien herbeizuführen.

---

demjenigen gleichsetzt, der seine Unterschrift leistet. Dies würde jedoch dem Wortlaut des Gesetzes widersprechen, der die Möglichkeit der Kenntnisnahme verlangt.

1091 Beckmann/Sandrock, Handbuch der Internationalen Vertragsgestaltung, Band I, S. 314, Rn. 126; Reynolds, Formulation of standard terms and their incorporation in contracts, S. 17, 26 f..

1092 Lütkenhaus, Unfair Contract Terms Act 1977 und das AGB-Gesetz 1976, S. 84; Treitel/Peel, The Law of Contract, S. 241, para 7-005 ff..

1093 Kade, Richterliche Kontrolle von formularmäßigen Haftungsfreizeichnungen im englischen Recht, S. 35; Schmitz, Haftungsausschlussklauseln in AGB nach englischem Recht und internationales Privatrecht, S. 23.

1094 Beckmann/Sandrock, Handbuch der Internationalen Vertragsgestaltung. Band I, S. 314, Rn. 128; Schmitz, Haftungsausschlussklauseln in AGB nach englischem Recht und internationales Privatrecht, S. 22.

Bei der Frage, ob die Verwendergegenseite eine angemessene Möglichkeit hatte, von den standardisierten Vertragsbedingungen Kenntnis zu nehmen, können die Gerichte die inhaltliche Ausgestaltung der Klausel berücksichtigen. Erweist sich das Vorhandensein AGB-rechtlicher Regelungen als wenig offensichtlich oder erscheint deren Inhalt als abträglich für die Verwendergegenseite, schwindet die Wahrscheinlichkeit, dass die andere Partei bei Kenntnis dieser Klausel dem Vertragsschluss zugestimmt hätte.[1095] Es ist mithin notwendig, dass der Vertragspartner des Verwenders erkennen kann, ob und in welchem Umfang der Inhalt des Vertrags durch die Vertragsbedingungen bestimmt wird.[1096] Folglich muss er vor Vertragsschluss Kenntnis erhalten,[1097] eine spätere Kenntnisnahme ist nicht ausreichend.

Allzu oft verwenden beide Vertragspartner ihre eigenen Geschäftsbedingungen. Stehen diese im Widerstreit zueinander, hält das englische Recht klare Regelungen bereit. Nach der *mirror-image-rule* erschöpft sich die Angebotsannahme in dessen uneingeschränkter Bejahung. Akzeptiert die eine Vertragspartei die Offerte dennoch nur unter Erweiterungen bzw. Einschränkungen, so wird in der Folge das Zustandekommen eines Vertrages verneint. Es liegt lediglich eine Gegenofferte vor, die ebenfalls der zumindest konkludenten Annahme bedarf. Nach der Theorie des letzten Wortes, *last-shot-doctrine*, wird darauf abgestellt, wer zuletzt auf seine Allgemeinen Geschäftsbedingungen verwiesen hat. Nur dessen Bedingungen werden dann durch konkludente Annahme der anderen Vertragspartei Inhalt des jeweiligen Kontrakts. Der Umweg über eine Gegenofferte, die erneut einer Annahme bedarf, verdeutlicht den Einfluss der *mirror-image-rule* auf die Vertragsschlusslehre. Wegen der Theorie des letzten Wortes

1095 Interfoto Picture Library Ltd v Stiletto Visual Programs Ltd [1989] 2 QB 433; Whittaker, The "Draft Common Frame of Reference" An Assessment, Commissioned by the Ministry of Justice, United Kingdom, Appendix I – The treatment of standard contract terms, S. 125, para 3.

1096 So hat die Rechtsprechung Eisenbahnfahrkarten und Gepäckaufbewahrungsscheine als contractual documents angesehen, Scheckbücher jedoch nicht, Lütkenhaus, Unfair Contract Terms Act 1977 und das AGB-Gesetz 1976, S. 84 f.; Treitel/Peel, The Law of Contract, S. 241, para 7-006 ff.; Thieme/Mitscherlich, AWD 1974, 173, 176 f..

1097 Olley v Marlborough Court [1949] 1 KB 532; vgl. The Eagle [1977] 2 Lloyd's Rep 70; Daly v General Steam Navigation Co (The Dragon) [1979] 1 Lloyd's Reo 257, bestätigt [1981] 1 WLR 120, ohne auf diesen Punkt gesondert einzugehen; Oceanic Sun Line Special Shipping Co v Fay (1988) 165 CLR 197; Jayaar Impex Ltd v Toaken Group Ltd [1996] 2 Lloyd's Rep 437; Treitel/Peel, The Law of Contract, S. 243, para 7-010; Reynolds, Formulation of standard terms and their incorporation in contracts, S. 17, 25.

spricht man im englischen Recht von einem Konflikt der kollidierenden Allgemeinen Geschäftsbedingungen, *the battle of forms*.[1098]

b. Auslegung Allgemeiner Geschäftsbedingungen

Zu Fragen der Auslegung schweigt der *UCTA 1977*, so dass auch hier Antworten im *common law* zu suchen sind. Das *common law* hält keine dem deutschen AGB-Recht vergleichbaren Regelungen für Allgemeine Geschäftsbedingungen bereit, sondern beschränkt sich primär auf die adäquate Auslegung von Haftungsbeschränkungs- und Freizeichnungsklauseln und deren inhaltliche Wirksamkeit.

Zunächst sind zwei Prinzipien der englischen Vertragsauslegung besonders hervorzuheben: Zum einen der Grundsatz der strengen Auslegung, der die Wirkungen einseitiger Klauseln zu kompensieren versucht, zum anderen die Maxime *contra proferentem*, die auf der Annahme basiert, dass derjenige, der eine Klausel (vor-)formuliert und im Zweifel zu seinen Gunsten ausgestaltet, im Gegenzug auch die für ihn ungünstigere Auslegung seiner Klausel hinnehmen muss. Beide Grundsätze gewinnen besondere Bedeutung, da es vor Inkrafttreten des *UCTA 1977* an einem adäquaten Regelungskonzept für Allgemeine Geschäftsbedingungen fehlte und die Auslegung der Klauseln die einzige Möglichkeit darstellte, zu intervenieren und die Vertragsfreiheit in ihre Grenzen zu weisen. Die englische Rechtsprechung forcierte damals, nicht nur eine restriktive, streng am Wortlaut orientierte Auslegung standardisierter Vertragsbedingungen, *strict interpretation and strained construction*,[1099] um das Fehlen einer inhaltlichen Kontrolle im *common law* zu kompensieren, sondern verfolgte eine geradezu *feindselige* Interpretation der einschlägigen Klauseln. Infolgedessen mussten die vertragsschließenden Parteien ihren Willen klar und unmissverständlich äußern, wollten sie etwaigen Auslegungszweifeln vorbeugen. Dies gelang im Fall *Wallis, Son & Wells v Pratt & Haynes*[1100] aus Sicht der Richter nicht, denn das *House of Lords* entschied, dass der Verkäufer, der die Haftung für eine *warranty* ausgeschlossen hatte, dadurch nicht auch vor der Haftung aus einer *condition* gefeit gewesen sei.[1101]

1098 Anson/Guest, Anson's Law of Contract, S. 33 f.; Müller/Otto, AGB im internationalen Wirtschaftsverkehr, S. 192 (Fn. 212).

1099 Im Hinblick auf Freizeichnungsklauseln: Anson/Guest, Anson's Law of Contract, S. 144 f..

1100 [1911] AC 129.

1101 Zur Unterscheidung beider Termini: Als „warranties" werden vertragliche Nebenabreden bezeichnet, deren Nichterfüllung eine Schadenersatzpflicht nach sich zieht. Unter

Führte die Wortwahl bzw. die großzügige Umschreibung der jeweiligen Ausschlussklausel nach Ansicht der Rechtsprechung zu einem unangemessenen Ergebnis, wurde die Klausel als mit dem Vertragszweck unvereinbar abgelehnt oder im Wege einer engen Auslegung zulasten des Verwenders ausgelegt.[1102] Letzere Variante spiegelt die bereits erwähnte *contra proferentem rule* wider, wonach Zweifel bei der Auslegung stets zulasten des *proferens* gehen, das heißt der Partei, die sich durch die entsprechende Abrede einen Vorteil erhofft. Die *contra proferentem rule* gilt jedoch stets nur als *ultima ratio*, wenn trotz erfolgter Auslegung inhaltliche Zweifel bestehen bleiben.[1103]

Die Unvereinbarkeit mit dem vertraglich erklärten Zweck bzw. die strenge Auslegung zulasten des Klauselverwenders wurden immer dann bemüht, wenn die Klauseln einer inhaltlichen Überprüfung nicht standhielten und als unangemessen, *unreasonable*, abgelehnt wurden. Handelte es sich jedoch um eine angemessene Klausel, die ein interessengerechtes Ergebnis hervorbrachte, waren die Richter durchaus gewillt, sie entsprechend auszulegen und für wirksam zu befinden. Deshalb wurden angemessene Haftungsbeschränkungen eher für wirksam befunden als Freizeichnungsklauseln.[1104]

Aus der Bewertung der Rechtslage vor und kurz nach Inkrafttreten des *UCTA 1977* folgt, dass die Rechtsprechung schon im Rahmen der Auslegung Allgemeiner Vertragsbedingungen eine Inhaltskontrolle durchführte und dadurch den Grundsatz der Vertragsfreiheit, wenn notwendig, begrenzte. Ausle-

---

„conditions" versteht man wesentliche Vertragsbestimmungen, die sich auf die Hauptpflichten beziehen. Ihre Verletzung begründet ein Rücktrittsrecht für die geschädigte Partei, vgl. dazu Cheshire/Fifoot/Furmston, Law of Contract, S. 192-202.

1102 Als Beispiele werden genannt: Glynn v Margetson & Co [1893] AC 351; London and North Western Railway Co v Neilson [1922] 2 AC 263; Cunard Steamship Co Ltd v Buerger [1927] AC 1.

1103 The Olympic Brilliance [1982] 2 Lloyd's Rep 205, 208 (Lord Justice Eveleigh: a rule of, if not last, very late resort); Macey v Qazi [1987] CLY 425 (Lord Justice May: I think that the principle is only to be relied upon and then usually somewhat in the last resort, when an agreement is ambiguous and permits of two or more possible interpretations); McGeown v Direct Travel Insurance [2003] EWCA Civ 1606; Pilkington UK Ltd v CGU Ins Plc [2004] EWCA Civ 23; Lexi Holdings Plc v Stainforth [2006] EWCA Civ 988 Rn. 20 (Lord Justice Carnwath: they should bear the risk of any resulting ambiguity, if it cannot be resolved by more conventional interpretative tools). Staudinger/Schlosser, § 305c BGB, Rn. 105 nimmt an, dass § 305c Abs. 2 BGB ebenfalls aufgrund des Transparenzgebots in § 307 Abs. 1 Satz 2 BGB in den Hintergrund gedrängt wird; dazu auch Price Waterhouse v University of Keele [2004] EWCA Civ 583; Tektrol Ltd v Ins Co of Hanover Ltd [2005] EWCA Civ 845; Treitel/Peel, The Law of Contract, S. 245 f.; para 7-015.

1104 George Mitchell (Chesterhall) Ltd v Finney Lock Seeds Ltd [1983] 1 QB 284, 296 ff..

gung und Inhaltskontrolle erfolgten in einem Schritt und bedingten sich somit gegenseitig, was den Richtern teilweise einen sprachlichen Spagat, *linguistic gymnastics*[1105], abverlangte.

Die *contra proferentem rule* hat zwar weiterhin Bestand, sie ist jedoch seit Inkrafttreten des *UCTA 1977* und der *UTCCR 1999* zunehmend in den Hintergrund getreten zugunsten einer von der Rechtsprechung favorisierten Auslegung, die vertragliche Inhalte durch einen *common-sense approach*, das heißt anhand des gesunden Menschenverstands und allgemeinen Sprachgebrauchs, zu ermitteln versucht.[1106] Diese Kehrtwende erklärt sich damit, dass durch das Tätigwerden des Gesetzgebers Regeln für die inhaltliche Wirksamkeit von Haftungsbeschränkungs- und Ausschlussklauseln aufgestellt wurden, so dass die Rechtsprechung deren Fehlen nicht mehr über die Auslegung kompensieren musste.[1107] Nur wenn ein großzügiges Verständnis der jeweiligen Vertragsbedingung im Widerspruch zu anerkannten Grundprinzipien, *public policy reasons*, stehen sollte wie etwa bei extensiven Freizeichnungsklauseln, wird auf die traditionelle Methode einer strengen Auslegung zulasten des Verwenders zurückgegriffen.[1108] Welche Art der Auslegung – restriktiv oder großzügig – gewählt wird, hängt von einer Prognoseentscheidung ab: Je einschneidender die Klausel für die andere Vertragspartei wirkt, desto geringer ist die Chance, dass sie tatsächlich bei individuellen Verhandlungen auf ihre Rechte, die ihr das *common law* zuspricht, verzichtet hätte. Hierin zeigt sich eine differenzierte Herangehensweise bei der Auslegung standardisierter Klauseln, welche die unterschiedlich weitreichenden Wirkungen Allgemeiner Geschäftsbedingungen widerspiegelt. Die Rechtsprechung lehnt zwar noch immer eine strikte Trennung zwischen Auslegung und Inhaltskontrolle ab, doch begegnet sie den Klauseln nicht mehr mit der einstigen Feindseligkeit[1109] dem Verwender gegenüber.[1110] Es werden vielmehr drei Stufen bei der Auslegung unterschieden:[1111]

1105 McMeel, The Construction of Contracts, S. 164, Rn. 6.16..

1106 Bank of Credit & Commerce International SA v Ali [2002] 1 AC 251 para 60-62.

1107 George Mitchell (Chesterhall) Ltd v Finney Lock Seeds Ltd [1983] 2 AC 803, 810; Atiyah, Introduction to the law of contract, S. 153.

1108 McMeel, The Construction of Contracts, S. 158, Rn. 6.02.; vgl. Atiyah, Introduction to the law of contract, S. 153 f..

1109 Rice (t/a Garden Guardian) v Great Yarmouth BC [2003] TCLR 1.

1110 Ailsa Craig Fishing Co Ltd v Malvern Fishing Co Ltd [1983] 1 WLR 964, 966 (Lord Wilberforce: one must not strive to create ambiguities by strained construction).

1111 McMeel, The Construction of Contracts, S. 165 f., Rn. 6.22.; kritisch hierzu Carter, (1995) 9 JCL, 69, 91; Casualty and General Insurance Ltd v Chase Manhattan Bank [2003] 1 CLC 358, 381 f..

Der bereits erwähnten Maxime *contra proferentem* liegt die Annahme zugrunde, dass der *proferens* die Verantwortung für die Formulierung der Klausel und deren Verwendung als Grundlage für den Vertrag trägt. Gerade im unternehmerischen Bereich verfängt diese Begründung jedoch nicht. Oftmals sind dem Vertragsschluss individuelle Verhandlungen vorausgegangen, so dass von einer beiderseitigen Mitwirkung bei der Vertragsgestaltung auszugehen ist. Spiegeln die standardisierten Vertragsbedingungen einen handelsüblichen Konsens, *a commercial consensus*, wider, bleibt für die Auslegungsregel *contra proferentem* kein Platz.[1112] Auch bei Schiedsklauseln unterbleibt ein Rückgriff auf diese Regel, obgleich die Parteien auf einen Rechtsbehelf verzichten.[1113] Wird eine enge Auslegung angestrebt, beschränkt sich diese darauf, dass bei Haftungsbeschränkungs- oder Ausschlussklauseln für Fahrlässigkeit eine klare unzweideutige Sprache gefordert wird.

Auf der zweiten Stufe findet die klassische *contra proferentem* Regel Anwendung. Denn hier fehlt es an Vertragsverhandlungen, so dass der Verwender tatsächlich die Verantwortung für die Einbeziehung der vorformulierten Klauseln trägt. Da ihm die Klauseln regelmäßig einen Vorteil bringen werden, muss er im Gegenzug jede weniger vorteilhafte Auslegung hinnehmen. In Fällen von Haftungsbeschränkungen sehen die Richter eher die Möglichkeit, dass sich die andere Vertragspartei damit einverstanden erklärt, als wenn die Haftung vollends ausgeschlossen wird.[1114]

Die dritte Stufe der Auslegung, *specially exacting standards*, wurde vom *House of Lords* in *Ailsa Craig*[1115] näher ausgestaltet und gilt für Haftungsausschluss- und Freizeichnungsklauseln gleichermaßen. Sie geht von der fehlenden Wahrscheinlichkeit aus, dass die von dem Ausschluss oder der Freizeichnung betroffene Partei ohne weiteres auf Rechte in Gänze verzichten werde, die ihr eigentlich zustünden. Die jeweilige Klausel kommt in diesen Fällen nicht zur Anwendung. Aufgrund der weitreichenden Folgen sind die Richter eher gewillt, einen Mangel an Eindeutigkeit ob der gewählten Begrifflichkeiten festzustellen und Nachsicht mit schlecht formulierten Klauseln zu üben.[1116]

1112 British Fermentation Products Ltd v Compair Reavell Ltd [2000] 2 TCLR 704, 709; National Westminster Bank v Utrecht-America Finance Co [2001] CLC 1372, 1386 f.; McMeel, The Construction of Contracts Rn. 6.22, S. 165 f..

1113 Woolf v Collis Removal Service [1948] 1 KB 11.

1114 Ailsa Craig Fishing Co Ltd v Malvern Fishing Co [1983] WLR 964; George Mitchell (Chesterhall) Ltd v Finney Lock Seeds Ltd [1983] 2 AC 803, 814; The Happy Ranger [2002] EWCA Civ 694.

1115 Ailsa Craig Fishing Co Ltd v Malvern Fishing Co [1983] WLR 964.

1116 McMeel, The Construction of Contracts, S. 166, Rn. 6.24..

Neben Fragen der Auslegungsmethode muss schließlich auch das Verhältnis von Individualvereinbarung und Standardklauseln geklärt werden. Ebenso wie das deutsche Recht[1117] kennt der englische Rechtskreis den Grundsatz, dass Individualvereinbarungen gegenüber Allgemeinen Geschäftsbedingungen stets Vorrang genießen.[1118] Dabei ist jedoch zu beachten, dass das englische Recht dem Bedürfnis nach Effektivität und Rechtssicherheit[1119] bei der Auslegung von standardisierten Klauseln im unternehmensbezogenen Verkehr unbedingt Rechnung tragen möchte.[1120] Deshalb ergibt sich folgendes Bild: Bei mündlich geschlossenen Verträgen wird etwaigen speziellen Abreden stets Vorrang gegenüber an sich einbezogenen Standardklauseln eingeräumt. Bei schriftlichen Verträgen reicht es aus, wenn einzelne Klauseln der Allgemeinen Geschäftsbedingungen durchgestrichen und durch handschriftliche oder getippte Abreden ersetzt worden sind. Letzteren wird dann der Vorrang eingeräumt.[1121] Infolgedessen können mündliche Abreden nicht dazu dienen, schriftliche Standardbedingungen zu modifizieren oder gar zu negieren. Zwar wäre dieses Vorgehen mit der *parol evidence rule* durchaus vereinbar, doch liefe es der Effektivität und Sicherheit, die mit der Verwendung Allgemeiner Geschäftsbedingungen verbunden wird, zuwider.[1122]

Die Auslegung Allgemeiner Geschäftsbedingungen im unternehmensbezogenen Geschäft gliedert sich also in drei Stufen, welche die Beteiligung bei den Vertragsverhandlungen und die Auswirkungen der Klauseln für die Verwendergegenseite zu berücksichtigen versucht. Historisch bedingt trennt die Rechtsprechung nicht klar zwischen Auslegung und inhaltlicher Kontrolle der Vertragstermini. Sie vermischt vielmehr beide Fragen, indem sie angemessene Klauseln wohlwollender interpretiert als ausschließlich einseitig begünstigende Bestimmungen wie etwa vollständige Haftungsausschlüsse bzw. vertragliche Freizeichnungen.

1117 § 305b BGB.

1118 Vgl. Glynn v Margetson [1893] AC 351; Taylor v John Lewis Ltd (1927) SC 891, 898.

1119 Whittaker, The "Draft Common Frame of Reference " An Assessment, Commissioned by the Ministry of Justice, United Kingdom, Appendix I – The treatment of standard contract terms, S. 127, para 3.

1120 Pioneer Shipping Ltd v BTP Tioxide Ltd (The Nema) [1982] AC 724, 737.

1121 Robertson v French (1803) 4 East 130, 136; McMeel, The Construction of Contracts, S. 22 f., Rn. 1.43..

1122 Vgl. A&J Inglis v John Buttery & Co (1877-1878) LR 3 App Cas 552, 558; vgl. City and Westminster Properties (1934) Ltd v Mudd [1959] Ch 129, 141; vgl. Whittaker, The "Draft Common Frame of Reference " An Assessment, Commissioned by the Ministry of Justice, United Kingdom, Appendix I – The treatment of standard contract terms, S. 127, para 3.

c. Inhaltskontrolle von Allgemeinen Geschäftsbedingungen

Herzstück der Inhaltskontrolle ist der bereits erwähnte *UCTA 1977*. Anders als seine Vorgängervorschriften[1123] bezieht sich der *UCTA 1977* auf alle Arten von Verträgen, klammert davon nur einzelne Gruppen aus und ergänzt die allgemeine Kontrolle durch spezielle Vorschriften für bestimmte Vertragstypen. Nachdem die Grundsätze des *UCTA 1977* genauer beleuchtet worden sind (**aa.**), richtet sich der Blick auf den Anwendungsbereich des Gesetzes (**bb.**) und die im unternehmerischen Verkehr bedeutsame Angemessenheitsprüfung (**cc.**).

aa. Grundsätze des UCTA 1977

Ziel des *UCTA 1977* ist es, Kontrollen nicht nur auf die vertragliche Ebene zu beschränken, sondern auch auf bestimmte deliktische Verpflichtungen, insbesondere solche aus Fahrlässigkeit, *negligence*, auszudehnen.[1124] Die vertraglichen Pflichten können durch Vertragsbedingungen, diejenigen aus Delikt wahlweise durch Vertrag oder einseitige Erklärungen, *notices*, ausgeschlossen oder beschränkt werden. Innerhalb der beiden Bereiche Vertrag und Delikt gibt es zwei Möglichkeiten der Kontrolle. So gibt es zunächst absolute Unwirksamkeitsgründe und, sofern diese nicht einschlägig sind, eine Angemessenheitsprüfung, *test of reasonableness*. Aus prozessualer Sicht trägt derjenige, der das Argument der Unangemessenheit bemüht, die Beweislast,[1125] sonst wird die Angemessenheit vermutet.[1126]

Der *UCTA 1977* unterscheidet also zwischen einem unabdingbaren Kernbereich und dem verbleibenden Rest, der einer Angemessenheitskontrolle unterzogen werden muss. Schließlich werden einige Klauseln gar nicht von dem Anwendungsbereich erfasst.[1127] In den Kernbereich fallen Klauseln, die die Haftung für Tod oder Körperverletzungen[1128] wegen Fahrlässigkeit einschränken

1123 Misrepresentation Act 1967 und Supply of Goods (Implied Terms) Act 1973.

1124 Im Einzelnen: Weick, ZHR (145) 1981, 68 ff..

1125 Vgl. Sheffield v Pickfords Ltd [1997] C.L.C. 648; Chitty/Guest, Chitty on Contracts Vol. I, S. 962, para 14-088.

1126 UCTA 1977 s 11 (5); Müller/Otto, AGB im internationalen Wirtschaftsverkehr, S. 200.

1127 Reynolds, Formulation of standard terms and their incorporation in contracts, S. 17, 21.

1128 Nach UCTA 1977 s 14 wird darunter jede Beeinträchtigung der physischen und geistigen Verfassung des Menschen gefasst.

oder gar ausschließen.[1129] Darüberhinaus sind Klauseln, die die Haftung für Rechtsmängel beim Kauf und Mietkauf beschränken, ebenfalls unwirksam. Doch auch bei der Sachmängelhaftung, die im englischen Recht lediglich einen Fall der Vertragsverletzung, *breach of contract*, darstellt, werden relativ enge Grenzen gezogen. Insoweit sind beim Kauf und Mietkauf Haftungsbeschränkungen im Hinblick auf die Qualität, die Übereinstimmung der Ware mit der Beschreibung oder dem Muster bzw. deren Eignung für den vertragsgemäßen Gebrauch absolut unwirksam, sofern ein Verbraucher am Geschäft beteiligt ist.[1130] Entsprechendes gilt bei anderen Verträgen, durch die Eigentum oder Besitz übertragen wird.[1131]

Der verbleibende Rest, der einer Angemessenheitskontrolle unterzogen werden muss, ist im Vergleich zum Kernbereich sehr viel größer. Haftungsbeschränkungen für Vertragsverletzungen müssen ebenso angemessen sein, wie der Vorbehalt, dass die Erfüllung einer vertraglichen Pflicht wesentlich anders erfolgen darf, als vernünftigerweise erwartet werden kann. Auch fallen Haftungsbeschränkungen für die Überschreitung vereinbarter Leistungsfristen in den Anwendungsbereich. Außerdem muss die Haftungsbegrenzung für Sach- und Vermögensschäden angemessen sein. Gleiches gilt für die Beschränkungen der Sachmängelhaftung gegenüber Nichtkonsumenten in Kauf- und Mietverträgen sowie der Rechtsmängelhaftung bei anderen besitz- oder eigentumsübertragenden Verträgen außer Kauf und Mietkauf. Demgegenüber sind Klauseln, die den Vertragspartner bei Dauerschuldverhältnissen unangemessen lange binden, ebenso wenig erfasst wie Klauseln, die dem Partner die Möglichkeit zu einseitigen Preiserhöhungen vorbehalten. Der *UCTA 1977* vermeidet Umgehungsversuche seiner Vorschriften, indem die soeben aufgeführten Kontrollen auch auf bestimmte Gruppen anderer beschränkender Klauseln ausgeweitet werden. Darunter fallen Bedingungen, die eine Haftung oder ihre Durchsetzung einschränkenden oder erschwerenden Bedingungen unterwerfen. Außerdem werden Klauseln erfasst, die ein Recht oder einen Rechtsbehelf im Zusammenhang mit der Haftung ausschließen, beschränken oder bei deren Verfolgung einer Person Nachteile auferlegen. Darüber hinaus sind solche Klauseln erfasst, die Beweis- oder Verfahrensregeln einschränken oder gar ausschließen. Schließlich erstrecken sich die Kontrollen auf Beschränkungen der primären Verpflichtungen, wenn

1129 Für eine nähere Bestimmung des Fahrlässigkeitsbegriffs siehe Weick, ZHR (145) 1981, 68, 73.

1130 UCTA 1977 s 6 (2). Insoweit ist eine business liability nicht erforderlich, s.o..

1131 UCTA 1977 s 7 (7), z.B. Tausch oder Miete, siehe Weick, ZHR (145) 1981, 68, 74.

etwa schon die Sorgfaltspflicht selbst und nicht erst die Haftung für deren Verletzung eingeschränkt wird.[1132]

Eine Generalklausel, etwa § 307 BGB vergleichbar, sucht man allerdings vergeblich. Dies bestätigt wiederum, dass eine allgemeine Angemessenheitsprüfung bei standardisierten Klauseln nicht in Betracht kommt. Klauseln außerhalb des Anwendungsbereichs des *UCTA 1977* werden vielmehr keiner weiteren inhaltlichen Kontrolle unterzogen.

bb. Anwendungsbereich

Entgegen der Gesetzesbezeichnung (*Unfair Contract Terms Act 1977*) handelt es sich nicht um eine erschöpfende Regelung des Rechts der Allgemeinen Geschäftsbedingungen. Eine umfassende Kontrolle *aller* unfairen Vertragsbedingungen ist gerade nicht vorgesehen. Primär richtet sich das Gesetz gegen Haftungsausschlüsse und -beschränkungen.[1133] Nur ausnahmsweise werden Klauseln erfasst, die nicht speziell auf den Ausschluss bzw. die Begrenzung der Haftung gerichtet sind, sofern sie ähnliche Wirkungen entfalten, wie etwa eine verkürzte Verjährungsfrist oder der Vorbehalt, eine andere als die vertraglich geschuldete Leistung bewirken zu dürfen.[1134] Auf der anderen Seite beschränkt sich das Gesetz nicht auf (vorgefertigte) Vertragsbedingungen. Vielmehr erstreckt es sich auch auf einseitige Erklärungen, *notices*. Außerdem hat der Gesetzgeber im Hinblick auf das Verbrauchergeschäft nicht nur Allgemeine Geschäftsbedingungen, sondern auch Individualverträge in die Kontrolle einbezogen.[1135] Es wird deshalb von einer *offenen Inhaltskontrolle* gesprochen.[1136] Damit stellt es zwar kein spezielles Kontrollinstrumentarium für das AGB-Recht dar, doch enthält es wichtige Aussagen im Hinblick auf die Gestaltungsfreiheit von Verträgen und der Wirksamkeit von Allgemeinen Geschäftsbedingungen.

Aus dem sachlichen Anwendungsbereich des *UCTA 1977* werden bestimmte Gruppen von Verträgen ausgenommen.[1137] Weitgehend freigestellt von einer inhaltlichen Kontrolle sind Gesellschaftsverträge, in weitem Umfang auch Versicherungsverträge, Verträge über Urheber- und gewerbliche Schutzrechte.

1132 UCTA 1977 s 13 (1) (a)-(c).

1133 Reynolds, Formulation of Standard Terms and their Incorporation in Contracts, S. 18, 20.

1134 Diese Aufzählung ist nicht abschließend, vgl. Triebel, RIW/AWD 1978, 353, 354.

1135 Weick, ZHR (145) 1981, 68, 72. Ansonsten würden auch Verträge zwischen Privatpersonen der Kontrolle unterfallen.

1136 Triebel/Huber/Micheler/Vogenauer, Englisches Handels- und Wirtschaftsrecht, S. 73, Rn. 129; Triebel, RIW/AWD 1978, 353, 354.

1137 UCTA 1977 schedule 1; ss 26, 27 (1).

Gleiches gilt für Verträge über Sicherheiten und Grundstücke, aber auch zahlreiche Verträge aus der Schifffahrt. Bei Arbeitsverträgen greifen die Kontrollen nur *zugunsten* des Arbeitnehmers.[1138]

Im Hinblick auf den persönlichen Anwendungsbereich geht der englische Gesetzgeber im *UCTA 1977* davon aus, dass Konsumenten einem höheren Schutzbedürfnis unterliegen als Unternehmer. Insoweit wird im *UCTA 1977* das Konsumentengeschäft näher bestimmt: Derjenige, der sich auf die gesetzlichen Regelungen beruft, darf das Geschäft nicht im Rahmen (s)eines Geschäftsbetriebs, *business*, abschließen und auch nicht vorgeben, dies zu tun. Korrespondierend dazu muss das Geschäft für den anderen Vertragspartner geschäftlicher Natur sein.[1139] Die Einschränkung durch das Kriterium des Vorliegens eines Geschäftsbetrieb, *business*, ist notwendig, weil das Gesetz bei Verträgen mit Verbrauchern nicht nur Allgemeine Geschäftsbedingungen, sondern auch Individualvereinbarungen erfasst.[1140] Bei Kauf- und Mietkaufgeschäften ist das Merkmal des Geschäftsbetriebes allerdings ebenso wenig erforderlich[1141] wie bei außervertraglichen Erklärungen.[1142] Außerdem muss es sich bei besitz- oder eigentumübertragenden Geschäften um typische Konsumgüter handeln, ohne dass ein Erwerb im Wege einer Versteigerung oder Ausschreibung vorliegt.[1143] Auf der Seite des Verwenders muss ferner der Tatbestand der *business liability* erfüllt sein.[1144] Dieser Begriff ist nicht näher definiert, doch wird er extensiv ausgelegt,[1145] da nicht nur die Haftung für Tätigkeiten von Geschäftsleuten und sonstigen Gewerbetreibenden, sondern auch von Freiberuflern und öffentlichen Dienststellen erfasst sind[1146]. Das Konsumentengeschäft nach dem *UCTA 1977* ist mit demjenigen nach deutschem Recht vergleichbar, geht darüber allerdings teilweise hinaus, zum Beispiel im Hinblick auf Miet- und Mietkaufgeschäfte.

Bei reinen Unternehmensgeschäften finden die entsprechenden Regelungen zumeist nur in abgestuftem Umfang Anwendung. Denn die Zielsetzung des

---

1138 UCTA 1977 schedule 1 para 4.

1139 Vgl. UCTA 1977 s 1 (3). Deshalb sind ss 2-4, 7 unanwendbar, ebenso s 6 (2), weil kein Verbrauchergeschäft vorliegt; vgl. Müller/Otto, AGB im internationalen Wirtschaftsverkehr, S. 197 (Fn. 228).

1140 Weick, ZHR (145) 1981, 68, 72. Ansonsten würden auch Verträge zwischen Privatpersonen der Kontrolle unterfallen.

1141 UCTA 1977 s 6 (2).

1142 UCTA 1977 s 8.

1143 UCTA 1977 s 12.

1144 UCTA 1977 s 1 (3), vgl. Shears/Stephenson, James' Introduction to English Law, S. 248.

1145 Müller/Otto, AGB im internationalen Wirtschaftsverkehr, S. 197; Weick, ZHR (145) 1981, 68, 72.

1146 UCTA 1977 s 14.

UCTA 1977 besteht darin, das wirtschaftliche Ungleichgewicht zwischen den vertragsschließenden Parteien durch staatliche Kontrollmechanismen auszugleichen.[1147] Diese staatliche Intervention übt sich jedoch immer dann in Zurückhaltung, wenn sich gleichstarke Geschäftspartner gegenüberstehen, *equal level playing field*. Die Wirksamkeit der Klauseln wird dann vermutet. Dies wurde jüngst in dem Fall *Titan Steel Wheels Ltd v Royal Bank of Scotland Plc*[1148] bekräftigt.[1149] *Justice Steel* machte zum Anwendungsbereich des *UCTA 1977* im Wirtschaftsrecht folgende Ausführungen:

> *Mrs Justice Gloster pointed out any other conclusion would mean that every contract defining the scope of the parties obligations would have to satisfy the requirement of reasonableness. She went on: The legislation is, in practice, of very limited application in the case of commercial contracts between commercial counterparties. In the Photo Productions Ltd v Securicor*[1150]*, Lord Wilberforce said that, in commercial matters generally, when the parties were not of unequal bargaining power, Parliament's intention was one of 'leaving the parties free to apportion the risks as they think fit ... and respecting their decisions.'*[1151] *Lord Justice Tuckey made the same point in Granville Oil & Chemicals v Davis Turner & Co*[1152]*: 'For these reasons I think the Judge reached the wrong conclusion in this case. If necessary I would say he was plainly wrong. I am pleased to reach this decision. The 1977 Act obviously plays a very important role in protecting vulnerable consumers from the effects of draconian contract terms. But I am less enthusiastic about its intrusion into contracts between commercial parties of equal bargaining strength, who should generally be considered capable of being able to make contracts of their choosing and expect to be bound by their terms.' The reluctance of the Courts to interfere in contracts concluded between commercial parties in relation to substantial transactions reflects the strong*

1147 Lütkenhaus, Unfair Contract Terms Act 1977 und das AGB-Gesetz 1976, S. 6; Treitel/Peel, The Law of Contract, S. 238 ff., para 7-001 f..

1148 [2010] EWHC 211 (Comm).

1149 Titan Steel Wheels Ltd v Royal Bank of Scotland Plc [2010] EWHC 211 (Comm) Rn. 98 ff.; vgl. auch Granville Oil & Chemicals Ltd v Davies Turner & Co Ltd [2003] 2 CLC 418, 430.

1150 [1980] AC 827.

1151 [1980] AC 827, 843.

1152 [2003] 2 CLC 418, 427.

business need for commercial certainty, as emphasised by Lord Justice Chadwick in EA Grimstead & Son Ltd v McGarrigan.[1153]

Abgesehen von den absoluten Verboten des *UCTA 1977*, werden Verträge zwischen Unternehmern deshalb nur in begrenztem Umfang einer Angemessenheitsprüfung[1154], *test of reasonableness*, unterzogen.[1155] Aufgrund der herrschenden Vertragsfreiheit und der unternehmerischen Autonomie, die Risikoverteilung vertraglich selbst zu bestimmen, zeichnet sich eine sehr großzügige Rechtsprechung ab, so dass nur ausnahmsweise ein Klauselwerk als unangemessen behandelt und damit die jeweilige Bestimmung unwirksam wird.[1156]

Diese Einschränkung der Angemessenheitsprüfung baut jedoch auf der Grundvoraussetzung der gleichgelagerten Verhandlungsmacht auf. Auch bei Unternehmensgeschäften besteht jedoch die Möglichkeit, dass die Verhandlungsmacht einseitig verteilt ist. In dieser Situation erscheint weder die Anwendung einer umfassenden Angemessenheitsprüfung wie beim Konsumentengeschäft noch die eingeschränkte Prüfung für die Fälle gleichstarker Verhandlungsmacht angemessen. Deshalb stellt der *UCTA 1977* in diesem Bereich auf den Umstand der *relativ geringeren Verhandlungsmacht* ab. Dadurch versucht das Gesetz auch solche Geschäfte zu kontrollieren, an denen zwar nur Geschäftsleute beteiligt sind, sich gleichwohl ein wirtschaftliches Ungleichgewicht abzeichnet, etwa im Verhältnis eines Kaufmanns im Sinne des § 2 HGB und seines Belieferers.[1157]

1153 [1998-99] Info TLR 384.

1154 Die Fälle ausgenommen, in denen Haftungsbeschränkungsklauseln ohnehin unzulässig sind, so etwa UCTA 1977 s 2 (1); 5; 6 (1), (2); 7 (2) für die Tötung und Verletzung von Personen, soweit dies auf Fahrlässigkeit zurückzuführen ist; Haftungsbeschränkungen im Bereich von Rechtsmängeln und in Bezug auf Qualität und Eignung zum vertragsgemäßen Gebrauch bei Kauf- und Mietkauf, vgl. Müller/Otto, AGB im internationalen Wirtschaftsverkehr, S. 198 Fn. 234.

1155 Entweder aufgrund solcher Vorschriften, die nicht nur Verbraucher schützen, z.B. ss 2 (2), 6 (3), 7 (3) oder wenn es sich um vorgefertigte allgemeine Bedingungen handelt, s. 3.

1156 Photo Production Ltd v Securicor Transport Ltd [1980] A.C. 827, 851; Watford Electronics Ltd v Sanderson Ltd [2001] B.L.R. 143 [55]; Granville Oil & Chemicals Ltd v Davis Turner & Co Ltd [2003] Lloyd's Rep 356 [31]; Frans Maas (UK) Ltd v Samsung Electronics (UK) Ltd [2004] 2 Lloyd's Rep 251 [158].

1157 Lütkenhaus, Unfair Contract Terms Act 1977 und das AGB-Gesetz 1976, S. 61.

cc. Angemessenheit

Die Angemessenheit, *reasonableness*, ist das Herzstück der Inhaltskontrolle des *UCTA 1977*[1158] und zugleich der wohl beliebteste Rechtsbegriff des angloamerikanischen Rechtskreises. Er ist bereits im Bereich der Handelsbräuche thematisiert worden, doch findet sich auch im *UCTA 1977* keine Legaldefinition. Dieser bietet allein in section 11 und im zweiten Anhang einige Orientierungshilfen, sogenannte *guidelines*, wie dieser unbestimmte Rechtsbegriff zu verstehen ist.[1159] Aspekte sind etwa die relative Verhandlungsstärke, Vorteile bei der vertraglichen Aufnahme der AGB, aber auch die Möglichkeit, ähnliche Verträge ohne die in Frage stehenden vorformulierten Vertragsbedingungen abzuschließen. Doch auch die tatsächliche Kenntnis respektive die Möglichkeit zur Kenntnisnahme unter Berücksichtigung von Handelsbräuchen oder früherer Geschäftsgebaren fließt in die Betrachtung ein. Darüber hinaus werden kleinere und mittlere Betriebe dadurch geschützt, dass die Angemessenheit von Haftungsbeschränkungsklauseln anhand der Finanzkraft des Klauselverwenders und seiner Versicherungsmöglichkeiten beurteilt wird.[1160] Dem Wortlaut des Gesetzes nach zu urteilen, gelten diese Richtlinien zwar nur für Warenlieferungsverträge, doch werden sie analog auch für andere Vertragstypen nutzbar gemacht, sofern die Angemessenheit einer Klausel auf dem Prüfstand steht.[1161] Entscheidungserheblicher Zeitpunkt ist dabei regelmäßig der Vertragsschluss.[1162]

Doch auch an dieser Stelle sei betont, dass nicht *jede* Vertragsklausel ähnlich § 307 BGB stets einer Angemessenheitskontrolle zu unterziehen ist.[1163] Bereits aus der Zeit vor Verabschiedung des *UCTA 1977* wurde dies in *Esso Petroleum Co Ltd v Harper's Garage (Stourport) Ltd*[1164] bestätigt. Die klagende Mineralölgesellschaft *Esso* hatte auf Basis ihrer Allgemeinen Geschäftsbedingungen mit den beklagten Tankstellenbesitzern einen Exklusivvertrag geschlossen, den Letztere jedoch nicht einhielten, weil sie günstigeres Benzin anderer Gesellschaften an ihren Tankstellen anboten und *Esso* aus ihrem Sortiment herausnahmen. Die Beklagten verteidigten ihr Verhalten damit, dass der Vertrag wegen unangemessener Benachteiligung unwirksam sei und sie deshalb keinerlei Bindungen unterlägen. Im Rahmen der Entscheidungsfindung betonte *Lord Pearce*, dass das Gericht nicht jeden Vertrag inhaltlich kontrolliere, sondern nur,

---

1158 Coote, 41 Mod L Rev 312, 319.

1159 Shears/Stephenson, James' Introduction to English Law, S. 296.

1160 Anson/Guest, Anson's Law of Contract, S. 172.

1161 Anson/Guest, Anson's Law of Contract, S. 172 f..

1162 UCTA 1977 s 11.

1163 Wilhelmsson, Standard Form Conditions, S. 431, 440 Fn. 42.

1164 [1968] AC 269.

wenn die vertragliche Ausgestaltung eine unangemessene Benachteiligung aufgrund der Einseitigkeit wahrscheinlich erscheinen ließe. Sofern das Gericht dann über die Angemessenheit einzelner Vertragsklauseln zu befinden habe, dürfe es die handelsrechtlichen Gepflogenheiten und den Grundsatz, dass Verträge stets frei von Zwang geschlossen würden, sofern eine ausgewogene Verhandlungsmacht bestehe, nicht unberücksichtigt lassen. Denn eine zu starke Regulierung könne dem Handel mehr schaden als nützen. Um über die Angemessenheit unternehmerischer oder kaufmännischer Verträge urteilen zu können,[1165] sei es unabdingbar, den Vertrag in seinem wirtschaftlichen Kontext zu begutachten, einschließlich aller Handelsbräuche und sonstiger Begleitumstände und vor allem des sich stetig im Wandel befindlichen Handels.[1166] Bereits kurz nach Inkrafttreten des *UCTA 1977* entschied das *House of Lords* in *Photo Production Ltd v Securicor Transport Ltd*[1167], dass es den Parteien in wirtschaftlichen Angelegenheiten selbst überlassen bleiben solle, die vertraglichen Risiken aufzuteilen, soweit die Verhandlungsmacht gleichmäßig gewichtet sei und die Risiken für gewöhnlich von Versicherungen gedeckt würden.[1168] Diese Rechtsprechung knüpft nahtlos an frühere Entscheidungen an. In *Schroeder Publishing Co Ltd v Macaulay*[1169] musste sich das *House of Lords* mit der inhaltlichen Kontrolle Allgemeiner Geschäftsbedingungen auseinandersetzen. Zwar standen sich in diesem Fall ein unerfahrener Liedtexter und ein Musikverlag gegenüber, was letztlich dazu führte, dass die Allgemeinen Geschäftsbedingungen des Verlages als unwirksam erachtet wurden, doch machten die *Lords* auch allgemeine Aussagen zur Angemessenheit von standardisierten Klauseln. Dabei unterschieden sie zwei Sorten von Allgemeinen Geschäftsbedingungen: Auf der einen Seite solche, die im unternehmerischen Verkehr, insbesondere zwischen Kaufleuten, vielfach benutzt würden, und auf der anderen Seite solche, die bei Verbrauchergeschäften relevant seien. Bei Ersteren spräche eine Vermutung für die Angemessenheit der Allgemeinen Geschäftsbedingungen, weil die Verhandlungsstärke ausgewogen

---

1165 Vor der Verabschiedung des UCTA 1977 wurden Verträge im unternehmerischen Verkehr vor allem dann einer Angemessenheitskontrolle unterzogen, sofern Grund zur Sorge bestand, dass der Vertrag für den einen Teil eine starke Benachteiligung darstellen könnte, indem er über Gebühr mit Nachteilen belastet wurde, ohne entsprechende Gegenleistung der anderen Seite. Nach der restraint of trade doctrine zum Beispiel waren Exklusivverträge, die eine Partei besonderen vertraglichen Zwängen unterstellten, eine Angemessenheitskontrolle zu unterziehen.

1166 Esso Petroleum Co Ltd v Harper's Garage (Stourport) Ltd [1968] AC 269, 323.

1167 Photo Production Ltd v Securicor Transport Ltd (1980) All ER 556.

1168 Photo Production Ltd v Securicor Transport Ltd (1980) All ER 556, 557, 570 (Lord Justice Scarman).

1169 Schroeder Publishing Co Ltd v Macaulay [1974] 1 WLR 1308.

sei. Dies ließe sich jedoch keinesfalls auf Geschäfte mit Verbrauchern übertragen, die grundsätzlich verhandlungsschwächer seien und für die keine Alternative bestehe als den Vertrag mit seinen Bedingungen so zu akzeptieren.[1170]

3. Internationale Handelsgeschäfte

Geschäfte, die sich auf nationaler Ebene zutragen, aber dennoch eine gewissen Entfernung zwischen den vertragschließenden Parteien aufweisen, richten sich so wie Vertragsschlüsse unter Anwesenden nach den allgemeinen, oben beschriebenen Regeln. Im Hinblick auf divergierende Allgemeine Geschäftsbedingungen gilt die aus dem deutschen Recht bekannte und oben bereits erwähnte Theorie des letzten Wortes, *last shot doctrine*.

Geschäfte unter Abwesenden beschränken sich auch in England keinesfalls allein auf die nationale Ebene. Das Vereinigte Königreich blickt auf eine traditionsreiche Handelsgeschichte zurück und ist weltweit der sechstgrößte Exporteur von Waren und Dienstleistungen.[1171] Außerdem ist London Zentrum gerichtlicher und schiedsgerichtlicher Auseinandersetzungen, so dass es über eine Vielzahl versierter Richter verfügt. Viele wirtschaftliche Streitigkeiten involvieren Interessen großer Unternehmen, deren Vertragsfreiheit nur zurückhaltend eingeschränkt wird. Auf diesen Ruf ist England nicht nur stolz, was von der *Law Commission* 2007 mit der veröffentlichten Hochglanzbroschüre *England and Wales: a jurisdiction of choice*[1172] auch kommuniziert wurde, sondern in gewisser Weise angewiesen. Denn die Wahl englischen Rechts bedingt oftmals die Wahl Englands bzw. Londons als Schiedsgerichtsort und den Abschluss von englischen Versicherungen.[1173]

Mithin ist das Verhältnis zwischen privater Regelbildung und staatlicher Intervention ebenso interessant wie der Stellenwert, den Erstere einnimmt. Gegenstand der sich anschließenden Untersuchung ist deshalb zunächst die Anwendbarkeit des UN-Kaufrechts, da dieses nach deutschem Recht bei internationalen Verträgen primär zur Anwendung berufen ist (**a.**). Im Anschluss daran ist auf die Anwendbarkeit der verbleibenden nationalen Regelungen beim grenzüberschreitenden Distanzkauf einzugehen (**b.**).

1170 Schroeder Publishing Co Ltd v Macaulay [1974] 1 WLR 1308, 1316.

1171 Bericht der Britischen Handelskammern (abrufbar unter: http://www.britishchambers.org.uk/zones/export/welcome-to-the-export-zone.html, zuletzt besucht:01.08.2011)

1172 Abrufbar unter: http://www.lawsociety.org.uk/documents/downloads/jurisdiction_of_choice_brochure.pdf (zuletzt besucht am: 01.08.2011).

1173 Vgl. Weick, ZHR 145 (1981) 68, 81.

a. UN-Kaufrecht

Anders als Deutschland ist England nicht dem UN-Kaufrechtsübereinkommen beigetreten. Mit dieser Absage hat es sich nicht nur innerhalb Europas[1174] wirtschaftspolitisch in eine gewisse Isolationslage begeben,[1175] sondern auch die internationale Gemeinschaft überrascht. Denn das Vereinigte Königreich ist eines der Gründungsmitglieder der UNCITRAL[1176] und seine Abgeordneten waren federführend bei der Entwurfszeichnung des UN-Kaufrechts.[1177] Eine offizielle Begründung für das Ausbleiben der Ratifizierung fehlt bis heute, doch wird die Angst davor, dass England als führendes (Schieds-)Gerichtszentrum an Bedeutung einbüßen könnte und sich ein internationales Regime bilden und verselbstständigen würde, welches den Einfluss des *common law* schmälerte, als wichtigstes Argument gegen die Ratifizierung gewertet.[1178] Darüber hinaus scheint der britischen Regierung schlicht die Zeit für einen derartigen Akt zu fehlen, da sie ohnehin mit den Vorgaben der Europäischen Union ausgelastet ist.[1179] Großbritannien hatte zwar die beiden Haager Übereinkommen von 1964[1180] ratifiziert, die dem UN-Kaufrecht zeitlich vorangingen,[1181] doch mit der Prämisse, dass sie nicht *per se* gelten sollten, sondern nur soweit die vertragsschließenden Parteien deren Anwendung im Vertrag vereinbart hatten.[1182] Anders als ihre Vorgänger, bietet das UN-Kaufrecht diese Möglichkeit einer *opt-in*-Lösung jedoch nicht mehr an. Vielmehr müssen die Parteien die Anwendung des Übereinkommens ausdrücklich ausschließen.[1183]

Obwohl sich England gegen eine Ratifizierung entschieden hat, ist das UN-Kaufrecht nicht völlig zu vernachlässigen. So ist der Fall denkbar, dass die Par-

---

1174 Zusammen mit Irland, Portugal und Malta gehört es zu den 4 Nationen Europas, die das Abkommen nicht ratifiziert haben.

1175 Nicholas, The United Kingdom and The Vienna Sales Convention: Another Case of Splendid Isolation? Rome: Centro di Studi e Richerche di Diritto Comparato e Straniero (abrufbar unter: http://www.cisg.law.pace.edu/cisg/biblio/nicholas3.html, zuletzt besucht am: 01.08.2011).

1176 United Nations Commission on International Trade Law, die von der General Assembly of the United Nations 1966 gegründet worden ist.

1177 Ziegel, 6 NZBLQ (2000) 336, 342.

1178 Moss, 25 J L & Com (2005-2006) 483, 484f.; Ziegel, 6 NZBLQ (2000) 336, 338.

1179 Goode, 50 ICLQ (2001) 751, 756.

1180 Diese umfassen das EAG (Einheitliches Gesetz über den Abschluss internationaler Kaufverträge) und EKG (Einheitliches Kaufgesetz).

1181 Vgl. Uniform Laws on International Sales Act 1967.

1182 Ziegel, 6 NZBLQ (2000) 336, 337.

1183 Sogenannte opt-out-Lösung mit den Einschränkungen in Artt. 92 und 94 CISG; ob der Ausschluss ausdrücklich erfolgen muss, ist strittig, vgl. Ziegel, 6 NZBLQ (2000) 336, 338 und Fn. 14.

teien *qua* Rechtswahl das UN-Kaufrecht als geltendes Recht berufen haben, obwohl ein britisches Gericht zur Entscheidung berufen ist.[1184] Umgekehrt kann bei einem internationalen Warenkaufvertrag eine Partei aus Großbritannien und die andere aus einem Beitrittsstaat entstammen, eine Rechtswahlklausel jedoch fehlen und das internationale Privatrecht entweder auf das Land verweisen, welches das UN-Kaufrecht ratifiziert hat oder aber auf ein Land, welches in einem zweiten Schritt auf das Recht eines Beitrittsstaates zurückverweist.[1185] Gerade im Hinblick auf einige der wichtigsten Handelspartner Großbritanniens, zu denen die Vereinigten Staaten, Kanada, Australien und Neuseeland zählen,[1186] sind diese Konstellationen nicht rein dogmatischer Natur,[1187] denn es sind bereits 24 Fälle dieser Art entschieden worden, zum Teil auch von englischen Gerichten.[1188] Schließlich ist es auch möglich, dass ein Schiedsgericht das Abkommen als generelle Prinzipien bzw. neue *lex mercatoria* einordnet und sie deshalb anwendet.[1189] Zwei jüngere Gerichtsentscheidungen des *Court of Appeal* belegen, dass auch die ordentliche Gerichtsbarkeit dem Erstarken des UN-Kaufrechts nicht entgehen kann und sich dessen Wirkungen – wenn auch zurückhaltend – zunutze macht.[1190]

Zusammenfassend kann festgestellt werden, dass das UN-Kaufrecht trotz der fehlenden Ratifizierung in Grußbritannien bei internationalen Handelsbeziehungen von Bedeutung sein kann. Auch die englischen Gerichte sind insoweit in verschiedenen Fallkonstellationen mit dem UN-Kaufrecht konfrontiert worden und können sich mithin dessen Wirkungen nicht länger verschließen.

b. Nationale Regelungen

Haben die Parteien jedoch ausdrücklich englisches Recht vereinbart oder verweist das Internationale Privatrecht hierauf, stellt sich die Frage, ob das engli-

---

1184 Dies kann gemäß Art. 1Abs. 1 Nr. a CISG auch dann geschehen, wenn die Parteien auf ein fremdes Recht verweisen, welches das UN-Kaufrecht umfasst.

1185 Sofern dieses Land nicht wie die USA und China von dem Vorbehalt gemäß Art. 95 CISG Gebrauch gemacht hat, welcher die Anwendbarkeit des Art. 1Abs. 1 Nr. b CISG ausschließt. Vgl. Rogowaska,18(4) ICCLR [2007] 226, 228.

1186 Stand 2007, www.uncitral.org (zuletzt besucht am: 01.08.2011).

1187 Rogowaska,18(4) ICCLR [2007] 226.

1188 Diese Angabe erhebt keinesfalls den Anspruch auf Vollständigkeit, sondern ist das Ergebnis einer Internetsuche unter http://www.globalsaleslaw.org/index.cfm?pageID=28 (zuletzt besucht am: 01.08.2011).

1189 Dies ist nur möglich soweit die Schiedsgerichtsordnung auch allgemeine Prinzipien für anwendbar erklärt, wie etwa Art. 17 Abs. 1, 2 ICC Rules.

1190 Bonell, ILR (2007) 9 ff..

sche Recht im Bereich der privaten Regelbildung Besonderheiten beim transnationalen Distanzkauf vorsieht. Soweit sich eine Partei auf einen Handelsbrauch beruft oder im Hinblick auf den internationalen Charakter des Geschäfts divergierende Handelsbräuche bestehen, richtet sich deren Einbeziehung nach den für Inlandsgeschäfte entwickelten Anforderungen.

Darüber hinaus enthält der *UCTA 1977* – etwa im Gegensatz zu den AGB-Vorschriften der §§ 305 ff. BGB – spezielle Regelungen für internationale Geschäfte. Damit wollte man einerseits verhindern, dass Verträge, die im wesentlichen Inlandscharakter haben,[1191] durch Rechtswahl dem Regelungsbereich des *UCTA 1977* entzogen werden und dadurch insbesondere die verbraucherschutzrechtlichen Bestimmungen bei der Kontrolle von Verträgen nicht herangezogen werden können. Ebenso soll im Gesetz sichergestellt werden, dass auch mittels Rechtswahl seine Regelungen nicht umgangen werden können.[1192] Diese Konstellation wird als *unechtes internationales Kaufgeschäft* umschrieben.[1193] In diesen Fällen *gilt* der *UCTA 1977* uneingeschränkt, *this Act has effect*. Infolgedessen sollen sich die Bestimmungen gegenüber ausländischen Rechtsnormen durchsetzen, wobei eine gewisse Anpassung wohl zu fordern ist.[1194] Damit konnte sich der Gesetzgeber zwar nicht zu einer unmittelbaren gesetzlichen Kontrolle einer Rechtswahlklausel entschließen, doch versuchte er mittels dieser Lösung zu verhindern, dass Verträge, die einen Inlandsbezug erkennen lassen, durch Wahl eines anderen Rechts der Kontrolle des *UCTA 1977* entkommen können. Diese Regelung entspricht am ehesten Art. 29a EGBGB, welcher ebenfalls eine Sonderanknüpfung für Eingriffsnormen vorsieht.[1195]

Andererseits wird der Anwendungsbereich des *UCTA 1977* eingeschränkt. So gilt er nicht, wenn der Vertrag eigentlich ausländischem Recht unterliegen würde, aber mittels Rechtswahl englischem Recht unterstellt ist.[1196] Schließlich enthält der *UCTA 1977* eine Selbstbeschränkung seines Anwendungsbereichs für transnationale Lieferverträge, die englischem Recht unterliegen.[1197] Damit soll vermieden werden, dass die Exportwirtschaft im internationalen Wettbe-

1191 Z.B. Vertragsschluss im U.K., UCTA 1977 s 27 (2)(b).

1192 UCTA 1977 s 27 (2)(a).

1193 Müller/Otto, AGB im internationalen Wirtschaftsverkehr, S. 203; Weick, ZHR 145, 68, 80.

1194 Weick, ZHR 145 (1981) 68, 81.

1195 Müller/Otto, AGB im internationalen Wirtschaftsverkehr, S. 204, der jedoch die Parallele zu § 12 AGBG, an dessen Stelle mit Wirkung vom 30.06.2000 Art. 29 a EGBGB getreten ist; ebenso Weick, ZHR 145, 68, 80.

1196 UCTA 1977 s 27 (1).

1197 UCTA 1977 s 26, Shears/Stephenson, James' Introduction to English Law, S. 246.

werb Nachteile erfährt.[1198] In Anlehnung an das von England ratifizierte Haager Einheitskaufrecht[1199] definiert der *UCTA 1977* den internationalen Liefervertrag, *international sale contract*, als einen Vertrag, der den Eigentums- oder Besitzübergang an Waren regelt und bei dem die Parteien ihre Niederlassung (bzw. ihren gewöhnlichen Aufenthalt) in verschiedenen Staaten haben. Dies wird vermutet, sofern die Waren bei Vertragsschluss von einem Staat in einen anderen befördert werden sollen oder aber Vertragsangebot bzw. –annahme in verschiedenen Staaten abgegeben worden sind. Schließlich handelt es sich auch dann um einen *international sale*, wenn die Waren nach dem Vertrag in das Gebiet eines anderen Staates verbracht werden sollen als in jenes, in dem Angebot und Annahme erfolgt sind.

4. Zusammenfassung

Aus rechtshistorischer Sicht bedeutet der *UCTA 1977* einen tiefen Einschnitt für das englische Vertragsrecht. Der Gesetzgeber hat sich mit dessen Ausgestaltung für eine Inhaltskontrolle am Maßstab der *reasonableness* entschieden, abgesehen von einzelnen *per se* unwirksamen Klauseln. Der Begriff der Angemessenheit, *reasonableness*, ist jedoch ohne inhaltliche Substanz und damit ausfüllungsbedürftig, so wie die in § 307 BGB gewählte Terminologie der *unangemessenen Benachteiligung*. Als Wertungsmaßstäbe bieten sich *good faith* und die *consistency of the contract* an. Insoweit wird nicht nur die Nähe zu den Handelsbräuchen deutlich. Beiden Formen der Kontrolle privater Regelbildung liegt dasselbe Prinzip zugrunde, doch wird es unterschiedlich betont. Bei natürlich gewachsenen Regeln dient sie als Kontrollerwägung, bei zumeist einseitig begünstigenden Bedingungen fungiert sie hingegen als Grenze der Privatautonomie und Vertragsfreiheit.

Das Gesetz ist wegen subtiler Unterscheidungen und in dem Bemühen nach maßgeschneiderten Kontrollmechanismen recht kompliziert. Der *UCTA 1977* versucht, den besonders schutzwürdigen Bereich des Verbrauchergeschäfts feiner herauszuarbeiten und das unternehmensbezogene Geschäft nur geringfügig zu kontrollieren. Im Vergleich dazu sind die §§ 305 ff. BGB klarer formuliert und strukturiert, wenngleich sie nicht ebenso dezidiert sind und in ihren Folgen für die eine oder die andere Seite fataler ausfallen können. Mit der Abkehr vom Kaufmannsbegriff hin zum Unternehmerbegriff hat sich das deutsche Recht der englischen Position jedoch angenähert. Gleiches gilt für die Arten von Verträ-

1198 Weick, ZHR 145, 68, 80; kritisch jedoch Mann, 26 ICLQ [1977] 908.
1199 Art. 1 Abs. 1 EKG.

gen, die von der Kontrolle des Gesetzes ausgenommen sind. Davon abgesehen finden sich wenige Parallelen. So erfasst der *UCTA 1977* nicht nur die vertragliche, sondern auch die deliktische Ebene und sogenannte *notices*. Im unternehmerischen Bereich beschränkt er sich jedoch weitgehend auf die Kontrolle Allgemeiner Geschäftsbedingungen. Der Bereich der kontrollierten Vertragsbedingungen ist damit sehr viel enger. Die hieraus folgende Beschränkung des Anwendungsbereichs wird dadurch verstärkt, dass es an einer Generalklausel, wie sie § 307 BGB enthält, fehlt.

5. Die Bestrebungen de lege ferenda

Die *Law Commission* und die *Scottish Law Commission* wurden durch den *Law Commissions Act 1965* gegründet, um Reformen des geltenden Rechts zu fördern. Im Jahr 2001 erhielt die *Law Commission* vom Wirtschaftsministerium die Empfehlung, die derzeitige Rechtslage im Bereich ungerechter Vertragsinhalte und im Speziellen Allgemeiner Geschäftsbedingungen, zu evaluieren. Dabei ging es im Wesentlichen um drei Punkte: Zum einen sollte entscheiden werden, ob ein einheitliches Gesetz sinnvoll wäre, welches die Bestimmungen des *UCTA 1977* und die der speziell für Verbraucher geltenden *Unfair Terms in Consumer Contracts Regulation 1999* (UTCCR) konsolidierte. Im Zuge dessen sollte die *Law Commission* die Möglichkeit eruieren, ob eine Ausweitung der Bestimmungen des *UTCCR 1999*, die auf eine europäische Richtlinie zurückgehen,[1200] auch auf den unternehmerischen Verkehr ratsam wäre. Zum anderen lag ein Augenmerk darauf, das neue Gesetz sprachlich zu vereinfachen und die europäischen Bestimmungen nicht wie bisher schlicht zu übersetzen, sondern terminologisch anzugleichen. Das von der *Law Commission* am 07. August 2002 veröffentlichte Diskussionspapier erhielt mit 97 Stimmen aus Industrie und Praxis eine beachtliche Resonanz. In dem Konvolut wurde vorgeschlagen, für Verbraucherverträge das Schutzniveau marginal zu verstärken. Bei unternehmensbezogenen Geschäften wurde zudem eine Differenzierung zwischen kleinen und großen Unternehmen angeregt. Bei Ersteren sollte das Schutzniveau auf das von Verbraucherverträgen angehoben werden, bei Verträgen zwischen sonstigen Unternehmen hingegen die staatliche Einflussnahme weiterhin nur sehr restriktiv erfolgen.

Eine erste Auswertung dieser Ergebnisse wurde 2005 publiziert. Hierbei setzte sich die *Law Commission* eingehend mit den geäußerten Vorschlägen aus-

1200 Richtlinie 93/13/EWG des Rates vom 5. April 1993 über mißbräuchliche Klauseln in Verbraucherverträgen.

einander. Im Ergebnis kam sie unter anderem zu dem Entschluss, dass die zurückhaltende Kontrolle unternehmensbezogener Verträge beibehalten und ein spezielles Regime für kleinere und mittelständische Unternehmen im Bereich Allgemeiner Geschäftsbedingungen geschaffen werden sollte. Zunächst wird deshalb der differenzierte Umgang mit den jeweils am Vertrag beteiligten Gruppen und deren unterschiedliches Schutzbedürfnis untersucht (**a.**) bevor die inhaltliche Ausgestaltung des Gesetzentwurfs veranschaulicht wird (**b.**). Daran anschließend werden die Kerninhalte des geplanten Regelwerks kurz zusammengefasst (**c.**).

a. Differenzierter Schutzumfang für den unternehmerischen Geschäftsverkehr

Zunächst empfiehlt die *Law Commission*, die Angemessenheitskontrolle im unternehmerischen Verkehr stärker[1201] auf nicht individuell aus- bzw. verhandelte Vertragsinhalte zu beschränken.[1202] Forderungen, das *UTCCR*-Regime auch auf diese Verträge zu erstrecken, wurden mit dem Argument abgelehnt, dass dies zu mehr Unsicherheit in einem Rechtssystem führte, dessen Erfolg im Gegensatz zu anderen Rechtsordnungen gerade auf einem erhöhten Maß an Rechtssicherheit aufbaue.[1203] Damit ist eine Entscheidung zulasten staatlicher Kontrollmechanismen gefallen und zugunsten der Rechtssicherheit. Da die Angemessenheitskontrolle im unternehmerischen Verkehr auf AGB beschränkt ist,[1204] wurde die Möglichkeit einer Regelung für die Fälle diskutiert, in denen vor Abschluss eines Kontrakts Vertragsverhandlungen hätten stattfinden können, *de facto* aber ausgeblieben sind. Hier sah man teilweise die Gefahr, dass sich die andere Partei vor Gericht auf die Unwirksamkeit der Allgemeinen Geschäftsbedingungen des Verwenders berufen könnte, allein um den Prozess zu verzögern. Dieser Aspekt blieb im Gesetzentwurf jedoch unberücksichtigt, da keine sinnvolle Formulierung gefunden werden konnte.[1205]

Bei kleinen und mittelständischen Unternehmen, die sich fortan durch die Anzahl der Beschäftigten bestimmen, sah die Kommission jedoch ähnliche den Verbraucherverträgen innewohnende besondere Gefahrenpotenziale, die einen extensiven Schutz erforderten. So sollen beispielsweise Haftungsbeschränkungs-

1201 Mit Ausnahme von UCTA 1977 s 2 (1) und (2.)

1202 Law Commission, Unfair Terms in Contracts – Report on a reference, S. 14, 64 f.. Erfasst sind UCTA 1977 s. 6 (3), 7 (3) und (4.)

1203 Law Commission, Unfair Terms in Contracts – Report on a reference, S. 60.

1204 Ausnahme UCTA s 2 (2), jetzt Draft Bill clause 1(1).

1205 Law Commission, Unfair Terms in Contracts – Report on a reference, S. 61.

und Freizeichnungsklauseln, aber auch Schiedsgerichtsklauseln zukünftig einer Angemessenheitskontrolle unterzogen werden. Der sachliche Anwendungsbereich entspricht jedoch weiterhin dem des *UCTA 1977*.[1206]

In persönlicher Hinsicht sieht der Gesetzentwurf vor, dass Unternehmen, die weniger als neun Angestellte haben, vollen Schutz genießen. Übersteigt die Anzahl der Beschäftigten diese Grenze, entfällt der Kontrollmechanismus weitgehend zugunsten größtmöglicher wirtschaftlicher Freiheiten in der Vertragsgestaltung. Außerdem wird der Schutz auf Geschäfte mit einem Transaktionswert von höchstens £ 500.000,00 beschränkt und erstreckt sich nicht auf Finanzdienstleistungsverträge[1207]. Eine Sonderrolle nehmen Unternehmen ein, die zwar weniger als neun Angestellte beschäftigen, großen Unternehmen jedoch *nahestehen, small businesses associated with larger businesses*. Trotz ihrer Größe genießen sie aufgrund dieser Nähe, die rechtlich begründet oder rein faktischer Natur sein kann, nicht mehr den Schutz für Kleinstunternehmen. Personen, die das Geschäft überwiegend für geschäftliche Zwecke abgeschlossen haben, genießen ebenfalls nicht unbedingt Verbraucherschutz. Vielmehr ist dahingehend zu differenzieren, ob der Vertrag für ein kleines oder großes Unternehmen geschlossen wurde, um das entsprechende Kontrollregime anzuwenden.

b. Inhaltliche Ausgestaltung

Regelungen im *UCTA 1977* über *per se* unwirksame und damit nichtige Vertragsinhalte sollen auch in das neue Gesetz Einzug halten.[1208] Damit ist eine Haftungsbeschränkung bzw. Freizeichnung für Tod oder Körperschäden aufgrund einer fahrlässigen Pflichtverletzung ebenso unwirksam wie für bestimmte Pflichtverletzungen[1209] etwa aus dem *Carriage of Goods by Sea Act 1979*[1210]. Im Übrigen findet eine Klauselkontrolle nur dann Anwendung, wenn es sich um Allgemein Geschäftsbedingungen des anderen Teils handelt. Dieser Punkt warf eine terminologische Frage auf. Sollte weiterhin an der im *UCTA 1977* gewählten Umschreibung *the other's written standard terms of business* festgehalten, oder diese durch eine andere Formulierung ersetzt werden, beispielsweise der nicht individuell aus- bzw. verhandelten Bedingung, *not individually negotiated term*, die sich auch in der *UTCCR 1999* wiederfindet. Im Ergebnis wird der der-

---

1206 Law Commission, Unfair Terms in Contracts – Report on a reference, S. 15 ff..

1207 Draft Bill clause 29(4) und (10)

1208 Draft Bill clauses 1(1), 10.

1209 Law Commission, Unfair Terms in Contracts – Report on a reference, S. 29.

1210 Der Contract for the Sale of Goods Act 1979 enthält Regelungen für Verträge über den Kauf und Verkauf von Waren.

zeitige Weg beibehalten werden, so dass weiterhin *Allgemeine Geschäftsbedingungen, die der Verwender für Vertragsschlüsse der vorliegenden Art standardmäßig verwendet*, vorliegen müssen, um eine Klausel inhaltlich kontrollieren zu können. Ein ernsthaftes *Ver*handeln mit einigen nicht nur unerheblichen Veränderungen soll jedoch dazu führen, dass eine inhaltliche Kontrolle in Gänze entfällt. Denn die *Law Commission* verwehrt sich auch in dem geplanten Gesetz einer Analyse jeder einzelnen Klausel. Vielmehr entscheidet der Gesamteindruck. Haben die Parteien die Vertragsinhalte soweit verhandelt, dass nicht mehr von den einseitig gestellten Vertragsbedingungen der anderen Partei ausgegangen werden kann, entfällt eine Klauselkontrolle. Denn wenn die Vertragspartner die Zeit, die Erfahrung und die Verhandlungsmacht besitzen, einzelne Klauseln zu verändern, aber andere unberücksichtigt lassen, sollte ihnen auf der anderen Seite nicht die Möglichkeit gegeben werden, Letztere einer gerichtlichen Kontrolle zu unterziehen.[1211] Eine Ausnahme gilt jedoch für kleine und mittelständische Unternehmen. Insoweit bestimmt der Entwurf, dass nur Allgemeine Geschäftsbedingungen, die nicht aufgrund von Verhandlungen zugunsten des kleinen oder mittelständischen Unternehmens verändert wurden, erfasst sind.[1212] Doch auch hier geht die *Law Commission* nicht soweit, als dass sie alle nicht individuell ausgehandelten Klauseln kontrolliert wissen möchte. Vielmehr bleibt es bei dem generellen Ansatz im unternehmerischen Verkehr, dass maßgeschneiderte Verträge, mögen sie auch ursprünglich vorformuliert gewesen sein, nicht kontrolliert werden. Hierbei soll jedoch eine Analyse jeder einzelnen Bedingung erfolgen, um Attribute wie Verhandlungsstärke und Expertise, die den großen Unternehmen nicht jedoch den kleinen Handelspartnern anhaften, in die Bewertung einzubeziehen.[1213]

Die bereits nach dem *UCTA 1977* bestehende Angemessenheitskontrolle wird ebenfalls übernommen, aber mit neuen Richtlinien, *guidelines*, versehen, um diesen unbestimmten Rechtsbegriff näher zu konkretisieren. So finden etwa Kriterien wie die ausgewogene Beachtung der beiderseits bestehenden Interessen und die Risiken für die jeweils benachteiligte Partei ebenso Berücksichtigung wie die Möglichkeit bzw. Wahrscheinlichkeit, dass eine Versicherung abgeschlossen wurde, und die Verteilung der Verhandlungsmacht zwischen den Vertragspartnern.[1214] Die aufgestellten Kriterien gelten für Verbraucherverträge und unternehmensbezogene Geschäfte gleichermaßen, doch ist das Gericht angehalten, die unterschiedlichen Interessenlagen entsprechend zu berücksichtigen. Zu-

---

1211 Law Commission, Unfair Terms in Contracts – Report on a reference, S. 70.

1212 Draft Bill clause 11(1).

1213 Law Commission, Unfair Terms in Contracts – Report on a reference, S. 95.

1214 Law Commission, Unfair Terms in Contracts – Report on a reference, S. 42 f..

sätzlich werden nun auch Bedingungen im unternehmerischen Verkehr einer Transparenzkontrolle unterzogen.[1215] Im Hinblick auf kleine Unternehmen soll die Liste mit Regelbeispielen für die Unangemessenheit von Klauseln, die einen Teil der europäischen Richtlinie darstellte und deshalb *per se* nur auf Verbraucherverträge Anwendung findet, auch auf diese Unternehmen ausgeweitet werden.

Die Bestimmungen des *UCTA 1977* über die fehlende Anwendbarkeit bei einer Rechtswahl durch die Parteien sollen übernommen werden – für unternehmensbezogene Geschäfte generell.[1216] Dies begründet die *Law Commission* damit, dass Ausländer englisches Recht deshalb wählen, weil es ihnen als liberal bekannt ist. Einer eingehenden Erörterung bedurfte jedoch die Regelung für internationale Verträge. Diese konnte nicht unbesehen übernommen werden, da die Kommission die Vereinbarkeit mit EU-Recht als problematisch erkannte. Die *Law Commission* verteidigte diese Ausnahmeregelung in den Vorarbeiten zum *UCTA 1977* damit, dass im Falle eines Exportvertrages das Recht des Importeurs entscheiden solle, inwiefern der Grundsatz der Vertragsfreiheit eingeschränkt werde. Im Übrigen handelte es sich bei internationalen Verträgen stets um Kontrakte einer gewissen Größenordnung mit erfahrenen Vertragspartnern, die größtmögliche vertragliche Freiheiten benötigten. Schließlich wurde auf die Wettbewerbsfähigkeit englischer Exporteure hingewiesen, die durch staatliche Intervention eingeschränkt würde. Obgleich die Begründung der *Law Commission* 1976 für eine derartige Klausel auch heute noch trägt, steht sie in einem Spannungsverhältnis zum Europarecht, insbesondere zu Art. 18 AEU. Dennoch hat sich die Kommission nicht vollends von einem *internationalen Sonderweg* verabschieden können. Deshalb sieht der Gesetzentwurf eine Ausnahme für unternehmensbezogene Verträge über den Export von Waren nach Übersee vor.[1217] Dieses Ergebnis wird auch damit gerechtfertigt, dass gemäß Art. 3 Abs. 3 der Rom-I-Verordnung unter bestimmten Voraussetzungen die zwingenden Bestimmungen eines fremden Rechts ohnehin zur Anwendung kommen.[1218]

c. Zusammenfassung

Mit dem Gesetzentwurf gewinnt das Recht der Allgemeinen Geschäftsbedingungen in England an Transparenz und Übersichtlichkeit. Im unternehmerischen Bereich erscheint die Einbeziehungs- und Inhaltskontrolle lediglich in neuem

---

1215 Law Commission, Unfair Terms in Contracts – Report on a reference, S. 74.

1216 UCTA 1977 s 27(1), Draft Bill clause 19(1).

1217 Draft Bill Sch 3 para 8.

1218 Law Commission, Unfair Terms in Contracts – Report on a reference, S. 122.

Gewand, doch ist ein differenzierteres System zwischen kleinen und großen Unternehmen vorgesehen. Ein Eingriff in die Vertragsfreiheit soll sich künftig fast ausschließlich auf Standardformularverträge einer Partei beschränken, die nicht das Ergebnis von Vertragsverhandlungen sind. Zwar lässt die Rechtsprechung nicht jede kleinste Veränderung genügen, um von einem maßgeschneiderten Vertrag auszugehen, *bespoke contract*, doch genügt es teilweise bereits, wenn ein gegenseitiges Entgegenkommen erkennbar ist und dies zu Abänderungen der Bedingungen geführt hat. Dabei wird jedoch keine individuelle Prüfung jeder einzelnen Klausel vorgenommen. Vielmehr entscheidet der Gesamteindruck.

Strengere Anforderungen gelten aber für Verträge mit kleinen Unternehmen. Ist vom Vorliegen Allgemeiner Geschäftsbedingungen auszugehen, sind die Klauseln einer Angemessenheitskontrolle zu unterziehen. Der Entwurf sieht hierfür wie schon der *UCTA 1977* Richtlinien, *guidelines*, vor, die dem Gericht bei der Entscheidung helfen sollen. Hierbei spielen die Größe des Unternehmens ebenso eine Rolle wie die Verteilung der Verhandlungsmacht. Darüber hinaus kann der Formularvertrag selbst ausschlaggebend sein. Ist dieser handelsüblich, eventuell sogar von einer anerkannten Handelsorganisation herausgegeben, kann von dessen Angemessenheit im Zweifel ausgegangen werden. Schließlich bleibt es bei der Bereichsausnahme für Exportverträge nach Übersee und für Verträge, die *qua* Rechtswahl englischem Recht unterstellt werden.

6. Abgrenzung zu Handelsbräuchen

Die private Regelbildung wird insbesondere durch Handelsbräuche und Allgemeine Geschäftsbedingungen charakterisiert. Im deutschen Teil dieser Arbeit hat sich gezeigt, dass das Verhältnis beider Institute zueinander keinesfalls erschöpfend bestimmt wäre, würde man sich damit begnügen, Allgemeine Geschäftsbedingungen als reines Nachfolgermodell der Handelsbräuche zu deklarieren. Vor diesem Hintergrund soll auch im englischen Teil das Verhältnis beider Instrumente zueinander aufgezeigt werden. Auch im angelsächsischen Rechtskreis dienen Handelsbräuche ebenso wie Formularverträge der Standardisierung und Optimierung von Handelsgeschäften. Deshalb werden Allgemeine Geschäftsbedingungen auch teilweise als Handelsbrauch, *usage*, bezeichnet, ohne dass das Recht der Handelsbräuche Anwendung fände. Beide Formen privater Regelbildung erfordern einen Unterwerfungswillen der Parteien. Es handelt sich also um Vertragsbedingungen, die im Falle von Handelsbräuchen zumindest eine hypothetische Kenntnis für eine konkludente Einbeziehung voraussetzen. Dennoch zeigt sich an dieser Stelle bereits ein erster Unterschied. Denn bei Handelsbräuchen besteht unter gewissen Voraussetzungen eine Vermutung, dass die Parteien den Handelsbrauch als Vertragsbestandteil aufnehmen wollten und sich infolgedessen stillschweigend geeinigt haben. Geht es jedoch um Allgemeine Geschäftsbedingungen, bestehen andere Anforderungen für deren Einbeziehung. Diese können zwar ohne die Abgabe einer Unterschrift in den Vertrag aufgenommen werden, doch setzt dies einen ausreichenden Hinweis voraus. Entscheidend ist, welchen rechtsgeschäftlichen Willen der Angebotsempfänger den Worten und dem sonstigen Verhalten vernünftigerweise entnehmen muss. Diese Kenntnisnahme muss *vor* Vertragsschluss erfolgen. Inhaltlich müssen sowohl Handelsbräuche als auch Allgemeine Geschäftsbedingungen angemessen, *reasonable*, sein. Letztere werden im Zweifel zu Lasten des Verwenders ausgelegt.

7. Schnittpunkte zu Handelsbräuchen

Obgleich bereits festgestellt wurde, dass Allgemeine Geschäftsbedingungen, so sie nicht *qua* Unterschrift in den Vertrag einbezogen worden sind, einer ausreichenden Kundgabe, *reasonable notice*, bedürfen, gibt es auch zu dieser Regel Ausnahmen, insbesondere im unternehmerischen Geschäftsverkehr. Deshalb können AGB ausnahmsweise ohne ausdrückliche Kundgabe bei jedem einzelnen Geschäft Vertragsinhalt werden, wenn die Parteien in längeren Geschäftsbeziehungen zueinander stehen und die Allgemeinen Geschäftsbedingungen eines Partners den Verträgen stets zugrunde gelegt wurden. Es hat sich dann zwischen den Parteien ein entsprechender Geschäftsgebrauch entwickelt, ein *course of dealing*.[1219] In diesem Fall sind weder ein unterzeichnetes Dokument noch ein ausreichender Hinweis erforderlich.[1220] Dies rechtfertigt sich aus dem Umstand, dass die in Frage stehenden Bedingungen regelmäßig einbezogen wurden. Bei dem Vorliegen eines solchen Geschäftsgebrauchs wird das Vertrauen auf dessen Fortdauer geschützt.[1221] Eine tatsächliche Kenntnis ist damit gerade nicht erfor-

---

1219 J. Spurling v. Bradshaw [1956] 2 All ER 121, 125; Lütkenhaus, Unfair Contract Terms Act 1977 und das AGB-Gesetz 1976, S. 95 f.; Müller/Otto, AGB im internationalen Wirtschaftsverkehr, S. 189.

1220 Tital Steel Wheels Ltd v Royal Bank of Scotland Plc [2010] EWHC 211 (Comm) Rn. 80, 84; vgl. auch Midgulf International Ltd v Groupe Chimiche Tunisien [2010] EWCA Civ 66 [42], allerdings wurde insoweit ein Geschäftsgebrauch abgelehnt. Eine Ausweitung dieser Einbeziehungsmöglichkeit auch auf Verbraucherverträge ist nicht undenkbar, vgl. aber Lord Denning in Mendelssohn v Normand Ltd (1970) 1 QB 177, 182. Es sind dann aber wohl verschärfte Anforderungen zu stellen.

1221 Britain & Overseas Trading (Bristles) v Brookes Wharf and Bull Wharf [1967] 2 Lloyd's Rep 51; Hardwick Game Farm v Suffolk Agricultural, etc. Association [1969] 2 AC 31, 90, 104 ff.; SIAT di al Ferro v Tradax Overseas SA [1978] 2 Lloyd's Rep

derlich. Vielmehr genügt die Möglichkeit zur Kenntnisnahme.[1222] Es muss sich aber stets um gleichartige Geschäfte handeln. So hat das *House of Lords* im Fall *McCutcheon v David MacBrayne Ltd*[1223] eine etwaige Einbeziehung abgelehnt, weil sich der anerkannte Geschäftsgebrauch auf schriftliche Verträge bezogen habe, der in Frage stehende Vertrag jedoch mündlich geschlossen worden sei. Es gelten die für Geschäftsgebräuche bereits festgestellten Einschränkungen, das heißt die Geschäftsabschlüsse müssen jeweils in ähnlicher Art und Weise geschlossen werden. So reicht eine sporadische Geschäftsverbindung, die nur zu vereinzelten Kontrakten über einen längeren Zeitraum führt, nicht aus.[1224] Ebenso verbietet sich die Annahme eines Geschäftsgebrauchs, wenn die einzelnen Vertragsbedingungen stets getrennt von einander individuell und ausdrücklich ausgehandelt worden sind.[1225] Schließlich muss die andere Vertragspartei auch Bedingungen erwarten. Beabsichtigt ein Geschäftspartner im Rahmen einer ständigen Geschäftsbeziehung seine bisherigen (einbezogenen) Allgemeinen Geschäftsbedingungen zu ändern, muss er die Voraussetzungen dafür schaffen,

---

470, bestätigt [1980] 1 Lloyd's Rep 53; George Mitchell (Chesterhall) Ltd v Finney Lock Seeds Ltd [1983] QB 284, 295, bestätigt [1983] 2 AC 803 ohne auf diesen Punkt gesondert einzugehen; Circle Freight International Ltd v Mideast & Gulf Exports Ltd [1988] 2 Lloyd's Rep 427; Beckmann/Sandrock, Handbuch der Internationalen Vertragsgestaltung Band I, B Rn. 132; Lütkenhaus, Unfair Contract Terms Act 1977 und das AGB-Gesetz 1976, S. 95 ff.; Treitel/Peel, The Law of Contract, S. 244, para 7-011; Thieme/Mitscherlich, AWD 1974, 173, 179.

1222 Hardwick Game Farm v Suffolk Agricultural, etc. Association [1969] 2 AC 31, 90, 104 ff.; vgl. Granville Oil & Chemicals Ltd v Davies Turner & Co Ltd [2003] 2 CLC 418, 419 ff..

1223 [1964] 1 All ER 430.

1224 Einheitliche Maßstäbe haben sich hier jedoch bislang nicht etabliert, vgl. bereits Lütkenhaus, Unfair Contract Terms Act 1977 und das AGB-Gesetz 1976, S. 96 f.. So wurden in The Hardwick Game Farm v Suffolk Agricultural Association [1969] 2 AC 31, 90, 104 ff. drei oder vier Verträge im Monat innerhalb von drei Jahren für ausreichend erachtet. In Hollier v Rambler Motors (AMC) Ltd [1972] 2 QB 71 wurden drei bis vier Transaktionen in fünf Jahren jedoch für nicht ausreichend erachtet. In Chevron International Oil Co Ltd v A/S Sea Team (The TS Havprins) [1983] 2 Lloyd's Rep 356, 362 sollten im Gegensatz dazu bereits drei Geschäftsabschlüsse innerhalb von fünf Jahren ausreichen, obgleich festgestellt wurde, dass die Einbeziehung nicht kraft Geschäftsgebrauch erfolgte. In Metaalhandel JA Magnum BV v Ardfields Transport Ltd [1988] 1 Lloyd's Rep 197, 203 schließlich wurde eine Einbeziehung aufgrund eines Geschäftsgebrauchs abgelehnt, weil es sich um separate Geschäftsabschlüsse, isolated affairs, gehandelt habe.

1225 Johnson Matthey Bankers Ltd v State Trading Corp of India [1984] 1 Lloyd's Rep 427, 433.

dass sein Vertragspartner nicht mehr mit den bisherigen, sondern nunmehr mit den modifizierten Bedingungen rechnet.[1226]

Eine weitere Schnittstelle zeigt sich ebenso wie im deutschen Recht auch im englischen Rechtskreis darin, dass eine Einbeziehungsmöglichkeit kraft Handelsbrauchs besteht.[1227] Das *House of Lords* entschied in *Lynch Bros Ltd v Edwards and Fase*[1228], dass Kahnführer grundsätzlich keinen Vertrag ohne die *London Lighterage Clause*, welche eine Haftungsregelung für das Ent- bzw. Beladen eines Schiffs vorsah, abschlossen und deshalb diese Klausel als in den Vertrag einbezogen angesehen werden müsse.[1229] In der Folge können einzelne Klauseln und theoretisch sogar ganze Bedingungskataloge Einzug in den Vertrag halten, ohne dass es eines ausdrücklichen Hinweises oder einer Unterschrift bedarf und auch unabhängig von einer bereits bestehenden langjährigen Geschäftsbeziehung.[1230] Voraussetzung ist dann jedoch, dass die Verwendung eben dieses Vertragsmusters in dem jeweiligen Handelszweig handelsüblich ist und die Parteien darauf verzichtet haben, ihre vertragliche Abrede schriftlich festzuhalten. Dies erfordert eine klare unzweideutige Beweislage, dass die Parteien beabsichtigten, in der handelsüblichen Art und Weise zu kontrahieren.[1231] Dennoch wird die Einbeziehung Allgemeiner Geschäftsbedingungen *qua* Handelsbrauch zumeist an dem Erfordernis der Kenntnis scheitern. Bislang hat die Rechtsprechung eine derartige Einbeziehung nur dann angenommen, wenn die einzelnen Klauseln auch inhaltlich einem festgestellten Handelsbrauch entsprachen.[1232] Damit erkennt das englische ebenso wie das deutsche Recht die *inhaltliche Geltung* von Allgemeinen Geschäftsbedingungen kraft Handelsbrauchs an, ohne diese jedoch streng von der *Einbeziehung kraft Handelsbrauchs* zu unter-

---

1226 In Pancommerce Co SA v Veecheema BV [1983] 2 Lloyd's Rep 304, 305 wurde entschieden, dass ein Hinweis in Fettdruck ausreichend sei; in Burnett v Westminster Band Ltd [1966] 1 QB 742 wurde der Hinweis noch als nicht ausreichend erachtet, weil die andere Vertragspartei normalerweise nicht mit allgemeinen Geschäftsbedingungen respektive entsprechenden Veränderungen auf einem Scheckheft rechnen müsse und es deshalb eines besonderen Hinweises bedürfe.

1227 Law Commission's Working Paper No. 70, S. 536 ff., para 10 ff.; vgl. Reynolds, Formulation of standard terms and their incorporation in contracts, S. 17, 27.

1228 (1921) 6 Lloyd's L Rep 371.

1229 Lynch Bros Ltd v Edwards and Fase (1921) 6 Lloyd's L Rep 371, 372.

1230 British Crane Hire Corp Ltd v Ipswich Plant Hire Ltd [1975] QB 303; Smith v South Wales Switchgear Ltd [1978] 1 WLR; Victoria Fur Traders v Roadline UK Ltd [1981] 1 Lloyd's Rep 571; Ofir Scheps v Fine Art Logistic Ltd [2007] EWHC 541 (QB) mit weiteren Nachweisen.

1231 British Crane Hire Corporation v Ipswich Plant Hire Ltd [1974] QB 303; vgl. Salsi v Jetspeed Air Services Ltd [1977] 2 Lloyd's Rep 57.

1232 Prinz zu Sayn-Wittgenstein-Berleburg, AGB im englischen Recht, S. 6 f..

scheiden. Sie wertet die inhaltliche Geltung Allgemeiner Geschäftsbedingungen kraft Handelsbrauchs vielmehr als Indiz dafür, dass sie üblicherweise auch ohne besondere Absprachen einbezogen werden.

Eine weitere Besonderheit im Zusammenspiel von Handelsbrauch und Allgemeinen Geschäftsbedingungen besteht im Hinblick auf das Institut des *kaufmännischen Bestätigungsschreibens*. Während im deutschen Recht Allgemeine Geschäftsbedingungen nachträglich in Verbindung mit einem kaufmännischen Bestätigungsschreiben in die vertragliche Beziehung eingeführt werden können,[1233] erfordert das englische Recht eine vorherige oder gleichzeitige Kundgabe der Allgemeinen Geschäftsbedingungen.[1234] Eine Einbeziehung lediglich im Nachhinein über ein kaufmännisches Bestätigungsschreiben scheidet also aus. Darüber hinaus wird Schweigen auf ein kaufmännisches Bestätigungsschreiben *per se* nicht als Zustimmung gewertet.[1235]

Das kaufmännische Bestätigungsschreiben könnte jedoch als Angebot auf Änderung des bereits abgeschlossenen Vertrages anzusehen sein. Schwierigkeiten bereitet dann wiederum die dem englischen Recht eigentümliche *consideration*, welche für die Wirksamkeit von Verträgen verlangt, dass dem Versprechen der einen Vertragspartei eine versprochene Leistung gegenübersteht. Begünstigt eine Vereinbarung jedoch nur eine der Vertragsparteien, so ist die Voraussetzung der *consideration* nicht erfüllt und der Vertrag nicht wirksam zustande gekommen. Mithin erfordert eine Vertragsänderung stets, dass die Änderung gleichzeitig belastende sowie begünstigende Versprechen für beide Seiten enthalten muss. Hierin liegt ein kardinaler Unterschied zwischen dem englischen und dem deutschen Recht – generell im Hinblick auf vertragsändernde Vereinbarungen und speziell in Bezug auf die nachträgliche Einbeziehung Allgemeiner Geschäftsbedingungen. Stattete man die veränderten AGB jedoch auch mit minimalen, den Vertragspartner begünstigenden Klauseln aus, so stünde das Erfordernis der *consideration* einer erfolgreichen Vertragsänderung nicht im Wege. Abgesehen von diesen Widrigkeiten bedarf es dann auch noch einer Zustimmung der anderen Partei. Bloßes Schweigen wie im deutschen Recht konstituiert nach englischem Recht jedoch noch keine Zustimmung. Teilweise[1236] wird die Auffassung vertreten, bei einer länger andauernden Geschäftsbeziehung reiche es aus, die AGB erst nach Vertragsschluss in Form eines Bestäti-

---

1233 Palandt/Heinrichs, § 147 BGB, Rn. 16; Staudinger/Schiemann, BGB Eckpfeiler des Zivilrechts, B. (Rechtsgeschäft und Willenserklärung) IV. (Der Vertrag), S. 68.

1234 Vgl. Shears/Stephenson, James' Introduction to English Law, S. 244.

1235 OLG Hamburg, NJW 1980, 1232 ff.; Ebenroth/Boujong/Joost/Strohn, § 346 HGB, Rn. 93; Ebenroth, ZVglRWiss 77 (1978), 161, 164, Thieme/Mitscherlich, AWD 1974, 173, 180.

1236 Ebenroth, ZVglRWiss 77 (1978), 161, 164 f..

gungsschreibens, *confirmation note*, mitzuteilen. Sollte sich der Vertragspartner mit diesen nicht einverstanden erklären, so müsste er innerhalb einer angemessenen Frist widersprechen.[1237] Hierbei wird allerdings übersehen, dass für die Annahme eines Geschäftsgebrauchs, eines *course of dealing*, die AGB bereits im Zeitpunkt des Vertragsschlusses vorliegen. Denn die AGB sind dem Geschäftspartner bereits aus vorangegangenen längeren Geschäftsbeziehungen bekannt. Sie haben mithin schon vor dem Bestätigungsschreiben gegolten und werden nicht etwa erst durch dieses in den Vertrag aufgenommen.

IV. Einordnung von Klauselwerken

Da Handelsbräuche nicht uralt, *immemorial*, sein müssen, ist es vorstellbar, dass eine Handelsorganisation oder eine ähnliche Vereinigung eigene Regeln aufstellt und im Interesse der Rechtssicherheit und Einheitlichkeit niederschreibt. Dieses Regelwerk mag die Gestalt einer *Vereinbarung* oder aber eines *Kodexes* annehmen oder aber in Form eines Modellvertrages allen Mitgliedern zur Verfügung gestellt werden. Obgleich derselbe Terminus verwendet wird, findet das Recht der Handelsbräuche keine Anwendung. Insoweit können diese Regelwerke oder Teile daraus lediglich als Nachweis von Handelsbräuchen dienen und beim Beweis eines Handelsbrauches in einer anderen Situation herangezogen werden. Dafür müsste jedoch belegt werden können, dass die einzelnen Bestimmungen generell in dem jeweiligen Verkehrskreis als verbindlich angesehen werden.[1238] Handelt es sich um Bestimmungen einer Handelsorganisation, werden dadurch regelmäßig nur deren Mitglieder gebunden sein,[1239] wie etwa im Baumwollhandel in Liverpool. Aktiven Handel durften dort nur deren Mitglieder betreiben und jedem Vertrag mussten die Börsenbedingungen zugrundeliegen.[1240] Zeigt sich jedoch, dass die privaten Regeln immer nur dann zur Anwendung gelangen, wenn die Vertragsparteien sich dazu bewusst entscheiden, spricht dies gegen die

---

1237 Ebenroth, ZVglRWiss 77 (1978), 161, 164 f..

1238 Van Liewen v Hollis Bros & Co Ltd [1920] AC 239, 342, HL (Usancen der Holzexporteure in Hull); Lynch Bros Ltd v Edwards and Fase (1921) 6 Lloyd's L Rep 371 (London Lighterage Clause kraft Handelsbrauchs in den Vertrag eingefügt); Woodward v Wolfe [1936] 3 All ER 529, 531 (Usancen der Liverpooler Baumwollbörse); London Export Co Ltd v Jubilee Coffee Roasting Co Ltd [1958] 2 All ER 411, [1958] 1 WLR 661, CA (Usancen der Londoner Ölsamenvereinigung); Perishables Transport Co Ltd v N Spyropoulos (London) Ltd [1964] 2 Lloyd's Rep 379, 382; Harlow & Jones Ltd v American Express Bank Ltd [1990] 2 Lloyd's Rep 343, 344.

1239 Barlee Marine Co v Trevor Rex Mountain (The Leegas) [1987] 1 Lloyd's Rep 471, 475.

1240 Woodward v Wolfe [1936] 3 All ER 529, 531.

Annahme eines verbindlichen Handelsbrauchs.[1241] Ungeachtet dieser Feinheiten, findet das Recht der Handelsbräuche bei bewusst gesetzten Regeln durch private Organisationen jedenfalls keine Anwendung. Folglich beantwortet sich die Frage der Wirksamkeit dieser Klauselwerke nach den Regeln des allgemeinen Vertragsrechts, insbesondere nach dem *UCTA 1977*.[1242] Demzufolge findet in diesem Bereich zwar eine AGB-rechtliche Angemessenheitsprüfung statt, doch ist dabei der Ursprung dieser Regeln zu berücksichtigen.

V. Die Bedeutung von Handelsbräuchen und Handelsklauseln im englischen Recht

Im Folgenden werden die gewonnenen Erkenntnisse für das englische Recht zusammengefasst. Dabei wird die gewohnte Dichotomie von Handelsbräuchen (**1.**) und Allgemeinen Geschäftsbedingungen (**2.**) eingehalten. Es folgen sodann Ausführungen zur geplanten Modernisierung des AGB-Rechts (**3.**) und eine abschließende Bewertung (**4.**).

1. Handelsbräuche

Dogmatische Grundlage der Handelsbräuche ist im englischen Recht eine *Vertragsauslegung und -ergänzung* auf der Basis eines *vermuteten* Parteiwillens. Es handelt um die Annahme eines *implied term*. Damit ist Geltungsgrund der Handelsbräuche eine (Individual-)Vereinbarung, so dass sie sich auf eine vertragliche Ebene beschränken und keine *quasi-normative* Kraft entfalten. Eine zentrale Vorschrift für die Geltung von Handelsbräuchen fehlt. Sie sind damit Teil des ungeschriebenen Richterrechts, des *common law*. Die Voraussetzungen für ihre Feststellung ergeben sich folglich aus einem Konvolut von Fallentscheidungen. Die Tatsachen, die einen Brauch begründenden, sind jeweils durch eine historische Untersuchung zu beweisen.[1243]

1241 So etwa im Fall der Regeln für elektronische Konnossemente des Comité Maritime International. Da es sich hierbei um Allgemeine Geschäftsbedingungen handelt, kommen sie nur dann zur Anwendung, wenn die Parteien explizit auf sie rekurrieren, vgl. Gehrke, Das elektronische Transportdokument – Frachtbrief und Konnossement in elektronischer Form im deutschen und internationalen Recht, S. 260; Kozolchyk, 55 Law & Contemp Probs (1992), 39, 90.

1242 Zum Meinungsstand Law Commission, Unfair Terms in Contracts – Report on a reference, S. 70 f..

1243 National Bank of Greece SA v Pinos Shipping Co (No. 1) (1990) 1 AC 637, 659.

Für die Feststellung eines Handelsbrauchs muss die Partei, die sich diesen zunutze machen möchte, mehrere gleichgelagerte Fälle aufzeigen, so dass eine hinreichend klar formulierte Übung das Ergebnis ist.[1244] Bemerkenswert ist in diesem Zusammenhang, dass die beteiligten Kreise anders als nach deutschem Recht die jeweilige Übung als eine rechtliche Verpflichtung anerkennen müssen. Derart hohe Anforderungen gelten für Deutschland nur im Hinblick auf die Feststellung von Gewohnheitsrechtssätzen.

Ist die konsolidierte Praxis offenkundig, *notorious*, so kann ihre Angemessenheit, *reasonableness*, vermutet werden. Liegen diese beiden Voraussetzungen vor, sind die Parteien unabhängig von einer tatsächlichen Kenntnis gebunden,[1245] soweit nichts anderes vereinbart wurde.[1246] Bei der Frage, ob ein Handelsbrauch in diesem Sinne angemessen ist, müssen die Natur des Vertrages, *nature of the contract*,[1247] und die Vereinbarkeit mit dem Vertrag, *consistency with the contract*,[1248] geklärt werden. Dabei führt insbesondere letzteres Kriterium zu einer nur schwer lösbaren Vermischung mit der Maßgabe, dass ein der Vertragsergänzung entgegenstehender Wille beachtlich ist. Soll ein Brauch von seiner Anwendung ausgeschlossen werden, muss dies nicht ausdrücklich geschehen. Ausreichend ist vielmehr die fehlende Vereinbarkeit mit der *expressis verbis* geschlossenen Vertragsvereinbarung, *inconsistency with the express terms of the contract*.[1249] Fraglich ist deshalb, ob beide Voraussetzungen, die der Angemessenheit und der Vereinbarkeit mit dem (sonstigen) Inhalt des Vertrags, nicht eigenständig und getrennt von einander geprüft werden sollten. Dagegen spräche zwar, dass auf diese Weise ein objektiver Maßstab eingeführt würde, der im Widerspruch zum Charakter dieser Form der *implication* stünde. Doch würde man andererseits den unterschiedlichen Zielsetzungen beider Voraussetzungen nicht gerecht. Bei der Angemessenheitskontrolle, *test of reasonableness*, handelt es sich um einen sehr relevanten Kontrollmaßstab, der regelmäßig

---

1244 Vgl. Devonald v Rosser & Sons (1906) 2 KB 728, 733 ff.; Produce Brokers Co Ltd v Olympia Oil and Cake Co Ltd (1916) 1 AC 314, 330; Halsbury's Laws of England, Vol. 12 (1), para 658.

1245 Sagar v H Rigealgh & Son Ltd (CA) (1931) 1 Ch 310, 337; vgl. Halsbury's Laws of England, Vol. 12 (1), para 657, Vol. 9 (1), para 780; Sutton/Shannon, S. 103.

1246 Vgl. Halsbury's Laws of England, Vol. 9 (1), para 780; Treitel/Peel, The Law of Contract, S. 236, para 6-047.

1247 Treitel/Peel, The Law of Contract, S. 236, para 6-047.

1248 London Export Corporation Ltd v Jubilee Coffee Roasting Co (1958) 1 WLR 661, 675; Walton (Grain & Shipping) Ltd v British Italian Trading Company Ltd (1959) 1 Lloyd's Rep. 223, 234; vgl. Kum v Wah Tat Bank Ltd (1971) 1 Lloyd's Rep. 439.

1249 London Export Corporation Ltd v Jubilee Coffee Roasting Co (1958) 1 WLR 661, 675; Tucker v Linger (1883) 8 App Cas 508, 511.

Grundsatzfragen aufwirft. Es gilt hier zu prüfen, ob der jeweilige Vertrag samt seiner *express and implied terms* mit den Grundprinzipien des englischen Rechts zu vereinbaren ist. Kann dies bejaht werden, müssen die ermittelten Vertragsinhalte schließlich auch mit dem ermittelten Parteiwillen in Einklang stehen. Es handelt sich um zwei getrennt von einander zu beantwortende Fragen. Zwar mag es bei der Unvereinbarkeit mit der vertraglich erklärten Intention lediglich um eine Kontrollüberlegung gehen, doch handelt es sich um eine absolute Einzelfallentscheidung, was bei der Angemessenheitskontrolle nicht der Fall ist. Ergibt die Prüfung, dass der Handelsbrauch unangemessen ist, kann er dennoch Vertragsbestandteil werden. Eine Bindung entfaltet er dann jedoch nur gegenüber demjenigen, der tatsächliche Kenntnis von dem Handelsbrauch besaß.[1250]

Obwohl das englische anders als das deutsche Recht nicht vollständig auf ein subjektives Element bei der Feststellung eines Handelsbrauchs verzichtet, sind die rechtlichen Folgen von ähnlichem Gewicht. So kann eine festgestellte Übung die vertraglichen Inhalte nicht unerheblich beeinflussen, auch wenn eine individuelle Kenntnis der Parteien zu verneinen ist. Als Legitimationsgrundlage dienen insoweit Verkehrsschutzaspekte und der Grundsatz von Treu und Glauben, der im englischen Recht durch die Angemessenheitsprüfung, *test of reasonableness*, Ausdruck findet. Ist eine Verhaltensweise in bestimmten Kreisen üblich, entwickelt sich eine Verhaltenserwartung, die der Einzelne erfüllen muss, um gewecktes Vertrauen nicht zu erschüttern.

Ähnliche Folgen gehen auch von den Gewohnheiten, *customs*, aus. Diese müssen seit jeher bestehen und werden ebenso wie Handelsbräuche, *usages*, in den Vertrag *hineingelesen*. Weder die Handelsbräuche noch die Gewohnheiten stellen jedoch Rechtsquellen im eigentlichen Sinne dar. Als solche erkennt das englische Recht nur das Fall- und das Gesetzesrecht an. Obgleich *custom* und *usage* begrifflich oft nicht sauber von einander getrennt werden, sind letztlich nur *usages* für den Handelsverkehr von Bedeutung. *Universal usages* sind dann keine Tatsachen mehr, die im Prozess bewiesen werden müssen, sondern Teil des geltenden Rechts. *Fluctuating* und *universal usages* sowie *customs* sind jedoch mit den im deutschen Recht etablierten Begriffen Handelsbrauch, Handelsgewohnheitsrecht und Gewohnheitsrecht keinesfalls vergleichbar, da es sich beim Gewohnheitsrecht anders als bei der *custom* um eine Rechtsquelle handelt.

Abgesehen von diesen drei Erscheinungen gibt es andere dem Handelsbrauch ähnliche Formen privater Regeln, die in ihren Auswirkungen jedoch nicht so weitreichend sind. Zum einen ist die Handelsübung zu nennen, *trade practice*, welche innerhalb bestimmter Kreise oder an bestimmten Orten bei der

1250 Treitel/Peel, The Law of Contract, S. 236, para 6-047; a.A. Sutton/Shannon, S. 98, die verlangen, dass der Brauch angemessen ist.

Auslegung behilflich sein können, jedoch weniger verbindlich als Handelsbräuche sind. Zum anderen können sich auch Geschäftspartner bestimmten Geschäftsgebräuchen, *course of dealing*, unterwerfen, die in ihren Rechtsfolgen denen der Handelsbräuche verwandt, aber stets auf die bilaterale Beziehung beschränkt sind.

Auch im Hinblick auf die anderen Formen der *implication* gilt der Grundsatz, dass für die Vollständigkeit des Vertrages mit all seinen ausdrücklichen Bestimmungen, *explicit terms*, eine Vermutung streitet. Mit den verschiedenen Formen der Vertragsauslegung und -ergänzung, *implication*, wird dieses Prinzip, *the loss lies were it falls*, jedoch durchbrochen. So kann das Gericht weitere Bedingungen in den Vertrag einfügen, stets unter der Prämisse, dass sie mit dem ausdrücklich erklärten Willen vereinbar sind. Die einzelfallbezogene Vertragsergänzung, *implication in fact*, erfordert eine individuelle Kenntnis der Parteien und geht den Handelsbräuchen folglich vor.[1251] Durch die *implication in law* werden hingegen Rechtsregeln in den Vertrag eingefügt. Dabei handelt es sich um gesetzliche, dispositive Regeln oder aber solche des Richterrechts. Ein positiver Wille der Parteien ist ebenso wenig erforderlich wie die Kenntnis von der Ergänzung. Infolgedessen geht dieser Vertragsergänzung auch die *implication in fact* vor, die schließlich einen positiven Parteiwillen erfordert. Bei einem Handelsbrauch wird der Vertrag wiederum aufgrund eines vermuteten Parteiwillens *ergänzt*, so dass er gewissermaßen zwischen den beiden anderen Möglichkeiten der *implication* steht.

2. Allgemeine Geschäftsbedingungen

In England haben Allgemeine Vertragsbedingungen insbesondere im unternehmerischen Verkehr einen hohen Stellenwert. In rechtlicher Hinsicht wurde dieser Bereich jedoch bisher eher zurückhaltend kontrolliert, obgleich mit dem *UCTA 1977* schon recht früh ein dezidiertes Regelungswerk geschaffen wurde, das auch Allgemeine Vertragsbedingungen erfasst.

Von einer vertraglichen Einbeziehung Allgemeiner Geschäftsbedingungen kann immer dann ausgegangen werden, wenn der andere Teil die Vertragsurkunde unterzeichnet hat.[1252] Fehlt diese Form, ist entscheidend, ob der andere Teil die Allgemeinen Geschäftsbedingungen kannte oder nur von ihnen wusste.

1251 London Export Corporation Ltd v Jubilee Coffee Roasting Co (1958) 1 WLR 661, 675; vgl. Kum v Wah Tat Bank Ltd (1971) 1 Lloyd's Rep. 439; Anson/Guest, Anson's Law of Contract, S. 128 f.; vgl. Halsbury's Laws of England, Vol. 9 (1), para 353; Sutton/Shannon, S. 98; Treitel/Peel, The Law of Contract, S. 236, para 6-047.

1252 L'Estrange v F Graucob Ltd [1934] 2 KB 394.

Im letzteren Fall müssen die Bedingungen zusätzlich angemessen kundgetan werden, *reasonably sufficient notice.*[1253] Es gelten objektive Maßstäbe. Die Anforderungen an den Hinweis sind vom Inhalt der Bedingungen abhängig, so dass das *common law* bereits an dieser Stelle eine inhaltliche Kontrolle der Klauseln vornimmt.[1254] Damit ist derjenige im Nachteil, der seine Unterschrift geleistet hat. Die Bedingungen müssen vor oder gleichzeitig mit dem Vertragsschluss bekanntgegeben werden. Zu einem späteren Zeitpunkt können sich auch nicht mittels *kaufmännischen Bestätigungsschreibens* Vertragsbestandteil werden. Ungeachtet dessen ist eine Einbeziehung durch einen Geschäftsgebrauch, *course of dealing,*[1255] allerdings durchaus möglich.

Die Auslegung von Haftungsbegrenzungs- und Freizeichnungsklauseln war lange Zeit durch eine strenge, gar *feindselige* Auslegung seitens der Rechtsprechung geprägt. Die englischen Gerichte gingen zwar von den allgemeingültigen Auslegungsgrundsätzen aus, jedoch erkannten sie schnell, dass Allgemeinen Geschäftsbedingungen eine besondere Interessenlage zugrunde liegt. Da der Verwender die vorformulierten Bedingungen regelmäßig einseitig zu seinen Gunsten ausgestaltet, musste dieser mit einer strengen Auslegung rechnen. Außerdem wurden die Klauseln im Zweifel sogar zu seinen Ungunsten, *contra proferentem,* ausgelegt. Dieser Auslegungskanon wurde von der Rechtsprechung aufgestellt, weil die Legislative lange Zeit keinerlei Kontrollmechanismen für die Verwendung Allgemeiner Geschäftsbedingungen geschaffen hatte. Folglich trennte das englische Recht nicht streng zwischen Auslegung und inhaltlicher Kontrolle Allgemeiner Geschäftsbedingungen.

Mit der Verabschiedung des *UCTA 1977* wurde jedoch eine Wende im Umgang mit Standardklauselwerken eingeleitet, da fortan eine Inhaltskontrolle bestimmter Klauseln vorgesehen war. Die Rechtsprechung hat sich zwar nicht zu einer strikten Trennung von Auslegung und Inhaltskontrolle durchringen können, doch hat sie ihre strenge, verwenderfeindliche Auslegung im unternehmerischen Bereich weitgehend aufgegeben und durch eine natürliche, dem allgemeinen Verständnis entsprechende Interpretation ersetzt. Eine Ausnahme gilt jedoch noch immer für extensive Freizeichnungsklauseln.

Eine unmittelbare Inhaltskontrolle Allgemeiner Geschäftsbedingungen bietet das englische Recht im Hinblick auf den unternehmerischen Geschäftsver-

---

1253 Parker v South-Eastern Ry [1934] 2 CPD 416; Richardson, Spence & Co v Rowntree (1984) AC 217; Interfoto Picture Library Ltd v Stiletto Visual Programmes Ltd [1989] QB 433.

1254 Triebel/Huber/Micheler/Vogenauer, Englisches Handel- und Wirtschaftsrecht, S. 63 ff., Rn 98 ff..

1255 Spurling v Bradshaw [1956] 1 WLR 461, 467; McCutcheon v David Macbrayne Ltd [1964] 1 WLR 125.

kehr nicht.[1256] Eine Ausnahme gilt jedoch unter anderem für Haftungsbegrenzungs- und Freizeichnungsklauseln, die den Regelungen des *UCTA 1977* unterliegen. Dieses Regelwerk gilt vorwiegend für Konsumentengeschäfte und ist keinesfalls – wie etwa §§ 305 ff. BGB – auf vorgefertigte Vertragsbedingungen beschränkt. Vielmehr werden auch individuell ausgehandelte Vertragsbedingungen erfasst und sogar einseitige Erklärungen, *notices*. Dabei unterfallen bestimmte Klauseln den absoluten Unwirksamkeitsgründen und sind dementsprechend ohne weitere Prüfung unwirksam. Daneben werden im unternehmerischen Verkehr nur bestimmte Klauseln einer Angemessenheitskontrolle, *test of reasonableness*, unterzogen. Das Gesetz ist mithin dreistufig aufgebaut: So befindet es auf erster Stufe Klauseln *per se* für unwirksam, andere werden auf zweiter Stufe einer Angemessenheitskontrolle unterzogen und schließlich – auf der dritten Stufe – fallen Klauseln ganz aus seinem Anwendungsbereich heraus.[1257] Abgesehen von den absoluten Klauselverboten muss stets differenziert werden, ob ein Verbraucher beteiligt ist oder ob es sich um ein reines Unternehmensgeschäft unter Einbeziehung Allgemeiner Geschäftsbedingungen handelt. Eine Generalklausel wie etwa § 307 BGB kennt das englische Recht für den unternehmerischen Verkehr nicht.

Ob Allgemeine Geschäftsbedingungen, *the other's written standard terms*, vorliegen, ist für jeden Einzelfall gesondert festzustellen. Die Umschreibung Allgemeiner Geschäftsbedingungen im *UCTA 1977* deutet darauf hin, dass es sich anders als in Deutschland um schriftliche Klauseln handeln muss, die der Verwender regelmäßig für diese Art von Verträgen benutzt. Bei der Abgrenzung zu Individualvereinbarungen ist entscheidend, ob Vertragsverhandlungen stattgefunden haben und eine Verhandlungsbereitschaft über *alle* Punkte bestand. Ob letztlich nennenswerte Modifikationen im Vertragstext vollzogen worden sein müssen oder die Möglichkeit, Veränderungen vorzunehmen, ausreicht, ist noch nicht abschließend geklärt. Jedenfalls soll stets nur eine Gesamtschau Auskunft darüber geben, ob noch Allgemeine Geschäftsbedingungen vorliegen oder es sich bereits um Individualvereinbarungen handelt. Eine Term-by-term-Analyse findet mithin nicht statt.

Generell ist zu bemerken, dass die englischen Gerichte weniger gewillt sind, in die Vertragsfreiheit gleich starker Verhandlungspartner einzugreifen. Diese Tendenz wird durch die Angemessenheitskontrolle bestätigt. Handelt es sich um Standardklauseln, die in den Anwendungsbereich des *UCTA 1977* fallen, müs-

1256 Anders bei Verbrauchergeschäften, da insoweit die Unfair Terms in Consumer Contracts Regulation 1999 einschlägig ist.

1257 Triebel/Huber/Micheler/Vogenauer, Englisches Handels- und Wirtschaftsrecht, S. 73 f., Rn. 131.

sen diese angemessen sein. Was angemessen ist, bestimmt das Gesetz allerdings nicht ausdrücklich. Vielmehr gibt der Gesetzgeber dem Rechtsanwender sogenannte *guidelines* an die Hand, mithilfe derer eine inhaltliche Kontrolle stattfinden soll. Kriterien sind etwa die Verhandlungsstärke der Parteien, die Möglichkeit der Verwendergegenseite, auch mit Dritten zu anderen, eventuell günstigeren Bedingungen den Vertrag abzuschließen, und ob die Klauseln von einer Handelsorganisation stammen oder unter Beteiligung von Interessenvertretern beider Parteien entwickelt wurden.

England hat das UN-Kaufrechtsabkommen nicht ratifiziert, so dass es nicht *per se* bei internationalen Distanzgeschäften zur Anwendung berufen ist. Nur *qua* Verweis aufgrund des Internationalen Privatrechts oder durch Wahl eines nationalen Rechts, dessen Land das Abkommen ratifiziert hat, können auch englische Gerichte mit der Anwendung und Auslegung des UN-Kaufrechts befasst sein. Im Übrigen würde sich die inhaltliche Kontrolle Allgemeiner Geschäftsbedingungen ohnehin nach nationalem Recht richten. Die Regelungen des *UCTA 1977* enthalten jedoch für internationale Sachverhalte wesentliche Einschränkungen. So finden diese Bestimmungen auf internationale Warenlieferungsverträge keine Anwendung, um den Wettbewerb nicht durch unnötige Restriktionen zu verzerren. Das Gesetz ist auch dann nicht anwendbar, wenn die Parteien sich *qua* Rechtswahl für englisches Recht entschieden haben.

3. Modernisierung des AGB-Rechts

Die gesetzlichen Bestimmungen zur inhaltlichen Ausgestaltung Allgemeiner Geschäftsbedingungen sind komplex und unvollständig. Der *UCTA 1977* verfügt nur über einen begrenzten sachlichen Anwendungsbereich und ist nicht ausschließlich für Allgemeine Geschäftsbedingungen konzipiert. Er reflektiert *common law'sche* Art, nur einen eng umgrenzten Bereich dezidiert zu regeln und im Übrigen weiterhin auf das *common law* zurückzugreifen. Die *UTCCR 1999* ist im Gegensatz dazu speziell für Allgemeine Geschäftsbedingungen gedacht. Sie basiert auf einer europäischen Richtlinie und enthält ausschließlich dezidierte Regelungen zum Schutz des Verbrauchers, die weitgehend unverändert in das nationale Recht übernommen worden sind.

Dieser wenig zufriedenstellende *Status quo* hat die *Law Commission* veranlasst, einen Gesetzentwurf für ein modernes einheitliches AGB-Gesetz zu entwerfen, der auf die Bedürfnisse von Verbrauchern ebenso Rücksicht nimmt wie auf die kleiner und mittelständischer Unternehmen. Im Hinblick auf den unternehmerischen Verkehr soll bei gleichstarken Verhandlungspartnern größtmögliche Privatautonomie bewahrt werden. Es bleibt dementsprechend bei einer gemäßigten Angemessenheitskontrolle, sofern die Verhandlungsmacht gleichmäßig verteilt ist.

Die bereits angesprochene Bereichsausnahme für Exportgeschäfte und die Rechtswahl der Parteien soll jedoch beibehalten werden.

4. Abschließende Bewertung

Die einstmals herausragende Funktion der Handelsbräuche belegt das noch immer vorhandene *law merchant*. Heute bildet es mitsamt seinen anerkannten Handelsbräuchen Teil des *common law*. Die praktisch bedeutsamste Errungenschaft des *law merchant* dürfte die Ausbildung eines Wertpapierrechts gewesen sein, das teilweise mit den Prinzipien des *common law* brach. Außerdem finden das Versicherungsrecht, das Gesellschaftsrecht und teilweise auch das Recht der Stellvertretung hier ihren Ursprung. Anders als die *civil law* Tradition hat England die einst universell geltenden Handelsbräuche nicht nur durch Kodifizierungen in das nationale Recht aufgenommen, sondern auch als solche unverändert dem *common law* einverleibt. Deshalb kennt das englische Recht nicht nur die zu beweisenden *trade usages*, sondern auch die soeben beschriebenen *universal usages*.

Mögen Handelsbräuche die Entwicklung bestimmter handelsrechtlicher Sonderregeln beeinflusst haben, so hat ihre heutige Bedeutung an Glanz verloren. Es geht auch im englischen Recht längst nicht mehr darum, dass die Wirtschaft mit Hilfe der Handelsbräuche eine eigene, parallele Rechtsordnung aufstellt, die wie staatliches Recht beachtet wird und gewissermaßen sogar zu der Herausbildung handelsrechtlicher Sondervorschriften führt. Die Voraussetzungen sind strenger als im deutschen Recht. Hinzukommt eine gewisse Unsicherheit im Hinblick auf die einzelnen Voraussetzungen, da es sich um Fallrecht handelt und die gewählten Formulierungen der Richter nicht immer eindeutige Voraussetzungen erkennen lassen. Am schwierigsten gestaltet sich dabei das Merkmal der Angemessenheit. Wie bereits ausgeführt, handelt es sich um einen unbestimmten Rechtsbegriff. Zwar hat die Studie der ergangenen Entscheidungen ergeben, dass Übungen vornehmlich dann als unangemessen einzuordnen sind, wenn sie einseitig sind oder gegen tragende Prinzipien des englischen Rechts verstoßen, doch bleibt es der Rechtsprechung trotzdem unbenommen, einen Brauch aus anderen Gründen an der Angemessenheit scheitern zu lassen, um eigene Zweckmäßigkeitserwägungen in die Gerichtsentscheidung einzubringen.

Der Bedeutungsverlust der Handelsbräuche wurde in England bereits zu Beginn des letzten Jahrhunderts erkannt und ihre Ablösung durch das erstarkende

Klauselrecht prophezeit.[1258] Diese Annahme ist im englischen Recht naheliegend, da Handelsbräuche und Allgemeine Geschäftsbedingungen als Vertragsbedingungen dieselbe Rechtsnatur teilen und damit eines Einbeziehungsaktes bedürfen. Außerdem unterliegen beide Formen privater Regelbildung einer Angemessenheitskontrolle, *test of reasonableness*. Allerdings gilt diese für Allgemeine Geschäftsbedingungen nur insoweit, als der Anwendungsbereich des *UCTA 1977* eröffnet ist. Eine generelle Angemessenheitskontrolle wie bei den Handelsbräuchen fehlt jedoch. Die aufgezeigten Parallelen bestätigen die Einschätzung der Literatur, dass die Allgemeinen Geschäftsbedingungen die Handelsbräuche zeitlich abgelöst haben.

Zwar verweisen einzelne auch jüngere Gesetze wie beispielsweise der *UCTA 1977* oder der *Sale of Goods Act 1979* auf Handelsbräuche. Es besteht im Kaufrecht etwa die Möglichkeit, dass die Qualität oder Beschaffenheit der Ware durch einen Handelsbrauch näher bestimmt werden kann.[1259] Im Rahmen Allgemeiner Geschäftsbedingungen kann anhand eines Handelsbrauchs festgestellt werden, inwiefern die Verwendergegenseite mit den jeweiligen Klauseln hätte rechnen müssen, was als Indiz für deren Angemessenheit zu werten ist.[1260] Dennoch kann hiermit eine eigenständige Funktion der Handelsbräuche nicht belegt werden.

Im deutschen Recht konkretisieren die Handelsbräuche das Prinzip von Treu und Glauben. Sie können deshalb zur Beantwortung der Frage bemüht werden, was nach der Verkehrs- respektive Handelssitte zu erwarten, was als angemessen anzusehen oder branchenüblich ist. Doch ein derart generelles Prinzip sucht man im englischen Recht vergeblich. In Ermangelung dieser Funktion bleibt in der heutigen Zeit kaum mehr Platz für die private Regelbildung in Gestalt ungeschriebener Bräuche. Im *common law* lässt sich mithin tatsächlich die These bestätigen, dass die Zeit der Handelsbräuche durch das Erstarken des Klauselrechts abgelaufen ist.

1258 Instruktiv die Aufsätze von Devlin, 14 Mod L Rev (1951) 249; Wright, 26 Col Law Review, 917 ff..

1259 Sale of Goods Act 1979 s.

1260 UCTA 1977 schedule 2c).

D. Der Gemeinsame Referenzrahmen

Bei der Untersuchung des UN-Kaufrechts wurde zwar deutlich, dass internationale Regelwerke dazu dienen, Brücken zwischen den einzelnen Rechtsordnungen zu schlagen – Unterschiede abzumildern, Gemeinsamkeiten hervorzuheben und als Vorbild für künftige Kodifizierungen auf nationaler Ebene zu dienen. Dennoch sind alle Harmonisierungsbemühungen nur von geringer Bedeutung, wenn gerade größere exportorientierte Staaten mit unterschiedlichen Rechtssystemen kein Interesse an einer Annäherung bekunden oder, wie England, gerade in den Eigenheiten der eigenen Rechtsordnung deren Attraktivität sehen. Etwas Anderes gilt jedoch, wenn auf rechtsvergleichender Basis ein Regelwerk konzipiert wird. Ein solches könnte das jüngste Projekt der Europäischen Union darstellen. Der Entwurf eines Gemeinsamen Referenzrahmens stellt ein Grundlagenwerk dar, das umfassende Erkenntnisse über Unterschiede und Gemeinsamkeiten der europäischen Privatrechtsordnungen beinhaltet.[1261]

Im Folgenden soll das Projekt kurz vorgestellt (**I.**) und im Anschluss daran die einschlägigen Bestimmungen für Handelsbräuche und Allgemeine Geschäftsbedingungen vorgestellt werden (**II.**). Das Kapitel findet mit einer Zusammenfassung seinen Abschluss (**III.**).

I. Zielsetzung

Der Gemeinsame Referenzrahmen vereint gleich mehre Zielsetzungen: Aus wissenschaftlicher Sicht geht es nicht um eine klassische Rechtsvergleichung, welche stets von einer nationalen Rechtsordnung ausgeht, sondern um den Vergleich unterschiedlicher Rechtsordnungen. Deshalb ist mit der Erstellung eines Referenzrahmens eine flächendeckende, systematische rechtsvergleichende Analyse geplant. Dabei stellt sich die Herausforderung, die Rechtslage zu Einzelfragen in allen Europäischen Mitgliedsstaaten so darzustellen, dass Nutzer in ganz Europa einen Überblick über die jeweilige Materie gewinnen können. Es soll insoweit eine gemeinsame europäische Grundlage geschaffen werden. Als Vorbild hierfür dienten etwa die *Restatements* des *American Law Institute*[1262]. Von 1980 bis 2001 wurde diese Methode auch in Europa durch die *Principles of*

1261 Schulte-Nölke, NJW 2009, 2161, 2162.

1262 Seit 1923 gibt es verschiedene Serien des Instituts, vgl. www.ali.org (zuletzt besucht am: 01.08.2011).

European Contract Law (PECL) etabliert.[1263] Der Entwurf eines Gemeinsamen Referenzrahmens stellt letztlich nichts anderes als eine Fortentwicklung dieser *Restatement*-Methode dar bzw. die Verdichtung eines weitreichenden rechtsvergleichenden Befundes zu einem Regelwerk, um die Rechtslage innerhalb der Europäischen Union ermitteln und darstellen zu können.[1264]

Von dem wissenschaftlichen Ziel, einen europäischen Forschungsraum für die Rechtswissenschaft herauszubilden, gewissermaßen einen Entwurf eines Gemeinsamen Referenzrahmens (*DCFR*[1265]), ist jedoch das politische Vorhaben eines Gemeinsamen Referenzrahmens zu unterscheiden (*CFR*[1266]). Zwar streben beide Programme nicht primär nach Rechtssetzung, doch geht es in politischer Hinsicht zumindest um die Schaffung eines Grundkonzepts für den europäischen Gesetzgeber, auf das er sich bei der Vorbereitung von Rechtsakten stützen kann. Als solches ist das politische Projekt auch Teil des Kommissionsprogramms für eine bessere Rechtssetzung.[1267] Er soll also als eine Art *toolbox*[1268] fungieren, die die Qualität der Europäischen Gesetzgebung positiv beeinflussen soll. Weitgehend ungeklärt ist jedoch das rechtliche Gewand dieses Instrumentariums.[1269]

Beide Programme laufen jedoch nicht getrennt voneinander, sondern gewissermaßen nebeneinander her. Ursprünglich ging von der Kommission die Initiative aus, die *Restatement*-Methode auch für die europäische Rechtssetzung nutzbar zu machen und dadurch deren Qualität zu verbessern. Deshalb unterstützte sie aufgrund ihres geänderten Forschungsrahmenprogrammes fortan finanziell wissenschaftliche Arbeiten, die diese Ziele teilten. Doch sollten stets nur Teile des wissenschaftlichen Grundlagenwerks eines Gemeinsamen Referenzrahmens (*DCFR*) in das politische Konzept (*CFR*) übernommen werden, einen Kodifikationsentwurf für ein Europäisches Zivilgesetzbug sollte der *DCFR* nicht darstellen, vielmehr nur einen Ausgangs- und Bezugspunkt für eine europäische Dis-

---

1263 Lando/Beale, Principles of European Contract Law Part I und II. Prepared by the Commission of European Contract Law; Lando/Clive/Prüm/Zimmermann, Principles of European Contract Law Part III.

1264 Schulte-Nölke, NJW 2009, 2161, 2162.

1265 Draft Common Frame of Reference (auf Deutsch: Entwurf eines Gemeinsamen Referenzrahmens).

1266 Common Frame of Reference (auf Deutsch: Gemeinsamer Referenzrahmen).

1267 So z.B. der zweite Fortschrittsbericht der Europäischen Kommission zum Gemeinsamen Referenzrahmen, KOM (2007) 447, S. 13.

1268 So in der Mitteilung der Kommission Europäisches Vertragsrecht und Überarbeitung des gemeinschaftlichen Besitzstands – weiteres Vorgehen, KOM (2004) 651, S. 3 f. (auf Deutsch: Instrumentarium)

1269 Schulte-Nölke, NJW 2009, 2161, 2162.

kussion über Vertrag- und Vermögensrecht. Es geht primär um Rechtsvergleichung, nicht um *politische Gestaltung*.[1270] Demgegenüber hat sich jüngst das Europäische Parlament für einen sehr weitreichenden Gemeinsamen Referenzrahmen ausgesprochen, da keine Notwendigkeit bestehe, bestimmte Inhalte auszuschließen.[1271]

Eine weitere, aber zurzeit in Vergessenheit geratene Verwendungsmöglichkeit für den *CFR* stellt dessen Einsatz als ein Optionales Instrument dar,[1272] welches neben die nationalen Regelungen treten würde und es den Parteien selbst überließe, ob sie ein europäisches Regelwerk oder nationales Recht bevorzugten. Obgleich weder Kommission noch Rat diese Einsatzmöglichkeit aktiv verfolgen, so stellt sie in wissenschaftlicher Hinsicht eine attraktive Perspektive für eine kontinuierliche Rechtsvereinheitlichung dar.[1273]

II. Regelungskonzept

Der *DCFR* gliedert sich in zehn Bücher, welche jeweils in Kapitel, Abschnitte, Unterabschnitte und Artikel untergliedert sind. Das vierte Buch wurde ob seiner Größe sogar in Teil A (Kauf) und Teil B (Miete) aufgeteilt.[1274] Handelsbräuche finden sich im ersten Kapitel (erster Unterabschnitt) des zweiten Buches bei den Allgemeinen Bestimmungen (**1.**). Allgemeine Geschäftsbedingungen sind im neunten Kapitel des zweiten Buches, vierter Abschnitt geregelt (**2.**).

1. Handelsbräuche und Gepflogenheiten

In Art. 4 des ersten Unterabschnitts, erstes Kapitel im zweiten Buch heißt es:

> (1) The parties to a contract are bound by any usage to which they have agreed and by any practice they have established between themselves.

1270 Schulte-Nölke, NJW 2009, 2161, 2166; a.A. v. Bar, Tul Eur & Civ LF (23) 2008, 37, 40; Hesselink, Tulane LR 83 (2009), 919 mit weiteren Nachweisen; Hesselink, ERPL 12 (2004), 397, 402; Jansen/Zimmermann, NJW 2009, 3401, 3402.

1271 Resolution v. 03.09.2008, Nr. B6-0374/2008.

1272 Erwähnt etwa im Kommissionsdokument Ein kohärentes europäisches Vertragsrecht – ein Aktionsplan, KOM (2003) 68, S. 2; ebenso Jansen/Zimmermann, NJW 2009, 3401.

1273 v. Bar/Beale/Clive/Schulte-Nölke, Einleitung zum DCFR, Ziff. 6-8, 80 in v. Bar/Clive/Schulte-Nölke/Bele/Herre/Huet/Storme/Swann/Varul/Veneziano/Zoll, Principles, Definitions and model rules of European Private Law. Draft Common Frame of Reference; Leible, NJW 2008, 2558; Schulte-Nölke, ERCL 2007(3), 332.

1274 Man liest z.B. III.-3:509 als Art. 9 des 5. Unterabschnitts in Kapitel 3 des 3. Buches.

(2) The parties are bound by a usage which would be considered generally applicable by persons in the same situation as the parties, except where the application of such usage would be unreasonable.

(3) This Article applies to other juridical acts with any necessary adaptations.

Vergleichbar mit der Regelung des Art. 9 CISG bestimmt auch der *DCFR* in Abs. 1, dass die Parteien an Gebräuche gebunden sind, die sie ausdrücklich oder auch nur stillschweigend vereinbart haben. Abs. 2 regelt, unter welchen Voraussetzungen Handelsbräuche auch ohne eine derartige Abrede für die Parteien verbindlich wirken. Sodann erklärt Abs. 3 die Regeln des Art. 4 *DCFR* auch für andere Rechtsgeschäfte für entsprechend anwendbar.

Gepflogenheiten oder Geschäftsgebräuche werden im Rahmen einer geschäftlichen Beziehung entwickelt. Sie sind das Ergebnis von mehreren vorangegangenen Geschäftsgebaren im Hinblick auf eine bestimmte Transaktion oder eine bestimmte Art von Vertragsschlüssen zwischen den Parteien. Der Geschäftsgebrauch ist begründet, wenn dessen Beachtung als gemeinsames Verständnis vorausgesetzt werden kann.[1275] Rechtliche Folge eines Geschäftsgebrauchs ist nicht nur, dass bestimmten Vertragstermini eine besondere, das heißt vom normalen Sprachgebrauch abweichende Bedeutung zukommt, sondern unter Umständen auch, dass zusätzliche Rechte und Pflichten begründet werden.

Die Handelsbräuche im Sinne des Abs. 2 werden als eine tatsächliche Übung beschrieben, die innerhalb eines bestimmten Verkehrskreises seit einiger Zeit allgemein anerkannt und angemessen ist. Die vertragsschließenden Parteien sind demnach an eine konsolidierte Praxis auch ohne eine diesbezügliche Abrede gebunden, sofern sich Personen in der gleichen Situation wie die Parteien ebenso an die Übung gebunden fühlen würden. Darüber hinaus muss die Übung angemessen sein. Damit verzichtet der *DCFR* auf das Merkmal einer *implied intention* wie im *common law* oder einer *unterstellten Kenntnis* wie im UN-Kaufrecht. Gerade Letztere erzeugt Unsicherheiten darüber, ob Neulinge oder branchenfremde Personen auf dem Markt an die bestehenden Handelsbräuche gebunden sind. Der *DCFR* versteht Handelsbräuche jedoch als Rechtsnormen, so dass jeder innerhalb seines Anwendungsbereichs an ihn gebunden ist. Ebenso wie im UN-Kaufrecht genießen die vereinbarten Gepflogenheiten Vorrang vor den sonst *per se* geltenden Handelsbräuchen.

Anders als im UN-Kaufrecht werden hingegen lokale, nationale und internationale Handelsbräuche gleichermaßen erfasst. Dabei ist es nicht entscheidend,

---

1275 Study Group on a European Civil Code/Acquis Group, Principles, definitions and model rules of European private law: Draft Common Frame of Reference (DCFR) Vol. 1 [I.-1:101 bis III.-4:207], II.-1:104 A., S. 138.

ob der Handelsbrauch deshalb international ist, weil er in der ganzen Welt bekannt ist oder aber, weil er auf einen Vertrag Anwendung findet, an dem Parteien aus unterschiedlichen Ländern beteiligt sind. Ein lokaler oder nationaler Handelsbrauch, der sich örtlich auf den Sitz einer der am Vertrag beteiligten Parteien beschränkt, bindet die jeweils andere Partei nur, wenn er angemessen ist. Infolgedessen wird eine Partei, die einen fremden Markt *betritt*, oft an lokale Handelsbräuche gebunden sein. Der Handelsbrauch geht dispositiven Regeln vor, darf jedoch den zwingenden Vorschriften nicht zuwiderlaufen. Doch das Merkmal der Angemessenheit, *reasonableness*, reicht weiter. Wie im englischen Recht muss die Übung mit den wesentlichen Grundprinzipien des geltenden Rechts vereinbar sein. Die allgemeine Anerkennung in den beteiligten Kreisen kann zwar als Indiz für die Angemessenheit streiten, doch handelt es sich dabei nur um eine widerlegliche Vermutung, welche von den Gerichten vernachlässigt werden kann, wenn sie die Anwendung der Übung für unangemessen befinden.[1276] Schließlich überantwortet der *DCFR* ebenso wie das UN-Kaufrecht die Beweisfrage eines Handelsbrauchs dem nationalen Recht. Ziemlich progressiv erscheint die Regelung des Art. II.-4:210 DCFR:

> If businesses have concluded a contract but have not embodied it in a final document, and one without undue delay sends the other a notice in textual form on a durable medium which purports to be a confirmation of the contract but which contains additional or different terms, such terms become part of the contract unless:
>
> (a) the terms materially alter the terms of the contract; or
>
> (b) the addressee objects to them without undue delay.

Die Verfasser des *DCFR* haben sich damit für das in Deutschland als Handelsbrauch anerkannte Institut des kaufmännischen Bestätigungsschreibens entschieden. Auf diesem Wege ist es dann auch möglich, nachträglich Allgemeine Geschäftsbedingungen in den Vertrag einzuführen, sofern sie nicht zu stark von der vertraglichen Abrede abweichen. Fraglich ist jedoch, ob nur das deklaratorische oder sogar ein konstitutiv wirkendes Bestätigungsschreiben von der Norm gedeckt ist. Insoweit heißt es, dass die Unternehmer einen Vertrag geschlossen haben müssen und dass das Schreiben vorgibt, eine Bestätigung zu sein. Die gewählte Formulierung lässt Zweifel daran, ob nur das deklaratorische Bestätigungsschreiben erfasst ist. Aus Gründen der Rechtssicherheit sollten beide Formen des Bestätigungsschreibens erfasst werden, da der Verkehr durch die Ein-

---

1276 Study Group on a European Civil Code/Acquis Group, Principles, definitions and model rules of European private law: Draft Common Frame of Reference (DCFR) Vol. 1[I.-1:101 bis III.-4:207], II.-1:104 A., S. 140.

schränkungen einer zu starken Abweichung und einer Widerspruchsmöglichkeit hinreichend geschützt wird.

2. Allgemeine Geschäftsbedingungen

Zunächst bestimmt Art. II.-1:109:

> *A "standard term" is a term which has been formulated in advance for several transactions involving different parties and which has not been individually negotiated by the parties.*

Demnach sind Allgemeine Geschäftsbedingungen im Voraus für eine Vielzahl von Geschäften mit unterschiedlichen Vertragspartnern formulierte Vertragsbedingungen, die nicht individuell durch die Parteien ausgehandelt worden sind. Die Bestimmungen erinnern zunächst eher an die neutrale Formulierung des § 305 BGB als an die gewählten Begrifflichkeiten des *UCTA 1977*, die auch in den Gesetzentwurf übernommen wurden. So verzichtet der *DCFR* bei der Definition Allgemeiner Geschäftsbedingungen auf das Kriterium der Schriftlichkeit und darauf, dass es sich um die Bedingungen der anderen Partei handeln muss. Damit können die Bedingungen auch von Dritten formuliert worden sein und sie müssen auch keinesfalls standardmäßig von dem Verwender benutzt werden. Allerdings bestimmt der *DCFR* ausdrücklich, dass die Bedingungen nicht individuell ausgehandelt sein dürfen. In Art. II.-1:110 wird die Wendung *nicht individuell ausgehandelt* konkretisiert:

> *(1) A term supplied by one party is not individually negotiated if the other party has not been able to influence its content, in particular because it has been drafted in advance, whether or not as part of standard terms.*
>
> *(2) If one party supplies a selection of terms to the other party, a term will not be regarded as individually negotiated merely because the other party chooses that term from that selection.*
>
> *(3) If it is disputed whether a term supplied by one party as part of standard terms has since been individually negotiated, that party bears the burden of proving that it has been.*
>
> *(4) [...]*
>
> *(5) In contracts between a business and a consumer, terms drafted by a third person are considered to have been supplied by the business, unless the consumer introduced them to the contract.*

Hierdurch sorgt der *DCFR* für Rechtssicherheit im Hinblick auf die oftmals schwierige Abgrenzung zwischen Allgemeinen Geschäftsbedingungen und Individualvereinbarungen. § 305 Abs. 1 BGB spricht insoweit nur von einseitig gestellten und für eine Vielzahl von Verträgen vorformulierte Vertragsbedingungen. Ähnliches gilt für den *UCTA 1977*. Zutreffend weist *Whittaker* deshalb in seiner Bewertung des *DCFR* darauf hin, dass im englischen Recht diejenige Partei, die geltend macht, die Vertragsgegenseite habe Allgemeine Geschäftsbedingungen verwendet, beweisbelastet sei. Im *DCFR* müsse nun jedoch der Verwender der AGB beweisen, dass die Bedingungen individuell ausgehandelt worden seien, um den Vorschriften über Allgemeine Geschäftsbedingungen zu entgehen.[1277] Die verwendete Begrifflichkeit geht auf die Europäische Klauselrichtlinie[1278] zurück, welche in ihrem Art. 3 Abs. 1 von Vertragsklauseln spricht, *die nicht im einzelnen ausgehandelt worden sind.* Sie findet sich auch in dem Gesetzentwurf für ein einheitliches englisches AGB-Gesetz. Allerdings stimmen Richtlinie und Gesetzentwurf insoweit überein, als die strengere Terminologie ausschließlich auf Verbraucherverträge Anwendung findet. Insbesondere der Gesetzentwurf sieht für das unternehmensbezogene Geschäft eine dem § 305 Abs. 1 BGB vergleichbare Regelung vor. Mithin überrascht die allgemeine Definition im *DCFR*. Allerdings differenziert der *DCFR* im Rahmen der Inhaltskontrolle zwischen Verbrauchern und Unternehmern.

Eine Parallele zum deutschen AGB-Recht zeichnet sich jedoch wieder bei der notwendigen Analyse ab. Diese erfolgt bei beiden Regelwerken für jede einzelne Bedingung, *term-by-term analysis*. Der *UCTA 1977* stellt im Gegensatz dazu auf eine Gesamtbetrachtung ab. Das geplante englische AGB-Gesetz differenziert danach, ob es sich um ein Verbrauchergeschäft oder ein reines Unternehmensgeschäft handelt. Nur bei Ersterem wird der strengere Maßstab angelegt. Sind hingegen ausschließlich erfahrene Geschäftsleute beteiligt, soll der Gesamteindruck über die inhaltlichen Kontrollmöglichkeiten entscheiden.

Art. II.-9:103 DCFR regelt endlich die Voraussetzungen, um *nicht individuell ausgehandelte Bedingungen* in den Vertrag einzubeziehen:

> *(1) Terms supplied by one party and not individually negotiated may be invoked against the other party only if the other party was aware of them, or if the party supplying the terms took reasonable steps to draw the other party's attention to them, before or when the contract was concluded.*

1277 Whittaker, The "Draft Common Frame of Reference" An Assessment, Commissioned by the Ministry of Justice, United Kingdom, Appendix I – The treatment of standard contract terms, S. 129.

1278 Klauselrichtlinie 93/13/EWG.

(2) If a contract is to be concluded by electronic means, the party supplying any terms which have not been individually negotiated may invoke them against the other party only if they are made available to the other party in textual form.

(3) For the purposes of this Article:

(a) [...]

(b) terms are not sufficiently brought to the other party's attention by a mere reference to them in a contract document, even if that party signs the document.

Auch diese Regelung weist evidente Parallelen zu § 305 BGB und zu den Einbeziehungsregeln des *common law* auf, doch bestehen drei entscheidende Unterschiede: Zum einen reicht es bereits aus, wenn der Verwender angemessene Schritte unternommen hat, um die Aufmerksamkeit der anderen Partei auf die Bedingungen zu lenken, so sie keine Kenntnis besaß. Ein bloßer Verweis auf die Bedingungen soll jedoch nicht ausreichen. Insoweit wird nicht eindeutig zwischen der Hinweis- und Kenntnisverschaffungspflicht wie im deutschen Recht differenziert. Außerdem kommt es nicht auf die Zustimmung der anderen Seite an. Eine Sonderregel für das unternehmensbezogene Geschäft wie sie § 310 Abs. 1 S. 1 BGB vorsieht, fehlt, so dass *per se* nicht entscheidend ist, ob es sich bei der anderen Partei um einen eher unerfahrenen Verbraucher oder aber um einen Unternehmer handelt.

Ist die Aufmerksamkeit der anderen Partei nicht hinreichend auf die Allgemeinen Geschäftsbedingungen gelenkt worden, so genügt auch eine Unterschrift nicht, um von einer erfolgreichen Einbeziehung ausgehen zu können. Diese Regelung steht in diametralem Widerspruch zur englischen Position. Denn das *common law* geht unter bestimmten Umständen davon aus, dass eine Unterschrift als Einbeziehungsakt ausreicht.

Im Hinblick auf die Auslegung gelten die bekannten Sonderregeln: So bestimmt Art. II.-8:103 DCFR, dass bei Zweifeln über die Bedeutung nicht individuell ausgehandelter Bestimmungen die Klausel zum Nachteil des Klauselverwenders ausgelegt werden soll. Art. II.-8:104 DCFR regelt, dass Vertragsbedingungen, die individuell ausgehandelt wurden, den vorformulierten Bestimmungen vorgehen. Beide Auslegungsregeln finden sich sowohl im deutschen als im englischen Recht wieder. Allerdings lassen das deutsche Recht und der *DCFR* auch eine mündliche Individualabrede genügen. Schließlich regelt Art. II. 4:209 DCFR den Umgang mit sich widersprechenden Allgemeinen Geschäftsbedingungen:

(1) If the parties have reached agreement except that the offer and acceptance refer to conflicting standard terms, a contract is none-

theless formed. The standard terms form part of the contract to the extent that they are common in substance.

(2) However, no contract is formed if one party:

(a) has indicated in advance, explicitly, and not by way of standard terms, an intention not to be bound by a contract on the basis of paragraph (1); or

(b) without undue delay, informs the other party of such an intention

Der Artikel stellt zunächst klar, *dass* ein Vertrag bei sich widersprechenden AGB zustande kommt. Eine Einschränkung gilt nur, wenn eine der Parteien diese Möglichkeit des Vertragsschlusses ausdrücklich und individuell ausgeschlossen oder die andere Partei über diesen Wunsch unverzüglich in Kenntnis gesetzt hat. Sowohl im deutschen als auch im englischen Recht fehlt es an einer gesetzgeberischen Entscheidung. Der Umgang mit sich widersprechenden Allgemeinen Geschäftsbedingungen ist damit allein höchstrichterlich entschieden. Mithin bietet ausschließlich der *DCFR* eine gesetzgeberische Lösung an.

Die deutsche Judikatur verfährt insoweit jedoch leicht abweichend: Widersprechen sich Allgemeine Geschäftsbedingungen und hat keine der Parteien Widerspruch gegen die Einbeziehung der gegnerischen AGB erhoben, so finden die zuletzt in den Vertrag eingeführten Bedingungen Anwendung. Hat eine der Parteien jedoch Widerspruch erhoben, ist dennoch ein Vertrag zustande gekommen und eventuell entstandene Lücken werden mithilfe des dispositiven Rechts gefüllt.[1279] Insbesondere in diesem letzten Punkt divergieren *DCFR* und das deutsche unvereinheitlichte Recht erheblich. Unvereinbar erscheint diese Position jedoch auch im Hinblick auf das *common law*, welches ausschließlich von der Theorie des letzten Wortes ausgeht, *the last shot theory*.

Art. III.-3:105 DCFR bestimmt, dass eine Vertragsklausel unwirksam ist, wenn sie eine Haftungsfreizeichnung für vorsätzlich oder grob fahrlässig verursachte Körperverletzungen enthält. Abgesehen von diesem absoluten Klauselverbot, das auch der *UCTA 1977* normiert, werden Standardklauseln lediglich einer *Fairnessprüfung* unterzogen, wobei unterschiedliche Maßstäbe angelegt werden. Die Vorschriften finden sich im vierten Abschnitt des neunten Kapitels, Zweites Buch. Gemäß Art. II.-9:401 DCFR handelt es sich insoweit um zwingende Vorschriften, die die Parteien weder ausschließen noch in irgendeiner Weise modifizieren können. Art. II.-9:402 DCFR normiert außerdem ein generelles Transparenzgebot. Ein solches findet sich auch in § 307 Abs. 1 S. 2 BGB. Der *UCTA 1977* enthält kein ausdrückliches Transparenzgebot, ob-

1279 Bonell, An International Restatement of Contract Law, S. 111, insbesondere Fn. 60.

gleich es die *Law Commission* in ihrem endgültigen Bericht nicht ausschließen wollte, dass Klauseln allein ob ihrer Intransparenz für unangemessen befunden werden können.[1280]

Im unternehmerischen Geschäftsverkehr ist eine Standardklausel gemäß Art. II.-9:405 DCFR *unbillig*, zu Englisch *unfair*, wenn diese von einer Partei gestellt worden ist und inhaltlich in grober Weise von der Handelspraxis abweicht und dem Grundsatz von Treu und Glauben widerspricht. Anders als beim Konsumentengeschäft und Vertrag unter Privaten,[1281] verweist Art. II.-9:405 DCFR auf den Begriff der Allgemeinen Geschäftsbedingungen. Dieser geht zwar auch von nicht individuell ausgehandelten Vertragsbedingungen aus, wie sie der Unbilligkeitstest für Verbraucherverträge erfordert, doch müssen darüber hinaus auch die übrigen Voraussetzungen des Art. II.-1:109 DCFR vorliegen, das heißt die AGB müssen für eine Vielzahl von Personen vorformuliert worden sein. Sind sie das nicht, findet eine Inhaltskontrolle nicht statt.[1282]

Der Verweis auf Treu und Glauben findet sich auch in § 307 Abs. 1 BGB wieder und ist dem englischen Recht ebenfalls nicht gänzlich fremd. Dennoch würde der englische Gesetzgeber tendenziell eine *subtilere* Formulierung wählen, etwa durch den Begriff der Angemessenheit, *reasonableness*.[1283]

Art. II.-9:407 Abs. 1 DCFR normiert, welche Umstände bei der *Billigkeitskontrolle* beachtet werden müssen. Neben dem bereits erwähnten Transparenzgebot müssen die Natur des Vertrages, die Umstände des Vertragsschlusses und die übrigen Vertragsbestandteile sowie Verträge, auf die der Vertrag rekurriert oder aufbaut, beachtet werden. Der *DCFR* verfolgt mithin eine differenzierte Prüfung von Allgemeinen Geschäftsbedingungen und reduziert die Eingriffe in die Privatautonomie beim unternehmensbezogenen Geschäft. Dies wird auch daran deutlich, dass das Regelwerk in diesem Bereich die Angemessenheit vermutet, etwa bei *Processing*-Verträgen in Art. IV.C.-4:108 DCFR. Damit geht

1280 Final Report of the Law Commission and the Scottish Law Commission on unfair terms in contracts, LAW COM No. 292/SCOT LAW COM No. 199, para 3098-3102. Ablehnend jedoch Whittaker, The "Draft Common Frame of Reference" An Assessment, Commissioned by the Ministry of Justice, United Kingdom, Appendix I – The treatment of standard contract terms, S. 132, 134. Der Gesetzentwurf hat ein solches zwar explizit aufgenommen, doch beschränkt es sich auf Konsumentengeschäfte und Verträge mit Kleinstunternehmen.

1281 Art. II.-9:403 und Art. II.-9:404.

1282 Study Group on a European Civil Code/Acquis Group, Principles, definitions and model rules of European private law: Draft Common Frame of Reference (DCFR) Vol. 1 [I.-1:101 bis III.-4:207], II.-9:405 B., S. 642.

1283 Whittaker, The "Draft Common Frame of Reference" An Assessment, Commissioned by the Ministry of Justice, United Kingdom, Appendix I – The treatment of standard contract terms, S. 140 f..

der Entwurf im Rahmen der Inhaltskontrolle einen anderen Weg als das englische und deutsche Recht. Denn beide Rechtsordnungen sehen eine Angemessenheitskontrolle vor, *test of reasonableness*, ohne dabei ausdrücklich nach den verschiedenen Personenkreisen zu differenzieren. Das deutsche Recht enthält in § 307 BGB eine Generalklausel, die bei Verbraucherverträgen durch die relativen und absoluten Klauselverbote in den §§ 308 f. BGB und im unternehmerischen Verkehr durch § 310 Abs. 1 BGB konkretisiert wird. Der *UCTA 1977* greift in *common law'scher* Manier nicht auf eine Generalklausel zurück, sondern behilft sich ebenfalls einer Angemessenheitskontrolle jedoch nur für bestimmte Klauseln, die beim unternehmensbezogenen Geschäft als Allgemeine Geschäftsbedingungen zu qualifizieren sein müssen. Im Anhang zum *UCTA 1977* werden Leitlinien genannt, die bei der Bewertung der Angemessenheit Berücksichtigung finden sollen. Erst an dieser Stelle wird zwischen Verbrauchern und Unternehmern hinreichend differenziert. Dieses Vorgehen hält auch der Gesetzentwurf. So ist im vierten Teil die Unwirksamkeit *unangemessener* Klauseln geregelt. So soll anhand vorgegebener Kriterien die Unangemessenheit festgestellt werden.

Die Rechtsfolgen, die an eine für unwirksam befundene Klausel geknüpft werden, sind in Art. II.-9:408 DCFR festgelegt. Demnach sind Klauseln für die Verwendergegenseite nicht verbindlich. Der Verwender kann sich jedoch nicht auf die Unwirksamkeit berufen. Der zweite Absatz spiegelt den Grundsatz der Vertragserhaltung wider. Ergibt der verbleibende Vertrag einen inhaltlichen Sinn, bleibt die Bindung an die übrigen Vertragsbestandteile erhalten. Das Verbot einer geltungserhaltenden Reduktion, welches im deutschen Recht durch die Rechtsprechung herausgebildet, bislang im Gesetz jedoch nicht explizit geregelt wurde, findet sich im *DCFR* nicht. Angesichts dessen, dass diese Frage bislang nur in wenigen Mitgliedstaaten überhaupt diskutiert wurde und eine gefestigte Rechtsprechung oder gar Modellnormen kaum vorhanden ist,[1284] liegt es eher fern, dass der *DCFR* diese Frage überhaupt regeln wollte.

III. Zusammenfassung

Die untersuchten Normen lassen die Zielsetzung des Regelwerks erkennen. Sowohl im Bereich der Handelsbräuche als auch im Rahmen der Allgemeinen Geschäftsbedingungen handelt es sich um Rechtssätze, die zumeist die deutsche

1284 Study Group on a European Civil Code/Acquis Group, Principles, definitions and model rules of European private law: Draft Common Frame of Reference (DCFR) Vol. 1[I.-1:101 bis III.-4:207], II.-9:408 C., S. 659.

und englische Position konsolidieren, indem Gemeinsamkeiten herausgearbeitet und Unterschiede abgemildert werden.

Handelsbräuche gelten aus sich heraus und werden damit Rechtsnormen gleichgestellt. Es kommt anders als im *common law* oder im UN-Kaufrecht nicht auf eine Fiktion des Parteiwillens bzw. auf eine unterstellte Kenntnis an. Handelsbräuche kommen zur Anwendung ungeachtet etwaiger Kenntnisnahmemöglichkeiten durch die Parteien, denn auch bei Rechtsnormen verfängt der Einwand der Unkenntnis nicht. Damit erteilt der *DCFR* dem Konzept der *implied terms* jedoch keinesfalls eine Absage. Vielmehr entscheidet er sich nur im Hinblick auf die Handelsbräuche für einen anderen Weg. Denn in Art. II.-9:101 DCFR geht es um den Inhalt eines Vertrages, dessen Bestimmung und Auswirkungen. Danach sollen Vertragslücken ausdrücklich mithilfe der Lehre der *implied terms* geschlossen werden. Die Kommentierung bestätigt, dass dieser Terminus dem englischen *common law* entstammt und ihr deutsches Äquivalent in der ergänzenden Vertragsauslegung findet.[1285] Diese Systematik legt den Schluss nahe, dass die Lehre der *implied terms* für den Bereich der Vertragsauslegung als zweckmäßig erachtet, im Hinblick auf die Handelsbräuche ein Rückgriff jedoch bewusst vermieden wurde, um stattdessen eine klare und objektive Regelung zu treffen, die dem Wesen der Handelsbräuche eher gerecht wird. Eine Parallele weist Art. II.-1:104 DCFR zum *common law* insoweit auf, als die tatsächliche Übung angemessen, *reasonable*, sein muss. Beweisrechtliche Fragen sind wie beim UN-Kaufrecht den nationalen Rechtsordnungen überantwortet. Bemerkenswert ist schließlich, dass der *DCFR* als einziges der untersuchten Regelwerke das Institut des kaufmännischen Bestätigungsschreibens kodifiziert hat.

Allgemeine Geschäftsbedingungen nehmen einen eigenen Abschnitt ein, doch finden sich vereinzelt auch anderswo relevante Bestimmungen. Vor allem enthält der *DCFR* Regelungen, die im deutschen, englischen und UN-Kaufrecht lediglich durch die Judikative herausgebildet worden sind. So beinhaltet das Regelwerk Bestimmungen, die den Begriff der *Allgemeinen Geschäftsbedingungen* bzw. *nicht individuell ausgehandelten Vertragsbestimmungen* definieren oder die einen Lösungsansatz bieten, wenn sich widersprechende Allgemeine Geschäftsbedingungen gegenüberstehen. Obgleich die Einbeziehungsvoraussetzungen von den nationalen Regelungen punktuell abweichen, stimmen die Auslegungsregeln überein. Außerdem besteht ein generelles Transparenzgebot, das dem englischen Recht so nicht bekannt ist, und drei verschiedene Maßstäbe, je

---

1285 Study Group on a European Civil Code/Acquis Group, Principles, definitions and model rules of European private law: Draft Common Frame of Reference (DCFR) Vol. 1 [I.-1:101 bis III.-4:207], II.-9:101 Rn. 8., S. 581.

nach dem, wer am Geschäft beteiligt ist, um festzustellen, ob eine Klausel *unbillig* im Sinne des *DCFR* ist. Hierfür benennt das Regelwerk eine Reihe von Umständen, die bei der inhaltlichen Kontrolle zu berücksichtigen sind. Die Rechtsfolgen, die an eine für unwirksam befundene Klausel geknüpft werden, sind in Art. II.-9:408 DCFR festgelegt. Das Verbot einer geltungserhaltenden Reduktion ist jedoch nicht explizit geregelt worden.

E. Rechtsvergleichende Zusammenfassung

Das autonome Recht der Wirtschaft, welches bis zur Mitte des vergangenen Jahrhunderts durch Handelsbräuche geprägt wurde, hat durch den Siegeszug der Allgemeinen Geschäftsbedingungen an neuer Schubkraft gewonnen. Beide Erscheinungsformen der privaten Regelbildung dienen der Zeitersparnis, der Vereinfachung bei der Vertragsabwicklung, aber auch der Risikoverteilung.[1286] Handelsbräuche spiegeln *natürlich gewachsene* Regeln wider, einen Konsens der beteiligten Verkehrskreise. Allgemeinen Geschäftsbedingungen wohnt im Gegensatz dazu eher die Gefahr inne, einseitig begünstigende Regelungen zu enthalten, die das Ergebnis eines ungleichen Kräfteverhältnisses sein können. Die funktionsbezogene Untersuchung von Handelsbräuchen und Allgemeinen Geschäftsbedingungen hat ergeben, dass Erstere im deutschen Recht bestimmen, welche Erwartungen der Verkehr an einen Kaufmann stellt und damit eine Ausprägung des Grundsatzes von Treu und Glauben sind. Diese Erkenntnisse spielen auch im Rahmen der Allgemeinen Geschäftsbedingungen eine Rolle, bei denen es sich um einseitig gestellte Vertragsbedingungen handelt, die im kaufmännischen Verkehr jedoch nicht zwangsläufig der richterlichen Kontrolle unterstellt werden sollen. Im englischen Recht sind Handelsbräuche und Allgemeine Geschäftsbedingungen ebenfalls natürlich gewachsene bzw. einseitig gestellte Regeln, doch sind ihre Voraussetzungen und jeweilige Wirkungsweise so ähnlich, dass durchaus von einer Funktionsäquivalenz gesprochen werden kann. Das begründet sich damit, dass dem *common law* anders als dem deutschen Recht der Grundsatz von Treu und Glauben als allgemeine Kontrollüberlegung fremd ist. Zwar hat die Untersuchung beider Erscheinungsformen privater Regelbildung gezeigt, dass das englische Recht mit Hilfe einer Angemessenheitskontrolle, *test of reasonableness*, stets Aspekte des Verkehrsschutzes berücksichtigt, doch fehlt es an einem allgemein gültigen Grundsatz, den die Handelsbräuche konkretisieren könnten. Deshalb ist die Funktion der Handelsbräuche in Abgrenzung zu den Allgemeinen Geschäftsbedingungen mehr als fraglich.

Ungeachtet dieser Feststellungen im Hinblick auf das Verhältnis des Handelsbrauchs zu den Allgemeinen Geschäftsbedingungen auf nationaler Ebene, soll im Folgenden der Umgang mit Handelsbräuchen (**I.**). und Allgemeinen Geschäftsbedingungen (**II.**) aus einer rechtsvergleichenden Perspektive abschließende betrachtet und bewertet werden.

1286 Treitel/Peel, The Law of Contract, S. 238, para 7-001 in Bezug auf Allgemeine Geschäftsbedingungen.

I. Handelsbräuche

Zunächst erfolgt eine Darstellung des § 346 HGB und des *common law* (**1.**), um die gewonnenen Erkenntnisse sodann mit dem UN-Kaufrecht zu vergleichen (**2.**). Hieran schließen sich vergleichende Ausführungen zum Gemeinsamen Referenzrahmen an (**3.**).

1. § 346 HGB und die *implication* im englischen Recht – ein Funktionsäquivalent?

Handelsbräuche sind das Ergebnis einer ständigen Übung innerhalb bestimmter Verkehrskreise, die deren Inhalte als für sich verpflichtend ansehen, ohne dass eine individuelle Kenntnis erforderlich wäre. Handelsbräuche gelten zwar, ohne dass sie im konkreten Fall vereinbart worden wären, doch sind sie auf konsensuales Verhalten rückführbar.

Im deutschen Recht begründet der Handelsbrauch eine Verhaltenserwartung, ohne Rechtsnorm zu sein. In diesem Sinne wirkt er normativ und deshalb spricht § 346 HGB von *geltenden* Handelsbräuchen. Handelsbräuche werden anders als die *universal usages* im *common law* nicht als Rechtsnormen anerkannt, doch entfalten sie über § 346 HGB Rechts*wirkungen.* Damit werden nicht-rechtliche Normen in Rechtsfolgen transformiert, was rechtstheoretisch von großer Bedeutung ist. Im deutschen Recht kommt Handelsbräuchen eine Doppelfunktion zu: Zum einen dienen sie als Auslegungsmittel bei kaufmännischen Willenserklärungen und Verträgen. Zum anderen kommt ihnen eine normative Funktion zu für die an Handlungen und Unterlassungen zu knüpfenden Rechtsfolgen. Im englischen Recht fungiert die Verkehrssitte allein als Auslegungsmittel für Willenserklärungen. Dabei wird jedoch unterschieden, ob der Handelsbrauch als Erklärungshilfe bei der Auslegung, *aid to the construction of the contract*, dient oder aber als *Ergänzungsmechanismus.* Stellt der Handelsbrauch eine Vertragsergänzung dar, so wird er in Form eines *implied terms* in den Vertrag hineingelesen.

Der Handelsbrauch bedarf zu seiner Feststellung einer tatsächlichen Übung der beteiligten Verkehrskreise. Außerdem müssen die Beteiligten dieser Übung auch zustimmen. Dies setzt die Befolgung als verpflichtende Regel voraus, wobei das entsprechende Handeln nicht einseitig erzwungen sein darf. Des Weiteren muss eine gewisse *Maßgeblichkeitsüberzeugung* bestehen, das heißt es bedarf einer einheitlichen Übung und Überzeugung fast aller Marktteilnehmer. Im englischen Recht findet sich diese Voraussetzung in Gestalt der Offenkundigkeit, *notority*, wieder. Insoweit ist jedoch bemerkenswert, dass die einheitliche

Überzeugung der beteiligten Kreise von unterschiedlicher Qualität ist. Denn anders als im deutschen Recht verlangt das *common law*, dass die Anerkennung der tatsächlichen Übung einer rechtlichen Verpflichtung gleichkommt. Derartige Anforderungen stellt das deutsche Recht nur an die Feststellung von Gewohnheitsrecht.

Das Merkmal der Angemessenheit, *reasonableness*, ist im Ergebnis vergleichbar mit der Inhaltskontrolle des § 307 BGB im Bereich der Allgemeinen Geschäftsbedingungen, doch findet es keine Entsprechung bei der Feststellung von Handelsbräuchen im deutschen Recht. Die Angemessenheitskontrolle ist der wohl beliebteste Standard des anglo-amerikanischen Rechtskreises und zieht sich wie ein roter Faden durch das englische Vertragsrecht. Sie spielt außerdem bei der Frage der inhaltlichen Wirksamkeit Allgemeiner Geschäftsbedingungen eine Rolle. Handelt es sich um eine gleichmäßige allseitige Übung, die offenkundig ist, kann von deren Angemessenheit in der Regel ausgegangen werden. Es streitet dann eine Vermutung dafür, dass die Übung mit wesentlichen Grundgedanken und tragenden Prinzipien des englischen Rechts zu vereinbaren ist. Ist die Übung jedoch nicht offenkundig, müssen Kenntnis und Angemessenheit gesondert festgestellt werden. Hält das Gericht die Übung für unangemessen, kann sie dennoch Wirkungen entfalten, wenn die Parteien von dieser Übung Kenntnis hatten. Streng genommen kann man in diesem Fall nicht mehr von einem Handelsbrauch sprechen, sondern nur noch von einer Übung. Die englische Rechtsprechung verzichtet jedoch auf eine derartige Differenzierung.

Zieht man eine Parallele zu dem im deutschen Recht vorherrschenden Prinzip von Treu und Glauben, so wäre es hiernach nicht möglich, eine als treuwidrig zu beurteilende Übung *qua* Parteiautonomie Vertragsinhalt werden zu lassen.[1287] Dessen Kontrollmaßstab mag eine fremde Übung theoretisch eher zulassen als das englische Recht, doch bietet es nicht die Möglichkeit, die fehlende Übereinstimmung mit der zwingenden Bestimmung des § 242 BGB durch den Parteiwillen zu ersetzen.

Ein weiterer Unterschied zwischen beiden Rechtsordnungen offenbart sich beim Kriterium der Kenntnis. Im deutschen Recht wurde das Erfordernis eines Unterwerfungswillens mit der Begründung aufgegeben, die Fiktion einer stillschweigenden Vereinbarung sei ein Beleg dafür, dass es auf den Willen der Parteien gerade nicht ankomme. Das *common law* bestimmt davon abweichend,

1287 Da es der Übung nach deutschem Recht an der erforderlichen Maßgeblichkeitsüberzeugung fehlt, kann nicht davon ausgegangen werden, dass sie eine Ausprägung des Grundsatzes von Treu und Glauben darstellt. Vielmehr ist sie in diesem Fall am Maßstab des § 242 BGB zu messen. Diese Norm schränkt auch im Bereich der Individualvereinbarungen den Grundsatz der Vertragsfreiheit ein.

dass die Parteien Kenntnis von dem Handelsbrauch haben müssen. Allerdings wird die individuelle Kenntnis immer dann vermutet, wenn die Übung offenkundig, *notorious*, und angemessen, *reasonable*, ist. Deshalb ist dieser Unterschied zwischen deutschem und englischem Recht im Ergebnis nur marginal und letztlich eher theoretischer Natur. Allerdings verdichtet sich die hypothetische zum Erfordernis einer tatsächlich vorhandenen Kenntnis, wenn die Übung nicht offenkundig, *notorious*, oder aber unangemessen, *unreasonable*, ist.

Schließlich besteht nach *common law* für eine schriftliche Fixierung von Handelsbräuchen keine Notwendigkeit, so dass die ausdrückliche Aufnahme in den Vertragstext zwangsläufig deren Erlöschen bedingt. Das deutsche Recht ist insoweit differenzierter als es nur dann ein Erlöschen der Bräuche annimmt, wenn deren Aufnahme die Regel und nicht mehr die Ausnahme darstellt und ohne die Aufnahme der Inhalt des Handelsbrauchs nicht zur Anwendung käme.

In prozessualer Hinsicht ist der Umgang mit Handelsbräuchen im deutschen Recht unbefriedigend, da deren Feststellung nach überwiegender Ansicht Sache des Tatrichters ist. Dies führt zu einer uneinheitlichen Rechtsprechung und einem hohen Maß an Rechtsunsicherheit, da nicht abzuschätzen ist, ob das Gericht überhaupt etwas unternehmen wird, um den behaupteten Handelsbrauch festzustellen und welche Schritte es einleiten wird. Die Richter neigen dabei dazu, den Verweis auf Handelsbräuche zugunsten normativer Wertungen und allgemeiner Gerechtigkeits- und Billigkeitserwägungen zu vernachlässigen. Im englischen Recht handelt es sich nicht nur um Tat-, sondern auch um Rechtsfragen, etwa im Hinblick auf die Angemessenheit und Kenntnis der Übung. Auch hier werden die Tatfragen durch Sachverständige geklärt. Doch zeichnet sich eine ähnliche Tendenz wie in Deutschland ab. Zwar betonen die englischen Gerichte immer häufiger den wirtschaftlichen Kontext, in dem der Vertrag geschlossen wurde, und wie wichtig dessen Berücksichtigung bei der Auslegung des jeweiligen Vertrages ist, doch stützen sie ihre Feststellungen zu dem jeweiligen Handelsbrauch oft nur auf frühere Gerichtsentscheidungen oder eigene Sachkenntnis.

Der Handelsbrauch als außergesetzliche Regelung wird im deutschen Recht mithilfe des § 346 HGB in den Vertrag eingeführt. Aufgrund seiner normativen Ausgestaltung geht er der parteiautonomen einzelfallbezogenen Vertragsergänzung vor. Die allgemeine Verkehrssitte steht dem gegenüber zwischen den Formen der Ergänzung für den Einzelfall und der Anwendung dispositiven Rechts. Ähnliches gilt für die *implication by usage* im englischen Recht. Denn auch hier erklärt sie die Verbindlichkeit des Brauchs für die Vertragsparteien. Die *implication* fungiert insoweit ebenfalls als Mittel zur Einfügung privater Regeln in den individuellen Vertrag. Dies erfolgt aufgrund eines *vermuteten Parteiwillens*. Damit sind Handelsbräuche im englischen Recht auf die vertragliche Ebene bzw. Rechtsgeschäfte beschränkt. Im Gegensatz dazu haben Handelsbräuche im deutschen Recht für die an Handlungen und Unterlassungen zu knüpfenden Rechtsfolgen normativen Charakter. Dies zeigt sich etwa beim gutgläubigen Eigentumserwerb, der immer dann an § 366 Abs. 1 HGB scheitern muss, wenn ein verlängerter Eigentumsvorbehalt *branchenüblich* im Sinne des § 346 HGB ist. Dieser Unterschied erklärt dann auch, weshalb der Handelsbrauch im englischen Recht einen Stellenwert einnimmt, der im deutschen Recht mit dem der *Verkehrssitte* vergleichbar ist. So steht er im hierarchischen Gefüge der Ergänzungsmechanismen etwa zwischen den Formen der Ergänzung für den Einzelfall und der Anwendung dispositiven Rechts. Dies ist letztlich Folge der Beschränkung auf Rechtsgeschäfte.

Der Handelsbrauch ist im deutschen Recht vom Handelsgewohnheitsrecht einerseits und andererseits von anderen weniger einschneidenden Auslegungsmitteln abzugrenzen. Im Vergleich zum Handelsgewohnheitsrecht fehlt es dem Brauch an einer Rechtsüberzeugung bzw. an einem Rechtsgeltungswillen der beteiligten Kreise. Im *common law* kann die *opinio juris* nicht als Abgrenzungskriterium dienen, da diese bereits beim Handelsbrauch gefordert wird. Hier ist es vielmehr der zeitlich-räumliche Aspekt, der entscheidet, ob es sich um einen Handelsbrauch, *fluctuating usage*, oder aber um mit dem deutschen Handelsgewohnheitsrecht vergleichbares Fallrecht in Gestalt der *universal usage* handelt. Die Gewohnheit, *custom*, erinnert vom Wortlaut her zunächst an das Gewohnheitsrecht, doch lässt sich eine derartige Parallele nicht herleiten. Anders als im deutschen Recht stellen *customs* keine Rechtsquelle dar. Insoweit kennt das englische Recht lediglich das Gesetzes- und das Fallrecht. Mithin kann aus einer Gewohnheit höchstens Recht entstehen, sofern eine Gerichtsentscheidung deren Geltung bestätigt hat. Handelsübungen und Geschäftsgebräuchen fehlt stets eines der Merkmale für einen Handelsbrauch, sei es, dass sie nicht hinreichend verbindlich sind oder aber nur innerhalb eines bilateralen Verhältnisses Wirkungen entfalten und gerade nicht offenkundig und damit nicht allseits bekannt sind.

2. UN-Kaufrecht als Kompromisslösung?

Es steht nicht anders zu erwarten, dass Art. 9 CISG eine Kompromisslösung zwischen deutschem und englischem Recht darstellt. Art. 9 CISG gliedert sich anders als § 346 HGB in zwei Absätze. Zunächst trifft er Regelungen über den Umgang mit Gebräuchen und Gepflogenheiten. Im 2. Absatz werden Gebräuche des internationalen Handels behandelt. Insoweit wird bestimmt, dass die Gebräuche, *die sie [die Parteien] kannten oder kennen mußten und die im internationalen Handel den Parteien von Verträgen dieser Art in dem betreffenden Geschäftszweig weithin bekannt sind und von ihnen regelmäßig beachtet werden,* als einbezogen gelten. Aufgrund dieser Formulierung liegt eine Parallele zum englischen Zivilrecht, so wie *Schmidt-Kessel* sie zieht, nahe, denn das *common law* greift dogmatisch auf eine Vertragsergänzung aufgrund hypothetischen Parteiwillens zurück, um Handelsbräuchen zur Geltung zu verhelfen. Andererseits verzichtet das UN-Kaufrecht auf eine Inhaltskontrolle und folgt damit deutschem Vorbild.

Aufgrund der Internationalität des Sachverhalts sind die übrigen Voraussetzungen leicht modifiziert worden, doch finden sich die Bestimmungen im deutschen und englischen Recht in ihren Grundzügen durchaus wieder. Die Übung muss bekannt sein und beachtet werden, was etwa mit dem Erfordernis der Offenkundigkeit und Maßgeblichkeit vergleichbar ist. Außerdem wurde das Kriterium der Internationalität aufgestellt. Ob darunter nur Handelsbräuche mit internationalem Charakter fallen oder auch Handelsbräuche, die bei internationalen Verträgen relevant werden, ist umstritten. Jedenfalls reichen lediglich interne Gebräuche nicht aus. Schließlich normiert Art. 9 Abs. 2 CISG, dass die Parteien den jeweiligen Gebrauch zumindest hätten *kennen müssen*, um eine stillschweigende Einbeziehung zu fingieren. Dies lässt sich damit erklären, dass der Geltungsbereich internationaler Handelsbräuche nicht mehr ohne weiteres bestimmbar ist, so dass weder eine Maßgeblichkeitsüberzeugung gewisser Kreise wie im deutschen Recht ausreichte, noch die im *common law* erforderliche Offenkundigkeit, *notority*, die Hypothese zulässt, dass die Einführung eines Handelsbrauchs in den Vertrag vom Parteiwillen (noch) als gedeckt anzusehen ist. Das Kriterium dient folglich Verkehrsschutzaspekten. Konnte eine Vertragspartei keine Kenntnis von dem Gebrauch haben und sei er auch noch so bekannt und international, dann soll sie auch nicht an diesen gebunden sein. Der Privatautonomie wird damit der Vorzug gegeben. Hätten die Parteien von dem Handelsbrauch Kenntnis haben müssen, wird diese Kenntnis unterstellt.[1288]

3. Der gemeinsame Referenzrahmen

Die wissenschaftlichen Arbeiten zu einem gemeinsamen Referenzrahmen zielen auf die Erarbeitung eines umfassenden Grundlagenwerks über die Gemeinsamkeiten und Unterschiede der europäischen Privatrechtsordnungen in normativem Stil ab. Die politischen EU-Institutionen sehen hierin lediglich ein Hilfsmittel, eine *toolbox*, um die Qualität der Rechtsetzung innerhalb der EU zu steigern. Ob es sich hierbei auch um Vorarbeiten zu einem optionalen Instrument handelt, das

1288 Schlechtriem/Schwenzer/Schmidt-Kessel, Art. 9 CISG, Rn. 12 lehnt jedoch eine unwiderlegliche Vermutung, d.h. eine Fiktion mit dem Verweis auf das common law und die in Art. 8 Abs. 2 CISG gesetzten Standards ab.

heißt einen europäischen Rechtsetzungsakt, der die nationalen Gesetze nicht ersetzt, sondern neben diese als europäische Alternative tritt, wird derzeit nicht mehr diskutiert. Fernliegend erscheint deshalb auch die Annahme, dass der *DCFR* alsbald als Europäisches Gesetzbuch fungieren solle. Vielmehr sind die Arbeiten an einem gemeinsamen Referenzrahmen primär ein wissenschaftliches Projekt. Darüber hinaus sind diese Organisations-, Sammel- und Systematisierungsleistungen auch für die nationale Rechtssetzung und –anwendung ein durchaus nützliches Instrumentarium.

Die Regelung des Art. II.-1:104 DCFR zu den Handelsbräuchen erinnert zunächst stark an das UN-Kaufrecht, da die Norm ebenfalls zwischen vereinbarten und *per se* geltenden Bräuchen unterscheidet. Allerdings beurteilt sich die Anwendbarkeit Letzterer aus Sicht eines objektiven Dritten. Dies erfordert eine weite Verbreitung und starke Bekanntheit. Einzige Kontrollüberlegung ist die aus dem *common law* bekannte und für das UN-Kaufrecht ausdrücklich abgelehnte Angemessenheitskontrolle, um unbillige Ergebnisse zu vermieden. Eine breite Akzeptanz streitet für die Angemessenheit, allerdings ist dann immer noch zu prüfen, ob die Anwendung des Brauchs im Einzelfall unbillig erscheint. Außerdem spielt es keine Rolle, ob es sich um einen lokalen, nationalen oder internationalen Handelsbrauch handelt. Obgleich die Norm ebenso wie das UN-Kaufrecht Elemente des deutschen und englischen Rechts kombiniert, erscheinen die Handelsbräuche in einem neuen Licht, da ihnen im *DCFR* ein durchweg normativer Charakter beigemessen wird.

II. Allgemeine Geschäftsbedingungen im Rechtsvergleich

Allgemeine Geschäftsbedingungen stellen im kaufmännischen Verkehr ein nützliches Medium dar, um Geschäftsabläufe zu standardisieren und zu vereinfachen, Zeit zu sparen und das beiderseitige Risiko zu verteilen. Im Vergleich zu den Handelsbräuchen erscheint vorteilhaft, dass relevante Einzelheiten *en Detail* vertraglich festgehalten und damit Streitigkeiten über das Bestehen etwaiger Abreden reduziert und gegebenenfalls beweisrechtlich abgesichert werden können.

Allgemeine Geschäftsbedingungen wirken kraft Vertrages, das heißt sie entfalten in Form von Vertragsbedingungen rechtliche Wirkungen. Eine Gegenüberstellung der deutschen und englischen Regelungen zeigt evidente Unterschiede im Umgang mit Allgemeinen Geschäftsbedingungen, die aus deutscher Sicht jedoch weitgehend auf die Haltung der Rechtsanwendung zurückzuführen sind. Dies erklärt sich aus der Tatsache heraus, dass die deutschen Gerichte dahin tendieren, Allgemeine Geschäftsbedingungen umfassend zu kontrollieren, die englischen Richter jedoch im unternehmerischen Bereich davon ausgehen, dass es sich regelmäßig um gleich starke Verhandlungspartner, *equality of bargaining powers*, handelt, so dass eine inhaltliche Kontrolle wie bei der Feststellung von Handelsbräuchen auf eine punktuelle Angemessenheitsprüfung, *test of reasonableness*, beschränkt wird.

Im Folgenden sollen deshalb die Unterschiede und Gemeinsamkeiten bei der Einbeziehung (**1.**), Auslegung (**2.**) und Inhaltskontrolle (**3.**) von Allgemeinen Geschäftsbedingungen im deutschen und englischen Recht verglichen werden. Dabei ist kurz auf die Schnittpunkte zu den Handelsbräuchen einzugehen (**4.**). Im Anschluss daran werden die Unterschiede zum internationalen Handelsgeschäft dargestellt (**5.**) und schließlich der *DCFR* in die Betrachtung aufgenommen (**6.**).

1. Einbeziehung von Allgemeinen Geschäftsbedingungen

Eine § 305 BGB vergleichbare Norm, die den Begriff der Allgemeinen Geschäftsbedingungen näher bestimmt und deren wirksame Einbeziehung regelt, sucht man im *UCTA 1977* und auch im jüngsten Gesetzesvorhaben vergeblich.[1289] Die Legislative hat damit die Frage der Einbeziehung Allgemeiner Geschäftsbedingungen[1290] der Judikative überantwortet. Ob es sich demnach überhaupt um Allgemeine Geschäftsbedingungen handelt, richtet sich nach den allgemeinen Grundsätzen des *common law*.[1291]

Entscheidendes Abgrenzungskriterium bei der Frage, ob Vertragsbedingungen den Sonderregeln der §§ 305 ff. BGB bzw. dem *UCTA 1977* unterzogen werden müssen, ist das *Aushandeln* von Bedingungen. Ist dieses zu bejahen, sind die AGB-rechtlichen Regeln nicht anwendbar, so dass der Vertrag einer nur sehr eingeschränkten Kontrolle untersteht. Die deutsche Rechtsprechung verfolgt im Hinblick auf das Kriterium des *Aushandelns* eine strenge Linie. Sie bejaht es nur dann, wenn der Verwender den gesetzesfremden Kerngehalt ernsthaft zur Disposition stellt und seinem gegenüber die Möglichkeit einräumt, die inhaltliche Ausgestaltung zu beeinflussen. Die Rechtsprechung kommt ob dieser

1289 Triebel, RIW/AWD 1978, 353, 354: Der Unfair Contract Terms Act 1977 beschränkt sich auf eine offene Inhaltskontrolle von Vertragsklauseln, von denen schon feststeht, dass sie wirksam einbezogen worden sind.

1290 Und auch der Auslegung, s.u..

1291 Beckmann/Sandrock, Handbuch der Internationalen Vertragsgestaltung. Band I, S. 314, Rn. 121.

Definition fast ausnahmslos zu der Anwendbarkeit der §§ 305 ff. BGB, sofern ursprünglich Allgemeine Geschäftsbedingungen vorlagen.

Die englische Position geht zwar auch von einer ähnlichen Begriffsbestimmung aus, doch erscheint sie weniger strenge Voraussetzungen zu stellen als das deutsche Recht. Allerdings wäre es verfehlt, den Eindruck einer gefestigten Rechtsprechung zu vermitteln. Das relevante *case law* zu dieser für das deutsche Recht äußerst relevanten Frage ist im englischen Recht rar, so dass allenfalls von einer Tendenz der Unternehmerfreundlichkeit englischer Gerichte gesprochen werden kann. Durch die Wahl des Begriffs *standard written terms* ergeben sich gleich mehrere Besonderheiten, die sich im deutschen Recht ob der neutralen Formulierung des § 305 BGB nicht finden. Zum einen müssen die Allgemeinen Geschäftsbedingungen schriftlich oder in Textform vorliegen, mündliche AGB reichen im Unterschied zum deutschen Recht nicht aus. Außerdem impliziert das Wort *standard*, dass der Verwender die Bedingungen immer für diese Art von Verträgen benutzen muss. Allerdings hat die Rechtsprechung insoweit entschieden, dass bereits die vorherige einmalige Verwendung ausreichen kann. Schließlich legt die Formulierung *the other's standard written terms* nahe, dass es sich um die Geschäftsbedingungen des Verwenders handeln muss und nicht etwa um Vertragsformulare einer Handelsvereinigung oder eines Warenvereins. Insoweit haben Rechtsprechung und *Law Commission* ebenso wie in Deutschland den Begriff weit ausgelegt und subsumieren folglich auch die Klauselwerke (neutraler) Instanzen begrifflich darunter.

Das deutsche Recht verfügt insoweit über zwei Normen: § 305 Abs. 2 BGB stellt zunächst hohe Anforderungen beim Verbrauchergeschäft auf, § 310 Abs. 1 BGB relativiert diese jedoch für das unternehmensbezogene Geschäft. Grundsätzlich ist zwar eine klarer und eindeutiger Hinweis auf die Allgemeinen Geschäftsbedingungen erforderlich sowie die Möglichkeit der Kenntnisnahme, doch ist darüber hinaus auch eine stillschweigende Einbeziehung denkbar. Der stets erforderliche Einbeziehungswille ist bei branchenüblichen Allgemeinen Geschäftsbedingungen sogar indiziert, sofern es sich um ein typischerweise der jeweiligen Branche zuzurechnendes Geschäft handelt und der Vertragspartner branchenkundig ist. Das englische Recht geht bei der Einbeziehung Allgemeiner Geschäftsbedingungen von der Abschlussfunktion der Unterschrift, *conclusiveness of signature*, aus, so dass dann ebenfalls ein Hinweis auf die Allgemeinen Geschäftsbedingungen ausreicht. Alternativ ist die Einbeziehung durch ausreichende Kundgabe, *reasonably sufficient notice*, möglich. Diese Formulierung der *hinreichenden Kundgabe* ermöglicht eine differenzierte Einbeziehungskontrolle je nach Schutzbedürfnis der Verwendergegenseite.

Im deutschen Recht können sie auch zu einem späteren Zeitpunkt mittels kaufmännischen Bestätigungsschreibens Vertragsbestandteil werden. Da das englische Recht diesen Handelsbrauch jedoch nicht festgestellt hat und Schweigen *per se* nicht als Annahmeerklärung wertet, ist diese Art der Einbeziehung nicht möglich. Anders als im deutschen Recht muss die Verwendergegenseite vor oder spätestens bei Vertragsschluss Kenntnis von der Einbeziehung der Allgemeinen Geschäftsbedingungen erhalten. Schließlich können die Bedingungen durch einen Geschäftsgebrauch, *course of dealing*, eingeführt werden, so dass sich eine ausdrückliche Einbeziehung erübrigt.

Im Hinblick auf kollidierende Geschäftsbedingungen folgt das deutsche Recht ebenso wie das CISG einer Kombination aus der Theorie des letzten Wortes und der Restgültigkeitstheorie. Das *common law* wendet jedoch noch immer ausschließlich der Theorie des letzten Wortes an, so dass die Allgemeinen Geschäftsbedingungen der Partei einbezogen werden, die zuletzt in die Vertragsverhandlungen eingeführt worden und unwidersprochen geblieben sind.

2. Auslegung

Im Hinblick auf die Auslegung gelten sowohl im deutschen als auch im englischen Recht grundlegend zwei Prinzipien: Zum einen die *contra proferentem*-Regel, nach der bei Unklarheiten stets zu Ungunsten des Klauselverwenders ausgelegt wird. Zum anderen gilt der Grundsatz, dass Individualvereinbarungen den Allgemeinen Geschäftsbedingungen vorgehen.

Für das deutsche Recht ist insoweit eine genuin AGB-rechtliche objektive und gerade keine einzelfallbezogene Auslegung zu beachten, die bei unternehmensbezogenen Geschäften weniger das allgemeine Sprachverständnis zugrunde legt als Fachtermini. Ausgehend vom Wortlaut der Klausel verdienen deshalb der wirtschaftliche Zweck und das typische Verständnis der beteiligten Kreise von der Klausel bei der Ermittlung des Inhalts Beachtung. Es erfolgt mithin eine Auslegung nach allgemeinen Grundsätzen, wobei Besonderheiten des Auslegungsgegenstandes durchaus zu berücksichtigen sind. Im Hinblick auf den Empfängerhorizont wird auf vertragstypische Verkehrskreise abgestellt. Gemäß § 305c Abs. 1 BGB gehen Zweifel bei der Auslegung stets zu Lasten des Klauselverwenders, das heißt *contra proferentem*.

Die englischen Gerichte folgen den allgemeingültigen Auslegungsgrundsätzen von Verträgen, welche ebenfalls einen objektiven Maßstab anlegen, sich aber stark am Wortlaut orientieren. Sofern es sich um eine inhaltlich unangemessene Bedingung handelt, gilt ebenfalls die Regel *contra proferentem*, das heißt Zweifel bei der Auslegung gehen stets zulasten der Partei, die sich durch die entsprechende Abrede einen Vorteil erhofft. Im Falle von AGB ist dieser Grundsatz mit § 305c Abs. 2 BGB vergleichbar. Die Gerichte beschränken dieses Prinzip mittlerweile überwiegend auf Freizeichnungsklauseln. In Fällen von Haftungsbeschränkungen sehen sie eher die Möglichkeit, dass sich die andere Vertragspartei damit einverstanden erklärt als wenn die Haftung vollends ausgeschlossen wird. Auch bei Schiedsklauseln unterbleibt ein Rückgriff auf diese Regel, obgleich die Parteien auf einen Rechtsbehelf verzichten. Diese flexible und am Inhalt orientierte Auslegung unterscheidet sich von den formalen Auslegungsmethoden im deutschen Recht. Es ergeben sich zwar gewisse Parallelen wie etwa im Hinblick auf die Anwendung der *contra proferentem* Regel, doch stellen die englischen Richter bereits bei der Auslegung auf die inhaltliche Ausgestaltung der Klausel ab und forcieren je nach Intensität der Bedingung und ihrer Auswirkung eine mehr oder weniger strenge Interpretation. Schließlich ist beiden Rechtsordnungen der Grundsatz vertraut, dass Individualvereinbarungen Allgemeinen Geschäftsbedingungen vorgehen.

3. Inhaltskontrolle

Sowohl das deutsche als auch das englische Recht haben ein Instrumentarium zur inhaltlichen Kontrolle Allgemeiner Geschäftsbedingungen geschaffen. Die §§ 305 ff. BGB bieten ein geschlossenes System der Kontrolle standardisierter Klauseln, vornehmlich für das Konsumentengeschäft, aber eingeschränkt und nach Maßgabe des § 310 BGB auch für den unternehmerischen Verkehr. Der englische Gesetzgeber hat mit dem *UCTA 1977* ebenfalls ein Gesetz geschaffen, das Allgemeinen Geschäftsbedingungen inhaltliche Grenzen auferlegt. Beide Gesetze stellen auf den Umstand der *relativ geringeren Verhandlungsmacht* ab. Dadurch sollen auch Geschäfte kontrolliert werden, an denen zwar nur Geschäftsleute beteiligt sind, sich gleichwohl ein wirtschaftliches Ungleichgewicht abzeichnet, etwa im Verhältnis eines Kaufmanns im Sinne des § 2 HGB und seines Belieferers.[1292]

Im deutschen Recht sind *qua* Gesetz zwei Normen von Bedeutung. Zum einen die Generalklausel des § 307 BGB und zum anderen die Spezialnorm des § 310 Abs. 1 BGB, der das Kontrollregime für das unternehmensbezogene Geschäft einschränkt. Demnach sind alle Vertragsklauseln im Sinne des § 305 BGB entweder wirksam oder gemäß § 307 BGB unangemessen und damit unwirksam. Der *UCTA 1977* ist dreistufig aufgebaut, so befindet er Klauseln *per se* für unwirksam, andere werden einer Angemessenheitskontrolle unterzogen und

1292 Lütkenhaus, Unfair Contract Terms Act 1977 und das AGB-Gesetz 1976, S. 61. Die für das Verbrauchergeschäft entscheidenden auf europarechtlichen Vorgaben beruhenden Vorschriften befinden sich in der UTCC 1999.

schließlich fallen Klauseln ganz aus seinem Anwendungsbereich heraus.[1293]. Anders als die deutschen Regelungen beschränkt sich der *UCTA 1977* zwar nicht auf Standardklauseln, sondern umfasst auch Individualvereinbarungen, doch gilt dies nur für Verbrauchergeschäfte. Insofern besteht im unternehmensbezogenen Geschäft ein gewisser Gleichlauf beider Rechtsordnungen.

Das deutsche Recht sieht eine generelle Kontrolle Allgemeiner Geschäftsbedingungen vor, die sich nach höchstrichterlicher Rechtsprechung und im Widerspruch zum Wortlaut des § 310 Abs. 1 BGB stets an den absoluten und relativen Klauselverboten der §§ 308 f. BGB orientiert. Der *UCTA 1977* kontrolliert nur bestimmte Klauseln. Bedingungen, die nicht in den Anwendungsbereich des Gesetzes fallen, unterliegen mithin gar keiner Kontrolle. An dieser eingeschränkten Kontrolle wird auch im Gesetzentwurf für ein neues einheitliches AGB-Gesetz festgehalten, indem auf eine weitergehende inhaltliche Kontrolle von Unternehmensgeschäften verzichtet wurde, kleine Unternehmen dafür jedoch den Schutz eines Verbrauchers genießen. Ist die Klausel nicht *per se* unwirksam, aber dennoch im Anwendungsbereich des Gesetzes, wird sie einer Angemessenheitskontrolle unterzogen, einem *test of reasonableness*. Der ausfüllungsbedürftige Begriff der Angemessenheit gewinnt durch die im 2. Anhang des *UCTA 1977* festgehaltenen *guidelines* an Kontur und sorgt für eine einheitliche Rechtsprechung. Ein zusätzliches Transparenzgebot wie es § 307 Abs. 1 a.E. BGB vorsieht, ist dem englischen Recht fremd. Einen derartigen Regelungsbedarf erachtet es vielmehr aufgrund des Auslegungsgrundsatzes als nicht mehr notwendig.[1294] Der Gesetzentwurf sieht insoweit jedoch bei der Beurteilung der Angemessenheit vor, dass auch die Transparenz und Verständlichkeit einer Klausel zu berücksichtigen sind.

Als Rechtsfolgen normiert § 306 Abs. 1 BGB, dass der Vertrag trotz der unwirksamen Klauseln im Übrigen wirksam bleibt. Soweit der Vertrag aufgrund der Unwirksamkeit Lücken aufweist, bestimmt § 306 Abs. 2 BGB, dass diese mit Hilfe des dispositiven Rechts zu schließen sind. Die deutsche Rechtsprechung hat darüber hinaus das Verbot einer geltungserhaltenden Reduktion aufgestellt, so dass eine für unwirksam befundene Klausel nicht in einen (noch) wirksamen und einen aufgrund der §§ 307 ff. BGB unwirksamen Teil unterteilt werden kann. Im englischen Recht findet sich ein derartiges Verbot nicht.

1293 Triebel/Huber/Micheler/Vogenauer, Englisches Handels- und Wirtschaftsrecht, S. 73 f., Rn. 131.

1294 Vgl. Whittaker, The "Draft Common Frame of Reference" An Assessment, Commissioned by the Ministry of Justice, United Kingdom, Appendix I – The treatment of standard contract terms S. 131 f., para 6.

Aus den aufgezeigten Unterschieden ergibt sich, dass nach deutschem Recht eine extensivere Kontrolle erfolgt als sie der *UCTA 1977* für das englische Recht bewirkt. Es kommt erschwerend hinzu, dass die deutschen und englischen Gerichte als Adressaten der Regelungen ein grundlegend unterschiedliches Verständnis von ihrer Rolle vermitteln. Führen die deutschen Richter eine strenge Inhaltskontrolle durch und orientieren sich stark an den verbraucherrechtlichen Bestimmungen, gehen die englischen Richter davon aus, dass sich bei Unternehmensgeschäften gleichstarke Verhandlungspartner gegenüberstehen und deshalb *per se* keine ausgesprochene Notwendigkeit einer Kontrolle besteht. Obwohl die Grundvoraussetzungen für die inhaltliche Kontrolle also vergleichbar sind, zeichnet sich bei der deutschen Judikative eine große Interventionsbereitschaft ab.

4. Schnittpunkte

Schnittpunkte zwischen Handelsbräuchen und Allgemeinen Geschäftsbedingungen ergeben sich insbesondere bei der Einbeziehung der Klauselwerke. Diese kann *qua* Handelsbrauch, *usage*, oder auch Geschäftsgebrauch, *course of dealing*, erfolgen. Außerdem setzen Handelsbräuche die Zweifelsregelung in § 305c Abs. 2 BGB jedenfalls für das deutsche Recht außer Kraft.[1295]

Im Rahmen der Inhaltskontrolle ordnet § 310 Abs. 1 S. 2 BGB die Berücksichtigung von Handelsbräuchen sogar ausdrücklich an. Allerdings ist das Zusammenspiel an dieser Stelle nicht unbedingt ideal, da die Untersuchung der Handelsbräuche gezeigt hat, dass deren Beweis aufwändig ist und die tatsächliche Übung stets zwingendem Recht und damit auch § 307 BGB entsprechen muss, sofern der jeweilige Brauch erst nach dessen Kodifizierung entstanden ist. Im Unterschied dazu ist die Regelung des *UCTA 1977* besser gelungen. Die im zweiten Anhang aufgestellten Richtlinien für die Bestimmung der Angemessenheit einer Klausel berücksichtigen nicht nur Handelsbräuche und Gepflogenheiten, sondern auch inwieweit die Klauseln im unternehmensbezogenen Geschäft *üblich* sind.

5. Internationale Handelsgeschäfte

Völlig unterschiedlich ist die deutsche und englische Position, wenn es um internationale Distanzgeschäfte geht.

1295 Wolf/Lindacher/Pfeiffer/Pfeiffer, § 305 BGB, Rn. 149.

Deutschland hat das UN-Kaufrecht ratifiziert, so dass bei internationalen Sachverhalten dessen Normen primär beachtet werden müssen, sofern die Konvention auch in sachlicher, räumlicher und persönlicher Hinsicht anwendbar ist. Im UN-Kaufrecht werden Allgemeine Geschäftsbedingungen ebenso wie im *common law* als gewöhnliche Vertragsbedingungen angesehen, so dass anders als im unvereinheitlichten deutschen Recht keine speziellen Normen für deren Einbeziehung vorhanden sind. Die wirksame Inkorporierung richtet sich vielmehr nach den allgemeinen Vertragsschlussregeln, Angebot und Annahme. Insoweit ist auch die Einbeziehung kraft kaufmännischen Bestätigungsschreibens möglich, doch erfordert dies einen festgestellten Handelsbrauch auf beiden Seiten des Vertrages oder aber eine zumindest stillschweigende Abbedingung der konventionsrechtlichen Vertragsschlussregeln.

Für die Auslegung Allgemeiner Geschäftsbedingungen gehen unvereinheitlichtes deutsches, englisches und UN-Kaufrecht von einer Unklarheitenregel zulasten des Klauselverwenders und von einem Vorrang von Individualabreden aus. Das dem deutschen Juristen vertraute und in das im Anwendungsbereich des UN-Kaufrechts ebenfalls anwendbare Verbot überraschender Klauseln ist dem *common law* zumindest für das Unternehmensgeschäft fremd. Darüber hinaus besteht zwischen UN-Kaufrecht und *common law* ein Unterschied im Umgang mit kollidierenden Geschäftsbedingungen. Letzteres legt die Theorie des letzten Wortes zugrunde, was zu einem *Bedingungs-Ping-Pong* führen kann. Das UN-Kaufrecht durchbricht diese Theorie ebenso wie das unvereinheitlichte deutsche Recht mit dem Modell der Restgültigkeit einzelner Klauseln.

Da das UN-Kaufrecht auf eine inhaltliche Kontrolle der Klauseln verzichtet und nicht alle Staaten, die der Konvention beigetreten sind, über einen derartigen Kontrollmechanismus verfügen, nimmt der *BGH* für Formularverträge, die dem CISG unterliegen, eine Übersendungsobliegenheit an, so dass AGB stets in Textform übersendet werden müssen, um wirksam einbezogen zu werden. Ob des internationalen Kontextes ist die Sprachwahl am Vertragsstatut oder an der Muttersprache der Verwendergegenseite auszurichten.

Wie bereits angedeutet, erübrigt sich im Hinblick auf eine Inhaltskontrolle internationaler Warenkaufverträge ein Blick in das UN-Kaufrecht, da die inhaltliche Wirksamkeit einzelner Vertragsbestandteile aus dem Anwendungsbereich der Konvention ausdrücklich herausgenommen worden ist. Die Überantwortung in das jeweilige nationale Recht impliziert aber nicht, dass die vorhandenen Regelungen des unvereinheitlichten Rechts unbesehen übernommen werden dürfen. Sie müssen vielmehr den internationalen Charakter des Vertrages und die Grundprinzipien der Konvention angemessen berücksichtigen. Der Formulierung des § 310 Abs. 1 BGB kommt insoweit eine Schlüsselrolle zu als *auf die im*

Handelsverkehr geltenden Gewohnheiten und Gebräuche [...] angemessen Rücksicht zu nehmen ist.

Da England das UN-Kaufrecht nicht ratifiziert hat, bleibt es zunächst bei der Anwendbarkeit des *UCTA 1977*. Dieser enthält jedoch eine Beschränkung seines Anwendungsbereichs. Deshalb greifen dessen Bestimmungen nicht ein, wenn es sich um ein internationales Exportgeschäft handelt oder wenn die Parteien bewusst englisches Recht als Vertragsstatut gewählt haben. In diesen Fällen sollen Importeure bzw. die beteiligten Parteien nicht durch zu starke staatliche Interventionen abgeschreckt werden. An dieser Praxis wird auch unter Geltung des neuen Gesetzentwurfs festgehalten werden, obgleich dessen Europarechtskonformität zweifelhaft erscheint.

6. Gemeinsamer Referenzrahmen

In Anbetracht der Regelungslücken des CISG präsentiert der Gemeinsame Referenzrahmen ein geschlossenes Konzept. Der *DCFR* enthält neben einer Begriffsbestimmung für Allgemeine Geschäftsbedingungen und besonderen Einbeziehungs- und Auslegungsgrundsätzen sogar ein differenziertes Konzept für die inhaltliche Kontrolle Allgemeiner Geschäftsbedingungen. Damit stellt er im Vergleich zu der deutschen und englischen Rechtslage ein umfassendes Regelungskonzept dar.

Mit der Definition, was unter Allgemeinen Geschäftsbedingungen zu verstehen ist, sorgt der *DCFR* für Rechtsklarheit und Sicherheit, wobei er sich der Wendung *nicht individuell ausgehandelter Vertragsklauseln* behilft, was in dieser Weise sowohl für das deutsche als auch für das englische Recht ein *Novum* darstellt. Die Einbeziehungsregeln weichen in einigen Punkten sowohl von der deutschen als auch von der englischen Position ab und stellen somit eine Kompromisslösung dar. Bei der Auslegung stimmen alle Regelungskonzepte insoweit überein, als sie von einer *contra proferentem*-Regel und dem Vorrang individuell ausgehandelter Geschäftsbedingungen ausgehen. Bei der Inhaltskontrolle arbeitet der *DCFR* mit einem Billigkeitstest, *test of unfairness*. Dessen Anforderungen sind für Verbraucher- respektive Unternehmensgeschäfte und sogar für Verträge zwischen Privatleuten unterschiedlich formuliert. Im Hinblick auf das unternehmensbezogene Geschäft dürfen die Klauseln nicht in grober Weise gegen die vorherrschende Handelspraxis verstoßen und sie müssen mit dem Gebot von Treu und Glauben zu vereinbaren sein. Damit legt der *DCFR* einen sehr großzügigen Maßstab für die inhaltliche Kontrolle Allgemeiner Geschäftsbedingungen im unternehmensbezogenen Geschäft an, der anders als im *common law* sämtliche nicht individuell ausgehandelte Bedingungen erfasst. Außerdem gilt für alle drei Geschäftsarten (Verbraucher-, Unternehmergeschäfte und Verträge zwischen Privaten) ein allgemeines Transparenzgebot, welches auch das deutsche Recht kennt. Parallelen zeigen sich wiederum insoweit, als das Regelwerk Umstände aufzählt, die in die Billigkeitskontrolle einzubeziehen sind.

Ebenso wie im unvereinheitlichten deutschen- und UN-Kaufrecht sowie im *common law* fehlt auch im *DCFR* eine ausdrückliche Regelung darüber, ob eine geltungserhaltende Reduktion von Standardklauseln möglich ist. Nur die deutsche Rechtsprechung hat hierzu klar Stellung bezogen und eine derartige Möglichkeit grundsätzlich abgelehnt. Bei sich widersprechenden Geschäftsbedingungen folgt der DCFR dem deutschen Weg und entscheidet sich gegen die unbeschränkte Anwendbarkeit der Theorie des letzten Wortes.

F. Resümee

England and Wales – a jurisdiction of choice! Die *Law Commission* hat insoweit recht, als wichtige Bereiche des englischen Wirtschaftsrechts – damit auch das AGB-Recht – tatsächlich unternehmerfreundlich ausgestaltet sind. Doch könnte die Überschrift dieses Werbekatalogs ebenso auf das deutsche Recht zutreffen. Denn die Untersuchung hat ergeben, dass die Bestimmungen des BGB und HGB den Regeln des *common law* in keinem Punkt nachstehen. Im Gegenteil, es haben sich formal betrachtet sogar vielerlei Gemeinsamkeiten zwischen beiden Rechtsordnungen aufgetan. Schließlich legen das UN-Kaufrecht und auch der Gemeinsame Referenzrahmen Zeugnis darüber ab, dass sich sowohl im englischen als auch im deutschen Recht überzeugende Ansätze für den Umgang mit privat gebildeten Regeln finden, insbesondere im Hinblick auf die Handelsbräuche. Abschließend soll der *Acquis* des deutschen und englischen Rechts im Bereich der privaten Regelbildung bewertet werden (**I.**). In einem letzten Schritt wird der Reformbedarf für das deutsche Recht dargestellt (**II.**).

I. De lege lata

Bei einer abstrakten Betrachtung der Normen und Grundsätze erscheint das deutsche im Unterschied zum englischen Recht ein in sich stimmiges System aufzuweisen mit dem Potenzial, den unternehmerischen Verkehr so wenig wie möglich zu regulieren. Handelsbräuche sind nicht nur auf die vertragliche Ebene beschränkt, sondern entfalten insoweit *quasi normative* Wirkungen als sie auch bei Handlungen bzw. Unterlassungen zu berücksichtigen sind. Liegen die formalen Anforderungen an einen Handelsbrauch vor, ist er zu berücksichtigen, ohne dass dessen Inhalt ebenfalls einer Kontrolle unterzogen würde. Im Bereich der Allgemeinen Geschäftsbedingungen normiert das BGB gewisse Vorgaben für deren wirksame Einbeziehung und Auslegung. Die inhaltliche Nachprüfung beschränkt sich dann auf eine Angemessenheitskontrolle. Alle drei Bereiche können durch Handelsbräuche modifiziert werden, die Art der Einbeziehung, die Interpretation einer Klausel und die Konkretisierung des Angemessenheitserfordernisses. Dieses Zusammenspiel zwingt zu einer zweiten Feststellung, dass Allgemeine Geschäftsbedingungen für den nationalen und internationalen Handel zwar von unschätzbarem Wert sind, die Handelsbräuche in ihrer Funktion jedoch nicht abzulösen vermögen. Handelsbräuche sind Ausdruck dessen, was als angemessen und üblich angesehen werden muss und was die Angehörigen der jeweiligen Verkehrskreise nach den Geboten von Treu und Glauben bindet. Allgemeine Geschäftsbedingungen sind Ausdruck von Verhandlungsstärke oder bestenfalls eines Kompromisses, *per se* geben sie jedoch keine Auskunft darüber, was als angemessen und interessengerecht akzeptiert wird.

Bei allen Vorzügen, die das deutsche Recht bietet, ist die entscheidende Rolle der Rechtsprechung nicht zu vernachlässigen. Diese nutzt im unternehmensbezogenen Geschäft nicht die Erleichterungen bei der AGB-Kontrolle, die § 310 BGB bereithält. Wird in England die wenig systematische Rechtslage durch eine ausgewogene Rechtsprechung kompensiert,[1296] ist in der deutschen Rechtspraxis die AGB-Kontrolle im unternehmensbezogenen Geschäftsbereich im Wesentlichen vom Verbraucherleitbild geprägt.[1297] Die Handelssitte wird durch richterliche Billigkeitsentscheidungen verdrängt, das AGB-Recht zu streng und kaum noch mit dem Wortlaut des § 310 Abs. 1 BGB vereinbar ausgelegt. Insoweit dient das englische (Richter-)Recht als Vorbild für eine liberalere Rechtsprechung, die ihre schützende Hand nicht über jedes Vertragsverhältnis legt, sondern nur dort, wo es tatsächlich notwendig erscheint.

Das englische Vertragsrecht zeichnet sich folglich durch eine größere Unternehmerfreundlichkeit aus und verfügt über einen *commercial flavour*[1298]. Dies lässt sich darauf zurückführen, dass AGB-Recht als Teil des Vertragsrechts sowohl in England als auch in Deutschland im Wesentlichen Richterrecht ist. Richterrechtliche Regeln werden jedoch stark durch die *Art der Fälle* geprägt, die einer gerichtlichen Entscheidung bedürfen. Es ist empirisch bewiesen, dass die vertragsrechtliche Rechtsprechung des *Bundesgerichtshofs* primär mit Kaufverträgen über Gebrauchtwagen oder Eigentumswohnungen, mit Wohnungsmietverträgen oder mit Fällen betraut ist, in denen es um die Wirksamkeit von AGB-Klauseln geht. Darüber hinaus nimmt die Zahl der Handelssachen im Sinne des § 95 GVG kontinuierlich ab. So verzeichneten die zuständigen Kammern für Handelssachen an den Landgerichten im Zeitraum von 1995 bis 2005 einen Rückgang von 25%.[1299] In England sind die Londoner Gerichte, das heißt der *High Court*, *Court of Appeal* und seit 2009 der *Supreme Court of the United Kingdom*[1300] wegweisend für die Entwicklung des Vertragsrechts. Dabei handelt es sich bei 60 - 80 % der Fälle, die im *Commercial Court* – einer auf vertrags-

1296 Goode, 50 (4) ICLQ 2001, 751,759.

1297 Schlosser, Freizeichnungsklauseln im kaufmännischen Verkehr, S. 121 ff. schon im Hinblick auf das AGBG.

1298 Cheshire/Fifoot/Furmston, Law of Contract, S. 24 ff..

1299 Kötz, Mitteilungsblatt DAV Internationaler Rechtsverkehr 2/2009, S. 12, 15; vgl. Statistisches Bundesamt, Fachserie 10, Reihe 2.1, Rechtspflege, Zivilgerichte 2007.

1300 Der oberste Gerichtshof wurde durch den Constiutional Reform Act 2005 neu geschaffen. Auf ihn wurden die rechtsprechenden Funktionen des House of Lords als oberstes Berufungsgericht übertragen.

rechtliche Streitigkeiten spezialisierten Abteilung des *High Court* – um Sachverhalte mit Auslandsberührung.[1301]

Allein für die Verbesserung der internationalen Wettbewerbsfähigkeit wäre es deshalb wünschenswert, wenn den Besonderheiten des unternehmerischen Geschäftsverkehrs stärker Rechnung getragen würde. Dies ist derzeit in hohem Maße vom Wohlwollen der Judikative abhängig. Im Hinblick auf das Kriterium des Aushandelns lohnt sich ein Blick in das englische Recht nur bedingt. Auch dort herrscht relative Unsicherheit, welche Anforderungen an ein individuelles Aushandeln durch die Parteien zu stellen sind. Ebenso wenig zielführend ist die Bereichsausnahme des *UCTA 1977* für Exportverträge. Brauchbar erscheint jedoch der Umgang mit der Angemessenheitskontrolle. Aufgrund des vollständigen und stimmigen Konzepts erscheinen einzig die relevanten Regelungen des *DCFR* attraktive Impulse für mögliche Reformen in Deutschland zu setzen.

II. De lege ferenda

Im Hinblick auf die Handelsbräuche sollte auf das zusätzliche Erfordernis der Vereinbarkeit mit Treu und Glauben verzichtet werden, da es überflüssig ist. Da ein Handelsbrauch allgemein und nicht nur innerhalb einzelner Interessengruppen üblich sein muss, ist es kaum vorstellbar, dass sich Missbräuche und Verstöße gegen die berechtigten Interessen einer Gruppe und sogar innerhalb einzelner Gruppen durchsetzen könnten. Deshalb kann der Maßstab von Treu und Glauben nicht zur Einschränkung der Handelssitte führen. Im Gegenteil die Handelssitte dient dazu, den Grundsatz von Treu und Glauben zu konkretisieren. Bei Abweichungen vom dispositiven Recht bleibt der Handelsbrauch als Gestaltungsform der Privatautonomie beachtlich. Einschränkungen ergeben sich nur aus zwingenden Bestimmungen wie etwa §§ 138, 226, 826 BGB. Ob ein derartiger Konflikt überhaupt möglich ist, erscheint zweifelhaft und ist noch nicht bewiesen worden. Deshalb ist von einer Beschränkung durch Treu und Glauben – wie von der herrschenden Meinung fokussiert – abzusehen, da dies zu einem Zirkelschluss führt und auch im Wortlaut keine Stütze findet. Da Handelsbräuche Anhaltspunkte für das von Treu und Glauben Geforderte bieten, ist eine umfassende Anerkennung individueller Freiheiten ohnehin garantiert. Dies entspricht nicht nur der Privatautonomie, sondern sichert auch die berechtigten Erwartungen im Rechtsverkehr ab.

1301 Brochure of the Law Society of England and Wales, 2007, Vorwort des Lord Chancellor (abrufbar unter: http://www.lawsociety.org.uk/documents/downloads/jurisdiction_of_choice_brochure.pdf, zuletzt besucht am: 01.08.2011); Kötz, Mitteilungsblatt DAV Internationaler Rechtsverkehr 2/2009, S. 12, 15 Fn. 23.

Aus prozessualer Sicht sollten Handelsbräuche als Erfahrungssätze und damit als nachprüfbare Rechtssätze, die gemäß § 293 ZPO von Amts wegen zu ermitteln sind, verstanden werden. Es kommt insoweit nicht mehr darauf an, ob die Parteien sich auf verkehrsübliches Verhalten berufen haben. Das Gericht müsste in der Entscheidung umfassend darlegen, auf welche Art und Weise sie sich der jeweiligen Handelssitte vergewissert hat. Ein Verstoß gegen § 293 ZPO ist in der Revision voll nachprüfbar, es sei denn es handelt sich um einen örtlich beschränkten Brauch. Damit würde der Privatautonomie Rechnung getragen. Hat sich eine langandauernde Übung herausgebildet, spricht Vieles dafür, dass sie den Erfordernissen des Rechtsverkehrs sogar in besonderer Weise genügt. Darüber hinaus könnten die Vorhersehbarkeit gerichtlicher Entscheidungen erhöht, die Rechtssicherheit gestärkt und Transaktionskosten gesenkt werden. Denn gesellschaftlich gebildete Normen stehen den beteiligten Kreisen wie dispositives Gesetzesrecht zur Verfügung. Die vorgeschlagenen Veränderungen sind marginal und sollen lediglich dazu führen, dass das *selbstgeschaffene Recht der Wirtschaft* weiterhin angemessene Beachtung findet oder sogar neuen Aufwind bekommt.

Ein größerer Handlungsbedarf als bei den Handelsbräuchen besteht bei den Bestimmungen über Allgemeine Geschäftsbedingungen. Ungeachtet der Tatsache, dass spezielle AGB-rechtliche Regeln ob der besonderen Abschlusssituation der Verträge durchaus zu befürworten sind,[1302] sollen im Folgenden einzelne Verbesserungsvorschläge unterbreitet werden. Ein erstes Problem stellt sich bei der Bestimmung des Begriffs des *Aushandelns*. Im unternehmerischen Verkehr führt die Abgrenzung der Individualvereinbarungen von Allgemeinen Geschäftsbedingungen zu großer Rechtsunsicherheit. Denn obgleich die Rechtsprechung einen recht strengen Kurs fährt, fehlt es in der Praxis an griffigen Leitlinien, welche Mindestanforderungen erfüllt sein müssen, damit eine Klausel als *ausgehandelt* gilt, obwohl sie textlich unverändert geblieben ist. Durch diese *Förmelei* müssten die Parteien zunächst eine nichtgewollte Regelung modifizieren, um der strengen Inhaltskontrolle zu entgehen. Allerdings ist insoweit zu beachten, dass die Klausel so nur einmal verwendet werden kann, weil sie später nicht mehr das Kriterium des *Aushandelns* erfüllen würde. Die Partei, die die Klausel nicht möchte, ist im Ergebnis gut beraten, alles unverändert zu akzeptieren, um sicher zu gehen, dass die Klausel dem AGB-Recht unterfällt. Es bieten sich zwei Lösungsmöglichkeiten: Zum einen könnte das Wort *aushandeln* durch *verhandeln* ersetzt werden. Doch auch diese veränderte Terminologie würde keine Rechtsklarheit bringen. Es wäre weiterhin ungewiss, ob Paketlösungen

1302 Kritisch insoweit Hellwege, Allgemeine Geschäftsbedingungen, einseitig gestellte Vertragsbedingungen und die allgemeine Rechtsgeschäftslehre, S. 600.

zwangsläufig als Allgemeine Geschäftsbedingungen zu qualifizieren wären und welche Schritte notwendig sind, um annehmen zu können, dass der Kerngehalt der Regelung ernsthaft zur Disposition der Parteien gestellt worden ist. Vielmehr wäre eine terminologische Änderung zweckmäßig, da sie die Anforderungen an die Individualvereinbarung absenkt. Für sich genommen ist dieser Schritt jedoch noch nicht ausreichend. Deshalb ist zum anderen ein Kriterienkatalog für die Rechtsprechung zu fordern, anhand dessen festgestellt werden soll, ob die jeweilige Klausel als *ausgehandelt* bzw. *verhandelt* gilt oder nicht. *Müller/Griebeler/Pfeil*[1303] schlagen etwa vor, dass die Länge von Vertragsverhandlungen Aufschluss darüber geben könnte, *dass* Vertragsverhandlungen geführt wurden. Ebenso schlagen sie vor, dass kommentierte Versionen mit Änderungsvorschlägen ausgetauscht werden, denn auch diese indizieren, dass der gesamte Vertrag zur Disposition steht. Im Übrigen sollte geregelt werden, dass ein Aus- bzw. Verhandeln auch dann anzunehmen ist, wenn die Parteien die jeweilige Klausel ursprünglich zur Disposition gestellt und danach mehrmals verwendet haben, denn dadurch entsteht kein höheres Schutzbedürfnis, im Gegenteil, die Parteien waren zufrieden mit der Vertragsgestaltung und greifen deshalb darauf zurück. Eine staatliche Intervention wäre deplatziert. Schließlich kann auch die anwaltliche Vertretung für den gefundenen Interessenausgleich streiten, da beide Parteien hinreichend über die Vor- und Nachteile der vertraglichen Bestimmung informiert worden sind. Teilweise[1304] wird auch gefordert, ein *Aushandeln* immer dann zu vermuten, wenn es sich um einen komplexen Vertrag handelt und Verhandlungen geführt wurden, losgelöst vom letztlich gefundenen Ergebnis.

Abgesehen von diesen Vorschlägen wäre es sicherlich zuträglich, wenn der *BGH* seine bisherige Rechtsprechung über die Abgrenzung von Individualvereinbarungen und Allgemeinen Geschäftsbedingungen am Kriterium des Aushandelns für den unternehmerischen Geschäftsverkehr modifizieren und stattdessen vertragliche Bestimmungen, die auf den Vorschlag einer Partei zurückgehen, auch dann der Inhaltskontrolle entziehen würde, wenn sie am Ende der Verhandlungen unverändert in den Vertrag übernommen worden sind.[1305] Ein derartiges Begriffsverständnis hat der *BGH* seiner Entscheidung aus dem Jahre 2010[1306] zugrunde gelegt, doch handelte es sich insoweit um einen Privatkauf.

1303 BB 2009, 2658, 2661.

1304 Koch, BB 2010, 1810, 1814.

1305 OLG Hamburg, IBR 2010, 255 ff; Berger, ZGS 2004, 415, 420 ff.; ders., ZIP 2006, 2149; ders., NJW 2010, 465, 467; Hobeck, DRiZ 2005, 177, 178; Lischek/ Mahnken, ZIP 2007, 158; Werner/Griebeler/Pfeil, BB 2009, 2658, 2660; a.A. v. Westphalen, ZIP 2007, 149.

1306 ZfBR 2010, 453 ff. Der BGH äußerte sich insoweit nicht zu einer möglichen Ausstrahlungswirkung, vgl. auch Koch, BB 2010, 1810, 1814.

Ein Aushandeln jeder Haftungsfreizeichnungs- und –beschränkungsklausel wie es jetzt zwingend erforderlich ist, um dem Regime der §§ 305 ff. BGB zu entgehen, erscheint jedoch wenig zielführend und mit den Bedürfnissen der Praxis unvereinbar.[1307]

Die zweite Norm neben § 305 BGB, die Reformbedarf aufweist, ist § 310 Abs. 1 BGB. Zunächst verweist diese Regelung auf Handelsbräuche im Sinne des § 346 HGB. Der Gesetzgeber hat damit für Flexibilität bei der inhaltlichen Kontrolle Allgemeiner Geschäftsbedingungen sorgen wollen. Handelsbräuche dienen im AGB-Recht mithin als Maßstab für das, was als angemessen angesehen werden kann und von beiden Seiten akzeptiert wird. Allerdings hat die Untersuchung der Voraussetzungen für die Feststellung von Handelsbräuchen ergeben, dass diese unter Umständen langwierig und kostenintensiv sein kann. Außerdem erfordert ein Handelsbrauch eine gewisse Dauer oder Häufigkeit, was zwingende Folge seines normenähnlichen Charakters ist und ihn deshalb zugleich als Korrektiv für die AGB-Prüfung weniger geeignet erscheinen lässt. Ein Blick in den 2. Anhang des *UCTA 1977*, den *DCFR* oder auch auf Art. 23 EuGVVO zeigen, dass nicht nur auf Handelsbräuche, sondern ebenso auf Handelsübungen abgestellt wird. Damit würden die hohen Anforderungen, die an die Feststellung von Handelsbräuchen gestellt werden und die verzwickte Beweissituation vermieden, aber den Bedürfnissen des Handels angemessene Rechnung getragen. Es würde dann darauf abgestellt, ob es sich um typische oder gebräuchliche Klauseln handelt.[1308] Dabei wird zunächst sicherlich auch ein Blick in andere Rechtsordnungen unerlässlich sein, da sich in Deutschland erst eine Rechtsprechung entwickeln müsste. *Müller/Griebeler/Pfeil*[1309] ist beizupflichten, wenn sie zu dem Entschluss gelangen, dass derzeit nur solche Handelsbräuche von § 310 Abs. 1 S. 2 BGB erfasst sein können, die bereits vor Inkrafttreten des AGBG festgestellt wurden. Denn Handelsbräuche die erst danach festgestellt werden, würden immer gegen die zwingende Bestimmung des § 307 BGB verstoßen und damit *Miss*bräuche darstellen.[1310]

Außerdem sollte § 310 BGB gegenüber § 307 BGB keine untergeordnete Funktion mehr einnehmen. Bis jetzt wird § 310 Abs. 1 S. 2 BGB nur eine sehr geringe Wirkung im Rahmen des § 307 BGB zugeschrieben, da Handelsbräuche das Gebot von Treu und Glauben nicht aushebeln können. Dies ist insoweit ein Zirkelschluss, als die Untersuchung der Handelsbräuche zu Beginn dieser Arbeit

---

1307 So jedoch v. Westphalen, BB 2010, 195, 201.

1308 Vgl. Koch, BB 2010, 1810,1815.

1309 BB 2009, 2658, 2659.

1310 Ebenso MünchKomm/Schmidt, § 346 HGB Rn. 10; v. Westphalen, BB 2010, 195, 196.

gezeigt hat, dass Handelsbräuche den Grundsatz von Treu und Glauben konkretisieren. Handelsbräuche bilden richtigerweise zusammen mit dem (verbleibenden) dispositiven Recht den Maßstab für die Inhaltskontrolle. Als solcher ist § 310 Abs. 1 S. 2 BGB dem § 307 BGB übergeordnet und nicht andersherum. Eine erweiterte Anwendbarkeit des § 310 Abs. 1 S. 2 BGB könnte die Bewertung Allgemeiner Geschäftsbedingungen im unternehmerischen Verkehr merklich verbessern. Tauschte man Handelsbräuche gegen die oben bereits beschriebenen *Handelsübungen* oder das Kriterium der *Handels-* bzw. *Branchenüblichkeit* aus, so wäre ein langwieriges Feststellungsverfahren obsolet und die Generalklausel des § 307 BGB würde um rein praktische Erwägungen ergänzt, die einen Ausgleich zu den übrigen normativ-wertenden Elementen darstellten.[1311]

Gerade im Hinblick auf die Angemessenheitskontrolle lohnt sich schließlich auch ein Blick in das englische Recht. Der *UCTA 1977* ebenso wie der Gesetzentwurf machen dem Rechtsanwender Vorgaben, welche Aspekte bei der Angemessenheitskontrolle zu berücksichtigen sind. Abgesehen davon erscheint auch der *DCFR*, der ein umfassendes Regelungskonzept für den Umgang mit Allgemeinen Geschäftsbedingungen bereithält, instruktiv. So enthält er eine allgemeine Angemessenheitskontrolle und bedient sich eines differenzierten Kontrollmaßstabs, je nach dem ob Verbraucher involviert sind oder ein unternehmensbezogenes Geschäft vorliegt. Außerdem enthält er einen Kriterienkatalog, den es bei der Prüfung der Angemessenheit zu beachten gilt. Interessanterweise nimmt er in Art. II.-9:405 DCFR Bezug auf die Handelsüblichkeit, *good commercial practice*, und den Grundsatz von Treu und Glauben, *good faith*.

Nach alledem erscheint eine Orientierung am *UCTA 1977* nur teilweise geeignet. Vielversprechender und unter Umständen wegweisend für den zukünftigen Umgang mit der privaten Regelbildung in Deutschland, insbesondere mit Blick auf Handelsbräuche und Allgemeine Geschäftsbedingungen, ist hingegen das Gemeinschaftsprojekt der EU, der *DCFR*. Hielte sich der deutsche Gesetzgeber an dessen Regelungskonzept, wäre eine Hürde bei der Einordnung des deutschen Wirtschaftsrechts als *jurisdiction of choice* genommen.

1311 Dies verdeutlicht auch die Entscheidung OLG Celle, IPRax 1997, 417, 418 f..

Literaturverzeichnis

Achilles, Wilhelm-Albrecht, Kommentar zum UN-Kaufrechtsübereinkommen (CISG), Neuwied 2000

Andrewartha, Jane / Stone, Zelda, English Maritime Law Update: 2003, 35 J Mar L & Com (2004) 369-404

Anson, William Reynell / Beatson, Jack, Anson's Law of Contract, 28. Aufl., Oxford 2002

Atiyah, Patrick (Begr.) / Smith, Stephen (Hrsg.), Atiyah's Introduction to the law of contract, 6. Aufl., Oxford 2005

Bachmann, Gregor, Private Ordnung: Grundlagen ziviler Regelsetzung, Tübingen, 2006

Bamberger, Heinz Georg / Roth, Herbert, Beck'scher Online Kommentar zum Bürgerlichen Gesetzbuch, Band 1, 17. Edt., 2010

Bamberger, Heinz Georg / Roth, Herbert, Beck'scher Online Kommentar zum Bürgerlichen Gesetzbuch, Band 1, §§ 433-480 BGB, CISG, 17. Edt., 2010

Bar, Christian von / Clive, Eric (Ed.), Principles, definitions and model rules of European Private Law. Draft Common Frame of Reference, prep. by the Study Group on a European Civil Code and the Research Group on EC Private Law (Acquis Group), Volume I: Introduction, Principles, Definitions; I.-1:101 to III.-4:207, München 2009

Bar, Christian von, Internationales Privatrecht, Band I, München 1987

Bar, Chrstian von, A Common Frame of Reference for European Private Law – Academic Efforts and Political Realities, Tul Eur & Civ LF (23) 2008, 37-49

Bärmann, Johannes, Zur Vorgeschichte des § 346 HGB, in Festschrift für Hermann Krause, 225-252, Köln 1975

Basedow, Jürgen, Die Incoterms und der Container oder wie man kodifizierte Usancen reformiert, RabelsZ 43 (1979), 116-146

Basedow, Jürgen, Handelsbräuche und AGB-Gesetz – Spontane Regelbildung im Zeitalter kodifizierter Usancen, ZHR 150 (1986) 469-491

Baumbach, Adolf / Hefermehl, Wolfgang, Wettbewerbsrecht, 22. Aufl., München 2001

Baumbach, Adolf / Hopt, Klaus Jürgen, Handelsgesetzbuch, 34. Aufl., München 2010

Baumbach, Adolf / Lauterbach, Wolfgang / Albers, Jan / Hartmann, Peter, Zivilprozessordnung, 68. Aufl., München 2010

Bendix, Ludwig, Verkehrssitte und Handelsgebräuche, JW 1921, 226-227

Benkendorff, Gerhard, Kartellrecht und Handelsbräuche, WuW 1953, 666-676

Berger, Klaus Peter / Kleine, Lucas , AGB-Geltung und Transparenzgebot – Beispiele aus der jüngeren BGH-Rechtsprechung zum unternehmerischen Geschäftsverkehr, 3526-3530

Berger, Klaus Peter / Kleine, Lucas, AGB-Kontrolle im unternehmerischen Geschäftsverkehr, BB 2007, 2137-2141

Berger, Klaus Peter, Abschied von der Privatautonomie im unternehmerischen Geschäftsverkehr?, ZIP 2006, 2149-2156

Berger, Klaus Peter, Einbeziehung von AGB in B2B-Verträge, ZGS 2004, 415-422

Berger, Klaus Peter, Formalisierte oder „schleichende" Kodifizierung des transnationalen Wirtschaftsrechts: zu den methodischen und praktischen Grundlagen der lex mercatoria, Berlin 1996

Berger, Klaus Peter, Für eine Reform des AGB-Rechts im Unternehmerverkehr, NJW 2010, 465-470

Berger, Klaus Peter, Lex Mercatoria Online, RIW 2002, 256-262

Berger, Lex Mercatoria in der Internationalen Wirtschaftsschiedsgerichtsbarkeit, Der Fall Compania Valenciana, IPRax 1993, 281-288

Bernstorff, Christopf von, Einführung in das englische Recht , 3. Aufl., München 2006

Bianca, Cesare Massimo /Bonell, Michael Joachim, Commentary on the International Sales Law. The 1980 Vienna Sales Convention, Mailand 1987

Bindels, Leo / Linden, Walter, Der Streit um die Allgemeinen Deutschen Spediteurbedingungen, BB 1958, 16-22

Blair, Michael, Sale of Goods: act 1979, London 1980

Böckstiegel, Karl-Heinz, Die Bestimmung des anwendbaren Rechts in der Praxis internationaler Schiedsgerichtsverfahren, in Festschrift für Günther Beitzke, S. 443-458, Berlin 1979

Bonell, Michael Joachim, An International Restatement of contract law. The UNIDROIT principles of international commercial contracts, 3. Aufl., New York 2005

Bonell, Michael Joachim, The CISG, European contract law and the development of a world contract law, Am.J.Comp.L. 56 (2008), 1-28

Bonell, Michael Joachim, Die Bedeutung der Handelsbräuche im Wiener Kaufrechtsübereinkommen von 1980, JBl. 1985, 385-395

Böshagen, Fritz, Gutachten der Industrie- und Handelskammer über das Bestehen von Handelsbräuchen, NJW 1956, 695-697

Brachert, Sebastian / Dietzel, Andreas, Deutsche AGB-Rechtsprechung und Flucht ins Schweizer Recht, ZGS 2005, 441

Bradgate, Robert / Savage, Nigel, Business Law, 2. Aufl., London 1993

Brandner, Hans Erich, Die Umstände des einzelnen Falles bei der Auslegung und Beurteilung von Allgemeinen Geschäftsbedingungen, 162 AcP (1963) 237-264

Brox, Hans / Henssler, Martin, Handelsrecht, 20. Aufl., München 2009.

Brunner, Christoph, UN-Kaufrecht – CISG: Kommentar zum Übereinkommen der Vereinten Nationen über Verträge über den internationalen Warenkauf von 1980; unter Berücksichtigung der Schnittstellen zum internen Schweizer Recht, Bern 2004

Bucher, Eugen, Rechtsüberlieferung und heutiges Recht, ZEuP 2000, 394-543

Bülow, Peter, Handelsrecht, 6. Aufl., Heidelberg 2009

Burkart, Fabian, Interpretatives Zusammenwirken von CISG und UNIDROIT principles, 1. Aufl., Baden-Baden 2000

Bussmann, Kurt, Allgemeine deutsche Spediteurbedingungen (ADSp), Handelsbrauch und Kartellrecht, WuW 1955, 275-285

Bydlinski, Franz, Juristische Methodenlehre und Rechtsbegriff, 2. Aufl., Wien 1991

Bydlinski, Franz, Hauptpositionen zum Richterrecht, JZ 1985, 149-155

Canaris, Claus-Wilhelm / Grigoleit, Hans Christoph, Interpretation of Contracts, in: Hartkamp, Arthur (et al), Towards a European civil code, 3. Aufl., Nijmegen 2004, S. 445-469

Canaris, Claus-Wilhelm, Handelsrecht, 24. Aufl., München 2006

Carlsen, Anja, Remarks on the manner in which the PECL may be used to interpret or supplement Article 9 CISG, 3.(a) (abrufbar unter: http://www.cisg.law.pace.edu/cisg/text/peclcomp9.html, zuletzt besucht am: 06.10.2010)

Carter, John, “Commercial Construction” and the Canada SS Rules, (1995) 9 JCL 69-99

Chitty, Joseph, Chitty on contracts, Volume I: General Principles, 30. Aufl., London 2008

Christl, Gerhard, Revisible Erfahrungssätze in Unterhaltstabellen, NJW 1984, 267-271

Clarke, Malcolm, Contract – Notice of Terms, [1978] CLJ, 21-23

Colinvaux, Raoul, Carver’s Carriage by Sea, 13. Aufl., London 1982

Colman, Anthony, The practice and procedure of the Commercial Court, 2. Aufl., London 1983

Coote, Brian, Unfair Contract Terms Act 1977, 41 Mod L Rev, 312-324

Cosack, Konrad, Lehrbuch des Handelsrechts, 10. und fortgef. 11. Aufl., Stuttgart 1923

Crome, Carl, System des Deutschen Bürgerlichen Rechts Band I: Einleitung und allgemeiner Theil, Nachdr. der Ausg. Tübingen 1900

Cross, Rupert / Tapper, Colin, Cross on Evidence, 7. Aufl., London 1990

Danz, Erich, Laienverstand und Rechtsprechung, Jherings Jahrbücher für die Dogmatik des Bürgerlichen Rechts 38 (1898), 373-500

Dauner-Lieb, Barbara, Die geplante Schuldrechtsmodernisierung – Durchbruch oder Schnellschuss?, JZ 2001, 8-18

Devlin, Patrick, The Relation between Commercial Law and Commercial Practice, 14 Mod L Rev (1951) 249-266

Diederichsen, Uwe, Der „Vertragsschluß“ durch kaufmännisches Bestätigungsschreiben, JuS 1966, 129-139

Dölle, Hans, Bedeutung und Funktion der „Bräuche“ im Einheitsgesetz über den internationalen Kauf beweglicher Sachen, in Festschrift für Max Rheinstein, Band I, 447-453, Tübingen 1969

Dove, Heinrich, Die Handelskammer als Organ für die Bekundung von Handelsgebräuchen, RuW 1920, 133-136

Drettmann, Fritz, Handelsbräuche und Allgemeine Geschäftsbedingungen in Festschrift für Graf v. Westphalen, 55-62, München 2010,

Düringer, Adelbert / Hachenburg, Max, Das Handelsgesetzbuch: vom10. Mai 1897 (unter Ausschluß des Seerechts) auf der Grundlage des Bürgerlichen Gesetzbuchs, 3. Aufl., Mannheim 1929
Band I, Allgemeine Einleitung, §§ 1-104; 1930
Band IV, Allgemeine Einleitung, §§ 343-372; 1932

Ebenroth, Carsten Thomas / Boujong, Karlheinz / Joost, Detlev /Strohn Lutz, Handelsgesetzbuch: Kommentar, 2. Aufl., München 2008-2009

Ebenroth, Carsten Thomas, Das kaufmännische Bestätigungsschreiben im internationalen Handelsverkehr, ZVglRWiss 77 (1978), 161-206

Ebenroth, Carsten Thomas, Internationale Vertragsgestaltung im Spannungsverhältnis zwischen AGBG, IPR-Gesetz und UN-Kaufrecht, JBl 1986, 681-695

Ehrenberg, Victor, Handbuch des gesamten Handelsrechts, Band I, Leipzig 1913

Eidenmüller, Horst / Faust, Florian / Grigoleit, Christoph / Jansen, Nils / Wagner, Gerhard / Zimmermann, Reinhard, Der Gemeinsame Referenzrahmen für das Europäische Privatrecht – Wertungsfragen und Kodifikationsprobleme –, JZ 2008, 529-550

Eisenhardt, Ulrich, Deutschrechtliche Wurzeln des Handelsrechts, in: Festschrift für Peter Raisch, S. 51-65, Köln 1995

Endemann, Wilhelm, Das deutsche Handelsrecht, 4. Aufl., Leipzig 1887

Enderlein, Fritz / Maskow, Dietrich, International sales law: United Nations Convention on Contracts for the International Sale of Goods; Convention on the Limitation Period in the International Sale of Goods: commentary, New York 1992

Enneccerus, Ludwig / Nipperdey, Hans Carl, Lehrbuch des bürgerlichen Rechts, Band I: Allgemeiner Teil des bürgerlichen Rechts: ein Lehrbuch, Halbbd. I: Allgemeine Lehren, Personen, Rechtsobjekte, 15. Aufl., Tübingen 1959

Ensthaler, Jürgen / Bandach, Georg / Achilles, Wilhelm-Albrecht, Gemeinschaftskommentar zum Handelsgesetzbuch, 6. Aufl., Neuwied 1999

Erman, Walter, Handkommentar zum Bürgerlichen Gesetzbuch, Hrsg.: Harm Peter Westermann, Bände I und II, 12. Aufl., Münster 2004

Esser, Michael, Commercial Letters of Confirmation in International Trade: Austrian, French, German and Swiss Law and Uniform Law under the 1980 Sales Convention, 18 Ga J Int Comp L (1988), S. 427-460

Fastrich, Lorenz, Richterliche Inhaltskontrolle im Privatrecht, München 1992

Ferrari, Franco, What sources of law for contracts for the international sale of goods? Why one has to look beyond the CISG, IHR 2006, 1-20

Ferrari, Franco, Zur Bedeutung von Handelsbräuchen und Gepflogenheiten nach UN-Kaufrecht, EuLF 2002, 272-277

Fikentscher, Wolfgang, Methoden des Rechts in vergleichender Darstellung,
Band II: Anglo-Amerikanischer Rechtskreis, Tübingen 1975
Band III: Mitteleuropäischer Rechtskreis, Tübingen 1976
Band IV: Dogmatischer Teil: Anhang, Tübingen 1977

Fischer, Robert, Höchstrichterliche Rechtsprechung heute – am Beispiel des Bundesgerichtshofs, in Ständige Deputation des Deutschen Juristentages Sitzungsbericht G/H, 52. Deutschen Juristentag Wiesbaden 1978, München 1978

Flory, Peter / Froschauer, Bernd, Grundwortschaft der Rechtssprache: deutsch-englisch; englisch-deutsch, 2. Aufl., Neuwied 1995

Flume, Werner, Allgemeiner Teil des Bürgerlichen Rechts, Band II: Das Rechtsgeschäft, 4. Aufl., Berlin 1992

Fogt, Morten, Gerichtsstand des Erfüllungsortes bei streitiger Existenz des Vertrages, Anwendbarkeit des CISG und alternative Vertragsschlussarten, IPRax 2001, 358-364

Frense, Astrid, Grenzen der formularmäßigen Freizeichnung im einheitlichen Kaufrecht, 1. Aufl., Heidelberg 1993

Frigge, Bettina, Externe Lücken und Internationales Privatrecht im UN-Kaufrecht (Art. 7 Abs. 2), Frankfurt am Main 1994

Fuchs, Tobias, Kaufmännisches Bestätigungsschreiben im englischen und französischen Recht im Vergleich zum deutschen Bestätigungsschreiben, München 1998

Furche, Steffen, Internationale Entscheidungszuständigkeit und anwendbares Recht bei Bürgschaften mit Auslandsbezug, WM 2004, 205-211

Furmston, Michael, Cheshire, Fifoot & Furmston's Law of Contract 15. Aufl., Oxford 2007

Gallois, Hermann, Die wachsende Bedeutung der Verkehrssitte und ihre Einwirkung auf nachgiebiges Recht, JR 1956, 409-411

Garro, Alejandro Miguel, Reconciliation of Legal Traditions in the U.N. Convention on Contracts for the International Sale of Goods, 23 The International Lawyer (1989) 443-483

Gehb, Jürgen, German law goes Hollywood – Sind wir fit für den Wettbewerb der Rechtsordnungen?, DRiZ 2008, 222-224

Gehrke, Florian, Das elektronische Transportdokument – Frachtbrief und Konnossement in elektronischer Form im deutschen und internationalen Recht, Münster 2005

Geiger, Theodor, Vorstudien zu einer Soziologie des Rechts, 4. Aufl., Berlin 1987

Geisler, Georg, Das Gewohnheitsrecht als Quelle des geltenden Handelsrechts, Leipzig 1904

Gierke, Julius von / Sandrock, Otte, Handels- und Wirtschaftsrecht, Band I: Allgemeine Grundlagen – Der Kaufmann und sein Unternehmen,9. Aufl., Berlin 1975

Gierke, Julius von, Handelsrecht und Schiffahrtsrecht, 8. Aufl., Berlin 1958

Glanegger, Peter, Heidelberger Kommentar zum Handelsgesetzbuch, 6. Aufl., Heidelberg 2002

Goertz, Karl, Handelsgewohnheitsrecht und Handelssitte, Crefeld 1914

Goldschmidt, Levin, Handbuch des Handelsrechts,

Teil A, Band I, Abteilung 1, Lieferung 1: Universalgeschichte des Handelsrechts, Stuttgart 1891, Neudruck Aalen 1973

Teil B, Band I: Geschichtlich-literarische Einleitung und Grundlehren, Stuttgart 1891, Neudruck Aalen 1973

Goode, Roy, Commercial Law, 3. Aufl., London 2004

Goode, Roy, Insularity or leadership? The role of the United Kingdom in the harmonisation of commercial law, 50(4) ICLQ (2001) 751-765

Goode, Roy, The Codification of Commercial Law, 14 Monash U L Rev (1988) 135-157

Goode, Roy, Usage and its reception in transnational commercial law, 46 ICLQ (1997) 1-36
Gottwald, Peter, Revisionsinstanz als Tatsacheninstanz, Berlin 1975
Grobecker, Wolfgang, Implied terms und Treu und Glauben: Vertragsergänzung im englischen Recht in rechtsvergleichender Perspektive, Berlin 1999
Großmann-Doerth, Hans, Der Jurist und das autonome Recht des Welthandels, JW 1929, 3447-3451
Großmann-Doerth, Hans, Selbstgeschaffenes Recht der Wirtschaft und staatliches Recht, Antrittsvorlesung, Freiburg i. Br. 1933
Grundmann, Stefan, Europäisches Schuldvertragsrecht, Berlin 1999
Grundmann, Stefan, The Structure of the DCFR – Which Approach of Today's Contract Law?, ERCL 2008, 225-247
Grunewald, Barbara, Was sind Vertragsbedingungen im Sinne von § 305 BGB?, in: Festschrift für Friedrich Graf von Westphalen, S. 229-237, München 2010
Gusy, Christoph, Richterrecht und Grundgesetz, DÖV 1992, 461-470
Güterbock, Karl, Zur Geschichte des Handelsrechts in England, ZHR 4, 13-29

Halsbury's Laws of England,
Vol. 9 (1): Contract, 4. Aufl., London 1998
Vol. 12 (1): Custom and Usage, 4. Aufl., London 1998
Hartkamp, Arthur / Hesselink, Martijn / Hondius, Ewoud / Joustra, Carla / du Perron, Edgar / Veldman, Muriel, Towards a European Civil Code, 3. Aufl., Nijmegen 2004
Heilfron, Eduard, Lehrbuch des Handelsrechts,
Band I, Berlin 1907
Band II, Berlin 1909
Heinrich, Christian, Formale Freiheit und materiale Gerechtigkeit: die Grundlagen der Vertragsfreiheit und Vertragskontrolle am Beispiel ausgewählter Probleme des Arbeitsrechts, 1. Aufl., Tübingen 2000
Hellner, Jan, Non-Judicial Control of Standard Terms, in Proceedings of the 8th Colloquy on European Law, University of Neuchâtel, 6-8 June 1978, S. 46-61, Strasbourg 1979
Hellwege, Phillip, Allgemeine Geschäftsbedingungen, einseitig gestellte Vertragsbedingungen und die allgemeine Rechtsgeschäftslehre, Tübingen 2010
Herber, Rolf / Czerwenka, Beate, Internationales Kaufrecht, München 1991
Herber, Rolf, Anmerkungen zur Entscheidung des OLG Celle vom 27.04.1994, TranspR 1994, 351-353

Herzog, Dieter, Die Einbeziehung der ADSp in den Verkehrsvertrag, TranspR 2001, 244-247
Hesselink, Martijn, Common Frame of Reference as a Source of European Private Law, Tulane LR 83 (2009), 919-972
Hesselink, Martijn, The European Commission's Action Plan: Towards a More Coherent European Contract Law, ERPL 12 (2004), 397-419
Hesselink, Martijn, The Politics of European Contract Law: Who has an Interest in What Kind of Contract Law for Europe?, Global Jurist Frontiers 2002, 1-11
Heymann, Ernst, Handelsgesetzbuch,
Band IV: §§ 343-475h, 2. Aufl., Berlin 2004
Hobeck, Paul, Flucht aus der deutschen Gerichtsbarkeit bei wirtschaftlichen Streitigkeiten – warum?, DRiZ 2005, 177--180
Hoggett, Anthony, Changing a Bargain by Confirming it, Mod L Rev 33 (1970), 518-529
Holdsworth, William, A history of English Law, Vol. 5, 3. Aufl., London 1966
Holl, Volker / Keßler, Oliver, „Selbstgeschaffenes Recht der Wirtschaft" und Einheitsrecht, Die Stellung der Handelsbräuche und Gepflogenheiten im Wiener UN-Kaufrecht, RIW 1995, 457-460
Holl, Volker, Zur Gerichtsstandsvereinbarung gemäß VollstrZustÜbk Art. 17 Abs. 1 S. 2, RIW 1997, 418-419
Holtzmann. Howard / Neuhaus, Joseph, A Guide to the UNCITRAL model Law on international commercial arbitration: legislative history and commentary, Deventer 1989
Honnold, John, Documentary History of the uniform law for international sales: the studies, deliberations, and decisions that led to the 1980 United Nations Convention with introductions and explanations, Deventer 1989
Honnold, John, Uniform law for international sales under the 1980 United Nations Convention, Austin 2009
Honsell, Heinrich, Kommentar zum UN-Kaufrecht: Übereinkommen der Vereinten Nationen über Verträge über den Internationalen Warenkauf (CISG), 2. Aufl., Heidelberg 2010
Hopt, Klaus, Nichtvertragliche Haftung außerhalb von Schadens- und Bereicherungsausgleich. Zur Theorie und Dogmatik des Berufsrechts und der Berufshaftung, AcP 183 (1983), 608-720
Horn, Norbert, The Use of Transnational Law in the Contract Law of International Trade and Finance, in Klaus Peter Berger (Hrsg.), The Practice of Transnational Law, 67-80, Den Haag 2001
Hübner, Ulrich, Handelsrecht, 5. Aufl., Heidelberg 2004

Ipsen, Jörn, Verfassungsrechtliche Schranken des Richterrechts, DVBl 1984, 1102-1107

Jakobs, Horst Heinrich, Wissenschaft und Gesetzgebung im bürgerlichen Recht nach der Rechtsquellenlehre des 19. Jahrhunderts, Paderborn 1983

Jansen, Nils / Zimmermann, Reinhard, Was ist und wozu der DCFR?, NJW 2009, 3401-3406

Jauernig, Othmar, Bürgerliches Gesetzbuch: mit Allgemeinem Gleichbehandlungsgesetz (Auszug), 13. Aufl., München 2009

Jayme, Erik, Allgemeine Geschäftsbedingungen und Internationales Privatrecht, ZHR 142 (1978), 105-123

Johnston, Angus, Auswirkung des Verbraucherschutzes auf Kaufverträge in England, RIW/AHD 1977, 330-334

Jung, Reinhard, Die Beweislastverteilung im UN-Kaufrecht: insbesondere beim Vertragsschluß, bei Vertragsverletzungen des Käufers, bei allgemeinen Bestimmungen über Verkäufer- und Käuferpflichten, Frankfurt am Main 1996

Junge, Werner, Das Kammergutachten, WiVerw 1987, 195-206

Kade, Theo, Richterliche Kontrolle von formularmäßigen Haftungsfreizeichnungen

im englischen Recht, Bonn 1970

Kahn-Freund, Otto, A Note on Status and Contract in British Labour Law 30 MLR [1967] 635-644

Kappus, Andreas, „Lex mercatoria“ in Europa und Wiener UN-Kaufrechtskonvention 1980: “conflict avoidance” in Theorie und Praxis schiedsrichterlicher und ordentlicher Rechtsprechung in Konkurrenz zum Einheitskaufrecht der Vereinten Nationen, Franfurt am Main 1990

Karollus, Martin, UN-Kaufrecht: eine systematische Darstellung für Studium und Praxis, Wien 1991

Kellmann, Christof, Grundprobleme der Willenserklärung, JuS 1971, 609-617

Kerber, Wolfgang / Grundmann, Stefan, An optional European contract law code: Advantages and disadvantages, Eur J Law Econ 21 (2006), 215-236

Kessel, Christian / Stomps, Andreas, Haftungsklauseln im Geschäftsverkehr zwischen Unternehmern – ein Plädoyer für eine Änderung der Rechtsprechung

Kindl, Johann Winfried, Rechtsscheintatbestände und ihre rückwirkende Beseitigung, Berlin 1999

Kindler, Peter, Ob Walzfräsmaschine oder Schreibtischsessel: Keine Obliegenheit zur AGB-Übersendung beim Vertragsschluss nach CISG!, in Festschrift für Andreas Heldrich, S. 225-234, München 2005

Kirchhof, Paul, Richterliche Rechtsfindung, gebunden an „Gesetz und Recht“, NJW 1986, 2275-2280

Kisch, Wilhelm, Anm. zu RG, Urt. v. 31.03.1925, JW 1926, 554-555

Klausing, Friedrich, Rezension zu Otto Schreiber, Handelsbräuche (Studien), ZHR 87 (1924), 194-205

Kleinschmidt, Harald, Geschichte der internationalen Beziehungen: ein systemgeschichtlicher Abriß, Stuttgart 1998

Koch, Harald, Zur Bewertung von Gerichtsstandsklauseln und Erfüllungsortvereinbarungen im internationalen Handelsverkehr, JZ 1997, 841-843

Koch, Raphael, Das AGB-Recht im unternehmerischen Verkehr: Zu viel des Guten oder Bewegung in die richtige Richtung?, BB 2010. 1810-1815

Koch, Robert, Wider den formularmäßigen Ausschluß des UN-Kaufrechts, NJW 2000, 910-915

Köhler, Helmut, Gesetzesauslegung und „gefestigte höchstrichterliche Rechtsprechung“, JR 1984, 45-48

Koller, Ingo / Roth, Wulf-Henning / Morck, Winfried, Handelsgesetzbuch: Kommentar, 6. Aufl., München 2007

Kötz, Hein / Flessner, Axel, Europäisches Vertragsrecht, Tübingen 1996

Kötz, Hein, Deutsches Recht und Common Law im Wettbewerb. Law – Made in Germany: Wirklich ein Vorteil für Unternehmen? Mitteilungsblatt DAV Internationaler Rechtsverkehr 2/2009, 12-18

Kozolchyk, Boris, The Paperless Letter of Credit and Related Documents of Title, 55 Law & Contemp Probs (1992), 39-102

Krafzik, Bernd, Die Spruchpraxis der hanseatischen Schiedsgerichte: unter besonderer Berücksichtigung des Gedankens der Rechtsfortbildung, Berlin 1974

Kreuzer, Karl Friedrich, Das internationale Privatrecht des Warenkaufs in der deutschen Rechtsprechung, Frankfurt am Main 1964

Kröll, Stefan / Hennecke, Rudolf, Kaufmännische Bestätigungsschreiben beim internationalen Warenkauf, RabelsZ 67 (2003) 448-493

Kropholler, Jan, Europäisches Zivilprozessrecht: Kommentar zur EuGVO, Lugano-Übereinkommen und Europäischem Vollstreckungstitel,8. Aufl., Frankfurt am Main 2005

Krüger, Herbert, Allgemeine Staatslehre, 2. Aufl., Stuttgart 1966

Kühl, Sebastian / Hingst, Kai-Michael, Das UN-Kaufrecht und das Recht der AGB, in: Festschrift für Rolf Herber, S. 50-62, Neuwied 1999

Laband, Paus, Die Handels-Usancen, ZHR 17 (1872), 466-511

Lando, Ole, Principles of European Contract Law, Prepared by the Commission of European Contract Law

Part I/II: Lando, Ole / Beale, Hugh, Principles of European Contract Law Part I/II, The Hague 2000

Part III: Lando, Ole / Clive, Eric / Prüm, André / Zimmermann, Reinhard, Principles of European Contract Law Part III, The Hague 2003

Langenbucher, Katja, Rechtsprechung mit Wirkung für die Zukunft, JZ 2003, 1132-1140

Langer, Oliver, Haftungsausschluss und Haftungsbegrenzung gegenüber Unternehmern in Allgemeinen Geschäftsbedingungen, WM 2006, 1233-1237

Larenz, Karl / Wolf, Manfred, Allgemeiner Teil des Bürgerlichen Rechts, 9. Aufl., München 2004

Lehmann, Karl / Ring, Viktor, Das Handelsgesetzbuch für das Deutsche Reich, Berlin 1901

Leible, Stefan, Europäisches Privatrecht am Scheideweg, NJW 2008, 2558-2562

Leisinger, Benjamin, Fundamental Breach Considering Non-Conformity of the Goods, München 2007

Lewison, Kim, The interpretation of Contracts, London 1989

Limbach, Jutta, Die Feststellung von Handelsbräuchen, in Berliner Festschrift für Ernst Hirsch, S. 77-98, Berlin 1968

Lischek, Jan / Mahnken, Volker, Vertragsverhandlungen zwischen Unternehmen und AGB – Anmerkungen aus der Sicht der Praxis, ZIP 2007, 158-163

Lißner, Sabine, Handelsbräuche, 1999

Löwe, Walter / Westphalen, Friedrich Graf von / Trinkner, Reinhold,
Kommentar zum Gesetz zur Regelung des Rechts der Allgemeinen Geschäftsbedingungen, Heidelberg 1977
Großkommentar zum AGB-Gesetz
Band II: §§ 10-30, 2. Aufl., Heidelberg 1983
Band III: Einzelklauseln und Klauselwerke, 2. Aufl., Heidelberg 1985

Lüderitz, Alexander, Anmerkung zu BGH, Urteil v. 29.11.1961 – VIII ZR 146/60, JZ 1963, 169-172

Lüderitz, Alexander, Auslegung von Rechtsgeschäften: vergleichende Untersuchung anglo-amerikanischen und deutschen Rechts, Karlsruhe 1966

Ludwig, Katharina, Der Vertragsschluß nach UN-Kaufrecht im Spannungsverhältnis von Common Law und Civil Law: dargestellt auf der Grundlage der Rechtsordnungen Englands und Deutschlands, Frankfurt am Main 1994

Lurger, Brigitta, Überblick über die Judikaturentwicklung zu ausgewählten Fragen des CISG – Teil I, IHR 2005, 177-188

Lütkenhaus, Alfried, Unfair Contract Terms Act 1977 und das AGB-Gesetz 1976, Frankfurt am Main 1987

Macdonald, Elizabeth, Incorporation of contract terms by 'consistent course of dealing' 8 Legal Studies (1988) 48-60
Magnus, Ulrich, Das UN-Kaufrecht – aktuelle Entwicklungen und Rechtsprechungspraxis, ZEuP 2002, 523-541
Magnus, Ulrich, Die allgemeinen Grundsätze im UN-Kaufrecht, RabelsZ 59 (1995), 469-494
Malynes, Gerard, consuetudo vel lex mercatoria or the ancient law-merchant, London 1622 (Nachdruck 1997)
Mankowski, Einbeziehung der Hamburger Lagerungsbedingungen nur durch vertragliche Vereinbarung, EWiR 1997, 895-896
Mann, Francis, The proposed new law of exemption clauses and the conflict of laws 26 ICLQ [1977] 903-913
McLean, Hazel, Incorporation of onerous or unusual terms, 47 CLJ [1988] 172-174
McMeel, Gerard, The Construction of Contracts, Oxford 2007
Melot de Beauregard, Paul, Die Rechtsfigur des *implied term* im britischen Recht am Beispiel der Pflicht des Arbeitgebers, das Vertrauensverhältnis zum Arbeitnehmer nicht zu verletzen, ZfRV 2004, 3-9
Mertens, Hans-Georg, Untersuchung zur zivilrechtlichen Judikatur des Reichsgerichts vor dem Inkrafttreten des BGB, AcP 174, 1974, 333-380
Mertens, Hans-Joachim, Leges Praeter Legem. Helmut Coing zum 70. Geburtstag, AG 1982, 29
Meyer, Gerhard, Der Handelsbrauch, insbesondere sein Verhältnis zu den dispositiven Gesetzesbestimmungen, Barßel in Oldbg., 1928
Meyer, Rudolf, Bona fides und lex mercatoria in der europäischen Rechtstradition, Göttingen 1994
Michel, Ulrich, Die allgemeinen Geschäftsbedingungen als Vertragsbestandteil in der Rechtsprechung, Tübingen 1932
Micklitz, Hans-W. / Reich, Norbert, Europäisches Verbraucherrecht – quo vadis? Überlegungen zum Grünbuch der Kommission zur Überprüfung des gemeinschaftlichen Besitzstandes im Verbraucherschutz, VuR 2007, 121-130
Minuth, Peter, Der amerikanische Uniform Commercial Code und deutsches Recht, 2000
Möller, Hans, Die Allgemeinen Deutschen Spediteurbedingungen und die dazugehörigen verschiedenen Versicherungsregelungen, BB 1962, 394-396
Moss, Sally, Why the United Kingdom Has Not Ratified the CISG, 25 J L & Com (2005-2006) 483-485
Müller, Holger / Otto, Hans-Hermann, Allgemeine Geschäftsbedingungen im internationalen Wirtschaftsverkehr, Neuwied 1994

Müller, Tobias Malte, Ausgewählte Fragen der Beweislastverteilung im UN-Kaufrecht im Lichte der aktuellen Rechtsprechung, München 2005
Müller, Werner / Griebeler, Carsten / Pfeil, Julia, Für eine maßvolle AGB-Kontrolle im unternehmerischen Geschäftsverkehr, BB 2009, 2658-2665
Müller-Graff, Peter-Christian, AGB-Einbeziehung bei kaufmännischer Geschäftsübung und AGB-Gesetz, Festschrift für Klemens Pleyer, S. 401-420, Köln 1986
Müller-Graff, Peter-Christian, Die Geschäftsverbindung als Schutzpflichtverhältnis. Am Beispiel unentgeltlicher Leistungen, JZ 1976, 153-156
Müller-Graff, Peter-Christian, Rechtliche Auswirkungen einer laufenden Geschäftsverbindung im amerikanischen und deutschen Recht, Karlsruhe 1974
Münchener Kommentar zum Bürgerlichen Gesetzbuch,
Band 1/Teilband 1: Allgemeiner Teil, §§ 1-240, ProstG, Hrsg. Franz Jürgen Säcker, Roland Rixecker, 5. Aufl., München 2006
Band 2: Schuldrecht Allgemeiner Teil, §§ 241-432, Hrsg. Franz Jürgen Säcker, Roland Rixecker, 5. Aufl., München 2007
Münchener Kommentar zum Handelsgesetzbuch, Hrsg. Karsten Schmidt
Band 1 (1. Buch), 2. Aufl., München 2007
Nachtr.: Handelsstand: §§ 1-104; Nachtrag zur 2. Aufl.; [Gesetz über elektronische Handelsregister und Genossenschaftsregister sowie das Unternehmensregister (EHUG) und Transparenzrichtlinie-Umsetzungsgesetz (TUG)]
Band 5 (4. Buch), 2. Aufl., München 2009
Abschnitt 1: Allgemeine Vorschriften: §§ 343-372; Recht des Zahlungsverkehrs; Effektengeschäft; Depotgeschäft; Ottawa-Übereinkommen; Factoring
Band 6 (4. Buch), 2. Aufl., München 2007
Abschnitt 2: Handelskauf, 2. Aufl., München 2007
Abschnitt 3: Kommissionsgeschäft: §§ 373-406; Wiener UN-Übereinkommen über Verträge über den internationalen Warenkauf – CISG
Münchener Kommentar zum Internationalen Privatrecht: Rom I-Verordnung, Rom II-Verordnung, Einführungsgesetz zum Bürgerlichen Gesetzbuche (Art. 1-24), Hrsg. Franz Jürgen Säcker, Roland Rixecker, 5. Aufl., München 2010
Münchener Kommentar zur Zivilprozessordnung, Hrsg. Thomas Rauscher, Peter Wax, Joachim Wenzel,
Band I: §§ 1-354, 3. Aufl., München 2007
Band II: §§ 511-945, 3. Aufl., München 2007
Band III: §§ 946-1086, 3. Aufl. München 2008

Musielak, Hans-Joachim, Kommentar zur Zivilprozessordnung, 7. Aufl., München 2009

Neuhaus, Kai-Jochen, Gewohnheitsrecht – Rolle und Anerkennung in Deutschland, JuS 1996, L 41-48

Nicholas, Barry, The United Kingdom and The Vienna Sales Convention: Another Case of Splendid Isolation? Rome: Centro di Studi e Richerche di Diritto Comparato e Straniero (1993) abrufbar beim Centre of Comparative and Foreign Law Studies (abrufbar unter: http://www.cisg.law.pace.edu/cisg/biblio/alpha13.html, zuletzt besucht am: 06.10.2010)

Oepen, Klaus, Auf erstes Anfordern versprochene Bürgschaften und Garantien, NJW 2009, 1110-1115; NJOZ 2009, 756-777

Oertmann, Paul, Rechtsordnung und Verkehrssitte: insbesondere nach bürgerlichem Recht; zugleich ein Beitrag zu den Lehren von der Auslegung der Rechtsgeschäfte und von der Revision, Leipzig 1914

Oestmann, Peter, Die Ermittlung von Verkehrssitten und Handelsbräuchen im Zivilprozeß, JZ 2003, 285-290

Oestmann, Peter, Verkehrssitte, Privatautonomie und spontane Ordnung, KritV 2002, 409-437

Ostertun, Dietrich, Gewohnheitsrecht in der Europäischen Union: Eine Untersuchung der normativen Geltung und der Funktion von Gewohnheitsrecht im Recht der Europäischen Union, Frankfurt am Main 1996

Otte, Karsten, Abstrakte oder konkrete Berechnung des Nutzungsausfallschadens? Dogmatische Analyse eines Sonderwegs in der Binnenschiffahrt, TranspR 2005, 391-399

Palandt, Otto, Bürgerliches Gesetzbuch, 69. Aufl., München 2010

Pamboukis, Charalambos, The Concept and Function of Usages in the United Nations Convention on the International Sale of Goods, 25 J L & Com (2005-2006) 107-131

Pawlowski, Hans-Martin, Methodenlehre für Juristen: Theorie der Norm und des Gesetzes; ein Lehrbuch, 3. Aufl., Heidelberg 1999

Viscasillas, Perales M[a] del, Battle of the Forms and the Burden of Proof: An Analysis of BGH 9 January 2002, Vindobona Journal of International Commercial Law and Arbitration 2002, 217-228 (abrufbar unter: http://www.cisg.law.pace.edu/cisg/biblio/perales2.html, zuletzt besucht am: 06.10.2010)

Pfeiffer, Thomas, Handbuch der Handelsgeschäfte, Köln 1999

Pfenninger, Hans Felix, „Uebung und Ortsgebrauch" im schweizerischen Zivilgesetzbuch, Aarau 191

Pflug, Hans-Joachim, Kontrakt und Status im Recht der Allgemeinen Geschäftsbedingungen, München 1986

Phang, Andrew Boon Leong, Implied Terms in English Law – Some Recent Developments [1993] JBL 242-255

Philippi, Johann, Zur Frage der Fortgeltung des Grundsatzes der stillschweigenden Einbeziehung der ADSp, TranspR 1999, 375-378

Picker, Eduard, Richterrecht und Richterrechtssetzung. Zu neuen Rechtsbildungsmethoden des Bundesarbeitsgerichts im Urteil vom 9.7.1981 2 AZR 788/78, JZ 1984, 153-163

Piltz, Burghard, AGB in UN-Kaufverträgen, IHR 2004, 133-138

Piltz, Burghard, INCOTERMS 2000 – ein Praxisüberblick, RIW 2000, 485-489

Piltz, Burghard, Internationales Kaufrecht: das UN-Kaufrecht in praxisorientierter Darstellung, 2. Aufl., München 2008

Piltz, Burghard, Neue Entwicklungen im UN-Kaufrecht, NJW 1996, 2768-2773

Piltz, Burghard, Neue Entwicklungen im UN-Kaufrecht, NJW 2003, 2056-2063

Piltz, Burghard, Neue Entwicklungen im UN-Kaufrecht, NJW 2005, 2126-2131

Prütting, Hanns / Wegen, Gerhard / Weinreich, Gerd, BGB: Kommentar, 5. Aufl., Köln 2010

Rabe, Dieter, Auswirkungen des AGB-Gesetzes auf den kaufmännischen NJW 1987, 1978-1985

Rabel, Ernst, Das Recht des Warenkaufs: eine rechtsvergleichende Darstellung, Band I, Berlin 1964
Band II. Berlin 1958

Raisch, Peter, Zur Abgrenzung von Gewohnheitsrecht und Richterrecht im Zivil- und Handelsrecht, ZHR 150 (1986), 117-140

Raiser, Ludwig, Das Recht der allgemeinen Geschäftsbedingungen, Bad Homburg v.d.H. 1961

Ramm, Thilo, Außergerichtliche Streitbeilegung. Schiedsgerichtsbarkeit, Schlichtung und Rechtsprechungslehre, ZRP 1989, 136-145

Rehbinder, Eckard, Vertragsschluss und UN-Kaufrecht im Vergleich zu EAG und BGB, in Peter Schlechtriem, Einheitliches Kaufrecht und nationales Obligationenrecht (1987), 149-170, Baden-Baden 1987

Rehbinder, Manfred, Zur Rechtsqualität des Richterspruchs im System kodifizierten Rechts, JuS 1991, 542-543

Reinhart, Gert, UN-Kaufrecht: Kommentar zum Übereinkommen der Vereinten Nationen vom 11. April 1980 über Verträge über den internationalen Warenkauf, Heidelberg 1991

Reithmann, Christoph, Internationales Vertragsrecht: Das internationale Privatrecht der Schuldverträge, 7. Aufl., Köln 2010

Reyer, Heinz-Günter, Grundrechtseinschränkungen durch Autonome Satzungen, Berlin, 1977

Reynolds, Francis, Formulation of Standard Terms and their Incorporation in Contracts, in Standard Terms in Contracts. 8th Colloquy on European Law, University of Neuchâtel, 6-8 June 1978, 17-34, Strasbourg 1979

RGRK: Das Bürgerliches Gesetzbuch, Hrsg. Mitglieder des Bundesgerichtshofs Band I: §§ 1-240 BGB, 12. Aufl., Berlin 1982

Riesenfeld, Conrad Ernst, Breslauer Handelsgebrauche: Gutachten der Handelskammer zu Breslau über Gewohnheiten und Gebräuche im Handelsverkehr; im amtlichen Auftrag der Handelskammer zu Breslau aus Anlaß ihres fünfzigjährigen Bestehens, Breslau 1900

Ritlewski, Kristoff, Die Lex Mercatoria in der schiedsgerichtlichen Praxis, SchiedsVZ 2007, 130-139

Rogers, William Vaughan Horton / Clarke, Matthew G., Unfair Contract Terms Act 1977, London 1978

Rogowaska, Anna, CISG in UK: How does the CISG govern the contractual relations of English businessmen?, 18(4) ICCLR [2007] 226-230

Röhl, Klaus / Röhl, Hans Christian, Allgemeine Rechtslehre: ein Lehrbuch, 3. Aufl., Köln 2008

Röhricht, Volker, Handelsgesetzbuch: Kommentar zu Handelsstand, Handelsgesellschaften, Handelsgeschäften und besonderen Handelsverträgen, 2. Aufl., Köln 2001

Rüberg, Burkhard, Vertrauensschutz gegenüber rückwirkender Rechtsprechungsänderung, Hamburg 1977

Rummel, Peter, Verkehrssitten und Vertragsauslegung, JBl. 1973, 66-75

Rummel, Peter, Vertragsauslegung nach der Verkehrssitte, Wien 1972

Rüthers, Bernd / Fischer, Christian, Rechtstheorie: Begriff, Geltung und Anwendung des Rechts, 5. Aufl., München 2010

Rüthers, Bernd, Richterrecht als Methoden- und Verfassungsproblem, in Festschrift für Karl Molitor, S. 293-307, München 1988

Sachse, Welche Bedeutung hat die Verkehrssitte für die Auslegung der Verträge?, AcP 127 (1927), 288-317

Sandrock, Otto / Beckmann, Klaus, Handbuch der Internationalen Vertragsgestaltung: ein Leitfaden für den Abschluß von Verträgen im internationalen Wirtschaftsverkehr, Band 1 und 2, Heidelberg 1980

Sauthoff, Elisabeth, Lieferungsverzug als wesentliche Vertragsverletzung bei Vereinbarung sofortiger Lieferung und wirksame Einbeziehung fremdsprachiger AGB, IHR 2005, 21-24

Sayn-Wittgenstein-Berleburg, Stanislaus Prinz zu, Allgemeine Geschäftsbedingungen im englischen Recht: eine rechtsvergleichende Untersuchung, Marburg 1969

Schäfer, Hans-Bernd / Ott, Claus, Lehrbuch der ökonomischen Analyse des Zivilrechts: mit 21 Tabellen, 4. Aufl., Berlin 2005

Schiemann, Konrad, Aktuelle Einflüsse des deutschen Rechts auf die richterliche Fortbildung des englischen Rechts, EuR 2003, 17-35

Schlechtriem, Peter / Schwenzer, Ingeborg, Kommentar zum einheitlichen UN-Kaufrecht: das Übereinkommen der Vereinten Nationen über Verträge über den internationalen Warenkauf (CISG), 5. Aufl., München 2008

Schlechtriem, Peter, Einheitliches UN-Kaufrecht, JZ 1988, 1037-1048

Schlechtriem, Peter, Internationales UN-Kaufrecht: ein Studien- und Erläuterungsbuch zum Übereinkommen der Vereinten Nationen über Verträge über den internationalen Warenkauf (CISG), 4. Aufl., Tübingen 2007

Schlechtriem, Peter, Kollidierende Geschäftsbedingungen im internationalen Vertragsrecht, in: Festschrift für Rolf Herber, S. 36-49, Neuwied 1999

Schlechtriem, Peter, Vertrag zwischen deutsche Käuferin und nigerianischer über Edelholz – Anwendung des UNWaVtrübk – Kaufmännisches Bestätigungsschreiben der Käuferin als Beweismittel für Zustandekommen des Vertrages, EWiR 1994, 867-868

Schlegelberger, Franz, Handelsgesetzbuch: in der seit dem 1. Oktober 1937 geltenden Fassung (ohne Seerecht), 4. Aufl., Berlin 1960-1966

Schlosser, Peter, Das Recht der internationalen privaten Schiedsgerichtsbarkeit, 2. Aufl., Tübingen 1989

Schlosser, Peter, Freizeichnungsklauseln im kaufmännischen Verkehr, in: Helmut Heinrichs / Walter Löwe / Peter Ulmer, Zehn Jahre AGB-Gesetz, Köln 1987

Schlosser, Peter, Rechtszersplitterung durch internationales Einheitsrecht?, in Festschrift für Dieter Medicus, S. 543-554, Köln 1999

Schlosser, Peter, Zur Einordnung der „Tegernseer Gebräuche“ und der „Tegernseer Gebräuche für die Vermittlung von Holzgeschäften“ als Handelsbrauch gemäß HGB § 346, EWiR 1986, 821-822

Schmidt, Eike, Grundlagen und Grundzüge der Inzidentkontrolle allgemeiner Geschäftsbedingungen nach dem AGB-Gesetz, JuS 1987, 929-936

Schmidt-Kessel, Martin, Einbeziehung von Allgemeinen Geschäftsbedingungen unter UN-Kaufrecht, NJW 2002, 3444-3446

Schmitthoff, Clive, Das Neue Recht des Warenhandels, RabelsZ 28 (1964), 47-77

Schmitthoff, Clive, International Trade Usages, Paris 1992

Schmitz, Gabriele, Haftungsausschlussklauseln in allgemeinen Geschäftsbedingungen nach englischem und internationalem Privatrecht, Berlin 1977
Schreiber, Otto, Handelsbräuche: Studien, Mannheim 1922
Schroeter, Wolfgang Michael, Die Auswirkungen tatsächlicher und technischer Veränderungen im Ablauf des Handelsverkehrs auf Handelsbräuche und „Incoterms", 1999
Schulte-Nölke, Hans, Arbeiten an einem europäischen Vertragsrecht – Fakten und populäre Irrtümer, NJW 2009, 2161-2167
Schulte-Nölke, Hans, EC Law on the Formation of Contract – from the Common Frame of Reference to the 'Blue Button', ERCL 2007(3), 332-349
Schwark, Eberhard / Zimmer, Daniel, Kapitalmarktrechts-Kommentar, 4. Aufl., München 2010
Schwenzer, Ingeborg / Mohs, Florian, Old Habits Die Hard: Traditional Contract Formation in a Modern World, IHR 2006, 239- 246
Selke, Olaf, Handelsbräuche als autonomes kaufmännisches Recht aus praktischer Sicht: eine Untersuchung zur Bestimmung der rechtlichen Reichweite der Handelsbräuche, Stuttgart 2001
Shears, Peter / Stephenson, Graham, James' Introduction to English Law, 13. Aufl., London 1996
Sieveking, Robert, Die Geschäftsbedingungen des Waren Vereins der Hamburger Börse e.V.: auf Grund der Rechtsprechung seiner Schiedsgerichts und der Handelsbräuche seines Bereichs, Hamburg 1967
Soergel, Hans Theodor / Siebert, Wolfgang,
Band I: Allgemeiner Teil (§§ 1-240 BGB), 12. Aufl., Stuttgart 1988
Band II: Schuldrecht 1 (§§ 241-432 BGB), 12. Aufl., Stuttgart 1990
Band XIII: Schuldrechtliche Nebengesetze 2 (Übereinkommen der Vereinten Nationen über Verträge über den internationalen Warenkauf (CISG)), 13. Aufl., Stuttgart 2000
Sohm, Rudolph, Institutionen: Geschichte und System des Römischen Privatrechts, 17. Aufl., Berlin 1949
Söllner, Alfred, Zur Verfassungs- und Gesetzestreue im Arbeitsrecht, RdA 1985, 328-337
Sonnenberger, Hans Jürgen, Verkehrssitten im Schuldvertrag: rechtsvergleichender Beitrag zur Vertragsauslegung und zur Rechtsquellenlehre, München 1970
Stadler, Hans-Jörg, Allgemeine Geschäftsbedingungen im internationalen Handel, Heidelberg 2003
Statistisches Bundesamt, Fachserie 10/2/1: 10. Rechtspflege , Reihe 2.1. Zivilgerichte 2007, Wiesbaden 2008
Staub, Hermann, Kommentar zum Handelsgesetzbuch,

Band I: Einleitung und §§ 1-177, 12. / 13. Aufl., Leipzig 1926
Band II: §§ 343-473, 9. Aufl., Berlin 1913
Band III: §§ 343-375, 12. / 13. Aufl., Leipzig 1926
Fortgesetzt von den Mitgliedern des Reichsgerichts/Bundesgerichtshofs, 2. Aufl.,
Band III: §§ 343-372, Berlin 1963
Band IV: §§ 373-382, Berlin 1961
Band V: §§ 383-460, Berlin 1960
3. Aufl.,
Band I: §§ 1-104, Berlin 1967
Band III, 1. Teil: §§ 343-351, Berlin 1978
Band III, 3. Teil: Bankvertragsrecht, 2. Bearb., Berlin 1981
Fortgesetzt als Großkommentar in 4. Aufl., Hrsg. von Claus-Wilhelm Canaris, Wolfgang Schilling und Peter Ulmer:
7. Lfg.: §§ 407-415, Anhänge, Berlin 1986
20. Lfg.: §§ 343-357, Berlin 2001

Staudinger, Julius von, Eckpfeiler des Zivilrechts, 2. Aufl., München 2008

Staudinger, Julius von, Kommentar zum Bürgerlichen Gesetzbuch: mit Einführungsgesetz und Nebengesetzen
Einführungsgesetz zum Bürgerlichen Gesetzbuche (Art. 1, 2, 50-218 EGBGB), Berlin 2005
Buch 1: Allgemeiner Teil
Allgemeiner Teil 4 (§§ 134-163), 14. Aufl., Berlin 2003
(§§ 139-163), 15. Aufl., Berlin 2010
Allgemeiner Teil 3 (§§ 90-133, §§ 1-54, 63 BeurkG), 14. Aufl., Berlin 2004
Buch 2: Recht der Schuldverhältnisse:
Einleitung zum Schuldrecht und Treu und Glauben (§§ 241-243 BGB), 15. Aufl., Berlin 2009
Allgemeine Geschäftsbedingungen (§§ 305-310 BGB, UKlaG), 14. Aufl., Berlin 2006
Wiener UN-Kaufrecht (CISG), 15. Aufl., Berlin 2005

Stein, Friedrich / Jonas, Martin: Kommentar zur Zivilprozessordnung,
Band 3: §§ 253-299a, 21. Aufl., Tübingen 1997
Band 9: §§ 916-1068, 22. Aufl., Tübingen 2002

Stein, Ursula, Lex mercatoria – Realität und Theorie, Frankfurt am Main 1995

Steinberger, Christian, AGB-Recht – Rechtswahl im Export: Risiko deutsches Recht, BB 2009, M1

Steyn, Johan, Written Contracts: To What Extent May Evidence Control Language? [1988] CLP 23-32

Steyn, Johan, Contract Law: Fulfilling the Reasonable Expectations of Honest Men, [1997] 113 LQR 433-442.

Stiegele, Andreas / Halter, Rudolf, Nochmals: Einbeziehung von Allgemeinen Geschäftsbedingungen im Rahmen des UN-Kaufrechts – Zugänglichmachung im Internet, IHR 2003, 169

Stoffels, Markus, AGB-Recht, 2. Aufl., München 2009

Stoll, Hans, Das Statut der Rechtswahlvereinbarung – eine irreführende Konstruktion, in: Festschrift für Anton Heini, S. 429-444, Zürich 1995

Stoll, Hans, Internationalprivatrechtliche Probleme bei Verwendung Allgemeiner Geschäftsbedingungen, in: Festschrift für Günther Beitzke, S. 759-785, Berlin 1979

Stölting, Carsten, Vertragsergänzung und implied terms: eine rechtsvergleichende Untersuchung des deutschen und englischen Rechts, München 2009

Straatmann, Kuno / Ulmer, Peter, Handelsrechtliche Schiedsgerichts-Praxis: Sammlung von Schiedssprüchen unter Einschluß von Urteilen und Texten zur Schiedsgerichtsbarkeit , Köln 1975

Sturm, August, Der Kampf des Gesetzes mit der Rechtsgewohnheit: ein Beitrag zur Lehre vom Gewohnheitsrecht, Cassel 1877

Sutton, Ralph / Shannon, Norman Pasquilla, On Contracts, 7. Aufl., London 1970

Taupitz, Jochen, Die Standesordnungen der freien Berufe: geschichtliche Entwicklung, Funktionen, Stellung im Rechtssystem, Berlin 1991

Teklote, Stephan, Die Einheitlichen Kaufgesetze und das deutsche AGB-Gesetz: Probleme bei der Verwendung allgemeiner Geschäftsbedingungen im CISG und im EKG/EAG, 1. Aufl., Baden-Baden 1994

Thieme, Jürgen Dieter / Mitscherlich, Matthias, Die Einbeziehung (incorporation) Allgemeiner Geschäftsbedingungen in den Vertrag nach englischem Recht AWD 1974, 173-180

Thöl, Heinrich, Das Handelsrecht, Band I, 5. Aufl., Göttingen 1875

Thomas, Heinz / Putzo, Hans, Zivilprozessordnung: FamFG, Verfahren in Familiensachen, GVG, Einführungsgesetze, EG-Zivilverfahrensrecht; Kommentar, 31. Aufl., München 2010

Treitel, Guenther-H., The Law of Contract, 12. Aufl., London 2007

Triebel, Volker / Plaßmeier, Heiko, Das neue englische Schiedsgerichtsgesetz, BB-Beilage 1997, Nr. 13, 2-14

Triebel, Volker, Das englische Gesetz über unbillige Vertragsklauseln von 1977, RIW/AWD 1978, 353-358

Triebel/Huber/Micheler/Vogenauer, Englisches Handels- und Wirtschaftsrecht, 3. Aufl., Frankfurt am Main 2010

Tunn, Jürgen, Lagerrecht/Kontraktlogistik, Heidelberg 2005

Ulmer, Peter / Brandner, Erich / Hensen, Horst-Diether, AGB-Recht: Kommentar zu den §§ 305-310 BGB und zum Unterlassungsklagengesetz, 10. Aufl., Köln 2006

Ulmer, Peter, Teilunwirksamkeit von teilweise unangemessenen AGB-Klauseln? Zum Verhältnis von geltungserhaltender Reduktion und ergänzender Vertragsauslegung, NJW 1981, 2025-2033

United Nations Commission on International Trade Law / Yearbook, UNCITRAL IX:1978 (1981)

Ventsch, Verena / Kluth, Peter, Die Einbeziehung von Allgemeinen Geschäftsbedingungen im Rahmen des UN-Kaufrechts, IHR 2003, 61-66

Vogt, AGB im kaufmännischen Verkehr – Grundsätze und Grenzen, TranspR 2010, 15 -19

Wackerbarth, Ulrich, Unternehmer, Verbraucher und die Rechtfertigung der Inhaltskontrolle vorformulierter Verträge, AcP 200 (2000), 45-90

Wagner, Klaus, Zur Feststellung eines Handelsbrauches, NJW 1969, 1282-1284

Wälzholz, Eckhard, Zur Anwendbarkeit des AGBG auf die Einheitlichen Richtlinien der ICC – Insbesondere bei Akkreditiven und Demand Guarantees –, WM 1994, 1457-1463

Wank, Rolf, Grenzen richterlicher Rechtsfortbildung, Berlin 1978

Weatherill, Stephen, Vogenauer, Stefan, 'The European Community's competence for a comprehensive harmonisation of contract law – an empirical analysis' (2005) ELR 30(6), 821

Weick, Günter, Unfair Contract Terms Act und AGB-Gesetz, ZHR 145 (1981) 68-82

Weiss, Ernst, Der Handelsbrauch, Wien 1992

Werner, Alfred, Anm. zu RG, Url. v. 19.11.1926 in JW 1927, 764-765

Westphalen, Fridrich Graf von, Zwingendes Recht v. Vertragsfreiheit, ZGS 2006, 81 (Editorial)

Westphalen, Friedrich Graf von, 30 Jahre AGB-Recht – Eine Erfolgsbilanz, ZIP 2007, 149-158

Westphalen, Friedrich Graf von, AGB-Recht im Jahr 2003, NJW 2004, 1993-2001

Westphalen, Friedrich Graf von, AGB-Recht im Jahr 2008, NJW 2009, 2355-2362

Westphalen, Friedrich Graf von, Anwendung des AGB-Rechts im Export, in Helmut Heinrichs, Zehn Jahre AGB-Gesetz, S. 175-200, Köln 1987

Westphalen, Friedrich Graf von, Handbuch des Kaufvertragsrechts in den EG-Staaten: einschließlich Österreich, Schweiz und UN-Kaufrecht, Köln 1992
Westphalen, Friedrich Graf von, Vertragsrecht und AGB-Klauselwerke, München 1993
Westphalen, Friedrich Graf von, Wider die angebliche Unattraktivität des AGB-Rechts, BB 2010, 195-202
Weynen, Wolfgang, Zur Frage der Feststellung von Handelsbräuchen, NJW 1954, 628-629
Whittaker, Simon, The "Draft Common Frame of Reference" An Assessment, Commissioned by the Ministry of Justice, United Kingdom, 2008 (abrufbar unter: http://www.justice.gov.uk/Draft_Common_Frame_of_Reference__an_assessment.pdf, zuletzt besucht am: 06.10.2010)
Wiethölter, Rudolf, Rechtswissenschaft, Basel 1986 (unveränd. Nachdruck der Original Ausgabe Frankfurt am Main 1968)
Wilhelmsson, Thomas, Standard Form Conditions, in Arthur Hartkamp / Martijn Hesselink / Ewoud Hondius / Carla Joustra / Edgar du Perron / Muriel Veldman, Towards a European Civil Code, 431-444, 3. Aufl., Nijmegen 2004
Witz, Wolfgang / Salger, Hanns-Christian / Lorenz, Manuel, Praktiker-Kommentar und Vertragsgestaltung zum CISG, Heidelberg 2000
Wolf, Manfred / Lindacher, Walter / Pfeiffer, Thomas, AGB-Recht: Kommentar, 5. Aufl., München 2009
Wolf, Manfred, Auslegung und Inhaltskontrolle von AGB im internationalen kaufmännischen Verkehr, ZHR 153 (1989) 300-321
Wortley, Ben Atkinson, Mercantile Usage and Custom, RabelsZ 24 (1959), 259-269
Wright, Austin Tappan, Opposition of the Law to Business Usages, 26 Columbia Law Rev 917-938

Yates, David, Exclusion clauses in contracts, 2. Aufl., London 1982

Zitelmann, Ernst, Gewohnheitsrecht und Irrthum, AcP 66 (1883), 323-468
Zerbe, Die Reformen des deutschen Schiedsverfahrensrechts auf der Grundlage des UNCITRAL-Modellgesetzes über die internationale Handelsschiedsgerichtsbarkeit, Baden-Baden 1995
Ziegel, Jakob, The Future of the International Sales Convention from a Common Law Perspective, 6 NZBLQ (2000) 336-368
Zimmerman, Reinhard, Der europäische Charakter des englischen Rechts, ZEuP 1993, 4-51

Zipfel, Walter, Die rechtliche Bedeutung von Güterichtlinien und Leitsätzen der Herstellerverbände – insbesondere der Richtlinien für die Fleischwarenindustrie, BB 1957, 422-423

Zweigert, Konrad / Kötz, Hein, Einführung in die Rechtsvergleichung: auf dem Gebiete des Privatrechts, 3. Aufl., Tübingen 1996

Christian Spruß

Die Einbeziehung Allgemeiner Geschäftsbedingungen im deutschen Recht unter besonderer Berücksichtigung des europäischen Rechts und des UN-Kaufrechts

Frankfurt am Main, Berlin, Bern, Bruxelles, New York, Oxford, Wien, 2010.
XVIII, 736 S.
Osnabrücker Schriften zum Unternehmens- und Wirtschaftsrecht.
Herausgegeben von Andreas Fuchs, Markus Stoffels und Dirk A. Verse. Bd. 9
ISBN 978-3-631-59497-1 · geb. € 120,–*

Der Autor untersucht detailliert die Einbeziehung Allgemeiner Geschäftsbedingungen (AGB) im deutschen Recht, also die Frage, wie genau AGB Vertragsbestandteil werden. Dabei analysiert er eingehend den Einfluss durch das europäische Richtlinienrecht und die Voraussetzungen der Einbeziehungsvorschriften nach dem Bürgerlichen Recht und dem UN-Kaufrecht. Daneben werden neue Regelungsentwürfe für die Einbeziehung von AGB dargestellt, unter anderem die UNIDROIT Principles 2004, die Principles of European Contract Law der Lando-Kommission und der aktuelle Draft Common Frame of Reference. Für die Rechtspraxis eignet sich die umfassende Darstellung auch als Nachschlagewerk für Einzelfragen der Einbeziehung nach den allgemeinen Vorschriften der §§ 305 ff. BGB sowie bei besonderen Vertragsarten (z. B. Arbeitsvertrag und Versicherungsvertrag) und Verkehrskreisen (z. B. unternehmerischer Geschäftsverkehr).

Aus dem Inhalt: Betrachtung der Einbeziehung Allgemeiner Geschäftsbedingungen nach dem BGB · Dogmatische Herleitung des Geltungsgrundes von AGB · Untersuchung des Einflusses des EG-Richtlinienrechts · Die Einbeziehung im Handelsrecht und Zivilprozessrecht · Einbeziehung im Arbeitsrecht, Versicherungsrecht und Reiserecht · Betrachtung der Einbeziehungsvoraussetzungen nach dem UN-Kaufrecht · u.v.m.

Kolibri 360 GmbH
Ferdinand-Jühlke-Straße 7
99095 Erfurt, Deutschland
produktsicherheit@kolibri360.de